묘엄 평전

妙嚴

박원자

불교 전문 작가. 대학 시절에 불교에 입문한 뒤 마음공부를 최상의 가치로 삼고 정진하며 글을 쓰고 있다. 숙명여자대학교에서 중국문학을 전공했고, 동국대학교 역경위원을 역임했다. 지난 30여 년 동안 출가 수행자들의 생애와 수행에 대한 글을 썼다. 지은 책으로는 《혜암 평전》《길 찾아 길 떠나다》《경산 스님의 삶과 가르침》《내 인생을 바꾼 108배》《스님의 첫 마음》《인생을 낭비한 죄》《나의 행자시절1·2·3》《모정불심》등이 있다.

감수 | 묘엄평전간행위원회

간행위원회는 묘엄 스님의 전강·전계 제자인 일연(동학사승가대학 학장 역임, 안심사 주지), 대우(금강율학승가대학원 율원장 역임, 남화사 주지), 도혜(봉녕사승가대학 학장·금강율학승가대학원 율주 역임, 석좌교수), 적연(금강율학승가대학원 율주·대학원장), 상좌인 일운(불영사 회주), 진상(봉녕사 주지), 원교(봉녕사 총무), 도연(봉녕사승가대학 학감) 스님으로 구성되었다.

묘엄 평전

1판 1쇄 인쇄 2025년 12월 1일
1판 1쇄 발행 2025년 12월 15일

지은이 박원자 ● 감수 묘엄평전간행위원회
발행인 원명 ● 대표 남배현 ● 본부장 모지희 ● 편집 손소전 박석동 ● 경영지원 허선아
디자인 동경작업실
펴낸곳 (주)조계종출판사 ● 출판등록 2007년 4월 27일(제2007-000078호)
주소 서울시 종로구 삼봉로 81 두산위브파빌리온 1308호 ● 전화 02-720-6107
전송 02-733-6708 ● 이메일 jogyebooks@naver.com
구입문의 불교전문서점 향전(www.jbbook.co.kr) 02-2031-2070

글 ⓒ박원자, 2025 / 사진 ⓒ봉녕사, 2025
ISBN 979-11-5580-263-2 (03220)

조계종
출판사 지혜와 자비의 눈으로 세상을 바라봅니다.

묘 엄 평 전

妙 嚴

박원자 지음
묘엄평전간행위원회 감수

조계종
출판사

마음공부는
상대적인 부처님을 뵙고
절대적인 나 자신을 찾는 것이다
자기를 단속하여 인천人天의 사표가 되고
생사에 자재하여 중생을 제도하라

세주묘엄

世主妙嚴

봉녕사 대적광전에 모셔진 세주당 묘엄 명사

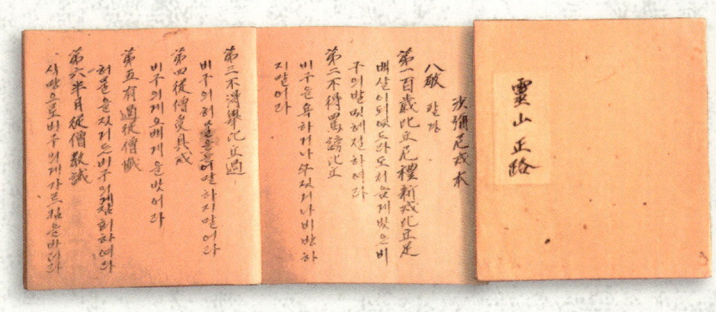

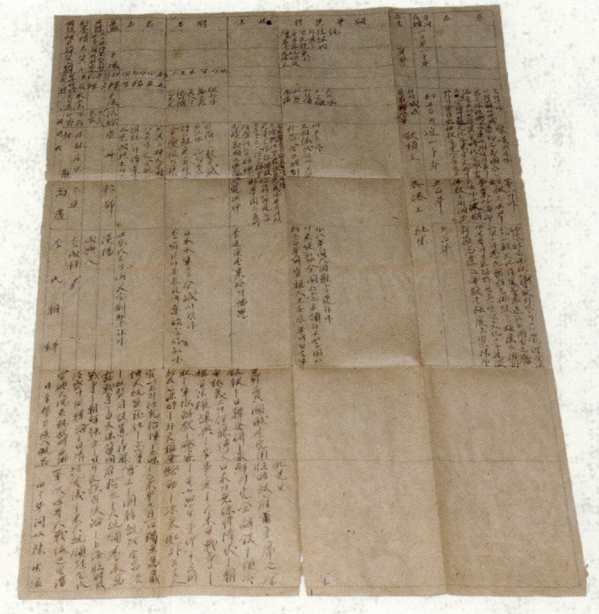

성철 스님께 받은 계첩(위)과 한국사 연표(아래)

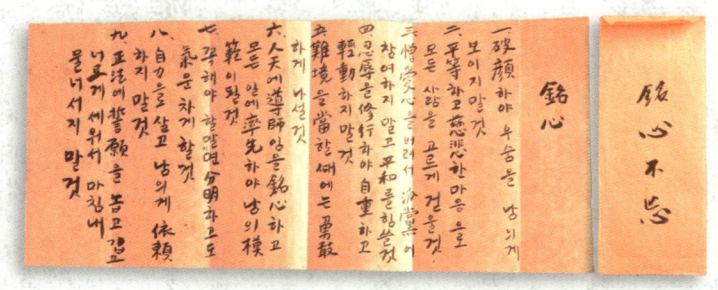

청담 스님께 받은 아홉 가지 명심

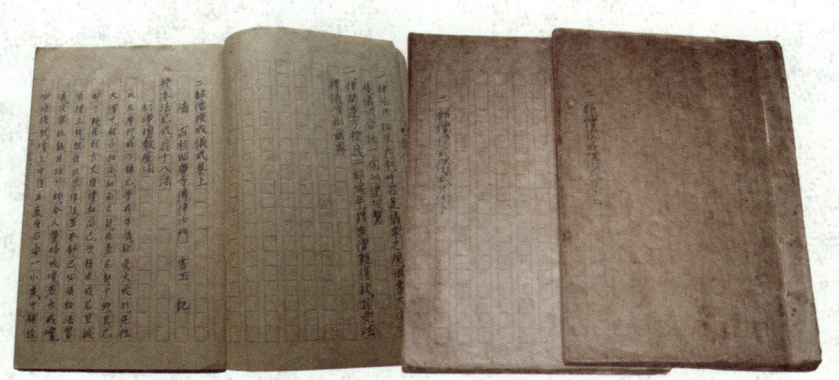

자운 스님으로부터 전계 때 받은 《이부승수계의식》 필사본

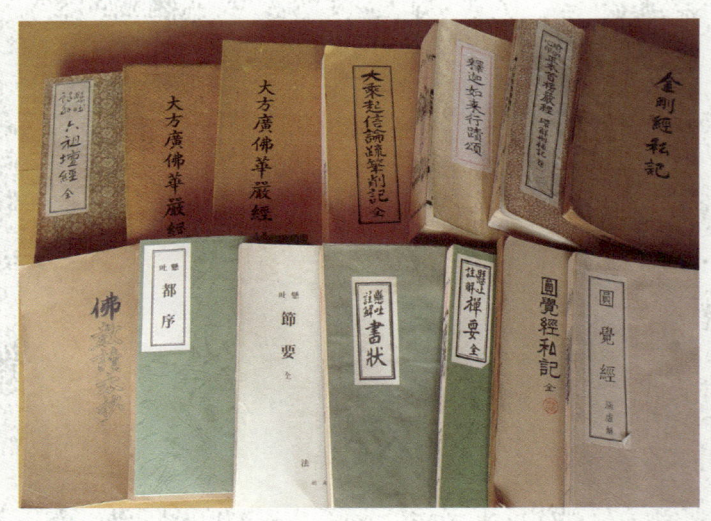

강원에서 가르친 교재(위)와 율원에서 가르친 교재(아래)

묘엄 스님이 강원에서 공부한 《법화경》

2004년 2월 달라이 라마 성하와 함께

도성, 불필, 묘전 스님(왼쪽부터)과 함께한 묘엄 스님(오른쪽)

《화엄경》 공부를 마치고 자운 스님(앞줄 오른쪽에서 두 번째)과 함께(1957)

봉녕사에서 함께한 일여회

2007년 10월 23일 명사 법계 품서식에서 제자들과 함께

명사 법계 품서식에서 받은 가사와 여의

평소 묘엄 스님이 기록한 메모들

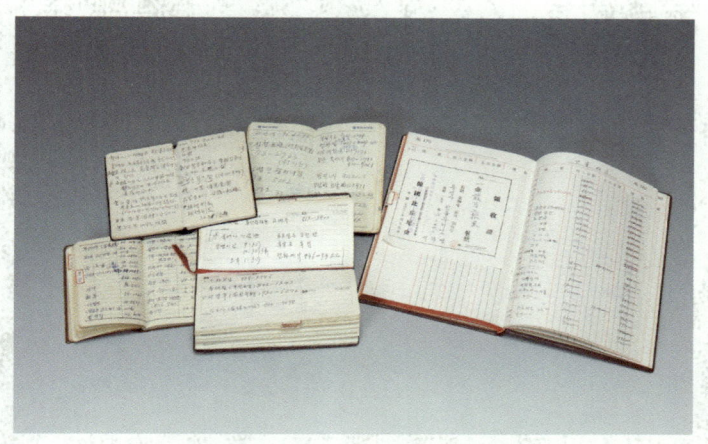

묘엄 스님이 사용한 수첩과 금전출납부

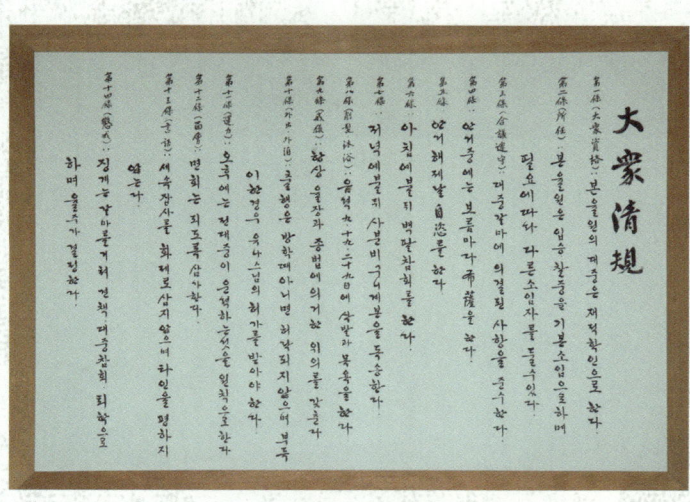

묘엄 스님이 직접 쓴 금강율원 대중청규

세주묘엄 명사 영결식(위)과 다비식(오른쪽)

2018년에 세운 묘엄 스님의 부도탑과 탑비

묘엄 스님이 사용한 다관과 돌솥 등 생활 용품

묘엄 스님이 사용한 소반(위), 재봉틀과 대나무 자(아래)

묘엄 스님이 사용한 목탁, 죽비, 책대, 식탁 종, 경쇠, 요령

묘엄 스님이 사용한 붓과 벼루

묘엄 스님이 사용한 염주와 합장주

묘엄 스님 도장 및 책도장

삭도

향로

시계와 돋보기

외출용 수저

은사스님의 숨결을 담아

스승이신 묘엄 스님의 평전을 출간하기 위한 간행위원회가 출범한 지 어느새 3년여의 세월이 흘렀습니다. 스님에 관한 책으로 당신이 직접 구술하신 출가 유행록《향성香聲》과 자전적 소설《회색 고무신》, 그리고 후학이 쓴《한계를 넘어서》와 동국대 박사논문 〈세주묘엄 연구〉가 있어 많은 이들에게 수행 생활의 이정표가 되어왔습니다. 그럼에도 불구하고 평전을 쓰기 위해 다시 간행위원회를 꾸리기까지는 여러 번의 망설임과 더 나은 글이 아니면 안 된다는 과정을 겪으며 조심스럽게 여기까지 왔습니다.

세수 80세에 입적하신 묘엄 은사스님의 일생은 일제강점기에서부터 광복과 6.25 한국전쟁, 한국불교의 격동기였던 불교 정화와 봉암사 결사, 그리고 비구니 강원이 설립되기 이전의 경율 연찬과 선원 수행, 현대교육에 이어 비구니 강백과 율사로서 봉녕사 강원과 율원을 설립하는 등 지도자가 되기까지 그야말로 시대적 혼돈과 난세를 몸소 겪은 기나긴 여정이었습니다.

생각건대 평전이란, 한 인물의 생애를 역사적으로 서술하면서 그의 업적과 사상을 당대 사람들로 하여금 현재의 삶에 비추어 더 나은 미래를 추구하게 함이 목적일 것입니다. 저희는 은사스님과 한 방에서 기거도 하고 발우 공양도 함께하며 자비한 가르침과 경책을 받아온 세대들이지만, 스님께서 입적하신 뒤에 출가한 사람들은 직접 뵙고 가르침을 받지 못한 아쉬움이 클 것입니다. 그러한 아쉬움을 은사스님의 숨결과 치열한 일생이 담겨 있는 평전을 통해서 조금이나마 달래줄 수 있으리라 믿습니다. 이 또한 평전 간행의 덕목이라 생각해 봅니다.

돌아보면 출가 후 상좌로서 스님 슬하에서 오랫동안 하늘 같은 은혜를 입었을 뿐 스승을 위해 무엇 하나 해드린 일이 없는 불초를 하며 살아왔습니다. 살아생전에 스님께서 봉녕사 주지 소임을 하라고 엄명하셨을 때, 참선을 하겠다고 선방으로 가버린 일이 두고두고 마음에 멍울처럼 남아 있었습니다.

세월이 흘러 주지 소임을 맡고 보니, 스님께서는 오랜 세월 동안 그 수많은 난관을 어떻게 극복해오셨을까 하는 죄송한 마음에 때늦은 참회를 수없이 올렸습니다. 그러한 가운데 입적 14주기를 당하여 스님의 생애와 가르침을 총체적으로 다룬 평전을 봉정하게 된 것은 불보살님께서 살펴주신 덕분이라 믿습니다.

평전간행위원회를 꾸린 뒤 객관적 안목으로 스님의 일생을 다루면서도 선교에 밝은 작가를 선정하는 것이 첫 번째 중요한 일이라는 생각으로 적임자를 찾던 중 큰스님들의 평전을 집필한 경험이 많은 박원자 작가님에게 의뢰하게 되었습니다. 함께 작업할 수 있어 다행으로 생각하며 그동안의 노고에 감사드리는 바입니다.

무엇보다 은사스님과의 인연과 소중한 추억을 공유해주신 스님들과 재가불자님들께 감사드립니다. 아울러 여러 차례 원고 검토 과정에서 꼼꼼한 교정으로 책의 정밀성을 높여주신 간행위원회 스님들과 조계종출판사의 노고에도 감사드립니다.

끝으로 청정하고 아름다운 승가를 남겨주신 부처님과 가르침과 스승들께 예경 올리면서 모든 분들의 평안을 기원합니다.

불기2569년(2025) 첫서리 내린 날에
묘엄평전간행위원회 위원장 진상眞常 삼가 씀

원융화엄의 빛이 법계에 두루하니

적적한 광교산 도량에 드리운 묘엄 스님의 법향은 청정범행의 향기요 원융화엄의 빛이 되어 법계에 두루합니다.

스님께서는 열네 살에 동진 출가하시어 월혜 스님을 은사로 청담·성철·자운·운허·향곡 큰스님 등 당대 선지식들께 선·교·율의 삼학을 원융히 닦아 일체종지를 구하셨습니다.

그 구도는 단지 지식의 축적이 아니라 한 등불로 천 등불을 밝히려는 큰 서원이었습니다.

봉암사 결사에 참여하여 화두참구에 매진하셨으며 통도사 산내 암자에서 대강백 운허 큰스님께 경학을 연찬하시며 대원경지大圓鏡智를 향한 실참 정진을 성취하셨습니다.

또한 자운 대율사스님으로부터 율학을 배워 한국 비구니 율풍의 근본을 세우셨습니다. 동학사와 운문사 강원에서 후학을 양성하고, 나아가 봉녕사 강원과 금강율원을 창건하심으로써 비구니 승가의 강맥과 율맥을 반석 위에 세우신 원력은 실로 한국불교 역사의 대 공덕이라 할 것입니다.

스님의 사상은 《화엄경》의 일심원융 사상에 근거하여 모든 존재가 한 마음에서 드러나고 선·교·율이 걸림 없이 회통된다는 진리를 체현한 바 그 청정한 계행과 원융무애의 가르침은 오늘날 승가의 등불로 길이 빛나고 있습니다. 이 법덕이 아름답게 기억되는 것은 스님께서 청정한 수행가풍 위에 육화의 덕을 원만히 갖추셨기 때문입니다.

묘엄 스님의 열네 번째 다례재를 맞아 제자들이 한마음으로 평전을 봉정하니 이는 곧 법맥을 잇는 깊은 예경이요 승가의 장엄한 기쁨입니다. 비록 스님은 적멸에 드셨으나 그 청정한 사상과 고결한 법향은 꺼짐 없이 빛나며 불법중흥의 길을 걷는 모든 수행자들의 영원한 지침이 되고 있습니다.

삼가 발원하옵건대 묘엄 스님의 무량한 덕화와 가피가 법계에 두루하여 승가가 더욱 청정히 서고 불법이 만세토록 찬란히 전해지기를 기원합니다.

불기 2569년 12월
대한불교조계종 종정 성파

차례

간행사 | 은사스님의 숨결을 담아 _ 진상 027

축하의 글 | 원융화엄의 빛이 법계에 두루하니 _ 성파 030

제1장 | 출가

열네 살의 봄 • 041

선지식에 물들다 • 046

출가를 결심하다 • 054

삭발하던 날 • 060

사미니계를 받다 • 067

서두르지 말고 꾸준히 가라 • 073

향에서 울려 퍼지는 소리 • 079

제2장 | 수행의 길로

영산정로靈山正路 • 089

출가 초기 스승들 • 095

아홉 가지 명심銘心 • 101

무심은 길을 잃지 않는다 • 106

능엄주 수행 입문 • 113

윤필암 21일 기도 • 122

얼마나 많은 새들이 돌아갈 길을 잃었는가 • 127

제3장 | 참선 수행의 현장, 봉암사 결사

젊은 혁명가들 • 135

봉암사 대중 생활 • 143

화두를 받다 • 152

생사해탈이 수행자의 목적 • 157

글을 배우는 이유 • 164

탁발 • 170

도반의 연비 • 177

봉암사를 떠나다 • 184

제4장 | 전쟁의 격동기에서 수행하다

전쟁 속의 정진 • 193

묘엄과 불필 • 199

봉암사 백련암에서의 한 달 • 208

성주사 결사 • 215

선지식 인홍과 혜춘 • 221

제5장 │ 교, 배우다

스물두 살, 동학사로 가다 • 233

맹자와 논어를 배우다 • 238

첫사랑 치문緇門 • 243

네가 한번 가르쳐보아라 • 248

스승 운허 • 254

차돌 능엄 • 262

한 중생만 남더라도 • 267

기신론을 배우다 • 272

김룡사 달빛 아래서의 약속 • 278

금강경과 원각경을 배우다 • 285

은사의 입적 • 292

제6장 │ 교, 가르치다

동학사 강원에서 • 301

동학사 첫 비구니 강사 • 307

운허의 강맥을 잇다 • 317

현대 학문의 문을 두드리다 • 324

운문사 강주로 취임하다 • 332

비유와 유머가 살아 숨 쉬는 강의 • 340

운문사의 경전 암송과 논강 • 347

백일법문과 운문사 결사 • 354

운문사를 떠나 봉녕사로 • 361

제7장 │ 청담가淸潭家의 출가

청담의 입적 • 369

정신적 유산 • 376

세뱃돈 천 원 • 382

할아버지 청담 • 387

어머니의 출가 • 394

툇마루의 홍시와 산밤 • 401

제8장 │ 봉녕사 회상을 열다

봉녕선원을 개설하다 • 413

봉녕사 강원을 설립하다 • 420

발심하고 또 발심하라 • 425

포살과 계율 수지 • 435

세상에서 가장 아름다운 옷 • 444

맑은 가난 속에서 • 450

묘엄의 교수법 • 456

스승에게 물어 강의하다 • 461

강맥의 전승 • 467

한국비구니대학 초대 학장 • 474

교육 도량 불사 • 479

제9장 | 율사 묘엄

    율사 묘엄 • 491

    비구니계단 계사 연수교육 • 503

    비구니 이부승 구족계 수계 제도 부활 • 510

    비구니전계사의 뼈아픈 성찰 • 518

    금강율원 설립 • 523

    전계와 미래로 이어지는 묘엄의 계율 사상 • 533

제10장 | 중생 교화

    하화중생 • 545

    무형유산 사찰음식 축제 • 555

    회색 고무신과 향성 • 561

    주강50년기념논총 발간 • 566

    한계를 넘어서 • 574

결장 | 마지막 법문

    비구니 명사 법계 품서를 받다 • 583

    마지막 법문과 입적 • 592

    묘엄이 드리운 그림자 • 604

글을 마치며 | 하늘을 덮을 만한 복 • 611

부록 •

　　세주당 묘엄 명사 비명 • 616
　　세주당 묘엄 명사 강맥도 • 622
　　세주당 묘엄 명사 율맥도 • 624
　　세주당 묘엄 명사 연보 • 625

참고문헌 • 635

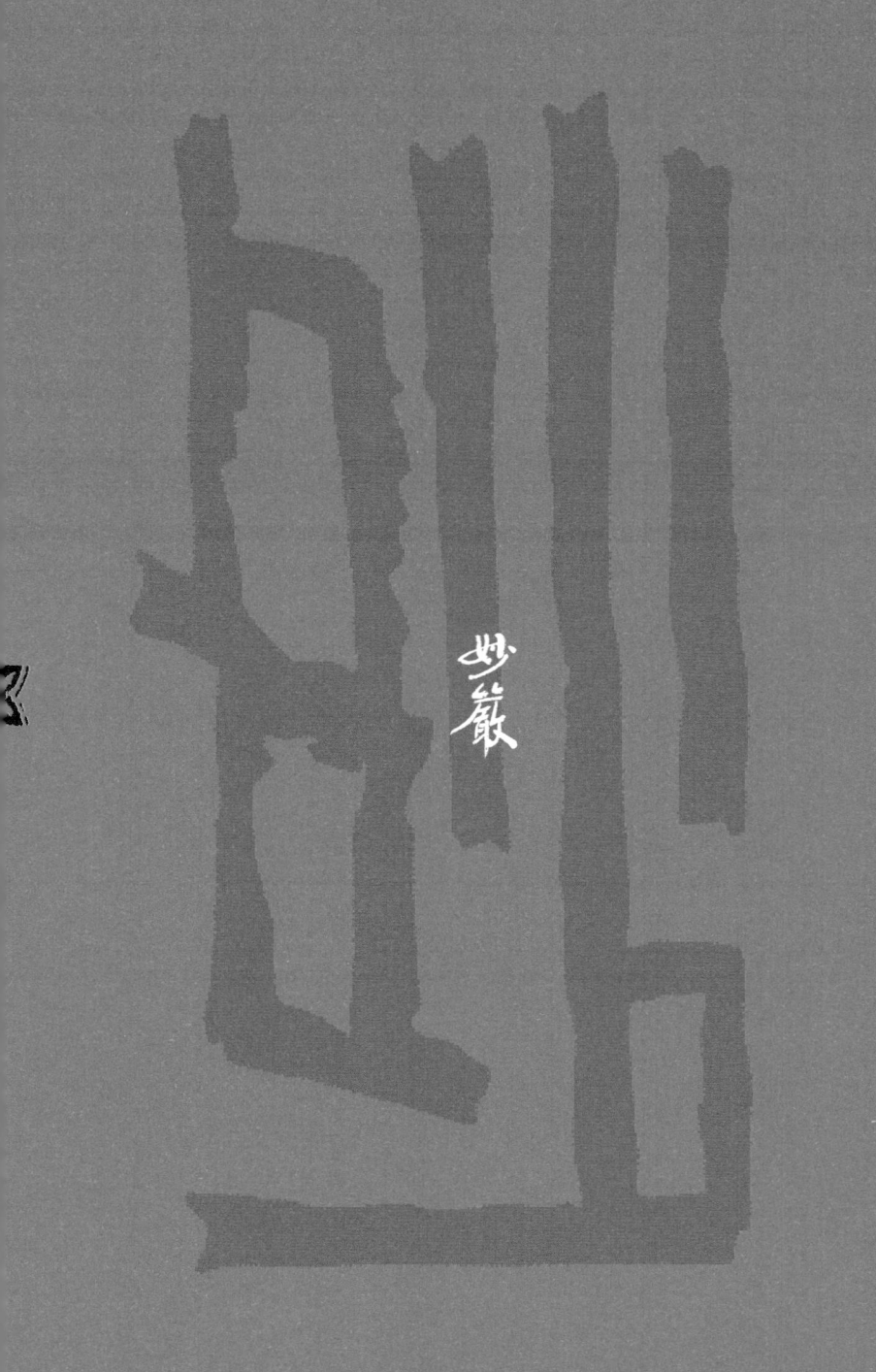
妙
嚴

제1장

출가

열네 살의 봄

1932년 음력 1월 17일, 경상남도 진주시 수정동에서 여자아이가 태어났다. 아버지는 이찬호李讚浩, 어머니는 차점이車點伊다. 바로 위 언니가 태어난 지 여덟 해 만에 태어난 이 아이의 이름을 인순仁順이라 지었다. 아이는 가족의 사랑을 받으며 건강하게 자랐다. 그런데 어쩐 일인지 집에는 늘 아버지가 없었고 어머니는 아버지를 스님이라 불렀다.

여덟 살에 진주에 있는 초등학교에 입학했다. 학교에서는 일본인 선생이 일본말로 수업을 진행했다. 그래서 아이들은 한국말을 쓸 줄도 읽을 줄도 몰랐다. 한국말을 쓴 것은 집으로 돌아와 가족들과 대화를 나눌 때뿐이었다. 6년 뒤, 초등학교를 졸업할 때는 일제의 억압이 극에 달해 있었다. 나라와 민

족은 36년간의 일제강점기 속에 말할 수 없이 피폐해 있었다.

◎

어느 봄날이었다. 어머니가 인순을 보고 말했다.

"스님 계신 절에 가서 한 해만 있다가 오너라. 돌아와서 중학교에 입학하자."

스님이 계신 곳이라면 진주 집에서 멀리 떨어진 경상북도 문경의 대승사를 말했다. 딸을 가슴에 포근히 안으면서 어머니가 말했다.

"가서 스님께 이 편지를 드려라."

인순은 절에 가려면 기차를 타야 한다는 사실에 마냥 마음이 들떴다. 어머니와 언니, 할머니와 헤어져도 서운한 마음이 들지 않았다. 소풍 가는 기분이었다. 어머니는 진주 뒤벼리에 사는 방거사를 불러 인순을 대승사에 데려다 달라고 부탁했다. 방거사는 아버지 청담을 따르는 신도였다. 진주에서 기차를 타고 김천에서 갈아탄 다음 점촌에서 내렸다. 방거사의 말로는 대승사까지 6, 70리 길은 걸어가야 한다고 했다. 꽤 먼 거리였지만 문제가 되지 않았다.

타박타박 걸어가면서 본 5월의 들판은 너무나 아름다웠다. 걸음을 멈추고 논에 심어놓은 모들이 바람에 흔들리는 모습을 한참 동안 바라보았다. 살랑살랑 먼 산에서 들판을 가로질러 불어오는 바람은 어찌 그리 비단결처럼 부드럽던지, 인순은 팔을 뻗어 바람을 한 움큼 잡아 뺨에 대보았다. 논에서 일하는 사람들이 진주와는 다른 사투리를 쓰며 이야기하는 모습도 재미있어 보였다. 방거사와 이야기하며 대승사에 이르니 저녁나절이었다.

아버지 청담은 대승사 선방인 쌍련선원(지금의 대승선원)에 있었다. 대승사 큰절 스님의 안내를 받아 앞마당으로 들어서니 아버지 청담이 눈이 부리부리한 젊은 스님과 해우소에서 나와 마당으로 걸어오고 있었다. 인순은 아홉 살에 아버지 스님을 보고 몇 해 동안 만난 적이 없지만 한눈에 아버지를 알아보았다. 여전히 호리호리하고 키가 성큼 컸으며 눈은 호수처럼 맑고 컸다.

청담이 인순을 알아보고 뒤에 따라 들어오던 방거사에게 물었다.

"야 인순이 아이가? 이 아(아이)가 어째서 여길 온 거야?"

놀라는 표정으로 보아 딸이 온다는 걸 전혀 모르고 있는 것 같았다. 인순은 어머니가 준 편지를 꺼내 청담 앞에 내놓았다. 방거사가 대략 인순이 대승사에 오게 된 자초지종을 말했다. 청담이 편지를 읽는 동안 방에 있던 몇몇 스님들이 웃으며 물었다.

"니, 중 되러 왔나?"

인순이 펄쩍 뛰었다.

"저는 절대로 중은 안 될랍니다. 남자 같으면 한번 될 만하지만 여자 중은 하찮아 보여서 안 할랍니다."

인순이 저녁을 먹고 법당과 나한전을 둘러보는 사이 청담은 아내의 편지를 다시 읽었다. 인순을 떠나보내기 며칠 전 밤, 남편 청담에게 쓴 편지였다. '스님과 이혼한 뒤 인순이 태어났기 때문에 호적에 사생아로 되어 있다. 그 이유로 중학교에 진학하지 못했다. 재판을 거쳐 아버지의 본성本姓을 찾은 뒤에 입학할 수 있다고 한다. 그러려면 이듬해 다시 시험을 치르고 학교에 들어가야 한다. 여기 세속은 일제의 압박이 더 심해져 학교에 진학하지 않은 여자아이들을 차출해 정신대나 군수공장으로 보내고 있는 실정이다. 아이를 안전한 그곳에 보낸다. 아이한테는 다음 해 중학교에 들어갈 때까지 일 년만 있다가 오라고 했지만, 스님이 잘 가르쳐서 출가시켰으면 한다'는 내용이었다.

청담은 그날 저녁 선방 좌복에 앉아 지난날들을 떠올렸다. 어린 큰딸을 업고 와 이혼 도장을 찍어주던 아내, 남겨진 어머니를 모시고 홀로 고생하고 있을 아내였다. 그런 아내가 뜻밖에 얻은 둘째 딸을 보내며 '아이를 잘 달래어 중을 만들어 달라'는 것이다.

청담은 화두 대신 딸의 출가를 어떻게 풀어나가야 할까를 생각했다. 방선放禪을 알리는 죽비 소리가 났지만 자리에 누울 수가 없었다. 가만히 앉아 있으려니 문이 덜컹 열리며 누군가 들어오는 소리가 났다.

"네 이놈, 니는 여기 들어오면 안 된대이."

성철의 소리였다. 곧이어 인순의 소리가 들렸다.

"나는 여기서 잘랍니다."

인순이 선방에서 나가지 않겠다며 고집을 부리자 성철이 달래 데리고 나가는 소리가 들렸다. 원주실에서 자라고 들여보냈더니 혼자 있기가 무서웠던 모양이다. 스님들이 수행하는 선방에서 자겠다고 들어온, 아무것도 모르는 저 어린아이를 어떻게 해야 하나. 청담은 자리에 누운 동료 수행자들이 깨지 않도록 조심하며 자리에서 일어나 밖으로 나갔다. 인순을 다시 원주실에 데려다주고 나오는 성철에게 말했다.

"저 아이를 출가시키라는군."

성철이 말없이 고개를 끄덕였다. 푸른 달빛이 두 수행자 사이로 흘러내렸다.

선지식에
물들다

"철(성철) 수좌가 맡아서 사람을 만들어봐."

청담은 성철에게 인순을 맡겼다. 자신이 딸을 직접 가르칠 수 있는 형편이 아니었기 때문이다. 몇 해 전(1941) 수덕사 정혜사에서 동안거에 들었을 때 처음 만난 두 사람은 서로를 한눈에 알아봤다. 많은 이야기를 나누며 함께 도의 길을 가리라는 동지애가 생겼다. 둘은 의기투합했다. 뜻도 깊었고 실력도 대단했던 두 사람은 세속에 두 딸을 두고 출가한 것도 같았다. 운명적으로 서로에게 스승이자 도반이었다.

청담은 평소 후학들에게 성철 스님은 석가의 화현이라며, 세세생생 그와 함께 공부하고 싶다고 말할 만큼 존경과 신뢰가 깊었다. 왜색에 물든 한국불교가 다시 태어날 수 있도록 혁신을 꿈꾸었던 청담에게 천재적인 두뇌와 혁명가적인 기질을 지닌 성철은 어쩌면 최적의 동지였는지도 모른다.

성철 또한 음력 정월의 차디찬 정혜사 대웅전에서 3일 동안 철야기도를 하는 청담을 보며 깊은 감동을 받았다. 그 뒤 7일·21일 기도에 들어 온몸으로 깊이 정진하는 모습을 보고 반해버렸다. 두 해 뒤 다시 두 사람은 법주사 복천암에서 하안거에 들어 정진했다. 정진 중 청담이 독립운동 혐의로 상주경찰서에 투옥되어 심한 고문 끝에 감금되었다가 풀려났다. 그리고 다음 해인 1944년, 문경 사불산 대승사 쌍련선원에서 다시 만나 안거에 들었는데, 다음 해에 인순이 왔던 것이다.

성철은 후에도 여러 석상에서 청담 스님과는 고불고조古佛古祖의 유훈을 탁마하는 도반 사이라고 토로했다. 청담이 성철보다 열 살이 많았지만 두 사람은 평생 나이와 상관없이 철벽같은 우정을 나누었다.

성철은 청담이 딸을 자신에게 맡기자 인순에게 물었다.

"니, 나를 믿을 테냐?"

자신을 믿고 공부하며 따라올 것이냐는 물음이었다. 인순이 떠오르는 대로 대답했다.

"이야기 조금 나눴다고 평생 본 적도 없는 스님을 믿을 수 없습니다."

인순의 솔직하고 천진한 대답에 성철은 미소를 띠며 말

했다.

"네 아버지와 내 사이는 물을 부어도 안 샌다."

그렇듯 밀착된 관계라는 뜻이었으나 인순은 그 깊은 뜻을 알지 못했다.

"사람과 사람 사이에 어떻게 물을 붓습니까?"

성철이 천진하기만 한 인순의 물음에 다시 한번 큰 소리로 웃었다.

"그만큼 친하다 이 말이다."

성철은 다음 날부터 방선 시간이면 인순을 앞에 놔두고 많은 이야기를 들려주었다. 인순의 인생을 결정지은 성철의 가르침이 보름 동안 이어졌다.

성철은 초등학교를 마치고 온 열네 살의 인순을 바라보았다. 또래에 비해 키가 크고 순진했다. 성철은 눈빛을 반짝이며 온 영혼으로 자신의 말을 듣고 있는 인순에게 알고 있는 모든 것을 쏟아부었다. 성철 자신도 초등학교를 졸업하고 몸이 약해 중학교에 진학하지 않고 독학을 했다. 밤낮없이 읽은 수많은 동서양의 역사와 철학 서적들, 세상이 배출한 도인들에 관한 책의 내용이 술술 흘러나왔다. 출가한 지 10년 차인 성철이 가진 지식과 지혜는 무궁무진했다. 스스로 선택한 부처의 길에 대한 확신이 하늘을 찌르던 서른네 살의 성철이 말했다.

"부처님은 성불成佛하셔서 중생을 구제한 위대한 분이야."

그렇게 세상에서 처음 들은 '성불'이라는 단어가 봄날의 따스한 햇살처럼 인순의 가슴으로 살포시 들어와 앉았다.

성철은 부처님이 걸어온 출가의 길이 세상 그 어떤 가치보다 뛰어나다는 걸 알려주었다. 부처님이 어떤 인물이고 그가 무엇을 위해 보장된 왕의 자리를 버리고 출가했으며 출가해서 어떻게 수행했는지, 그리고 깨닫고 나서 뭇 중생의 행복을 위해 어떤 노력을 했는지 등을 말해주었다.

문학과 철학에 대한 이야기도 들려주었다. 자신이 좋아하는 동서양의 인물들, 소크라테스, 아인슈타인, 사마천 등의 성인들, 동서양을 넘나들며 수많은 왕을 비롯한 위인들이 어떻게 살았으며 그들이 역사에서 어떤 역할을 했는지, 그래서 우리는 어떻게 살아야 가치 있는 삶을 사는 것인지도 들려주었다.

인순에게 성철은 최상, 최선의 스승이었다. 6년 동안 초등학교를 다니면서 배운 공부보다 보름 동안 대승사에서 성철에게 배운 것이 더 풍부한 지식으로 다가왔다. 지금으로 치자면, 중고등학교를 다니면서 배운 6년간의 공부보다 질적인 면에서 훨씬 탁월한 배움이었을 것이다. 며칠이 지나자 순수한 영혼으로 자신의 말을 흡수하던 인순에게 성철이 넌지시 물었다.

"니, 중 될 생각이 없나?"

인순은 성철이 훌륭하다고 생각했으나 출가할 생각은 조금도 없었다. 고향 진주에 살 때 할머니를 따라갔던 절에서 어느 노비구니가 상좌를 부지깽이로 두드려 패며 욕하는 것을 본 적이 있었다. 더구나 비구니가 법문하는 것은 한 번도 보지 못했다. 그 때문에 비구니는 탁자 위에 앉아 설법할 줄도 모르고 비구들처럼 가사도 갖춰 입지 못하는 존재라 여겼다. 인순은 천진난만하게 자신이 예전에 보았던 장면들을 늘어놓았다.

"비천해 보이는 여자 중은 안 될 겁니다. 남자라면 생각해볼 수 있겠지만 제가 여자라서 중 될 생각이 조금도 없어요."

딱 잘라 거절하는 인순에게 성철이 달래듯 말했다.

"그러면 네가 잘 배워가지고 승중(당시 스님을 부르던 말)이 되어 승중계의 혁명을 일으키는 큰 중이 되면 안 되겠나?"

잠시 솔깃했지만, 여전히 승중이 되고 싶은 생각은 일지 않았다. 강경하게 고개를 젓는 인순에게 성철이 다시 물었다.

"사람이 죽으면 장례를 치르게 되는데, 왕하고 거지의 장례에는 어떤 차별이 있겠나? 말해봐라."

"왕이 죽으면 호화롭게 장사를 지낼 것이고 거지가 죽으면 가마때기로 덮어서 장례를 지내겠지요. 호화롭고 초라한 것에는 차별이 있겠지만 왕이나 거지나 죽은 사람이라는 것은

출가 전
인순

똑같습니다.”

　그 소리를 듣고 성철이 환히 웃으며 무릎을 쳤다. 신분은
다를지라도 인간은 결국 죽는 존재라는 점에서는 평등하다.
세상의 모든 것은 영원하지 않은 채 바뀌어간다. 누구나 죽
는 이 삶에서 그러면 어떻게 살아야 할 것인가. 어린 나이에
이 정도의 식견이 갖추어져 있으면 영원히 사는 법을 깨우치
는 마음공부를 가르칠 수 있겠다고 생각했다. ‘가시나 제법이
네’ 하고 생각한 성철은 그날 이후로도 공양 시간 말고는 인
순을 데리고 앉아서 많은 이야기를 들려주었다.

　청담은 오며 가며 눈빛을 반짝이며 온몸으로 집중해 성
철의 이야기를 듣고 있는 인순을 바라보았다. 그러던 어느 날
인순에게 물었다.

"니, 엄마 보고 싶나?"

"멀리 와 있으니 보고 싶어예."

"다 데리고 와서 중이 되면 어떻겠나?"

"엉가(언니)는 중이 안 될 거라요. 스님을 보지도 안 할라카는데요. 언니는 스님이 우리 다 내버리고 자기만 극락 갈라고 중 되었다면서 보도 안 할라고 해요."

인순은 여섯 살에 아버지 청담을 처음 보았을 때를 떠올렸다. 동리 어구에서 동무들과 놀다가 집에 가니, 할머니가 네 아버지가 왔다며 손을 잡고 나갔다. 할머니가 자주 다니는 진주 연화사로 할머니 손을 잡은 채 펄쩍펄쩍 뛰어갔다. 어린 나이였지만 얼굴 한번 못 본 아버지가 궁금했다. 할머니 손을 놓고 먼저 뛰어가 마루 귀틀을 잡고 가만히 방 안을 들여다보았다. 방 안에는 다 떨어진 누더기를 입은 두 사람이 앉아 있었다. 그리고 그 앞에는 두 스님을 보러 온 사람들이 수십 명 앉아 있었다.

'두 사람 중 누가 나의 아버지일까?'

그때 누군가 나오면서 누가 네 아버지냐고 물었다. 두 사람 가운데 한 사람을 가리키며 인순이 "저기 아버지다"라고 했다. 동그란 검은 모자를 쓰고 고리가 달린 큰 지팡이(육환장)를 짚고 있는 사진을 집에서 본 적이 있기 때문에 낯이 익었다. 인순이 처음 보는 아버지 청담을 가리키자 천륜은 속이

지 못한다며 사람들이 모두 웃었다.

　사람들의 웃음이 무슨 의미인지도 모른 채 그렇게 아버지와 첫 상면을 하고 옆방으로 가니 언니 인자가 울고 있었다. 인자에게 아버지라는 존재는 가족을 내버리고 간 중에 지나지 않았다. 인자는 종종 그 사실이 서럽고 원망스러워서 울었다. '작은 나'를 버리고 '큰 나'를 찾아 떠난 출가의 의미를 어린 나이의 인자가 알 수는 없었을 것이다. 커가면서 두 딸은 낯설고 멋쩍어서 우스갯소리로도 '아버지'라는 소리를 내뱉지 않았다.

　아버지라는 소리를 한 번도 해본 적이 없는 두 딸이 아버지 청담을 부른 호칭은 '그 중'이었다.

출가를
결심하다

참나인 본성을 되찾기 이전, 즉 불성佛性으로 회복되기 이전
의 인간은 안팎으로 자주 균형을 잃은 채 살아가기 쉬운 존
재다. 때문에 본능적으로 내면의 부족함, 다시 말해 본래의
완전성(불성)을 회복해주겠다는 약속에 마음이 끌리게 마련이
다. 모든 생물이 본능적으로 일제히 빛을 향하는 것처럼 본
성을 추구하도록 이끄는 선지식에 압도당하는 것이다.

　누구와도 비교 불가한 독창적이면서도 풍부한 성철의 지
식에 압도당한 인순은 대승사에 온 지 열흘이 지나면서부터
마음이 조금씩 이상해지기 시작했다. 그토록 스님이 되기 싫
었던 마음이 슬며시 출가 쪽으로 돌아서기 시작한 것이다. 박
학다식한 성철은 지치지 않고 많은 이야기를 들려주었다. 부

처님에 대해서도 마치 동화처럼 꾸며 이야기해주었다.

"부처님이 어렸을 때 말이다, 성 밖에 나가 아주 힘들게 사는 사람들을 본 거야."

"그래서요?"

억센 진주 사투리로 들려주는 이야기에 점점 더 빨려 들어갔다.

'아, 이 스님이 굉장히 유식하구나.'

태어나서 그렇듯 많이 아는 사람을 보지 못했다.

'목탁이나 두드리고 남의 밥이나 얻어먹는 거지가 중인 줄 알았는데, 이렇게 엄청난 지식을 가지고 부처님처럼 많은 사람의 행복을 위해 살려고 하는 사람들이 스님이구나.'

그렇게 조금씩 선지식의 풍요한 마음 세계에 물들어갈 무렵, 인순은 성철처럼 유식해지는 공부를 해보고 싶은 마음이 들었다. 그래서 물었다.

"제가 출가를 하면 스님이 아는 것을 저한테 다 가르쳐줄랍니까?"

"가르쳐주지, 암만."

"그러면 제가 중이 되겠습니다."

성철이 손뼉을 탁 치며, '인자(이제) 됐다. 이 아가 인자 중노릇한단다' 하고 좋아했다.

"스님한테 잘 배울 테니 저를 법사法師로 만들어주세요."

"그러지, 니가 법사가 되도록 이 스님이 알고 있는 것 다 가르쳐주지."

묘엄은 훗날 이 당시를 회고하며 "멋모르고 살다가 어른들 얘기를 듣고 조금 소견이 났다고 볼 수 있다. 인생 부귀영화가 다 허망하다며 싯다르타 태자가 출가할 때 이야기를 자꾸 들으니 물이 들었던 것 같다. 인생관이 차츰 싹이 튼 것 같다"라고 했다.

성철은 약속을 지켰다. 성철은 묘엄이 출가의 길을 걷는 동안 결심이 흔들리지 않도록 관심을 거두지 않았다. 화두를 주어 선禪 수행의 길에 들어서게 하는 등 명실공히 첫 법사로서 태산과 같은 큰 스승의 역할을 했다. 절대 스님이 되지 않을 거라는 인순에게, "잘 배워서 네가 비구니계의 혁명을 일으킬 큰스님이 되면 어떻겠느냐"며 출가를 권유한 성철의 바람대로 묘엄은 선禪·교敎·율律을 고루 갖춘 수행자의 길을 걸으며, 현대 한국 비구니계가 교육과 계율 등에서 혁명적으로 비약·발전하는 데 크게 이바지하는 삶을 살았다.

출가 수행자의 삶은 부처님의 가르침을 믿고 실천하면서 살아야겠다는 신념에서 시작되고 만들어진다. 묘엄에게 이러한 신념을 갖게 한 최초의 선지식이 성철이었다. 그로 인해 초발심 시절부터 입적하는 날까지 출가자의 목표인 '상구보리 上求菩提 하화중생下化衆生'을 향한 치열한 수행과 한 치 빈틈없이 철저히 계율을 수지하는 율사로서의 인생, 빼어난 강사와 비구니 교육자로서의 삶을 살 수 있었다. 그 시간들이 평생의 삶을 깊고 풍요롭게 했다. 은혜로운 인연이었다.

◎

인순이 출가 의사를 밝히자 청담과 성철, 청안 등 세 비구가 인순을 데리고 대승사 산허리를 넘어 산내 암자인 윤필암潤筆庵으로 갔다. 청담과 성철이 머물며 공부하던 대승사 쌍련선원은 비구들이 머무는 곳이어서 여자인 인순이 살 수 없었기 때문이다.

그동안 쓰던 소지품들을 챙겨 대승사에서 10여 분 거리에 있는 윤필암에 도착하니, 한쪽에서는 삭발하는 스님들이 보였고 또 다른 한쪽에서는 부지런히 적을 굽는 모습이 보였다. 큰절의 선원에서 스님들이 온다고 하니 대접할 준비를 하는 중이었다. 암자의 마루 위에서는 한 스님(재석)이 흰 동정을 단 검은 장삼에 빨간 가사를 입고 신중단을 향해 불공을 드리고 있었다. 그 모습이 너무 예뻐 보여 인순은 '나도 머리를 깎으면 저렇게 예쁘겠구나' 하는 생각이 들어 얼른 머리를 깎고 싶었다.

이 장면이 윤필암에 대한 묘엄의 첫 기억이다. 묘엄은 마당의 돌 하나까지 기억할 만큼 자신의 출가 절인 윤필암을 오래도록 사랑했다. 해서 나중에 봉녕사에 자리를 잡고 난 뒤에도 매해 그곳을 방문했다. 하지만 어느 해에 가보니, 조촐하던 암자는 사라지고 많은 대중들을 수용하는 큰 절로 변모해 있었다.

세 비구는 점심 공양을 한 다음 생면부지인 그곳에 인순을 두고 바람처럼 가버렸다. 인순은 그때까지 윤필암에 홀로 남겨진 것이 무엇을 의미하는지 알지 못했다. "그래도 중 될 팔자였는지 울지는 않았다"고 나중에 회고했다.

며칠 후 오로지 기도에 집중하는 7일 기도가 시작되었다. 윤필암에는 비구니 스님들이 30여 명 살고 있었다. 7일 기도라는 소리를 처음 들을 만큼 절집 문화에 대해 아무것도 몰랐지만 윤필암 선방(법당)에서 흘러나오는 염불 소리가 너무 아름다웠다. 뒷문 앞에 서서 천상에서 나는 듯한 염불 소리를 들었다. 가만히 듣고만 있을 수 없었다. 따라 했다. 스님들이 목탁을 치면 무르팍을 함께 쳤다. 뒷문에서 부스럭대는 소리가 났던지 선방 안 스님들이 시끄럽다고 했다. 저만치 떨어져 다시 염불 소리를 들었다. 그동안 세상에서 들었던 소리 중 가장 아름다운 소리였다. 그렇게 영원에서 영원으로 흐르는 영겁의 시간 속으로 성큼 발을 들여놓았다.

보통은 수계를 하기 전에 행자 시절을 보낸다. 절집의 생활을 익히고 수행자로서 자질이 있는지를 시험해보는 기간이다. 짧게는 몇 달에서 많게는 몇 년 동안 행자 기간을 가진다. 묘엄은 따로 행자 시절을 보내지는 않았다. 굳이 꼽자면 대승사에서 청담과 성철의 지도 아래서 보낸 보름 동안과 얼마 뒤 삭발할 때까지 한 달도 채 안 된 기간이 행자 시절에 해당한다. 말하자면 누구도 경험하지 못한 유일무이한 행자 시절을 당대 최고의 선지식들 밑에서 보낸 것이다.

삭발하던
날

묘엄은 오월 단오 전날에 삭발했다. 당시 비구니 세계에서 철저한 참선 수행자로 널리 알려진 것은 물론 윤필암의 가장 어른인 법희法喜(1887~1975)가 삭도削刀를 쥐고 인순의 정수리 부분을 깎았다. 수행이 깊은 선지식에게 머리를 깎아야 장애 없이 공부할 수 있다는 관습에 따른 것이다.

법희는 어려서 출가해 당대 최고의 선지식 만공滿空(1871~1946)의 회상에서 공부했다. 서른 살에 심안心眼이 홀연히 열려 만공에게 인가를 받고, "이번 생에는 어떤 자리에서도 법을 설할 생각은 말라"는 만공의 당부로 단 한 번도 법상에 올라 법문을 하지 않은 수행자로 유명하다. 일상에서 늘 울력을 하며 대중을 외호하는 일로 일생을 보냈다. 선 수행의 관점에서 보면 묘엄은 출발 시기부터 뛰어난 비구니 선사들이 모여 있는 윤필암에서 공부를 시작한 셈이다.

"어머니가 예쁘게 잘 키웠구나. 머리 밑에 부스럼 자국 하나 없네."

그렇게 말하면서 법희가 젊은 덕수德秀에게 삭도를 넘겨주었다. 차가운 가을바람에 나뭇잎 떨어지듯 검은 머리칼이 뚝뚝 땅으로 떨어지고 있을 때, 누군가 작은 소리로 저 밑에서 인순의 어머니가 올라오고 있다고 말했다. 그 소리를 들은 덕수가 종주먹을 대듯 을러댔다.

"울면 안 돼! 울면 오늘 집으로 쫓아 보낸다."

그러자 묘엄이 이상하다는 듯 말했다.

"저 안 울어요. 중노릇하는 게 좋아서 머리를 깎는데 왜 울어요?"

인순은 어머니가 올라오는 쪽으로 머리를 돌리지 않고 반듯하게 앉아 있었다. 머리를 깎고 나자 다른 사람이 입던 승복을 받아 입었다. 모양이 우스웠다. 그제야 머리를 들어 위를 올려다보니 어머니가 바라보고 있었다. 어머니와 눈이 마주치자 갑자기 눈물이 봇물처럼 터져 나왔다. 아직은 어린 소녀였던 것이다. 두 사람은 절 뒤쪽으로 가서 부둥켜안고 울었다. 실컷 울고 개천으로 내려가서 세수를 하고 돌아오니 은사가 된 월혜月慧가 눈치를 챘는지 성이 나 있었다. 은사의 눈에

출가 후 어린 묘엄

띄지 않은 곳으로 가서 마음을 삭였다.

저녁예불을 하고 어머니가 묵고 있는 방에 들어가보니 잠꼬대를 하고 있었다. 우, 하는 소리가 마치 신음소리 같았다. 마음이 시려왔다. 오늘 밤만은 어머니와 함께 있고 싶었다. 은사에게는 꾸중을 들을지 몰라 차마 말을 못 하고 도감都監 (사찰의 모든 살림살이를 총괄하고 감독하는 소임)을 찾아가 허락을 구했다. 곁에 이부자리를 펴고 어머니의 팔을 베고 인순은 잠이 들었다.

인순의 어머니는 초저녁에 살쿰 잠이 들었다가 문득 눈을 떴다. 어느새 딸이 와 옆에 누워 잠들어 있었다. 창호로 들어온 달빛에 비친 삭발한 열네 살 딸아이의 얼굴은 5월에 피어나는 모란보다 더 화사했다. 남편이 출가하고 다섯 해 뒤에 태어난 딸이었다. 초등학교에 입학시키기 위해 읍으로 나가 긴 머리를 자르고 단발머리를 했을 때 얼마나 단정하고 예뻤던가.

◎

열여섯 살에 스무 살이던 이 아이의 아버지에게 시집왔다. 그는 필연적으로 출가할 사람이었다. 결혼 후 진주 어느 절에서 한 승려를 만나 '마음'에 대한 법문을 듣고 와서는 불교에 심취해버렸다. 날이 갈수록 마음이 뜨거워짐을 느낄 수 있었다. 출가하겠다며 해인사로, 백양사로 갔으나 혼인을 했다는 이유로 거절당하고 돌아왔다. 그래도 그는 출가의 뜻을 굽히지 않았다. 급기야 일본으로 가더니 그곳에서 출가해 두 해가 지나서 돌아왔다. 형식에 치우친 일본 불교에 실망하고 돌아온 것 같았다. 그러나 여전히 출가를 향한 가슴은 뜨거워 보였다. 결국 스물다섯 살이 되자 그는 집에서 그리 멀지 않은 고성 옥천사에서 출가 인연을 맺고 집을 떠났다. 큰딸이 세 살 나던 해였다.

그는 출가를 앞두고 함께 출가하자고 설득했다. 하지만 그럴 수 없었다. 남겨진 시어머님을 봉양하고 딸을 키우는 것을 의무라 생각했기 때문이다. 다음 해 이혼 수속을 밟기 위해 집에 들른 그는 매우 미안해했다. 남편을 붙잡을 수 있는 마지막 기회였지만 잡아서 될 사람이 아니란 걸 너무 잘 알았다. 그토록 자식을 믿고 의지하던 아버지가 출가하지 말라고 간청해도 뿌리치던 사람이었다. 집안 어른들의 회유에도 꿈쩍도 안 한 사람이었다. 그는 부처님처럼 치열하게 정진해서 자아를 완성하고, 모두가 행복한 세상을 꿈꾸었다. 더는 마음을 돌릴 수 없음을 알았다.

불교에 깊이 들어가면서 그는 아내인 자신에게도 부처님의 일생에 대해 이야기해주었다. 승려는 어떠한 뜻을 품고 무엇을 위해 살아야 하는 존재인지도 말해주었다. 자신도 차츰 부처님의 가르침에 물들어가고 있었다. 그는 다감한 사람이었다. 부처님이 간 길을 따른다는 마음이 바다처럼 깊어서 집을 떠나야 했지만 세속에 있는 동안 사람을, 그리고 아내인 자신을 결코 함부로 대하는 일은 없었다.

기왕이면 그토록 하고 싶어 하는 공부를 마음 편히 할 수 있도록 보내주고 싶었다. 하고 싶은 대로 마음껏 뜻을 키워 큰 스승이 되길 바라는 마음으로 이혼 도장을 찍었다. 적어도 자신이 남편의 출가에 걸림돌이 되고 싶지는 않았다. 세 살 난 큰딸을 업고 군청으로 가서 이혼 도장을 찍었다. 서류를 담당하던 일본인 군청 직원이 후회하지 않겠느냐는 물음에도 후회하지 않는다고 대답했다.

그가 출가하고 5년 뒤인 스물일곱에 이 아이 인순을 낳았다. 뜻밖의 일이었다. 아들이 출가를 했는데도 어머니는 사내아이를 하나 낳아 대를 잇기를 간절히 원했다. 진주 연화사 낙성식에 법문을 하러 온 아들에게 집에 들렀다 가라고 간청했다. 효자인 그는 차마 어머니의 간절한 마음을 거절하지 못했다. 절에서 하얀 연꽃을 한 송이 받아오는 태몽을 꾸고 다음 해 음력 정월에 이 아이가 태어났다. 그가 정진하던 곳으로 아이의 탄생 소식을 편지로 알렸다. 아무 소식이 없었다. 몇 해에 한 번씩 진주 연화사에 다녀갔으나 먼발치로만 얼핏

볼 뿐이었다.

그는 다음 날 치러질 딸의 출가 수계식에 윤필암으로 올 것이다. 여전히 고른 숨소리를 내며 잠든 묘엄을 바라보았다. 갓 삭발한 머리는 파르스름한 빛을 내고 있었다. 딸을 남편이 있는 대승사로 보낼 때 생각했다.

'그래, 마음의 고향을 찾아 떠난 너의 아버지에게 가거라. 아마 그곳은 세속처럼 복잡하지도 힘들지도 않은 세상이리라. 또한 수행자인 아버지 그늘에서의 삶이 더 안전할 것이다.'

그렇게 떠나보낸 딸이 한 달도 채 안 되어 삭발하고 출가한다는 소식을 들었다. 딸이 입을 승복을 준비했다. 그 딸이 지금 옆에 누워 있다. 호롱불을 끄자 은은한 달빛이 가슴으로 스며들었다. 편안했다. 괜찮다고, 잘된 일라고 되뇌면서 다시 잠을 청했다.

사미니계를
받다

"이제, 네 이름은 묘엄妙嚴이다."

사미니계를 받기 전 성철은 인순에게 법명이 적힌 종이를 건네주면서 이렇게 말했다.

묘엄은 그 이름이 뜻하는 바를 몰랐다. 훗날 경전을 배우고 있을 때 해인사에 볼일이 있어 갔다가 성철에게 물었다.

"제 이름을 왜 묘엄이라 지으셨습니까?"

"《화엄경》첫 품이 〈세주묘엄품世主妙嚴品〉이다. 거기 보면 온갖 인물들이 모여서 화엄세계를 장엄하는 내용이 있어. 묘엄이라는 이름은 세상에 하나뿐이야. 둘도 없다. 참 좋은 이름이야. 누가 뭐래도 바꾸지 마라."

세주世主라는 법호도 성철이 지어주었다. 경전 공부를 모두 마치고 인사차 갔을 때 비구니는 법호를 지으면 안 되냐고 묻자 말했다.

"지어도 되지. 그런데 이름이라는 게 간판을 붙이는 것인데 간판 여러 개 붙여 뭐 하려고 그래?"

"모두 법호를 지으니 저도 하나 지어주세요."

"《화엄경》의 〈세주묘엄품〉에서 '묘엄'이라는 이름을 지었으니, 그럼 '세주'를 호로 써라."

묘엄은 성철이 지어준 이름 그대로 한 생을 살았다. 성철의 은사인 동산東山이 묘엄보다는 세상에 이름을 알리는 뜻의 묘음妙音이 좋다면서 법명을 바꾸라고 권한 적이 있지만, 한 번 받은 법명을 절대 바꿀 수 없다고 사양했다.

삭발한 다음 날인 1945년 음력 5월 5일, 윤필암 큰방(선방)에 법상이 차려졌다. 묘엄은 어머니가 준비해온 승복을 입고 그 앞에 앉았다. 청담과 묘엄의 어머니, 윤필암의 대중들이 모두 참석했다.

성철이 사미니계를 설했다. 특유의 그 큰 소리로 불살생不殺生(산목숨을 죽이지 않음), 불투도不偸盜(남의 물건을 훔치지 않음), 불음행不淫行(음행을 하지 않음), 불망어不妄語(거짓말을 하지 않음)의 네 가지 계율을 하나하나 설했다. 그리고 이 계를 능히 지키겠느냐고 물었다. 수계식이 시작되기 전에 한 스님이 수계식 중에 계사가 '계를 지킬 것인가' 물으면 '능지能持'라고 대답하라고 일

사미니계 호계함.
묘엄은 1945년 5월 5일
성철 스님을 계사로
사미니계를 받았다.

러주었기 때문에 묘엄이 또렷한 목소리로 대답했다.

"능지!"

성철이 차례로 네 가지를 물은 다음 불음주不飮酒의 다섯째 계율을 설한 뒤 물었다.

"목숨이 다하도록 일생토록 술을 먹지 않겠느냐?"

묘엄이 멈칫 망설이는가 싶더니 대답했다.

"해봐야 알겠습니다."

그 스님이 능지의 뜻을 일러주지 않았기에, 자신이 알고 있는 능지의 뜻을 떠올리며 대답했다. 예전에 할머니가《삼국지》를 읽어주며 말해준, 사지가 찢겨져 죽는 능지처참과 같은 뜻이라 여겼기 때문이다.

방 안에 있는 사람들이 모두 웃음을 터뜨렸다. 윤필암에서 일꾼들이 일을 할 때 농주에 설탕을 넣어주었는데, 그때 남은 것을 조금 먹은 적이 있었다. 앞으로도 일을 거들다 보면 농주를 먹지 않는다는 보장이 없으니 고심 끝에 그렇게 대답했던 것이다. 사람들이 왜 웃는지 영문도 모른 채 있는데 성철이 나머지 다섯 가지 계율을 설하고 지키겠느냐고 물었다. 묘엄은 성철이 설한 열 가지 계율을 일평생 지킬 것을 다짐했다.

성철은 생전에 단 한 번 사미니계를 설했다. 자신은 본디 법상에 올라가지 않는데 절친한 도반인 청담 스님의 딸이기 때문에 한 번만 사미니계를 설한다고 하면서 법상에 올라갔다. 성철이 생전에 유일하게 행한 사미니계의 주인공인 묘엄은 일평생 바다보다 깊은 그 은혜를 잊지 않았다. 그리고 신심 깊고 지혜로우며 자비로운 수행자로 성장해 비구니계의 우뚝 솟은 지도자가 되는 것으로 그 은혜에 보답했다.

수계식이 끝나자 청담이 묘엄의 어머니를 바라보며 말했다.

"아무리 어머니라도 딸이 출가했으니 스님이 잘 되었다고 절을 한 번 하시오."

묘엄의 어머니가 일어나 방금 계를 받고 스님이 된 딸에게 절을 올렸다. 그 몸짓이 점잖고 엄숙했다. 묘엄의 눈에서 눈물이 또르륵 흘러내렸다. 청담이 왜 우느냐고 나무라듯 묻자 이렇게 답했다.

"엄마가 절을 하니까 왜 그런지 눈물이 나요."

청담은 이제 고작 열네 살 소녀에 불과한 묘엄을 바라보았다. 삭발하고 계를 받는다는 의미, 출가의 의미에 대해 무엇을 알겠는가. 그래도 스스로 출가하겠다고 마음을 낸 것이 장했다.

수계식을 행한 자리가 정리된 뒤 성철이 묘엄의 어머니에게 말했다.

"이제 오지 마소. 큰절에 오면 사판승이나 선방 수좌들이 순호 스님 마누라 왔다고 하지, 묘엄이 엄마 왔다는 소리 안 합니다. 그러니 이제 오지 마소. 그라고 가는 어른도 섭섭하지만 엄마 가는 걸 보는 아이 마음이 어떻겠소."

당시 딸이 출가하는 자리에 부모가 모두 참석하는 일은 아주 드문 일이었다. 자식이 마음의 동요를 일으키지 않도록 참석하지 않는 것이 불문율로 되어 있었고, 더군다나 묘엄의 아버지 청담이 있는 곳이 아닌가.

가만히 듣고만 있던 묘엄의 어머니를 향해 성철이 다시 말했다.

"우리가 있으니 가서 안심하고 사소. 다시는 오지 마소."

그러마, 하고 대답했으나 묘엄의 어머니는 성철의 당부를 받아들이지 못했다. 듬직한 수행자 이전에 아직은 더러워진

옷을 벗으라는 말을 하기 전에는 스스로 갈아입을 줄도 모르는 어린 자식이었다. 지아비를 출가시킨 대담한 여인이었으나 자식이라는 이름 앞에서는 그저 사랑밖에 줄 줄 모르는 평범한 어머니였다. 여름이 되면 삼베옷을 만들어 왔고, 겨울에는 솜을 넣은 옷을 준비해서 윤필암을 찾았다. 시장에 나갔을 때 내복이 보이면 내복을 사고 광목이 눈에 띄면 필로 끊어 머리에 이고 왔다. 양말과 고무신도 넣어 왔다.

묘엄의 은사 월혜는 그 광목을 두 마씩 찢어서 대중들에게 골고루 나누어주었다. 두 마면 적삼 한 벌 감이었다. 솜옷을 두 벌 해오면 한 벌은 다른 사람에게 주었다. 그렇게 나눠 가지는 것이 평범하게 이루어지는 절 생활이 시작되었다. 사찰 내의 일상적인 일, 염불, 불공 의식 익히기, 소임을 사는 법, 대중 울력, 은사의 엄격한 가르침을 익히는 초발심 시절로 막 들어선 것이다.

서두르지 말고
꾸준히 가라

묘엄의 출가 절인 사불산四佛山 대승사大乘寺 윤필암潤筆庵은
고려 때인 1380년에 창건되었다. 이후 근대 한국불교의 선풍
을 드날린 경허鏡虛(1849~1912)가 1900년 대승사와 윤필암에
들러 선원으로 개원했다. 그러다 1931년 성철의 노사老師인
용성龍城(1864~1940)이 대승사 조실로 있으면서 비구 암자인
윤필암을 비구니 암자로 바꾸어 운영하였다. 월혜의 은사인
법주사 수정암 출신의 선진善眞이 선방을 열었다.

　수덕사 견성암에서 온 비구니들이 도량을 정비하고 1936
년부터 방함록을 만들어 정식 선원으로 출발했다. 근현대
한국 비구니 선사 1세대인 법희法喜·본공本空·선경善鏡·대영
大英·혜안慧眼·태주太柱·월혜月慧·진오眞悟 등 비구니 선객들

이 모여 치열하게 수행했다. 묘엄이 오기 전인 1938년에 선경이 한 소식을 얻었고, 비구니계의 대모로 통한 인홍仁弘 (1908~1997)이 한국전쟁 당시에 피난을 와서 정진했다.

윤필암은 훗날 묘엄이 비구니계의 큰 지도자로 성장하자 묘엄이 출가한 곳으로도 알려지기 시작했다. 묘엄이 1945년에 출가했을 때는 선원이 개원된 지 10년쯤 흐른 뒤로, 법희·월혜·인정 등 30여 명의 비구니들이 정진하고 있었다. 당시 수덕사 견성암과 월정사 지장암과 더불어 비구니 3대 선원으로 이름나 있었다.

불가에서 은사는 제자가 출가자가 되는 절차를 밟아 승僧이 되게 하고, 법사는 제자를 수행의 길로 안내해 공부를 시키는 존재다. 묘엄의 은사인 월혜月慧(1895~1956)는 근현대 비구니계의 선풍을 일으킨 수좌로 평가되고 있는 수행자다. 묘엄이 윤필암으로 가기 10여 년 전(1936), 경북 안동의 한 포교당에서 '마음은 우주의 생명이며, 영원불멸의 실재이며, 온 누리의 진리이며, 천지조화의 본체'라는 청담의 마음 법문을 듣고 출가했다. 월혜는 윤필암과 견성암, 지장암을 오가며 정진했다. 만공이 비구니 수행자에게 "중노릇을 잘하려면 월혜에게 가라"고 했을 정도로 위법망구爲法忘軀의 자세로 살았던 청빈한 선객이었다.

월혜는 묘엄이 출가할 당시 윤필암에서 가장 중요한 소임인 입승立繩으로 있었다. 입승은 선방 비구니들이 청규를 지키며 수행하도록 독려하고 총괄하는 소임이다. 묘엄은 월혜를 은사로 정할 때 선방 스님들 가운데 가장 가난해 보였지만 청정하게 수행하는 모습이 좋아 보여 제자가 되겠다고 나섰다. 대중들이 "입승 스님은 가진 것이 없어 상좌를 공부시킬 여력이 없으니 다른 사람으로 하라"고 극구 말릴 때 묘엄은 속으로 이렇게 생각했다.

'다음에 동냥을 해서라도 스님을 잘 모시면 되지.'

월혜는 청담에 대한 존경과 신뢰가 깊었으므로 청담의 딸인 묘엄을 제자로 받아들여 보살피는 데 헌신을 다했다. 또한 청담과 성철 등의 수행자들이 묘엄을 비구니계의 지도자로 만들려고 애쓰는 일에 적극 동참해 묘엄을 가르쳤다.

월혜는 선방 책임자로서 엄격했고 생활에서는 말할 수 없이 검소했다. 승가의 기본 생활이 간소하고 검소하게 사는 것임을 몸소 실천하며 보여주었다.

묘엄은 대중들과 화합하며 여법하게 지내는 법을 익히고 인내하는 법을 배웠다. 은사는 일상생활에서 행해야 할 소소한 생활 규칙을 세심히 가르쳤다. 옷은 언제 어떻게 갈아입는지, 빨래는 어떻게 하는지, 잠을 잘 때는 어떻게 마음을 들고 자는지, 소화가 안 될 때는 어떻게 치료하는지 등 생활에 필요한 것들을 살뜰히 챙겼다. 은사는 또 어머니가 가져온 물건

윤필암 요사채

들을 함께 사는 대중들에게 골고루 나눠주며, 살아가는 데
반드시 필요한 최소한의 것만 소유하는 법을 가르쳤다.

한편 묘엄이 자신을 가르치는 청담과 성철을 믿고 으스댈
까 싶어 기를 누르는 방식으로 교육했다. 깨진 그릇이 눈에 띄
면 묘엄이 한 것이라고 했고, 다른 사람이 구석에 밀어놓은
빨래도 양잿물을 받아서 삶아 빨아놓게 했다. 억울한 일이 많
았지만 묘엄은 묵묵히 은사가 시키는 대로 시시비비에 흔들
리지 않고 말없이 견뎌냈다. 남의 빨래를 빨아놓으면 저녁때
주인들이 나와서 살며시 거둬가도 아무 말을 하지 않았다.

월혜는 눈에 띄지 않게 묘엄을 돌보기도 했다. 윤필암의
아침 공양은 흰죽과 간장이나 된장에 깻잎을 넣은 것이 전부
였다. 대중들 모두 맛있게 한 그릇을 비웠으나 묘엄은 위궤양
증세가 있어 흰죽을 먹으면 생목이 올라왔다. 그걸 알고 월혜

는 대중들 눈에 띄지 않게 살며시 솔잎 가루를 건넸다.

"발우 안에 넣어두었다가 아침에 죽 먹을 때 먹어라. 생목이 덜 올라올 거다."

묘엄은 끓인 된장에 솔잎 가루를 넣어 흰죽에 부어 공양을 했다.

묘엄은 대승사에서 본 스님들을 흉내 내다가 혼쭐이 나기도 했다. 가사불사袈裟佛事에 대한 법문을 하던 자운慈雲의 성대모사와 멋쩍어하는 모습을 대중들 앞에서 신이 나서 흉내를 내다가 들켜 참회의 절을 하기도 했다. 방아를 찧는 절굿대를 몰라 무작정 절 마당을 기웃대며 찾아다니기도 하고, 시금치를 삶을 줄 몰라 곤죽을 만들어놓고, 독성각獨聖閣에서 '나반존자那畔尊者'를 부르며 정근하다 나반존자 네 글자를 잊어버려 대신 '독성'을 부르기도 했다. 때로 좌충우돌하는 묘엄을 불러 월혜가 가르쳤다.

"묘엄아, 중노릇이라 하는 것은 새 신을 신고 급하게 가는 것처럼 서둘러서는 안 된다. 헌 신발이라도 편한 신을 신어야 오래 걸을 수 있는 것처럼 꾸준히 공부해가야 중노릇을 끝까지 제대로 할 수 있다. 또한 시주의 은혜에 기대지 않고 물건을 아껴 쓰는 것이 진정한 중노릇이야."

가끔 이 말을 했을 뿐 월혜는 묘엄에게 특별히 공부에 대한 가르침을 내리지 않았다. 대승사에서 정진하고 있는 성철과 청담이 묘엄을 직접 가르쳤으므로 손을 댈 게 없다고 생각했다. 다만 생활에서 지켜야 할 것들은 철저히 가르쳤다. 물품을 아껴 쓰고 청소를 짬지게 하라고 가르쳤다. 시주받은 물건을 소중히 여겨 검소해야 한다고 했고, 생활에서 이를 솔선수범했다.

수행자는 서두르지 않고 꾸준히 출가의 길을 가며 검소하게 사는 사람이라는 은사의 가르침을 오롯이 받아들인 묘엄은 한글을 어느 정도 익히게 되자 진주에 있는 어머니에게 편지를 보냈다. 식구들 모두 편히 잘 지내는지, 언니도 잘 있는지, 그리고 외할머니와 이모, 고모들의 안부도 물었다. 같이 놀던 동무 종순이도 잘 있느냐고 쓰면서, 사진관을 하는 외삼촌에게 부탁해 그리운 이들이 담긴 가족사진도 한 장 찍어서 보내달라고 했다. 그리고 마지막은 아직 한글이 서툴러 일본말로 써 내려갔다.

'엄마, 내 걱정은 하지 마. 누더기 한 벌이라도 한평생 충분하니까 옷 해오지 마.'

묘엄에게 한글을 가르친 덕수가 이 편지를 읽고 눈시울을 붉혔다. 어린아이가 어찌 이런 말을 할 줄 아느냐며, 대중들이 모두 있는 곳에서 묘엄의 편지를 읽었다. 묘엄의 편지는 진주 집으로 부쳐졌다.

향에서
울려 퍼지는
소리

묘엄은 생전에 종종 사미니 시절 윤필암에서 배운 교육이 수행자로서 평생 살아가는 데 자신감을 심어주었고, 어려운 상황에 처했을 때 용기를 가지고 헤쳐나갈 수 있는 힘을 주었다고 회고했다. 묘엄이 윤필암에서 보낸 시간은 승가의 모든 것들이 가슴에 쌓여 내면을 금빛으로 물들인 세월이었다. 봄·여름·가을·겨울 사계절의 아름다움을 마음에 차곡차곡 담은 시절이었다.

윤필암의 아름다운 문화 속에서 피어난 언어 이전의 본질이 그곳에 늘 숨 쉬고 있었다. 그저 그 자리에 가만히 있는 것만으로 맑아지고 밝아진 윤필암의 사계절을 지나면서 절집의 문화와 일상이 자연스럽게 스며들었다. 은사의 가르침은 언제나 여법했고, 은사의 언행에는 어떤 경지를 넘어선 무욕과 자연스러운 무위의 기운이 배어 있었다. 묘엄은 그 모든 것을 마음에 담았다. 수행자는 겸손과 절제 속에서 마음을 닦는 사람들이라는 걸 알아가기 시작했다.

묘엄의 염불은 첫소리가 빼어나 안정된 느낌을 주었다는 말을 듣는다. 소리가 장중해 음성 하나하나에 진심이 녹아 있어 듣는 이로 하여금 업장이 소멸되고, 가슴 깊은 곳까지 환희로 물들게 하는 힘이 있었다. 묘엄의 염불 소리를 들은 후학 한 사람은, 바이올린의 깊은 저음과도 같은 귀한 음색이었다고 기억한다.

묘엄은 계를 받고 나서 밥을 먹고 잠을 자고 화장실에 가는 가장 기본적인 일상생활의 습관에서부터 불공佛供을 드릴 때 쓰이는 의식儀式과 염불 및 한글을 익혀나갔다. 화장실에 들어갈 때 외우는 입측오주入厠五呪(화장실에서 외우는 다섯 가지 진언)도 배웠다. 초등학교에 다니면서 한자를 일본어식으로 읽는 법만 배웠기 때문에 한국어로는 어떻게 읽어야 하는지 난감했던 묘엄은 다른 스님들이 염불하는 것을 들으며 긴《천수경》을 외웠다. 경전을 귀로 듣고 입으로 외운 셈이다.

목탁을 치고 요령을 흔드는 것도 배웠다. 목탁과 요령을 익히고 나서 산으로 올라가 연습한 뒤에 산신각과 칠성각에서 불공을 올렸다. 참선하는 데 소리가 크다며 좀 떨어져서 하라

는 선방 스님들의 말을 듣고 나서는 산으로 올라갔다. 물이 철
철 흐르는 산신각 옆에서 힘껏 소리를 지르며 염불했다.

"윤필암은 선방이었기 때문에 어산魚山은 가르치지 않았
다.《천수경》, 불공 의식, 시식施食을 배운 게 전부였지만
그때 배운 것으로 한평생 염불을 했다. 덕수 스님에게 염
불을 배우던 중에 스님이 다른 절로 떠나면서 영선 스님
에게 배웠다. 16세에 출가해 마곡사 영은암에서 온 영선
스님은 어산에 능해 음성이 참 좋았다. 들으면 안정감이
생겼다. 마곡사, 동학사, 서울, 경상도 어산이 조금씩 다 달
랐는데, 참벌 날아가듯이 목소리가 높고 날카로운 새된
목소리로 하는 스님도 있었다. 들으면 마음이 착 가라앉
아서 선방 식으로 하는 스님도 있었다. 신명이 나는 스님
도 있고 구성지게 눈물이 나도록 하는 스님도 있었다. 들
어보면 다 달랐다. 영선 스님의 염불은 신명이 났다."

묘엄은 어산 듣기를 좋아했다. 어산은 불교 범패梵唄와 같
은 뜻으로, 불교 경전의 게송에 곡을 붙여 만든 것이다. 음성
이 좋은 사람들이 어산을 제대로 배워서 할 때면 하염없이
서서 듣기도 했다.

은사에게 처음 배운 사시마지를 올릴 때면 부엌으로 들어

윤필암 법당

가 향로에 빨갛게 달궈진 잔잔한 숯덩어리와 잿불을 담아서 재로 살짝 덮었다.

"향을 피울 때 만약 불이 벌겋게 나오면 내생에 술 먹은 사람처럼 항상 얼굴이 벌건 사람이 된다고 했어. 그러니 항상 불이 보이지 않도록 재로 잘 덮고 그 위에 목향을 피우거라."

은사는 향을 피울 때 지극정성으로 숯덩어리의 빨간 불을 보이지 않게 하는 것이 예법임을 가르쳤다. 향을 피우면 온 방이 향내였다. 묘엄은 그 향 내음이 좋았다. 자연스레 피어오르는 향의 연기가 너무도 아름다워서 가만히 들여다보고는 했다.

'이 아름다움은 어디서 오는 걸까.'

향에서 울려 퍼지는 소리가 들리는 듯했다. 불가에서는 향냄새가 마치 아름다운 소리와 같다고 해서 '향성香聲'이라 이름한다. 그리고 향을 구하면 향성이 날아갈까봐 종이에 싸두곤 한다. 향성을 문향聞香이라고 표현하기도 하는데, 여기서 '문聞'은 '냄새 맡다'라는 뜻이다.

"야가 뭐하노? 빨리빨리 마지 올리지 않고."

은사의 재촉에도 출가 전 마을에서 제사 지내고 난 다음 향냄새가 배어 있는 음식을 먹었던 기억이 떠올라 가끔 어머니와 언니 생각을 하면서 향냄새에 젖어 있곤 했다. 제사가 있는 날이면 골목에 들어서면서부터 진동하던 그 목향 냄새와 똑같았다. 은사 월혜는 문경 점촌이나 상주 함창 장날에 건어물전에 가서 향을 사왔다. 산에서 나는 향나무 동가리(목향)를 구해서 쓰기도 했다. 목향은 뿌리 부분의 향이 더 좋았다. 향나무는 한가운데 붉은 부분이 향성이 좋았다.

"세월이 흐르면서 온갖 향을 쉽게 구할 수 있었으나 예전 같은 향은 없어서 그렇게 아름다운 향연은 볼 수 없었다. 아무리 좋은 전단향 가루로 빚어서 만든 향을 꽂아놔도 그때처럼 향연이 아름답게 피어오르는 광경은 다시 볼 수 없었다. 향을 피우고 마지를 올리면 향 연기가 올라가는 모습이 참으로 아름다웠다. 꼬불꼬불한 모습으로 올라가기도 하고 옆으로 드러누워서 올라가기도 했다. 때로는 곧장 위로 올라가기도 했다. 노년이 되어서도 마음속에 환히 그려졌을 만큼 환희로운 시간, 아름다운 공간이었다."

채공茶供 소임(반찬을 만드는 역할)을 사는 동안에는 황토 부뚜막을 정갈하게 유지하는 법을 비롯해 잿물 내리는 법과 숯가루를 이용해 광목을 회색으로 물들이는 법도 배웠다. 생활문화에 대한 체험 속에서 일상생활의 모든 것을 배운 셈이다.

"아궁이에서 이글거리는 숯불을 꺼내 땅속에 묻어둔 독에 집어넣고 못 쓰는 솥뚜껑으로 닫아버리면 불은 금세 꺼지고 새까만 숯덩이가 돼. 그 숯덩이를 물에 담가 잿물을 빼낸 뒤 곱게 빻아 숯가루를 만들어. 그런 다음 숯가루를 광목 주머니에 넣어 입을 묶은 다음, 대야에 물을 붓고 숯가루 주머니를 담그면 숯물이 우러나고, 그곳에 옷감을 넣으면 진한 회색으로 물이 들었지. 물푸레나무를 태워 만든 숯가루로 옷에 물을 들이면 푸르스름한 빛깔이 나서 아주 멋이 있었지."

대중과 함께하는 울력에서도 많은 일을 배웠다. 산나물을 뜯으러 가서는 나물과 잡초를 구분하는 법을 배우고, 해우소에서 쓸 나뭇잎을 모으고, 쌀과 콩을 골라내고, 도토리묵도 만들었다. 식량이 떨어지면 동네로 탁발을 나가 쌀과 보리를 얻어왔다. 묘엄은 일흔 살을 앞두고 이 모든 일을 자세히 밝혔다. 그 증언에는 일제강점기와 해방 직후의 가난했던 수행자들의 생활 문화와 청빈한 삶이 고스란히 담겨 있었다.

"윤필암, 내 살던 때 그때 광경을 생각하면서 그림을 그리라 카면 그릴 수 있어. 어디에 무슨 돌이 있는지 개수를 알았으니까. 밤중에도 돌 하나 요리조리 디디고 가면 딱딱 밟혀. 그걸 하도 돌아댕기면서 염불도 하고 소제掃除도 하고 이랬기 때문에 그 도량에 돌 하나 박힌 것까지 환해. 장독대 있던 자리, 산신각 앞에 뭐 이런 데 전부."

妙嚴

제2장

수행의 길로

영산정로 靈山正路

한국 근현대 불교 역사에서 청담青潭(1902~1971)과 성철性徹(1912~1993)이 차지하는 지대한 비중에 대해서는 아무리 강조해도 지나치지 않는다. 두 사람 모두 대한불교조계종의 정신적 상징이자 최고지도자인 종정宗正에 올라 출가 대중을 이끈 고승으로 역사에 기록되었다. 묘엄은 청담에게는 청빈한 무소유 정신과 인욕 실천 등 자립적인 수행자로서의 정신을 배웠고, 성철을 통해서는 참선 수행을 통해 반드시 깨달음을 얻겠다는 서원을 지니게 되었다. 출가 초기부터 출중한 수행자들에게 교육을 받을 수 있었던 배경이 묘엄으로 하여금 선·교·율을 고루 갖춘 수행자로 성장·발전할 수 있도록 만들었을 것이다.

성철 스님이 직접
묘엄을 가르치기 위해
만든 계첩 〈영산정로〉

　묘엄은 생전에, 일생 가운데 윤필암과 봉암사에서 청담과
성철의 지도를 받으며 살 때가 가장 행복했던 시절이었다고
회고했다. 두 사람이 대승사에서 갓 출가한 묘엄에게 가르치
려 했던 것은 청빈과 독립적인 삶, 그리고 계율 수지의 철저
함이었다.

　자신을 법사로 만들어달라던 묘엄을 가르치기 위해 성철
은 직접 계첩戒牒을 만들고 특별히 제목을 〈영산정로靈山正路〉
라 붙였다. 〈영산정로〉에는 비구니들을 위한 팔경계법八敬戒
法과 팔바라이법八波羅夷法, 사미니십계의 계율을 철저히 지킬
것을 다짐하는 게송偈頌이 담겼다. 1945년 음력 6월 10일에
작성되었으며, 묘엄의 수계 후 하안거 중에 묘엄을 가르치는
데 사용했다.

　묘엄은 계를 받은 날부터 거의 날마다 쌍련선원에 가서

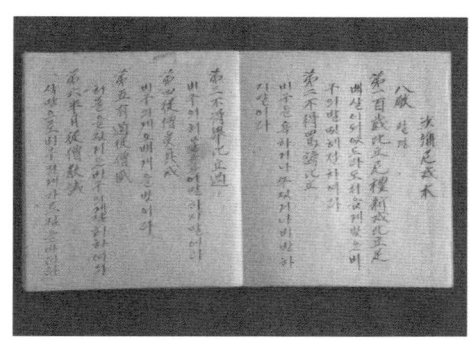

〈영산정로〉 계첩의
팔경계 (부분)

성철에게 교육을 받았다. 지금으로 말하자면 최고급 개인교
습을 받은 셈이다. 이때 공부하던 시간은 묘엄의 일생에서 가
장 아름다운 시절이었다고 할 수 있다. 청담의 딸이었기 때문
에 비구가 주석하는 선원을 드나들면서 개인적인 교육을 받
을 수 있었으니, 일종의 특권을 누린 셈이다. 은사인 월혜와
윤필암의 대중들도 이를 눈감아주었다.

　성철이 묘엄에게 가장 먼저 가르친 것은 수행자로서 지켜
야 할 기본 규칙인 계율에 관한 것이었다. 계율 규칙 수범을
지키는 것에 대해 철저했던 성철은 팔경계부터 가르쳤다. 팔
경계는 석가모니 부처님을 양육한 어머니가 처음으로 교단에
들어와 비구니가 되는 것을 허락할 때 부처님이 제정한 여덟
가지 계율을 말한다. 성철이 이제 막 출가한 사미니 묘엄에게
팔경계법부터 가르친 것은 비구니가 되는 기본 조건이 팔경

계가 되었기 때문이었을 것이다.

　성철은 〈영산정로〉 맨 마지막에 네 줄의 게송을 써서 계를 잘 지킬 것을 당부했다. 성철이 한자로 쓴 게송을 하나하나 한글로 풀어주며 읽어보라고 했다. 묘엄이 낭랑하게 읽어 내려갔다.

　　이 몸으로부터 불신佛身에 이르도록
　　굳게 금계를 지어서 훼범하지 않으리니
　　오직 원컨대 모든 부처님께서는 증명하소서
　　차라리 몸과 목숨을 버릴지언정 결코 물러서지 않겠습니다
　　自從今身至佛身 堅持禁戒不毁犯
　　唯願諸佛作證明 寧捨身命終不退
　　　―《작법귀감作法龜鑑》의 〈입지게立志偈〉

　지우려야 지울 수 없는 금강석과도 같은 견고하고 예리하며 밝은 생명의 소리였다. 어린 묘엄은 견고한 마음으로 계를 굳게 지키겠다는 서원이 담긴 이 게송을 매일 외우고 또 외웠다. 묘엄의 삶에서 가장 빛을 발한 율사로서의 첫 발자국이었다. 묘엄을 깊고 풍요롭게 다듬어준 생명과도 같은 계율을 성철로부터 처음 배운 것이다. 성철은 마지막 장 맨 끝에 이렇게 적어놓았다.

응화 2972년 을유 6월 10일

사불암 아래에 있는 윤필선방에서

새로 계를 받은 묘엄에게 주어 수지케 하노라

應化二九七二年 乙酉六月十日

於四佛岩下 潤筆禪窟 新戒 妙嚴受持

묘엄은 이 계첩을 평생 지녔다. 묘엄이 입적한 뒤에 후학
들이 봉녕사에 세주묘엄박물관을 지으려고 유품을 정리하다
가 발견한 〈영산정로〉가 마치 누군가의 손길을 기다린 듯 너
무나 깨끗하게 잘 보관되어 있어서 숙연해질 정도였다.

계를 지키겠다는 저 서원의 게송은 성철을 법사로 섬긴
많은 비구니들에게도 전해졌다. 그 가운데 인홍은 석남사 선
방 벽에 저 게송을 붙여놓고 온 대중이 마음으로 읽을 수 있
도록 했다. 묘엄이 삼십 대 후반에 운문사에서 강주로 있을
때 결사를 하기로 마음을 먹은 적이 있는데, 성철이 결사문
첫머리에 이 게송을 직접 써주었다.

성철은 윤필암에 가끔씩 들러 비구니 대중을 지도했다.
부처님과 조사들의 삶을 들려주는 한편, 참선을 통해 견성오
도見性悟道해야 한다는 사상을 심어주었다. 성철이 지닌 드넓
은 지식과 깊은 정진에서 나왔을 법문은 비구니 선객들에게
가뭄의 단비와 같았다. 그를 통해 듣는 조사들의 뼈를 깎는

수행 정진 이야기는 신심을 돈발頓發시켰다. 젊은 수좌 성철은 자신이 말하는 것은 오직 불조佛祖의 말씀에 따라 실천하겠다는 것으로, 그런 나를 따르겠느냐고 대중에게 물었다.

"부처님과 조사들에 대한 절대적인 믿음을 가져야 합니다. 지금 가르치는 내용은 내가 만들어낸 것이 아닙니다. 불조의 가르침에 의지해서 소개하는 것이니 나를 믿고 따라주면 시작을 하고, 그렇지 않으면 시작하지 않겠습니다."

30명 대중 모두에게 따르겠다는 다짐을 받고서야 법문이 시작됐다.

성철은 사상을 설하는 것 말고도 운동법을 가르쳤다. 결가부좌한 상태로 정진하는 수좌들에겐 운동이 필수적이었다. 성철은 이를 간과하지 않고 고려 말 백운경한白雲景閑 (1298~1374)의 법문과 법어를 엮은 《백운화상어록白雲和尙語錄》에 나와 있는 24가지 운동법을 직접 가르쳤다.

성철이 윤필암에서 법문을 한다는 소식이 들리면 대승사 산내 암자인 묘적암과 보현암에 있는 대중들까지 모두 와서 들었다. 묘엄으로 인해 윤필암에 야단법석이 열린 셈이다.

출가 초기
스승들

스승은 길을 만들어주는 사람이 아니다. 방법만을 가르칠 뿐이다. 시행착오를 겪어 자기 길을 만들 수 있도록 곁에서 지켜보는 것이 스승이다. 성철과 청담은 묘엄에게 그런 스승과도 같은 역할을 했다.

묘엄이 윤필암에서 성철과 청담 두 사람에게 개인지도를 받은 것은 1년 남짓이다. 황금과도 같이 귀한 이 시기(1945년 5월~1946년 7월)에 묘엄은 출가 수행자로서 갖추어야 할 모든 것을 배우고 익혔다. 묘엄이 가슴에 새긴 가르침은 크게 두 가지다. '참선 수행을 통해 기필코 깨달음을 얻겠다'는 철통같은 결의가 그 하나이며, '자립적으로 살아가는 청빈한 수행자가 되겠다'는 다짐이 나머지 하나였다. 이 결의와 다짐은 묘엄

자운 스님(왼쪽)과
성철 스님.
광복 후 그들은
한국불교의 앞날에 대해
토론했다.

의 일생을 관통한 철학이었다.

　묘엄은 절에 온 지 몇 달 만에 8.15광복을 맞았다. 대승사
에 있던 성철과 청담을 비롯한 수행자들은 환희용약했다. 이
들은 많은 시간을 할애해 한국불교의 앞날에 대해 토론했다.
일제에 의해 무너질 대로 무너진 한국불교를 살리려면 선원
과 율원, 강원을 갖춘 총림의 체제를 정비하는 일이 시급하다
고 보았다. 성철과 청담, 향곡香谷(1912~1978)은 참선 수행에, 자
운慈雲(1911~1992)은 계율에 힘을 써 한국불교를 바로 세우자는
데 뜻을 모았다. 그들은 부처님 당시처럼 수행하기 위해 영산

회상도靈山會上圖를 그리며 총림을 만드는 것에 대해 논의했다.

묘엄은 거의 매일 대승사에 가서 그들의 모습을 지켜보았다. 성철과 청담이 출타하는 날이나 특별히 오지 말라는 날을 빼고는 쌍련선원으로 갔다. 점심 공양은 대승사에서, 저녁 공양은 윤필암에서 했다. 쌍련선원에는 스무 명가량의 수좌들이 안거에 들고 있었다. 성철·청담을 비롯해 청안, 청안의 상좌 성오, 문정영·자운·홍경·성수·우봉 등이 묘엄이 기억하는 당시 안거 대중들이다.

대승사에는 절 아래서 가정을 꾸리고 사는 사판승들이 있었는데, 수좌들은 이들에게 배급받듯 식량을 조달했다. 광복 뒤 모든 선방의 형편이 그러했다. 선방은 그야말로 한 톨의 쌀도 소유할 수 없었다. 살림은 철저히 사판승이 담당하고, 수좌는 수행에만 전념하던 시절이었다. 기름, 깨, 쌀, 반찬 등을 관리하고 필요할 때마다 쌀 한 홉, 깨 한 홉씩 배급했을 정도로 모든 재산권은 사판승들이 가지고 있었다.

이 시기에 묘엄은 성철과 청담에게 수행자가 지녀야 할 사상에 대해 배웠다. 성철이 주로 부처님과 조사들의 이야기를 통해서 사상을 심어주었다면, 청담은 사람이 먼저 되라는 것을 강조했다. 청담은 묘엄에게 《팔상록八相錄》을 사다주며 읽어보라고 했다. 《팔상록》은 부처님의 일대기를 다룬 책이다. 청담이 묘엄에게 이 책을 읽으라고 한 것은 부처님처럼 치열하게 수행하고 중생을 교화하는 삶을 살라는 메시지였을 것이다. 묘엄은 목숨을 버릴 만큼 고된 수행 끝에 깨달음을 얻어 일평생 청빈한 모습으로 살며 제자들을 키우고 중생들을 교화해 끝내 인류를 구제한 부처님의 삶에 깊은 감동을 받았다. 무엇보다 부처님의 아들과 어머니, 일가친척들이 부처님께 감화를 받고 출가해 수도하는 모습은 참으로 거룩하게 느껴졌다.

청담은 혹여 누군가 남이 한 것을 네가 했다고 덮어씌우더라도 자신이 한 것처럼 해야 한다고 가르쳤다.

"변명하지 마라, 남의 말 하지 말고 흉보지 마라."

인욕행을 철저히 익혀야 중노릇을 잘할 수 있다는 가르침을 받던 시절이었다. 청담은 묘엄에게 누가 천하 없는 소리를 해도 "제가 그랬습니다"라고 할 수 있는 태도를 지녀야 올바른 수행 생활을 할 수 있으며, 나아가 그것을 행할 수 있는 사람만이 지도자가 될 수 있다는 것을 가슴 깊이 새기도록 했다. 묘엄은 아버지 청담의 가르침을 뼛속까지 새겨듣고 한평생 실천했다.

청담은 때때로 윤필암에 와서 설법을 했다. 대중들을 앉혀놓고 하는 좌담 설법이었다. 하루는 설법이 끝나고 점심 공양을 마친 뒤 잠시 쉬는 시간에 넓은 마루가 있는 누각(홍각)으로 묘엄을 따로 불렀다. 기역 자로 된 큰 마루에 앉아 '사람노릇'에 대한 이야기를 해주었다. 옷을 빨아 입고 바느질을 하는 것까지 세세하게 가르쳤다.

"아무리 스님이라도 어찌 남이 네 바느질을 다 해주겠나. 그러니까 네 옷은 네가 해 입을 줄 알게 배워라."

묘엄의 은사인 월혜에게 바느질하는 것을 잘 가르치라고 부탁할 만큼 섬세하게 가르쳤다. 청담은 실제로 일평생 양철로 된 작은 바느질 통을 지니고 다녔다고 한다.

묘엄은 대승사에서 종종 비구들이 방선 시간에 이불을 빨아 큰 방에 퍼놓고 홑청을 시치는 것과 장삼과 고의^(바지)를 직접 만들어 입는 것을 보았다. 청담이 이불을 시치고 있으면 성철이 이불을 들추어 그 밑에 드러누우면서 장난치는 모습도 보았다.

묘엄은 홍경弘經(1899~1971)에게 붓글씨도 배웠다. 단정하고 기품이 서린 묘엄의 붓글씨는 그때 익혀둔 것이다. 홍경은 한의사 출신으로 성철과 청담을 만난 뒤 가족을 남겨둔 채 대승사로 와서 출가했는데, 불공할 때 그의 음성을 들으면 극락세계에 있는 느낌이 들 만큼 불공 의식에 빼어난 승려다. 또한 그의 붓글씨는 국보급으로, 천하의 명필이라는 소리를 들을 정도였다. 묘엄은 홍경에게 먹을 가는 법에서부터 붓을 바로 잡는 법, 획을 긋는 법, 붓글씨 쓸 때의 마음가짐 등을 배우며 필력을 키웠다. 중간에 홍경이 대승사를 떠나는 바람에 오래 배우지는 못했으나 묘엄이 필력을 기르는 데 기초를 닦게 해주었다.

묘엄은 홍경이 붓글씨로 써준《금강경》을 오래 간직하고 있다가 봉녕사로 오면서 가지고 왔는데, 현재는 세주묘엄박물관에 전시되어 있다. 이렇듯 훌륭한 선지식들 밑에서 차근차근 수업을 받으며 사미니 시절을 보냈다.

아홉 가지
명심銘心

묘엄은 성철과 같은 풍부한 지식과 수행을 겸비한 법사가 되고 싶어 출가를 결행했지만, 열네 살의 사미니에게 절집 생활이 다 좋은 것만은 아니었다. 대중들 간에 시비가 끊이지 않았고, 애먼 소리를 하는 대중도 있어서 견디기 어려울 때도 많았다.

그러던 어느 날 쌍련선원에 갔을 때다. 묘엄에게 붓글씨를 가르치던 홍경이 윤필암에서는 지낼 만하냐고 물었다. 묘엄은 자신도 모르게 그동안 쌓인 억울함을 토해냈다. 억울한 일을 너무 당해서 못 살겠다고, 잘못된 일이 있으면 자기에게 누명을 뒤집어씌워서 살 수가 없다고 하소연했다.

그때였다. 어느새 왔는지 곁에서 듣고 있던 아버지 청담의 손길이 날아왔다. 집안에서 일어난 일을 어찌 다른 데 와서 고자질을 하느냐며 연거푸 묘엄의 뺨을 때린 것이다. 청담은 그날, 수행자는 인욕과 하심이 제2의 천성이 될 때까지 노력하고 또 노력해야 한다면서, 비록 억울한 소리를 들어도 절대로 변명하지 말고, 잘못한 사람이 누구인지도 밝혀내려고 해서는 안 된다고 가르쳤다. 앞으로 수행자로서 부딪치게 될 수많은 역경을 이겨나갈 내면의 힘을 키워주기 위한 교육이었다.

청담은 그 일이 있은 뒤로 수행자로서 마음에 새겨 실천할 아홉 가지 명심 사항을 써서 묘엄에게 주었다. 남녀를 뛰어넘어 장부처럼 바르고 당당하게 마음을 가져야 한다는 메시지가 담긴 내용이었다.

〈**명심**銘心 〉

첫째, 파안破顔하여 웃음을 남에게 보이지 말 것.

둘째, 평등하고 자비한 마음으로 모든 사람을 고르게 거둘 것.

셋째, 증애심憎愛心을 버려서 파당派黨에 참여하지 말고 평화에 힘쓸 것.

넷째, 인욕忍辱을 수행하여 자중하고 경동輕動하지 말 것.

다섯째, 난경難境을 당할 때는 용감하게 나설 것.

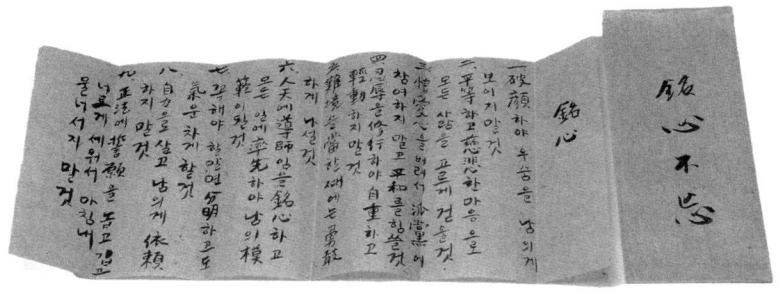

아버지 청담이 써준 〈명심〉은 한평생 묘엄의 삶이 되었다.

여섯째, 인천人天의 도사導師임을 명심하고 모든 일에 솔선하여 남의 모범이 될 것.

일곱째, 꼭 해야 할 말이면 분명하고도 기운차게 할 것.

여덟째, 자력으로 살고 남에게 의뢰하지 말 것.

아홉째, 정법正法에 서원誓願을 높고 깊고 너르게 세워서 마침내 물러서지 말 것.

묘엄이 노년에 이르기까지 마음속 깊이 간직하고 실천했던 '명심'의 내용을 보면 강한 힘과 결단력, 용기를 가지고 세상을 살라는 당부가 고스란히 담겨 있다. 당시 40대의 청담이 자신에게도 이르고 싶었던 내용이었을 것이다. 열다섯 살에 받은 아버지 청담의 이 가르침은 한평생 묘엄의 삶 자체가 되었다.

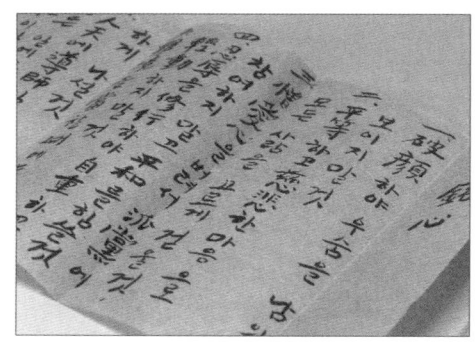

아버지에게서 받은
정신적 유산 〈명심〉

소처럼 빙그레 웃음을 지을 뿐 어느 한 사람도 묘엄이 큰
소리로 웃는 모습을 보지 못했으며, 대중과 함께 기뻐하고 슬
퍼하며 자비심을 잃지 않았다. 파당을 만들어 불화를 자초하
지 않음은 물론, 싫고 좋음을 드러내어 불화를 만들어내는
일은 꿈에도 없었다. 인욕하고 또 인욕하며 가볍게 행동하는
일은 평생에 없었으며, 대중이 어려운 일을 당했을 때는 내
일처럼 용감히 나섰고, 지도자로 솔선수범하여 타의 모범이
되었다. 해야 할 말과 하지 말아야 할 말을 가려서 했고, 해야
할 말은 뒤로 물러서지 않고 분명하게 했다. 남에게 의지하지
않고 스스로의 힘으로 살았으며, 정법을 지키고 실천하는 일
에 물러섬 없이 당당한 수행자로 살았다.

이 아홉 가지 가르침은 묘엄이 70여 년의 삶을 사는 동안
가슴 아픈 일, 어려운 일을 혼자 감내하는 주문(다라니)과도

같았으며, 비구니계를 이끌어가는 지도자로서, 상구보리 하화중생을 추구하는 수행자로서 완벽한 삶을 살 수 있도록 하는 원동력이 되어주었다.

뚜벅뚜벅 제 길을 가다가도 길을 잃은 듯 흔들릴 때가 있었다. 그렇게 간혹 흔들릴 때 묘엄은 아버지 청담의 이 글을 되뇌었다. 그러면 어디로 어떻게 가야 할지 방향이 또렷이 보였다. 그리고 바로 의연하게 제자리에 서 있을 수 있었다. 아버지에게서 받은 정신적 유산이었다. 묘엄은 입적할 때까지 성철이 써준 '계첩'과 아버지 청담이 써준 행동 준칙인 '명심', 그리고 청담의 사리 몇 개를 간직하고 있었다고 한다.

초발심 시절에 유일무이한 교육을 통해 익힌 정신적인 유산들이 시간을 따라 길을 내며 묘엄을 비구니계 지도자로 이끌었다. 선지식들에 대한 이러한 믿음이 오랜 세월 조금씩 자라 묘엄의 내면에 큰 숲을 이루게 했다. 나무는 점점 울창해졌고, 그 안에 수많은 중생을 품을 수 있었다.

무심은
길을 잃지 않는다

1945년 광복 직후 청담과 성철은 부처님 당시의 회상을 재현해 수행하는 영산회상을 꿈꾸었다. 광복이 되자 두 사람은 불교계 혁신에 대한 꿈을 부쩍 더 키워나가고 있었다. 꿈을 꾸고 목표를 정한 순간, 현실의 세계로 진입한 그들의 서울 나들이가 잦아졌다. 지도자는 남이 생각할 수 없는 원대한 꿈을 꾸고 그 꿈을 실천하기 위해 온몸을 던지는 사람들이다. 어쩌면 출가 자체가 혁명인지도 모른다. 세상 사람들이 그토록 소중히 여기는 가족과 재물과 명예를 버리고 떠나왔으니 말이다.

그러한 선지식들의 모습을 곁에서 지켜볼 수 있었던 시간들과, 자신을 불교계 인재로 키우려 한 그들의 노력이 묘엄을 지도자로 성장하게 하는 데 절대적인 영향을 끼쳤다.

청담과 성철 두 사람은 부처님 회상을 그대로 실현하겠다는 큰 그림을 그리며 분주했음에도 불구하고 묘엄의 교육 또한 소홀히 하지 않았다. 볼일을 보러 서울에 올라갔다가 내려올 때면 책을 사와 읽어보라고 주었다. 성철은 한글에 서툰 묘엄을 생각해 한글 철자법에 관한 책을 사다주기도 했다. 그리고 시간이 좀 지나면 책 내용을 물어 묘엄이 그것을 읽었는지 확인했다. 용성의 《각해일륜覺海日輪》 등 비교적 한문이 덜 섞이고 읽기 쉬운 책을 골라왔으나 윤필암에서 염불을 익히고 불공을 배우며 겨우 한글을 익힌 묘엄에게는 그러한 책들을 소화하기가 어려웠다.

"일본말이나 글은 유창해도 도무지 '생사장야生死長夜'와 같은 어려운 경전 문구는 무슨 말인지 알 수가 없습니다."

묘엄이 어려움을 토로하자 성철은 아무래도 학교에 보내 좀 더 배우게 해야겠다고 생각했다. 묘엄의 나이 열다섯일 때였다.

"참선하는 선객들이 애를 데리고 날마다 가르칠 수도 없고 하니, 진주로 보내 학교 공부를 좀 더 시켜야겠습니다."

이 말을 듣고 청담도 고개를 끄덕였다.

성철은 그날부터 묘엄이 중학교 입학시험을 치를 수 있도록 '한국사 연표'를 만들어 역사를 가르쳤다. 광복 이듬해라

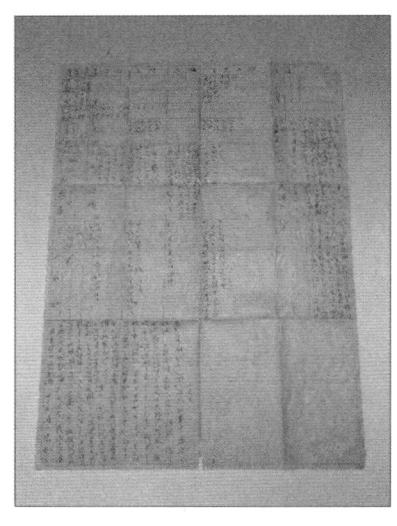

묘엄의 입시 공부를 위해
성철 스님이 직접 만든
한국사 연표

역사 공부는 필수였다. 그때 만들어준 노트를 묘엄은 소중히
간직했다(입적 후 이 노트는 봉녕사 세주묘엄박물관에 옮겨져 전시되고 있다).

　묘엄은 초등학교 6년 동안 일본어로 교육을 받은 탓에 '평
양'을 일본어 '헤이조'로 읽을 뿐 한글로는 제대로 발음하지
못했다. 이를 보면서 성철은 왜놈들이 아이들을 모두 병신으
로 만들어놓았다고 탄식했다. 당시 비구들에 비해 비구니의
경우는 제대로 된 강원講院이 없는 형편이었다. 그 때문에 강
원으로 보내 교육을 시킬 수도 없었다.

　"묘엄아, 니 진주에 가서 공부하고 대학까지 공부할 수 있

으면 다하고 오너라. 그러고 오면 네가 말귀를 잘 알아들을 수 있고 큰 중이 될 수 있을 기라."

성철에게 공부를 배우며 입시 준비를 하는 동안 묘엄은 중학교에 진학하는 일에 대해 곰곰이 생각해보았다. 아무리 생각해도 공부하기 위해 진주로 나가면 다시는 절로 돌아올 자신이 없었다. 스님들끼리 질투도 있는 데다 가끔은 애먼 소리를 해서 사람을 들볶기까지 하는 이곳으로 돌아올 것 같지 않았다. 혹시 윤필암 말고 다른 절은 없는지 성철에게 물어봤지만, 다른 데는 없다며 오히려 이런 말로 달래주었다.

"내 옳은 것을 아무리 찾아봐도 없다는 생각이 들 때라야 세상 모두가 편안하게 되는 기라. 언제나 내 잘못만 찾아서 참회하면 아무리 심한 모욕도 은혜가 되는 기고. 그러니 자기 잘못만 반성해서 고쳐나가고, 다른 사람에 대한 시비는 절대로 말하지 말아야 하는 기라."

가끔 아버지 청담에게 하소연이라도 하면 그때마다 남들 흉보지 말고 나만 잘하면 된다고 하니, 묘엄은 남의 흉을 보지 않으려고 죽을힘을 다해 살았다. 하지만 열다섯 사미니가 받아들이기에는 어려운 가르침이었다. 시비로 소란스러운 환경으로 다시 돌아오고 싶지 않은 마음뿐이었다. 그런데 딱 한 가지, 어느 날 들은 성철의 법문이 마음에 걸렸다.

출가 수행자가 된다는 것은 남녀를 불문하고 아주 귀한

기회이며 세세생생 쌓아놓은 선업의 결과인데, 중노릇하다가 잘못해서 파계를 한다든지 세속으로 돌아가는 속환이가 되면 가로세로가 사만 리나 되는 큰 바위 밑에 사는 구렁이가 된다는 내용의 법문이었다. 큰 바위 밑에 사는 구렁이가 되고 싶지는 않았다. 며칠이 지난 후 묘엄은 대승사로 가서 성철과 청담에게 속마음을 털어놓았다. 아무래도 윤필암을 떠나면 다시 돌아올 것 같지 않다고, 그래서 중학교에 가는 일은 접어야 할 것 같다고 솔직하게 말했다. 그러자 성철이 그 이유를 물었다.

"제가 여기서 좋은 것만 본 게 아닙니다. 중노릇답지 않은 것도 많이 보고 겪었기 때문에 다시는 섞여 살고 싶지 않은 마음이 한쪽에 있습니다. 그런데 스님께서 속환이가 되어 절로 돌아오지 않으면 구렁이가 된다고 하셨잖습니까? 그게 마음에 걸립니다. 무섭고요."

"사만 리 바위 밑에 사는 뱀이 된다니까 그게 무서워서 학교에 안 간다는 거냐? 그게 무섭다면 공부 다 마치고 와서 중노릇하면 안 되나?"

어떻게든 공부를 더 시켜서 말귀를 알아듣게 하고 싶었던 성철의 권유에 묘엄이 진짜 속마음을 털어놓았다.

"돌아오고 싶지 않은 마음이 있어서 사만 리나 되는 바위 밑의 구렁이가 될까봐 무섭지만은 그건 다시 돌아오면 해결

되겠지요. 그런데 더 큰 문제는 학비입니다."

사실 묘엄은 병원에서 간호사로 근무하며 집안의 경제를 돕던 언니가 그즈음 결혼해서 가정을 꾸렸다는 소식을 들었다. 그런 언니에게 동생의 학비를 대달라고 부담을 주고 싶지 않았다. 게다가 중학교를 마치는 것도 어려운 일인데 대학 졸업까지 하고 오라는 말에 더더욱 용기가 나지 않았다. 묘엄의 이야기를 듣고 성철이 안타까워했다.

"네가 깊이 생각했구나. 그래, 학비 문제가 첫째 걱정이다."

그렇다고 바랑 하나가 전부인 성철이나 청담이 교육비를 댈 수 있는 형편도 아니었다. 묘엄의 세간에서의 교육 추진은 그렇게 일단락되었다.

만약 그때 진주로 나가 중학교에 이어서 고등학교와 대학까지 마치고 절에 돌아왔다면 어떻게 되었을까. 묘엄의 일생 가운데 가장 승려답게 살았으며, 또 수행자의 삶 가운데 가장 행복했던 시절이라고 회고한 봉암사 결사에 참여하지 못했을 것이다. 한국불교의 르네상스로 평가받는 봉암사 결사에 참여하지 못했다면 청담, 성철, 자운 같은 빼어난 선지식들로부터 참선과 교학, 계율에 대한 지도를 받으며 수행할 기회를 얻지 못했을 것이다.

자신의 이익을 내세우지 않고 가족을 배려한, 그리고 혹여 수행자로 돌아오지 못할까 염려한 순수한 그 마음이 길을 잃지 않게 했다. 무심은 길을 잃지 않는다. 하물며 열다섯 살의 그 무구한 무심 앞에서랴.

"전생에 중노릇을 하던 사람인지, 불법을 믿던 사람인지 어른들이 말하면 곧이곧대로 받아들여졌어. 그라니까 내 인생에 대해서 고민을 한다거나 후회한다거나 하는 것은 하나도 없고, 참 재미가 옥살하게 여태까지 살아온 거야. 그래놓으니 큰스님(청담) 돌아가시니까 너무 슬펐지. 또 성철 큰스님 돌아가셨을 때도 하늘이 노랗고 팔 하나가 끊어진 것처럼 마음이 아프더라꼬. 나를 딸 같이 가르쳐주었는데 싶어서 고마 소리 내서 울었어. 해인사가 떠나가도록 퇴설당에서 막 엉엉 울었어. 그라니까 전부 못 울고 있다가 다 따라 울어. 나를 따라서 막 우는 사람 천지더라."

능엄주 수행
입문

무심은 그 어떤 경계에서도 흔들리지 않고 현재를 완벽하게 살게 하는 힘이다. 그래서 수행자들은 온몸을 던져 수행, 무심을 획득해 그 힘으로 중생을 교화한다. 묘엄은 출가 초기인 사미니 시절에 〈능엄주楞嚴呪〉 수행을 통해 무심삼매의 힘을 얻었다.

중학교 진학을 포기하고 윤필암에 남아 있기로 결정하자 성철은 묘엄에게 참선 수행을 지시했고 묘엄은 비로소 선방에 앉았다. 그런데 무엇을 어떻게 해야 하는지 도무지 갈피가 잡히지 않았다. 윤필암에 처음 왔을 때 선방 스님들이 좌선하는 것을 보고 성철에게 물은 적이 있다.

"스님들이 밥만 먹으면 모두 벽을 보고 돌아앉아 있는데 대체 무엇을 하는 겁니까?"

"참선을 하는 거다."

"참선이 뭔데요?"

"언제 죽을지 모르는 무상한 인생의 생로병사 고통에서 벗어나 영원히 살 수 있는 자기를 찾는 거지. 그래서 출가한 사람은 온 힘을 다해 참선을 해야 해."

오며 가며 이 법문을 들었지만 열다섯 살의 사미니가 받아들이기에는 어려운 공부였다. 수행에 간절한 마음을 내지 못하는 묘엄을 보며 성철은 깊이 고심했다.

'어떻게 하면 저 아이가 간절한 마음을 가지고 수행 정진의 세계에 들어오게 할 수 있을까?'

출가한 지 1년 남짓 된 사미니에게 참선에 대한 의미를 알게 하고 발심시켜 좌복에 앉히기는 쉽지 않은 일이었다. 청담과 적절한 수행법에 대해 의논한 다음 〈능엄주〉를 시키기로 결정했다.

〈능엄주〉는 《능엄경(大佛頂如來密因修證了義諸菩薩萬行首楞嚴經)》 제7권에 수록되어 있다. 439구句의 범어로 된 이 주문은 지송持誦되는 많은 진언과 다라니 가운데 가장 긴 다라니다. 수행과 수행 중의 장애로부터 보호하는 기능을 지니고 있는 〈능엄주〉는 궁극적으로 삼매수행의 성취를 위해 지송되는데, 암송으로 얻게 되는 수능엄 삼매는 '반야공般若空'을 본체로 한다.《능엄경》은 중국 선종의 수행 지침서로 쓰였고, 〈능엄주〉는 선종에서뿐만 아니라 중국 사원의 보편적인 수행법으로 행해졌다. 〈능엄주〉 수행을 중요시했던 성철은 부처님 재세 당시와 같은 수행 도량을 세우기 위해 고불고조古佛古祖(옛 부처와 조사)의 유칙遺勅과 중국 선종 사원의 수행론을 준거로 삼아 대중을 지도했다.《백장청규百丈淸規》를 근거로 해서 대중들의 생활양식을 정비하고, 당대 중국 총림의 수행 일과집인 〈선문일송禪門日誦〉을 따라 조석예불 때 〈능엄주〉 〈반야심경〉 〈이산혜연선사발원문〉 〈예불대참회문〉을 일과로 삼게 했다.

성철은 묘엄을 불러 〈능엄주〉 기도 방법을 간단히 설명하고 기도 공덕에 대해 이야기했다.

"이 주문을 외우거나 간직하기만 해도 나쁜 일이 범접하지 못하고, 남을 시켜 외우게 하면 그 사람이 불에 타거나 물에 빠지는 일이 없으며, 어떤 독으로도 해치지 못한단다. 이 주문을 열심히 외우면 윤회를 벗어나는 도를 얻게 될 것이고 마음에 마가 없게 될 것이니 무조건 열심히 주문을 외우도록 해라."

그러면서 〈능엄주〉가 적힌 종이를 건넸다.

"우선 이 〈능엄주〉를 외워오너라."

묘엄은 한 번 들으면 그 자리에서 모두 기억하는 비상한 재능을 가지고 있었다. 순수함이 전부였던 어린 나이에 절에

성철 스님(왼쪽)과
청담 스님

들어와 살면서 인간이 본래 가지고 있는 순수 생명의 힘이
발휘되었던 것이다. 묘엄은 일주일 만에 〈능엄주〉를 외워 성
철 스님 앞에서 강講을 바쳤다(잘 외웠는지 여부를 점검하는 것을 '강을
바친다'고 한다). 또박또박 한 글자도 틀리지 않고 〈능엄주〉를 외
운 묘엄에게 성철은 다시 과제를 내주었다.

"잘했구나. 이제부터 하루에 108번씩 〈능엄주〉를 외우도
록 해라."

〈능엄주〉는 한 편을 외우는 데 대중과 함께 외우면 약 7분
이 걸리고, 홀로 독송하면 아무리 빨라도 3분 정도 소요된다.

묘엄은 그날부터 〈능엄주〉 수행에 들어갔다. 108번을 외우려면 하루 스물네 시간이 모자랐다. 나물을 다듬으면서도, 밥을 먹으면서도, 화장실에 가면서도 다라니를 외웠다. 누구와 이야기할 시간은 물론 잠잘 짬도 없었다. 누가 말을 걸면 대답을 하자마자 바로 〈능엄주〉로 돌아왔다. 잡념이 끼어들 여지가 없었다. 행주좌와行住坐臥 어묵동정語默動靜의 모든 시간 속에 〈능엄주〉가 들어와 있었다.

입으로 소리 내어 읽던 것이 시간이 지나 익숙해지자 소리를 내지 않고 입만 달싹달싹해도 5분 만에 한 편을 외울 수 있었다. 차츰 3분으로 줄어들고 어느덧 〈능엄주〉 한 생각만 일으키면 한 편이 외워질 정도로 몰입되었다. 시간과 공간을 초월한다는 것을 체험했다. 본디 시간은 없는 것이었다. 공간도 마찬가지였다. 주력삼매呪力三昧에 든 것이다. 힘이 솟구쳤다.

묘엄은 대중들과 함께 수행하는 선방에 앉아 소리 내지 않고 〈능엄주〉를 외웠다. 법당을 맡아 기도하는 부전 소임을 볼 때는 부전 자리에 앉아 밤새도록 〈능엄주〉 정진을 하기도 했다. 잠을 자지 않아도 피곤한 줄 몰랐다. 잠자리에 누워 실컷 자고 일어났는데도 5분밖에 지나지 않았다. 그런데도 충분히 피로가 풀리곤 했다. 선정삼매에 들면 몸도 마음도 가벼워진다는 사실을 몸소 경험했다. 육체적 피로는 마음에 망상이 많을 때 일어나는 것이며, 삼매의 힘이 얼마나 무한히 큰 것인지를 깨닫는 시간이었다.

말년에 이때의 정진을 두고 묘엄은 이렇게 말한다.

> 〈능엄주〉 생각을 탁 일으키면 마, 한 편 싹 지나가니까 그건 시간도 없는 거야. 고마 그렇게 잘돼. 그래서 시공을 초월한다는 체험을 그때 했어."

〈능엄주〉 수행에 몰입해 있던 어느 날 청담과 성철이 서울에 출타했다 돌아오는 길에 윤필암에 들러 묘엄을 찾았다. 독지가篤志家인 김병용에게 3천여 권의 불서를 얻어 해인사에 내려놓고 묘엄의 공부를 점검하기 위해 윤필암에 들른 것이다. 1946년 여름, 이들이 대승사를 떠나기 전이었다.

"〈능엄주〉 하고 있지?"

"열심히 하고 있습니다."

묘엄은 숲속의 나무 위에 앉아 노래하는 종달새처럼 〈능엄주〉 공부를 하며 겪은 변화를 빠짐없이 이야기했다. 이제는 한순간에 〈능엄주〉 독송을 주파하며, 충분히 자고 일어났는데도 아주 짧은 시간밖에 흐르지 않았다는 묘엄의 이야기를 듣고 성철이 짐짓 물었다.

"흉년이 들었거나 난리가 나서 일주일 동안 굶고 있는데 밥이 한 그릇 생기면 어쩌겠노? 네가 다 먹을래, 옆에 사람에게 나눠줄래?"

수행의 환희로움에 빠져 있지 않고 득력한 힘을 중생을 위해 쓸 것인가를 묻는 질문이었다. 질문의 의도를 모른 채 묘엄이 답했다.

"저 혼자 다 먹을랍니다. 배가 고파 죽을 지경인데 언제 나눠 먹고 하겠습니까?"

"이 도철饕餮(재물이나 음식을 몹시 탐내는 사람)이 가시나가 지 혼자 다 먹는다네?"

"저희는 공부하는 사람들이니까 우선 혼자라도 먹고 수행을 잘해서 중생을 제도하면 안 됩니까?"

성철이 큰 소리로 웃고 나서 말했다.

"그래, 니 말이 맞다. 중생을 제도하려는 욕심이 있어야 한다. 밥 한 그릇이 생기거든 나 혼자라도 먹고 공부 잘하겠다는 욕심으로 정진해야 한다. 어떤 어려운 일이 있어도 〈능엄주〉를 해야 돼. 그래서 업장소멸이 되면, 다른 사람이 10년 동안 공부한 것보다 앞설 수 있다. 혹시 누가 윤필암 선방에서 끄집어내려고 해도 〈능엄주〉를 놓치지 말고 계속해라."

하루도 빠짐없이 〈능엄주〉 수행에 몰입하면서 정진의 묘력을 알아가고 있을 때, 청천벽력 같은 소식이 들려왔다. 해인총림을 설립하기 위해 성철과 청담, 두 사람이 해인사로 떠난

다는 소식이었다. 1946년 7월 말, 묘엄이 출가한 지 1년 남짓 지났을 때였다.

묘엄은 말할 수 없이 허전하고 섭섭해서 많은 눈물을 쏟았다. 성철과 청담 두 사람을 붙들고 함께 가게 해달라고 울면서 매달렸다. 두 스승은 총림이 열리는 해인사에 자리를 잡고 난 뒤에 근처의 비구니 암자로 와서 정진할 수 있도록 하겠다고 약속하면서, 그때까지 〈능엄주〉 수행에 전심전력하고 있으라고 달랬다.

두 사람이 떠나고 나자 묘엄은 한동안 기둥뿌리가 뽑힌 것처럼 마음이 흔들렸다. 그러나 〈능엄주〉 기도를 멈출 수는 없었다. 묘엄은 훗날 후학들에게 "〈능엄주〉 수행을 할 때는 저세상의 일까지 다 들리고 보였다"고 말했을 정도로 〈능엄주〉 수행의 힘을 체험했다. 고희를 앞두고 당시의 일을 묘엄은 이렇게 회고한다.

"그런데 하루는 누워서 잠이 살쿰 들었어. 그라는데 나막신을 신은 어떤 할아버지가 하얀 옷을 입고 오더니 칼을 쑥 빼내가지고 내 배를 싹 가르는 거야. 그동안 배가 아프고 만날 체하고 토사곽란이 일어나고 그리했거든. 음식을 잘못 먹으면 신물이 올라오고 위궤양에다 여기 빳빳한 게 있었어. 그래 진주에 있을 때도 약을 먹고 침을 맞고 이래

샀거든. 그랬는데 내 배를 싹 가르더니 시커먼 명태만 한 거를 턱 꺼내가지고 이래 주물러버렸어. 그런데 피가 한 방울도 안 났어. 그래 놀래가지고 퍼떡 깨니까 온몸이 가벼워서 붕 뜬 것 같애. 그러고는 내가 일체 뱃속에 병이 없어졌어. 그걸 꺼내버리고 인자 됐다 카면서 깨니까 참 몸이 가벼워. 그걸 체험 안 해본 사람은 모른다. 그래가지고 위궤양도 낫고 배 아픈 것도 그때부터 없어졌어. 그기 인자 〈능엄주〉 신력을 입었다는 거지."

윤필암
21일 기도

묘엄이 〈능엄주〉를 화두 수행으로 삼아 긴 다라니문을 모두 외우고 정진에 힘을 쏟을 때다. 성철이 윤필암으로 와 〈능엄주〉 공덕에 대해 법문했다. 묘엄 한 사람에 그치지 않고 윤필암 대중 전체에게 〈능엄주〉 수행을 권했다. 수행 중에 일어날 수 있는 장애로부터 보호하고, 대중이 안정된 분위기에서 정진할 수 있도록 지도한 것이다. 〈능엄주〉 수행법에 대해 세세히 들은 그날로부터 얼마 지나지 않아 몇 사람을 제외하고 모든 대중이 〈능엄주〉를 외웠다.

　그해 추석을 지내고 바로 대중 모두가 〈능엄주〉 21일 기도에 들어갔다. 공양하는 시간을 제외하고는 〈능엄주〉 소리를 멈추지 말 것이며, 잠깐이라도 목탁 소리와 〈능엄주〉 기도 소리가 끊어져선 안 된다는 것이 성철의 엄명이었다. 공양 시간에는 서로 교대해서 목탁을 쳤으니, 21일 동안 밤낮으로 자는 시간도 없이 목탁 소리와 함께 〈능엄주〉가 온 도량을 흔들었다. 그 소리가 초목에도 물드는 듯했다.

선방 대중은 혼연일치를 이루어 〈능엄주〉와 〈발원문〉 〈대참회〉를 소리 내어 반복했다. 직접 경험해보지 않고는 이런 환희로운 마음과 솟구치는 힘이 얼마나 강력한 것인지 모를 것이다. 신심이 쑥쑥 자라나며 함께 정진하는 도반의 힘이 얼마나 큰지도 알 수 없을 것이다.

묘엄은 21일 동안 내내 서서 〈능엄주〉를 외우고 〈발원문〉을 읽었다. 〈108대참회〉를 하면서 절을 할 때는 괜찮지만 앉아서 주력을 할 때는 잠이 쏟아지기 때문이다. 은사 월혜는 묘엄이 졸지 않고 정진할 수 있도록 21일 동안 곁에 서 있어주었다. 오십 대의 스승과 십 대의 제자가 21일 동안 꼬박 서서 정진하는 모습은 참으로 아름다웠다. 그 아름다움은 다른 대중들의 가슴을 감동으로 물들여 정진에 박차를 가하는 데 힘이 되어주었다.

다른 스님들이 졸음을 이기지 못해 서 있다가 장대 넘어가듯 자빠질 때도, 앞으로 넘어져서 턱과 광대뼈에 멍이 들고 부어오를 때도 두 사람은 미동도 하지 않고 서서 〈능엄주〉를 했다. 월혜는 〈능엄주〉를 적어놓은 종이를 보면서 했고 묘엄은 목탁을 치며 정진했다. 이미 〈능엄주〉 삼매에 들어 있던 묘엄은 한시도 졸지 않고 정진했다.

오랜 시간 잠을 자지 못하자 기이한 풍경이 벌어졌다. 〈능엄주〉를 미처 다 외우지 못한 한 스님은 읽기 쉽게 책에 빨간 점을 찍어놓았다가 그것이 송이버섯으로 보여 버섯을 딴다고 책대로 책을 쑤시기도 했고, 입승이 앉는 의자에 앉아 편하다고 소리치며 잠꼬대를 하기도 했다. 공양 시간에 밥을 입에 문 채 잠든 사람도 있었다.

마침내 21일이 되어 무사히 기도를 회향했다. 회향 후 모두 홀가분하게 자리에서 일어나 선방을 나갔으나 묘엄은 자리를 떠나지 않았다. 《능엄경》에 따르면, 자나 깨나 〈능엄주〉가 잘 되어서 21일 기도를 끝내고 〈능엄주〉 삼매에 들면 화두가 여일하게 되어서 아라한과를 증득한다는 내용이 있는데, 그것을 상기했던 것이다. 청담 또한 "삼칠일(21일) 정진 후에 단정히 앉아 백일 동안 안거를 지내면 성불한다"고 설한 바가 있었다.

묘엄은 정진을 이어가볼 생각이었다. 오후에도 가사를 입은 채로 앉아서 정진했다. 저녁예불을 마치고 나서도 앉아서 〈능엄주〉 기도를 이어나갔다. 그러나 밤이 깊어지자 더 이상 견디지 못하고 자리에서 일어났다. 그 광경을 지켜본 월혜는 그때의 상황을 묘엄에게 이렇게 들려주었다.

"얼마나 견디나 보자 하고 지켜봤는데 몇 시간을 잘 버티고 있더구나. 그런데 밤 열한 시쯤 되니까 벌떡 일어나더니 도저히 못 참겠다며 지대방으로 들어가더라. 그러고는 가사를 벗어서 집어던지고 장삼도 걸레 던지듯이 팽개치고는 큰 대자로 드러누워서 자더구나."

훗날 묘엄은 이때를 두고, 〈능엄주〉 하는 다른 사람들의 목청을 듣는 것이 너무 좋아서 한잠도 자지 않고 그렇게 스무하루를 견뎠다며, 일흔 살인 지금 생각해봐도 어떻게 그리 견뎠는가 싶다고 회고했다.

묘엄에게 첫 화두는 〈능엄주〉였던 셈인데, 이때 밑동이 쑥 빠져나간 것 같은 시원함과 깊은 삼매를 체험했다. 윤필암에 머물던 3년 동안 집중적으로 정진한 〈능엄주〉 수행은 봉암사 결사에 참여해서 참선 수행을 할 때 큰 밑거름이 되었다.

사량분별이 끊어진 그 자리가 본래면목의 자리이며 부처님의 마음자리다. 묘엄은 〈능엄주〉 삼매를 통해 그 자리를 경험했다. 몸소 체득한 깨달음은 영원히 사라지지 않는다. 마음에 깊이 각인되어 삶 전체를 관통하며 굽이굽이 그 힘을 발휘한다. 사미니 시절에 〈능엄주〉 수행으로 힘을 얻은 묘엄은 봉녕사 회상을 이끌 때도 당시의 체험을 들려주면서 〈능엄주〉 수행을 권장했다. 새벽예불 때 〈능엄주〉 수행하는 것을 전통으로 남긴 것이다.

1970년대와 1980년대에 봉녕사에 들어와 묘엄에게 경전을 배우고 소임을 산 대중들은, 사십 대부터 입적할 때까지의 묘엄이 언제나 똑같이 선정에 들어 있는 모습이었다고 말한다. 얼굴에 희로애락을 드러낸 적이 없으며 율장의 내용 그대로 계율을 수지하며 살았다는 것이 그들의 증언이다. 윤필암에서 〈능엄주〉 기도로 득력을 한 것이 일평생 이어져 동정일여의 모습을 보인 것이다.

〈능엄주〉 독송을 통해 오매일여의 경지를 체험하고 선정 수행에 대한 확신을 갖게 된 묘엄은 당시를 이렇게 회고한다.

"생각해보면 성철 스님이 법문을 하시면서 맨날 오매일여를 말씀하셨거든. 오매일여가 있는 거야. 내가 〈능엄주〉를 해봐도 오매일여가 있거든. 자나 깨나 마찬가지야. 잘 때도 마음이 하는 거고 깰 때도 내 마음이 하는 거거든. 참선하고 염불 주력할 때와 그 깊이가 다르지만 오매일여의 경지가 있는 거야. 나는 그걸 믿어. 요즘 선객들은 그게 이해가 안 된다고 하는데 꿈의 세계도 현실과 같은 거야. 내 영혼이 깃든 동안에는 그게 세계거든. 현실과 같아. 극락도 있는 것이고."

얼마나 많은 새들이
돌아갈 길을 잃었는가

성철과 청담이 해인총림을 개설하기 위해 대승사를 떠난 뒤에도 묘엄은 윤필암 참선방에 앉아 화두 대신 〈능엄주〉로 정진했다. 화두 수행을 하던 몇몇 선방 대중이 '〈능엄주〉는 외도가 하는 것'이라면서 화두를 들라고 했지만, "대중들이 너를 끌어내리려고 해도 오직 〈능엄주〉 정진을 해야 한다"던 성철의 말을 기억하고 정진을 거듭했다.

하지만 함께 지내는 몇몇 스님들의 모습에 실망을 느낀 데다, 무엇보다 수행을 하면서 생긴 의문에 대한 답을 들을 길이 없어 체한 듯 답답했다. 매일 산등성이를 넘어 대승사 선원에서 두 스승에게 가르침을 받던 시절이 몹시도 그리웠던 묘엄은 어느 날, 윤필암을 떠날 결심을 했다.

'그래, 여기를 떠나 두 스님이 계신 해인사로 가자.'

해 저물녘 윤필암 뜨락으로 내리꽂히는 봄 햇살, 여름이 지나고 불어오는 시원한 가을바람, 겨울날의 짙푸른 새벽빛을 사랑했지만 눈을 꾹 감고 떠나리라 결심했다.

가을바람이 산등성이를 넘어와 가슴을 시리게 하던 어느 날 바랑을 쌌다. 허락하지 않을 게 뻔한 터라 은사에게도 말을 하지 않은 채 새벽예불을 마치고 윤필암을 나섰다. 한참을 가다가 은사가 잡으러 따라오는 것을 보고 돌아설 뻔했지만 해인사로 가서 큰스님들 곁에 머물며 공부하고 싶은 열망을 잠재울 수는 없었다. 1947년 11월 당시 청담은 해인총림을 구성한 110명의 비구들 가운데 선방 입승으로 선출되었고, 성철은 해인사를 떠나 봉암사에 들어가 결사를 시작했다.

해인사에 도착한 묘엄은 청담을 비롯한 해인사 스님들의 안내를 받아 산내 비구니 암자인 국일암에서 1년 정도 머물렀다. 공양주와 채공 소임을 보며 정진했다. 청담의 딸이 국일암에서 정진한다는 소문이 났으나 묘엄은 개의치 않고 정진에 힘을 쏟았다.

해인사에 머물며 묘엄은 효봉曉峰(1888~1966)의 법문을 들을 수 있었다. 효봉은 가야총림이 개설되면서 방장으로 추대되었다. 가야총림이 시작되면서 효봉이 손수 쓴 방함록은 세월이 흘러서도 인구人口에 회자될 정도로 푸른 기상이 서려 있는 명문으로, 안거 대중들은 이 방함록을 읽으면서 발심했다.

"용맹하고 예리한 몸과 마음으로 지금까지의 비린내 나는 장삼과 기름기에 전 모자를 벗어 던지고, 천지를 뒤덮는 기염을 방출放出하고 부처님과 조사를 뛰어넘는 위광威光을 발휘해야 할 것이니, 그래야만 그와 벗할 수 있고 또한 씨앗이 될 수 있을 것이다. (…) 그러므로 오직 활구活句를 참구하고 사구死句를 참구하지 말아야 한다. 활구 아래서 깨달으면 영원히 잊어버리지 않지만, 사구 아래서 깨달으려 하면 자신도 구제하지 못한다. 만약 불조佛祖와 더불어 스승이 되려면 모름지기 활구를 밝혀 가져야 할 것이다."

'활구'에 대해서 효봉은 동화사 금당선원 법문(1959)에서 이렇게 설하고 있다.

"활구란 마치 불과 불이 서로 통하는 것과 같아서 졸음과 망상이 침범할 수 없다. 사구란 흐리멍덩한 혼침과 산란散亂에 빠져 귀신 굴속에서 헤매는 것이니, 설사 미래불이 태어난들 무슨 소용이 있겠는가. 또한 활구란 그 뜻을 참구함이요, 사구란 그 말에 팔림이다. 그러니 빨리 가는 방법은 활구를 참구함이다. 활구인은 그 눈빛이 어두운 밤에 등불 같고, 사구인은 눈빛이 썩은 고기 눈과 같느니라."

효봉은 하안거·동안거 결제와 해제 법문, 그리고 중간에 반산림半山林 법문을 했다. 효봉의 법문 방식은 묘엄이 그동안

보아오던 것과 달랐다. 법문의 마지막에 이르러서 고봉원묘高峰原妙(1238~1295)의 《선요禪要》 한 구절을 범패 형식으로 읊고는 잡고 있던 주장자를 절 마당으로 내던지는 것이었다. 그리고 비구·비구니 대중을 향해 고함을 질렀다.

"비구·비구니여, 일러라, 일러라."

그러고는 법상을 내려오는데, 그 모습이 묘엄에겐 마치 성철에게서 듣던 옛 조사들의 모습과 흡사해 보였다. 기억력과 집중력이 뛰어났던 묘엄은 머릿속에 그 게송을 외웠다가 국일암으로 돌아와 효봉의 모습을 그대로 흉내 내었다.

한 조각 흰 구름이 골짜기를 막으니
얼마나 많은 새가 돌아갈 길 잃었는가
구름 흩어져 만 리에 청산이 드러나니
흰 돌 높은 봉우리 그게 바로 내 고향이로다
一片白雲橫谷口 幾多歸鳥自迷巢

雲山萬里靑山露 白石高峰是本鄕

흰 구름은 번뇌를, 돌아가는 새는 깨닫지 못한 중생을, 고향은 모든 중생의 불성을 뜻했으나, 묘엄은 그 도리를 알지 못했다. 오직 효봉의 음성과 몸짓을 그대로 흉내 내며 한 글자도 틀리지 않고 시를 외워 대중들을 놀라게 했다.

◎

해인사에서 보낸 1년(1947~1948)은 묘엄에게 어떤 의미였을까. 1946년 동안거부터 1950년 한국전쟁으로 총림이 흩어질 때까지 모범 도량이던 가야총림에서는 많은 수행승들을 배출했다. 뒤에 교단의 정화운동이 일어났을 때도 가야총림에서 수행하던 승려들이 발 벗고 나설 만큼 그 어느 곳보다 치열하게 정진한 도량이었다.

묘엄은 한 해 동안 효봉의 법문을 들으며 국일암 대중들과 함께 정진했다. 윤필암에서 나와 국일암에서 정진한 이 시기를 두고 묘엄의 삶을 박사학위 논문으로 쓴 석담石潭은 '용감하게 독립적으로 살고 싶어 한 어린 비구니의 모습과 과감한 결단력을 보여주는 중요한 측면'이라 생각하여, 묘엄에게 윤필암을 나오게 된 정황과 해인사에서 보낸 시절에 대해 세세히 물어 정리했다.

묘엄은 윤필암을 떠나온 지 1년 뒤 자신을 데리러 온 사형 묘전을 따라 윤필암으로 돌아갔다. 청담이 가야총림을 떠나 봉암사 결사에 전격적으로 합류할 즈음인 1948년 늦가을, 여름내 무성했던 나뭇잎들이 바람 때문에 떨어지는 것이 아니라 마음으로 인해 떨어진다는 것을 아직은 모르던 열여섯 살 때였다.

제3장

참선 수행의 현장, 봉암사 결사

젊은
혁명가들

2,500년 전 한 사람이 부모와 처자를 버리고 진리를 향해 길을 떠났다. 고행을 거듭한 끝에 일체중생이 평등하다는 것을 발견했다. 출가한 지 6년 만에 그는 생명 개개 모두가 천상천하 유아독존의 존재임을 선언했다. 계급 차별이 고래 심줄보다 견고했던 당시에 이 선언은 기존 철학이나 종교계에 엄청난 반향을 일으킨 정신혁명이었다.

청담과 성철은 이 혁명가 붓다의 선언이 마음속 깊이 와닿았다. 저 혁명가와 마음이 교합됨을 느끼며 날마다 가슴이 뜨거워졌다. 출가를 결심했다. 그 길을 가지 않으면 참된 진리의 삶을 살 수 없을 것 같았다. 청담과 성철은 저 옛날 인도의 왕자처럼 집을 나왔다.

봉암사 결사는 이러한 혁명가들이 모인 곳이었다. 특히 결사를 주도한 성철과 청담은 뜨겁게 의기투합했다. 묘엄이 출가 초기에 이러한 혁명의 대열에 낄 수 있었던 것은 청담의 딸이라는 특혜도 작용했을 것이다. 그럼에도 선지식의 회상에서 공부하고 싶다는 열망이 없었더라면 불가능했다.

당시 봉암사는 혁명을 꿈꾼 이들이 모여 만든 영산회상이었다. 그들의 목표는 석가모니 부처님 당시의 영산회상에서처럼 법답게 살자는 것이었다.

봉암사 결사에 동참한 일은 묘엄의 인생 전반에 골고루 영향을 끼쳤다. 선과 계율, 교학에 대한 이해를 넓히고, 대중생활이 어떠해야 하는지를 온몸으로 익힌 시기였다. 무엇보다 진리에 맞게 살아보자는 열망으로 가득한 선지식들 밑에서 매일 법문을 듣고 참선하고 일상생활을 지도받는다는 것은, 지금으로 말하자면 당대 최고의 석학 밑에서 최상의 교육을 받는 것이나 다름없었다. 묘엄의 나이 고작 십 대 후반이었다. 더할 수 없는 행운이었다.

그들은 몇 해 전, 대승사에서 정진하는 동안 영산회상도를 그리며 한국불교계의 혁신을 꿈꾸었다. 교학의 최고 경지에 오른 운허雲虛(1892~1980)와 불교에 조예가 깊은 당대 최고의 소설가 이광수를 강원에 배치해 교리를 가르치게 하고, 혁명을 주도한 성철과 청담은 선원에, 율원은 자운에게 맡기기로 계획했다. 홍경에게는 서예를 가르치게 하자는 것도 그 가운데 하나였다.

묘엄의 눈에 비친 그들의 모습은 장부의 기상이라는 표현으로는 부족했다. 쌍련선원에서 그들이 꿈꾸는 것을 가까이서 지켜보면서 함께하고 싶었다. '남자였다면 저분들을 따라갈 텐데, 한 모퉁이에라도 들어갈 텐데' 하는 생각이 수시로 일었다. 여성으로 태어난 게 그렇게 아쉬울 수가 없었다.

"부처님이 살아 계셨던 그때처럼 우리도 청빈한 수행과 소탈한 일상을 살아보자고. 부처님은 맨발로 일생을 사셨는데 시줏돈으로 살아가는 우리가 부처님처럼 소박하게 살아야 하지 않겠는가. 잘은 모르지만 그분들은 부처님이 걸식을 하며 청빈한 수행을 하고 뭇 사람들의 행복을 위해 살았던 당시처럼 살아보려고 한 거지. 그런데 그만 총림을 만들어 화합해서 잘 살 수 있는 형편이 못됐어. 그 당시 하심 제일 청담 스님, 설법 제일 동산 스님, 정진 제일 효봉 스님, 이렇게 모두 라떼루(이름표)가 붙어 있었거든. 그래서 인자 뜻 맞는 사람끼리 해인사 같은 큰 대찰이 아니라도 소규모로 모여서 한번 부처님 당시처럼 영산회상을 만들어보자, 이래가지고 봉암사로 오셨다는 소리를 내가 들었어."

1948년 해인총림의 대중들

1946년부터 가야총림 설립에 주요 소임자로 참여해온 청담은 1947년과 1948년 산철(해제철)에만 봉암사로 와서 정진하다가 1949년 2월에 봉암사로 완전히 들어왔다. 봉암사 결사의 중심 리더는 청담·성철·향곡·자운으로, 이 네 사람이 당시 한국불교 혁명을 주도해나간 인물들이었다.

윤필암에 있던 묘엄은 봉암사 자운으로부터 식차마나니계를 받으러 오라는 연락을 받고 달려갔다. 얼마나 기다렸던 연락인가. 식차마나니계는 18세부터 20세까지 사미니가 구족계를 받기 전에 받는 계를 말한다. 서울과 대구, 해인사와 봉암사를 오가면서 계율을 연구한 자운은, 부처님 당시처럼 살자는 봉암사 결사의 기치에 맞게 계율을 실천하는 일환으로 비구니 견습생인 식차마나니에게 육법계六法戒를 설했다. 묘엄 한 사람만을 대상으로 설한 수계인 점도 특별했지만, 광복 이후 처음 실시된 식차마나니 수계라는 점에서도 의미가 깊다.

자운에게 식차마나니계를 받고 다시 윤필암으로 돌아온 묘엄은 봉암사로 가고 싶은 마음을 억누르지 못했다. 기라성 같은 선지식들이 오롯하게 수행하고 있는 그곳으로 가고 싶었다. 윤필암으로 돌아와서도 묘엄은 수시로 봉암사를 찾았다. 차편도 없던 시절, 윤필암에서 봉암사까지 다녀오려면 왕복 3백리를 걸어야 했다. 그래도 힘들거나 지침이 없었다. 결사 현장에 있는 수행자들을 보는 것만으로 신심이 솟구쳤고 마음이 정화되었기 때문이다.

은사 월혜는 아무리 큰 선지식들이라고 해도 자신과 의논도 없이 상좌를 오가게 하는 것이 마땅치 않은 눈치였다. 어떻게 봉암사로 갈까 하고 궁리를 거듭하던 묘엄은 묘안을 떠올렸다. 은사에게 말도 없이 해인사로 도망을 간 경험이 있기에 조심스러웠지만 용기를 내어 이렇게 둘러댔다.

"스님, 봉암사에서 큰스님이 오라 캅니다."

묘엄의 거짓말을 눈치채지 못한 월혜는 나이 든 대중 한 사람과 같이 가는 것을 전제로 허락했다. 그날, 두 사람은 윤필암에서 점촌까지 60리 길을 걸어 나가서 다시 봉암사까지 90리를 걸어 봉암사에 도착했다.

묘엄의 거짓말은 하루가 지나자 바로 탄로 났다. 묘엄이 봉암사에 도착한 다음 날, 윤필암에 우연히 들른 여여처사(뒤에 출가한 묘희의 아버지로. 여여처사도 나중에 출가했다)가 묘엄이 봉암사 스님들이 불러 그리 갔다는 소리를 듣고 봉암사에 온 김에 청담에게 묘엄의 소식을 물은 것이다. 청담이 거짓말을 묵인하고 넘어갈 리가 없었다. 수행자의 위의는 계율을 빈틈없이 지킬 때 나오는 것 아니겠는가. 청담은 묘엄에게 그 자리에서 거짓말한 것을 참회하고 바로 1000배를 하라고 명했다. 묘엄은 법당으로 들어가 〈108대참회〉를 앞에 펴놓고 절을 시작했다. 참회를 하는 절이었으므로 좌복도 깔지 않고 마룻바닥에서 절을 했다.

몸을 엎드려 머리가 마루에 닿자 저절로 참회하는 마음이 올라왔다. 아무리 오고 싶었어도 은사에게 거짓말까지 하고 와서는 안 되는 일이었다. 묘엄은 절을 하면서 다시는 어떤 거짓말도 하지 않으리라 다짐했다. 그러나 마음 한편으로는 이렇게라도 스님들을 만날 수 있어 다행이라 여겼고, 천 배, 만 배를 할지라도 성철·청담과 함께하고 싶은 마음이 간절했다.

보통 두 시간이면 하는 천 배를 네 시간이 걸려 마쳤다.

〈108대참회〉를 읽으면서 했기 때문이다. 1000배 참회 절을 마치고 묘엄은 울면서 청담에게 매달렸다.

"스님, 저를 윤필암으로 돌려보내지 말아주세요."

청담은 성철에게 이 일을 의논했다.

"저 아이가 저리도 배우고 싶어 하니 우리가 곁에 데리고 있으면서 가르쳐야 하지 않겠는가. 어린 것이 얼마나 오고 싶었으면 은사에게 거짓말까지 해가면서 이리로 왔겠는가."

묘엄의 간절한 마음을 읽은 두 사람은 월혜에게 묘엄을 봉암사에 데리고 있으면서 자신들이 공부를 가르쳤으면 좋겠다는 양해를 구하는 서신을 보냈다. 월혜는 흔쾌히 두 사람의 뜻을 받아들였다. 그러자 봉암사에서도 묘엄을 비롯한 비구니들이 정진할 수 있도록 봉암사에 딸린 백련암을 수리했다. 대승사를 떠날 때 영산회상을 구현할 수 있는 자리를 잡게 되면 공부할 수 있도록 부르겠다던 약속을 지킨 셈이다.

1949년 2월 초, 윤필암에 와 있던 묘엄은 봉암사로 오라는 연락을 받고 백련암으로 향했다. 그리도 간절히 원하던 본격적인 참선 수행이 시작된 것이다.

"식량은 봉암사에서 대줄 터이니 열심히 공부하거라."

비구니 가운데 가장 처음 봉암사 결사에 동참하게 된 묘엄은 묘찬과 묘명, 재형, 지원과 함께 백련암에 머물며 공부하기 시작했다.

"스님들이 우리를 잘 가르쳐 비구니계의 사표로 만들라고 참 많이 애를 썼다고. 옛날 조사 스님들이 청빈한 생활을 하던 사상, 안빈낙도하는 사상, 이런 것을 전부 일러주고, 또 시를 외우라고 하면서 그 사람들의 생활 양상을 모두 알려주고 그랬어. 매일 법문을 들으며 입지를 세울 수 있었고 힘 있는 공부를 할 수 있었지. 선과 교, 율을 겸해서 배운 시절이었어. 일생 가운데 가장 중답게 산 시절이었지."

봉암사
대중 생활

봉암사를 품고 있는 희양산은 문경새재에서 속리산 쪽으로 소백산맥 줄기에 높이 솟은 암봉으로, 해발 998미터다. 881년 봉암사를 창건한 지증智證(824~882)은 처음 이곳을 보고 "산이 사방에 병풍처럼 둘러쳐 있으니 마치 봉황의 날개가 구름을 치며 올라가는 듯하고, 계곡물은 백 겹으로 띠처럼 되었으니 용의 허리가 돌에 엎드려 있는 듯하다. 여기는 스님의 거처가 되지 않으면 도적 소굴이 될 것이다"라고 하였다.

지증의 비문을 쓴 신라시대 문장가 최치원은 '갑옷을 입은 무사가 말을 타고 앞으로 나오는 형상이다'라고 했다. 〈봉암사지鳳巖寺誌〉에 따르면 한때 봉암사가 중창되어 전성기를 이루었을 때는 법당이 10채, 승당이 16채, 행랑과 누각이 14

채, 부속 건물이 10여 채, 산내 암자가 아홉 곳이었다고 한다. 그러다가 임진왜란 때 전소되면서 겨우 명맥만을 유지해오다 가 구한말에 의병의 본거지가 되어 전투를 벌였는데, 그때 일주문과 극락전만 남고 모두 불타버렸다고 한다.

1947년 가을, 대승사에서 영산회상을 재현해 불교 혁신을 꿈꾼 성철·청담·자운 등이 봉암사에 들어갔을 때는 18세기 에 지은 극락전 한 채와 스님들 거처인 요사채만 남은 퇴락한 절이었다. 다행히 오랜 세월 속에서도 석조 유물들이 그대로 남아 현재 삼층석탑, 지증대사적조탑과 비, 정진대사원오탑 과 비, 목조아미타여래좌상 및 복장유물은 보물로 지정되었 다. 1955년에 대웅전이 다시 중건될 때까지 남아 있는 극락전 이 법당 역할을 했다. 절은 쇠락했으나 경내 어느 곳에서 바 라보아도 우뚝 솟은 희양산 봉우리가 봉암사 대중들을 응원 하듯 감싸고 있었고, 결사 대중들의 절실한 원력은 힘차게 살 아 있었다.

결사 대중들은 한국불교 혁신을 실현하기 위해 〈공주규 약共住規約〉을 만들었다. '부처님 법대로 살자'는 기치를 내걸 고 왜색이 짙은 불교에서 벗어나 진정한 불교 개혁을 단행하 기로 한 것이다.

봉암사 결사 〈공주규약〉 내용은 다음과 같다.

봉암사 결사의 〈공주규약〉

○ 엄중한 부처님의 계율과 숭고한 조사들의 가르침을 온
   힘을 다하여 수행하여 우리가 바라는 궁극의 목적을
   빨리 이룰 수 있도록 바란다.

○ 어떠한 사상과 제도를 막론하고 부처님과 조사의 가르
   침 이외의 개인적인 의견은 절대 배척한다.

○ 일상에 필요한 물품은 스스로 해결한다는 목표 아래
   물 긷고 나무하고 밭일하고 탁발하는 등 어떠한 힘든
   일도 마다하지 않는다.

○ 소작인의 세금과 신도의 보시에 의존하는 생활은 완전
   히 청산한다.

○ 신도가 불전에 공양하는 일은 재를 지낼 때의 현물과
   지성으로 드리는 예배에 그친다.

- ○ 용변 볼 때와 잠잘 때를 제외하고는 늘 오조가사를 입는다.
- ○ 사찰을 벗어날 때는 삿갓을 쓰고 죽장을 짚으며 반드시 함께 다닌다.
- ○ 가사는 마와 면으로 한정하고 이것을 괴색壞色한다.
- ○ 발우는 와발우 이외의 사용을 금한다.
- ○ 매일 한 번 〈능엄대주〉를 독송한다.
- ○ 매일 두 시간 이상의 노동을 한다.
- ○ 초하루와 보름에 〈보살대계〉를 읽고 외운다.
- ○ 공양은 정오가 넘으면 할 수 없으며 아침은 죽으로 한다.
- ○ 앉는 순서는 법랍에 따른다.
- ○ 방사 안에서는 반드시 벽을 보고 앉으며 서로 잡담은 절대 금한다.
- ○ 정해진 시각 이외에 누워 자는 일은 허용되지 않는다.
- ○ 필요한 모든 물건은 스스로 해결한다.
- ○ 그 밖에 규칙은 청규와 대소승의 계율 체계에 따른다.
- ○ 이상과 같은 일의 실천 궁행을 거부하는 사람은 함께 살 수 없다.

옛 총림의 청규 정신으로 돌아가 '하루 일하지 않으면 하루 먹지 않는다'는 규칙을 실천하도록 했다. 수행은 기본이며 나무하고 일하고 탁발해서 자주적으로 절 살림을 꾸려가는 것을 원칙으로 한 것도 혁신 가운데 하나였다. 봉암사는 단일 사찰이었지만 선원과 율원, 강원을 갖춘 총림에서처럼 똑같이 생활했다. 예전의 총림이 농사를 짓고 자급자족하며 공부하는 곳이었던 것처럼, 봉암사도 전통에 따라 농사를 짓고 곡식도 찧었으며 식량을 마련하고 나무를 해서 땔감도 장만했다. 울력을 할 때는 대중스님 모두가 함께했다.

일꾼들이 베어놓은 나무를 하루에 두 짐씩 져 날라도 힘든 줄 몰랐다. 커다란 통나무 두 개를 지게에 실어서 지고 내려왔다. 짐이 무거워 뒤로 자빠져 쏟기도 했지만 즐겁게 일했다. 대중의 수대로 지게가 다 있었는데, 나무를 베어서 각자의 키에 맞추어 지게를 만들었다. 풀을 베어 다발로 만든 뒤 지게에 얹어서 가지고 내려왔다.

또 삼을 직접 밭에 심고 베고 통에 넣어 찌는 모든 일을 다 했다. 마을에 베 짜는 집에 벗긴 삼 껍질을 가져다주면 삶아서 삼베를 짜왔다. 그것으로 옷을 해 입고 떡을 찌는 보자기로 사용하기도 했다.

일상생활에서 규칙은 엄격했다. 하루는 행자 한 사람이 먹고 남은 누룽지를 시궁창에 버렸는데, 이를 우연히 본 성철이 시궁창에 떨어진 누룽지를 다시 줍게 했다. 그러고는 물에 씻어서 다시 끓인 다음 온 대중에게 나누어 먹게 했다. 물론 자신도 함께 먹었다.

목발우를 없애고 철발우를 사용했다. 성철은 율장에서는 목발우를 쓰지 못하게 되어 있다고 하면서 쓰던 목발우를 망치로 부수어 불살랐다. 새로 온 수좌의 가사에 달린 은고리 장식을 떼어내 망치로 두들겨 없애버렸고, 자신이 지니고 있던 담요도 불살라 없애버릴 만큼 철저히 규칙에 따랐다. 산신탱화와 칠성탱화, 독성탱화를 봉암사 마당에서 불태웠다. 신도들이 절에 오면 스님들에게 절을 세 번 하게 했다. 전까지만 해도 한 번만 절하는 풍습이 있었다.

한번은 성철이 밖에 볼일이 있어 잠시 절을 비웠는데, 절의 원주가 사람을 사서 밭을 매게 한 것이 들통나 절에서 쫓겨난 일도 있었다. 대중이 해야 할 일을 삯꾼에게 시켜 규율을 깼다는 것이 죄목이었다. 이러한 수칙은 나무하는 것이 고되다면서 절을 떠나는 수좌들이 생겨도 아랑곳하지 않고 철저히 지켜졌다.

부처님 당시처럼 철저하게 계율을 지키고 수행한다는 기치 아래 단행된 혁신이었으므로, 봉암사 비구니들도 삿갓을 쓰고 가사장삼을 입게 했으며 육환장을 짚게 했다. 이는 비구니의 위상이 매우 미미했던 당시 상황으로 비추어볼 때 엄청난 혁신이었다. 장삼을 입고 방과 마당을 쓸고, 화장실 갈 때만 제외하고는 법복을 벗지 않았다. 발우와 지팡이를 직접 만들고 가사장삼도 직접 만들어 입었다. 철저한 자급자족 생활이었다.

예불도 죽비를 세 번만 치고 끝내는 것으로 했다. 의식에 필요한 모든 염불은 생략했다. 신중단을 향해 〈반야심경〉을 한 번 외우는 것이 전부였다. 그리고 참회의 108배를 했다.

새벽예불할 때 〈이산혜연선사발원문〉을 읽고 〈능엄주〉를 외웠다. 〈능엄주〉는 모든 장애를 물리치고 선신들이 정진을 잘할 수 있도록 보호해주는 역할을 한다며 반드시 외우게 했다. 〈능엄주〉를 외우지 않으면 방부를 받아주지 않을 정도로 중요한 수행이었다. 윤필암에 있을 때 〈능엄주〉 수행을 철저히 했던 묘엄은 봉암사에서의 〈능엄주〉 정진이 생기를 돌게 해주었다.

보름마다 포살을 할 때는 자운이 보살계를 설했고, 1천 배의 절을 했다. 절을 할 때는 청담이 앞섰다. 대중 모두가 탁발도 했다. 개인적으로 생긴 물건은 함께 쓰는 것이 규칙이었다. 하루는 한 스님(도우)이 볼일을 보러 마을에 내려갔다가 신도에게 세숫비누 석 장을 얻어왔다. 수량이 적어서였는지 대중에 내놓지 않고 자기 방에 두고 썼던 모양이다. 그냥 넘어갈 뻔했는데, 비누를 준 신도가 봉암사에 왔다가 좋은 세숫비누 석 장을 보시한 얘기를 하게 되었다. 곧장 불려 나가 세숫비누를 내놓게 해서 사중 모두가 함께 쓰도록 했다.

"큰스님네들이 비구니들도 삿갓을 쓰고 육환장을 짚으라고 한 것은 비구니도 열심히 수행해서 제대로 된 스님이 되라고 그리 한 거지. 중국 당나라 때 말산요연末山了然이라는 비구니가 있는데, 그 비구니가 도인이거든. 그 소문을 듣고 어느 비구 스님이 한번 법담을 나눠보자고 찾아왔다가 요연 스님에게 머리를 숙이고 3년 동안 원주 소임을 살고 도통했다는 얘기도 있어. 그때 요연 스님이 삿갓 쓰고 육환장을 짚고 그랬다꼬. 그래서 우리에게도 그걸 시행하려고 하신 것 같아. 비구는 이미 하고 있었거든. 아마 우리나라에서 비구니로서 고승장삼을 입은 기(것은) 우리가 처음일 거야. 부처님 당시처럼 철저하게 수행하고 될 수 있는 대로 그때와 가깝게 생활한다고 해서 장삼이나 바지 저고리를 못 벗게 했어."

묘엄이 봉암사 결사에 참여하기 한 해 전인 1948년 가을, 스물넷에 봉암사에서 서른일곱의 성철을 만나고 태산을 만난 듯했다고 회고한 법전法傳(1925~2014, 조계종 11·12대 종정)은 당시의 분위기를 이렇게 전했다.

"당시 비구로는 성철·청담·자운·향곡·종수·청안·응산·성수·혜정·혜연·혜명·도우·보안·지관 등 20여 명이 정진하고 있었다. 선방에서 발우공양을 할 때도 소리 하나 들리지 않고 얼마나 엄숙했는지 밖에서 보면 좌선을 하는 것처럼 생각될 정도였다. 화두와 일념이 되지 않으면 배겨날 재간이 없을 정도로 일이 많았으나 맹렬하게 정진하는 선지식들의 분위기에 압도되어서 화두 드는 것 말고는 다른 생각을 전혀 할 수 없던 때였다. 그 후 그러한 선지식들과 같이 공부할 수 있는 회상을 다시는 만나지 못했다. 내 인생에서 가장 행복한 시절이었다."

— 법전,《누구 없는가》, 김영사, 2009

화두를
받다

봉암사 결사에서 주요 수행은 참선이었다. 묘엄은 봉암사 산
내 암자인 백련암에 살면서 매일 큰절을 오가면서 공부했다.
아침에 봉암사에 내려가서 정진한 다음 점심을 먹고 저녁을
먹기 전 오후까지 법문을 듣고 공부했다. 저녁에 백련암으로
올라와 참선 정진하고 낮에 공부한 글귀들을 모두 외우는 나
날이 계속되었다.

봄 햇살이 따사롭던 사월 보름날 아침이었다. 성철이 묘엄
을 불렀다. 방으로 들어가 인사를 하기도 전에 묘엄의 멱살을
잡고 물었다.

"만법이 하나로 돌아갔는데 그 하나는 어디로 돌아갔는
고?(萬法歸一一歸何處) 돌아간 곳이 분명 있어! 대답해보아라."

묘엄이 망설이지 않고 대답했다.

"마음으로 돌아갔습니다."

성철은 묘엄의 멱살을 쥔 채 손으로 등을 세 번 내리쳤다.

"네 대답은 이치적으로 따져서 한 것이기 때문에 철저한 의심이 나지 않겠구나. 이 화두는 들지 마라."

그러면서 '마음도 아니요 중생도 아니요 부처도 아니니 이것이 무엇인고?(非心非佛非衆生是甚麼)', 즉 '이뭣고' 화두를 주었다. 두들겨 맞았을 때 문득 딱 생각이 멈춘 그 무심의 자리, 마음이 간 그 길마저 없어져버린 그 자리를 경험하게 하려고 했을 것이다. 묘엄은 그때를 회고하면서 "지금 생각하면 그때 그분들은, 옛날 사람들처럼 한마디 턱 하면 일언지하에 깨닫는(言下便悟) 그런 사람을 늘 바라고 있었던 것 같아"라고 말했다.

화두 수행에는 정해진 답이 없다. 말의 길이 끊기고(言語道斷), 마음 길마저 끊긴(心行處滅) 자리에서 나온 답만을 스승이 인정할 뿐이다. 그러므로 그 자리에서 논리적으로 따져서 나온 답을 하는 자에겐 주장자가 날아오거나 등짝을 후려치기 마련이다. 물론 인가도 받지 못한다. 다만 스승은 제자가 얼마나 무심의 자리에서 대답하는가를 본다.

묘엄도 이치에는 맞는 답을 말하였으나 답을 내는 순간 무심의 자리와는 거리가 멀어졌다. 그러니 의심, 즉 분별없는 그 자리로 들어갈 수 없었다. 그래서 성철은 묘엄에게 이치적으로 바로 답을 낼 수 없는 화두로 바꾸어준 것이리라.

단 하나, 부수어지지 않는 것이 있다는 것이다. 가없는 어머니의 사랑도, 봄이면 활짝 피어오르는 아름다운 꽃들도 시간이 흐르면 사라지지만 없어지지 않는 단 하나, 영원한 생명이 있다는 것이다. 그런데 그것이 이미 자신에게 갖추어져 있다고 했다. 그것만 찾으면 삶과 죽음이 되풀이되는 고통에서 벗어나 부처가 되고, 부처가 되면 영원히 살 수 있다는 것이다. 묘엄은 그것이 몹시 궁금했고 찾고 싶은 마음이 간절했다. 성철에게 물었다.

"그런데 스님, 그걸 어떻게 찾습니까?"

"찾고 싶나?"

"예!"

"밤이나 낮이나 화두를 놓치지 않고 있으면 찾을 수 있는 기라. 부처님과 똑같은 지혜의 덕상이 드러나는 자아경自我經이 누구에게나 있거든. 나는 자기 마음 가운데 있는 그 경을 분명히 읽고 싶어서 출가했다. 니도 화두 들고 공부해서 그 경을 읽어봐. 그 경을 읽을 수 있어야 중 된 보람이 있는 것이고 남의 지도자가 될 수 있는 기라."

묘엄은 화두를 처음 받은 그날 이후 입적할 때까지 성철이 준 '이뭣고' 화두를 들고 정진했다. 수행자의 생명은 화두 참구에 있으며, 마음을 깨쳐 대자유인이 되는 것이 수행자의 과제라고 누누이 일러준 성철의 가르침이 가슴 깊은 곳에서 언제나 강물처럼 흘렀다. 그리하여 하루 한시도 떠난 적이 없던 저 물음, '이뭣고'를 놓아본 적이 없다. 일생을 관통하며 한시도 떠난 적이 없는 그 과제와 함께 삶을 다듬고 매일을 새롭게 창조했다.

묘엄은 훗날 자신이 스승이 되었을 때 길가에서, 여행길에서 시시때때로 시자에게 묻곤 했다.

"니 지금 화두 있나?"

그리고 입적하던 해 성도재일에 학인들을 향해 이렇게 법문했다.

"생사의 고통에서 벗어나겠다고 발심을 했으면 어떤 어려움이 있더라도 '나'라는 존재가 무엇인가 묻는 '이뭣고' 화두를 들어서 자아(참나)를 깨닫는 것을 근본적인 목적으로 해야 한다."

성철에게 '이뭣고' 화두를 받은 그 시간 이후 자신이 걸어온 길 그대로를 설한 것이다. 다음은 여든에 가까운 나이에 이르렀을 때 묘엄이 봉암사 회상을 회고하며 말한 내용이다.

"지금도 화두를 들고 참선을 합니다. 〈능엄주〉도 하고요. 옛 조사 스님들을 보면 일상생활에서 백 가지를 다 했어요. 좋다는 건 다 했거든요. 우리는 백 가지를 다 할 수 없어 한 가지만 전공하는 겁니다. 한 가지 전공에 99개가 다 들어 있어요. 참선을 해서 자기 소리가 나와야 합니다. 백척간두진일보百尺竿頭進一步, 누가 가르친다고 나아가는 것이 아니라 자기가 절실하게 느껴야 진일보가 되는 것입니다. 삼라만상이 다 내 속에서 나온 겁니다. 마음만 깨달으면 내 속에서 팔만대장경이 나올 수 있다는 것이 진정한 믿음입니다. 대다수가 교리적인 법문은 들을 수 있는데 격외선格外禪은 들을 줄 모릅니다. 마음을 닦는 화두를 해서 격 밖의 것을 깨닫기 위해 참선을 하는 겁니다. 그래서 마음만 깨달으면 내 마음속에서 팔만대장경이 나옵니다. 나만의 팔만대장경을 만들어야 진정한 깨달음에 이른 것입니다."

─ 묘엄, 한국학중앙연구원 고영섭 교수와의 대담(2010. 3.)

생사해탈이
수행자의 목적

결사에 든 봉암사 수좌들의 정진 열기는 날이 갈수록 격렬해졌다. 부처님 당시처럼 참 수행자답게 살고자 하는 마음이 너무도 뜨거웠기에 그 기상이 하늘을 찌를 듯했다. 정진에 정진을 거듭했다. 부처가 되는 일에 자신의 모든 것을 바치는 삶이 가장 가치 있고 숭고한 삶이라는 동일한 가치를 추구하는 집단에서만 뿜어져 나올 수 있는 힘이었다. 그 힘은 비교 불가한 것이었다.

성철은 화두에 대해 묻고는 전광석화와 같은 대답을 내지 못하는 수좌들의 멱살을 거머잡고 "일러보라"고 소리쳤다. 멱살을 잡은 채 문밖으로 끌고 나가 물이 담긴 세숫대야를 들어 머리 위로 덮어씌운 적이 한두 번이 아니었다. 누군가 즐거

156
157

나 흐트러진 자세로 앉아 있는 모습이 눈에 띄면 고함을 치거나 몽둥이를 내리쳐서 혼비백산하는 수좌들이 속출했다.

"밥값 내놓아라, 이놈들아!" 하고 고함을 지르며 뺨을 때리기도 했다. 양철통에 있는 물을 수좌의 머리에 부어버릴 때면 곁에 있는 사람도 물벼락을 맞기 일쑤였다. 불상 앞에 놓인 놋쇠 향로를 집어 들고 머리에 들씌우기도 했다.

> "노장은 곧잘 '공부하지 않는다'라고 경책하시며 대중들을 밖으로 끌어냈다. 그런 다음 당신은 앞에서 대중들의 멱살을 잡고 내게는 뒤에서 밀라고 하시고는 봉암사 계곡에 대중들을 밀어 넣곤 했다. 그래도 누구 하나 불평하는 사람이 없었다."
>
> ─ 법전, 《누구 없는가》, 김영사, 2009

그렇듯 격렬한 정진의 분위기 속에서 묘엄 또한 '이뭣고' 화두를 들고 전력질주하고 있었다. 뜰밖에 앉아서 밤을 새우며 화두를 들었다. 비가 오면 부엌에 들어가 나뭇가지를 깔아놓고 앉아서 밤을 지새웠다. 요를 깔고 베개를 베고 잠을 잔다는 것은 상상조차 할 수 없는 일이었다. 누더기를 기워 입고 거친 밥을 먹어도 정신은 바짝 살아 있는 시간들이었다.

날이 갈수록 성철의 대중을 향한 공부 점검은 성난 파도처럼 거셌다. 성철이나 향곡에게 붙들리면 누구든 무조건 몽둥이로 두들겨 맞았다. 선방에서 법문을 하다가 대중들 중 누군가를 붙잡고 "한마디 일러라" 해서 입을 떼지 못하면 주장자를 내리쳤고, 개울가로 끌고 가서 얼굴을 물에 처박기 일쑤였다. 그러는 성철에게 하루는 묘엄이 물었다.

"아무것도 모르고 스님께 두들겨 맞으면 아프고 다치기만 하는데, 그때는 어떻게 해야 합니까?"

성철의 답은 간단했다.

"그럴 때는 달아나서 숨어!"

순진했던 묘엄은 성철이 가르쳐준 이 비법을 아는 사람들에게 알렸다. 이 말을 들은 사람들, 특히 어린 비구니들은 이 정보를 듣고 법문을 들을 때면 달아날 준비부터 했다. 출가한 지 얼마 안 된 사미니 한 사람이 성철이 법문을 시작하기 전에 주장자를 들자 그것이 대중을 내리치려는 것인 줄 알고 법당을 뛰쳐나가 천리만리 달아났다는 일화도 있다. 묘엄도 봉암사에서 성철의 주장자를 피해 달아나 보리밭에 숨은 적이 여러 번 있었다.

아무리 법거량으로 시끄러워도 청담은 밖으로 나와 보지 않았다. 늘 묵언 정진 가운데 있었기 때문이다.

사월 보름 이튿날, 봉암사 정진 대중이던 묘찬의 여동생이 삭발하는 날이었다. 성철은 '묘명妙明'이라는 이름을 지어주고 가위를 들어 긴 머리를 싹둑싹둑 세 번을 잘라주었다. 그러고는 묘엄에게 삭도를 넘겼다. 묘엄이 묘명의 머리를 미는 동안 성철은 몽둥이를 허리 뒤로 두고 몸을 이리저리 흔들면서 주변을 맴돌았다. 아무래도 무슨 일이 일어날 것만 같은 예감이 든 묘엄은 묘명의 머리를 마저 다 밀고 나서 삭도를 닦지도 않은 채 성철에게 고했다.

"삭발을 마쳤습니다."

"그래, 다 깎았나?"

그러고는 곧바로 묘명에게 소리쳐 물었다.

"묘명이 네가 머리를 깎았으니 속인도 아니고 계를 안 받았으니 중도 아니다. 네가 뭐꼬?"

그때 묘명이 대답을 하려고 입을 들먹거렸다. 그러자 성철이 주먹으로 묘명의 입을 쥐어박았다. 놀란 묘엄은 삭도를 들고 재빨리 개울가로 달아났다. 기왓장 가루가 묻은 손을 씻으려고 돌에 문지르고 있는데, 어느새 묘명이 머리 깎은 물이 담긴 대야를 들고 왔다. 개울물에 머리를 씻고 있는 묘명에게 물었다.

"아까 스님께서 묻는데 뭐라고 대답하려고 입을 들먹거렸어?"

"행자行者입니다, 하려고 했지요. 속인도 아니고 중도 아니니까 행자가 안 맞습니까?"

"그것도 안 맞는 소리야."

그때였다. 누군가 뒤에서 묘엄을 밀어 물에 빠뜨렸다. 순식간의 일이었다. 성철이었다. 성철은 물에 빠진 묘엄의 멱살을 쥔 채 건져내더니 종주먹을 대면서 물었다.

"그러면 네가 맞는 소리를 해보아라. 맞지 않는 소리인 줄 아니까 니는 맞는 소리가 뭔지 알 거 아니냐?"

그러고는 대답도 듣지 않은 채 물에 넣었다가 꺼내기를 되풀이했다.

"맞는 소리를 해보라니까!"

과연 맞는 소리가 세상에 있는 것일까? 그날 유난히 산천은 푸르렀고 그곳에 있던 세 사람의 그림자는 깊었다. 봉암사 너른 개울가에서 서른여덟의 성철과 열여덟의 묘엄 사이에 오간 법거량은 봉암사 역사의 한 자락이 되었다. 결사를 이끈 성철은 훗날 해인사 학인들에게 법문할 때, "조사의 도량으로서 청정한 긴장감이 사뭇 대단했으며 법의 구름이 도량을 덮고 있는 듯한 그 시절로 돌아가고 싶다"고 고백했다.

"큰스님들이 대승사나 다른 절에 계실 때는 입도 안 떼고 공부하고 정진하는 수좌들이었거든. 그래 봉암사에 오기 전에는 법거량을 안 했어. 인자 봉암사에 와서 종풍을 드날리기 시작한 거지."

성철은 법문을 할 때마다 사람이 백 년도 살지 못하면서 천년 만년을 살 것처럼 어리석음을 범하고 산다며, 인생이 덧없이 무상하니 그 무엇에도 집착하지 말고 오로지 정진에 힘쓸 것을 강조했다. 삶과 죽음이 되풀이되는 윤회의 고통을 해결하는 것이 인간의 가장 급하고 중요한 과제인데, 사람들이 그걸 간과하고 있어서 행복하지 않다는 말을 수시로 했다. 수행자는 이 문제를 해결하기 위해 절에 들어온 사람이며, 이 문제를 해결할 때 영원한 자유와 행복을 누릴 수 있다는 것이 법문의 골자였다.

성철은 왜 그토록 인생이 무상하다는 법문을 자주 강조했을까. 지금 이 순간을 무심으로 집중해서 최선을 다해 사는 것이 참나로 사는 것이며, 그것이 영원에서 영원으로 사는 길이며 생사해탈의 길인데, 인간은 그걸 모르고 인생이 무한히 긴 것으로 착각해 지금 이 순간을 놓치며 집착하고 방일하게 살기 때문이었을 것이다. 그 집착하는 어리석음과 방일함이 괴로움을 초래한 것이니, 마음공부는 인생이 무상함을 알 때 시작되는 것이라는 사실을 알려주고 싶었을 것이다.

성철은 일찍이 인생이 무상함을 뼈저리게 깨달았을 때 비로소 공부가 시작됨을 알았다. 성철이 전한 이 소식을 나이 어린 묘엄으로서는 깊이 이해할 수 없었다. 그러나 성철이 자신을 이끌어줄 세상에 없는 선지식이라 여겼기에 한 치 의심 없이 그대로 받아들였다.

'마음을 깨쳐 생사해탈하는 것이 수행자의 목적'이라는 이 법문은 정진의 세월들이 쌓이면서 묘엄의 것이 되었다. 묘엄은 노년에 이르렀을 때도 잠자는 시간이 아니면 누워서 쉰 적이 없으며, 화장실에서 볼일을 보거나 세수를 할 때도 주변에 사람이 있는지조차 모를 정도로 언행에 늘 깨어 있었다.

글을 배우는
이유

성철은 시간이 날 때마다 묘엄을 비롯한 백련암 대중들에게 옛 조사의 청빈한 생활이 담긴 한시漢詩를 가르쳤다. 조사들이 철저히 인정을 끊고 공부한 일화를 들어 청빈하게 생활하며 공부하는 것이 수행자의 도리임을 익히게 했다. 그것은 그들의 사상이 되어 가슴속에 켜켜이 쌓여갔다. 묘엄은 일단 한시를 외워 마음에 넣어두었다. 나중에 경전을 배우면서 성철이 가르친 선시들을 접했을 때는 마음이 벅차오르기도 했다.

"자 들어보거라. 중국 송나라 양기방회楊岐方會(992~1049)선사의 시다."

양기산 겨우 머무는 곳 지붕과 벽이 헐어 엉성하니

침상 가득 흩뿌려진 흰 눈이 진주 같구나

목을 움츠리며 가만히 생각하니

문득 옛 어른들이 나무 아래 거하셨던 것이 생각나네

楊岐乍住屋壁疎　滿床盡撒雪珍珠

縮却頂暗嗟噓　飜憶古人樹下居

"양기선사가 제자들과 함께 선원에서 지낼 때 어느 날 폭설이 내려서 선방 안에 눈이 쌓이게 되었어. 이에 집을 수리하자고 한 제자가 말하자, 이를 물리치고 나서 선사가 읊은 게송이야. 나무 밑 노천에 살면서도 깨달음이 크고 좋은 일을 많이 하신 옛 선승들도 있는데, 집까지 있는 내가 신세 한탄을 해서는 안 된다는 뜻을 담은 선시지. 양기선사는 동네 사람들이 도인이라고 자꾸 찾아오자 오지 못하게 하려고 더 깊은 곳으로 들어가 띠집을 지어 살았지. 그렇게 인정을 끊고 철저하게 공부해야 한다."

묘엄은 성철의 법문을 통해 참선에 대한 입지를 세워 힘있게 공부할 수 있었다. 성철을 통해 선과 교, 율을 겸해서 배울 수 있었던 것이다.

성철은 선종 제6조인 혜능慧能(638~713)의 삶과 사상에 대해서도 자주 이야기했다.

"육조 스님이 일자무식 아니가? 그래도 부처님이나 조사

스님들의 뜻에 맞지 않는 말은 전혀 하지 않았는 기라.《육조단경》을 보더라도 깨침은 글자에 있지 않은 기다. 깨치면 팔만대장경이 그 자리에서 나오는 기라."

수행자는 마음을 깨쳐야 자기 소리를 낼 수 있다는 성철의 가르침은 묘엄의 주된 사상으로 자리 잡았다. 뒷날 참선 공부를 하기 위해 운문사 강주를 그만두고 나온 것도, 봉녕사를 이끌어가면서도 늘 참선 수행을 놓지 않았던 것도 젊은 날 뼛속까지 사무치게 들었던 성철의 가르침 때문이었다.

성철은 깨달음은 문자에 있지 않다고 역설했다. 일자무식이어도 깨치고 나면 부처와 중생과 마음이 하나임을 확연히 알아 생사의 모든 고통에서 벗어나게 된다는 사상은 묘엄에게 발심을 불러일으켜 일평생 정진에서 물러나지 않게 했다. 훗날 묘엄은 후학들에게 실천이 따르지 않는 배움은 백해무익하며, 글을 배우는 것도 실천에 옮길 수 있는 힘이 생겨나길 바라고 배우는 것이지 문자를 배우는 것이 아니라고 가르쳤다.

성철은 일본의 잇큐一休(1394~1481)선사 이야기도 들려주었다. 젊은 나이에 왕사가 된 잇큐가 명리승이 되지 말라는 어머니의 편지를 받고 왕사의 자리에서 내려와 정진에 몰두했다는 이야기였다. 큰 지위나 재물도 죽음 앞에서는 한낱 물거품에 지나지 않으니, 수행자는 오로지 부처님의 가르침을 믿고 정진해서 생로병사의 고통에서 벗어나야 한다는 것이 골수법문이었다.

성철의 묘엄에 대한 관심은 각별했다. 서울에 볼일이 있어 다녀올 때면 서점에 들러《금강경》《능엄경》《화엄경》등 경전 번역본을 사다 주었다. 책에 '묘엄'이라 써서 주면서 읽어보라고 했다. 어떻게든 묘엄이 경전을 읽으면서 한글을 익숙하게 익히고, 나아가 불교가 어떤 것인지 분명히 알아 바른 수행자로 살아갈 수 있기를, 더 나아가 비구니계의 큰 지도자가 될 수 있도록 돕고자 했다.

성철은 묘엄이 경전을 읽고 있는지 때때로 확인했다. 그럴 때마다 묘엄은 하소연하듯 말했다.

"읽어보아도 무슨 내용인지 도무지 모르겠어요."

일본말은 또박또박 잘하고 영리했으나 한글에 서툰 묘엄이 이해하기에는 어려운 경전이었을 것이다. 그럼에도 불구하고 성철이 책을 사다 준 것은 묘엄이 기질과 재주가 좋은 데다 노력 또한 깊고 또래에 비해 식견이 뛰어난 것을 눈여겨보고 있었기 때문이다.

묘엄의 국어 실력은 좀처럼 나아지지 않아 여전히 경전을 이해하고 새기는 데 어려움이 따랐다. 하루는 성철이 당나라 선승인 이산혜연怡山慧然이 쓴 발원문을 주면서 외워오라고 했다. 묘엄은 아무리 읽어보아도 무슨 뜻인지 알 수가 없었다.

성철에게 가서 이실직고하자 번역을 해서 일러주었다. 그래도 뜻을 알기 어려웠다. 청담과 성철은 자신들이 한글로 번역한 것을 교학에 밝은 운허에게 주어서 읽고 알아듣기 수월하도록 정리해줄 것을 부탁했다. 운허는 두 사람이 번역한 것을 토대로 읽기 쉽게 글귀를 맞추어 수정해주었다.

지금 전국에 유통되고 있는 〈이산혜연선사발원문〉이 그렇게 세상에 나왔다. 한문으로 발원문을 외운 묘엄은 운허가 수정해서 번역한 발원문을 보고서야 제대로 뜻을 이해할 수 있었다. 그리고 훗날 경전을 배우고 나서는 좀 더 정확하게 발원문의 내용을 새길 수 있었고 확실하게 알지 못했던 부분까지도 이해되었다. 몇 년이 걸린 셈이지만 그렇게 해서 아침저녁으로 외운 발원문이 묘엄의 것이 되었다. 자세히 보아야 보인다고 했던가. 내용 모두가 공부하고자 하는 마음을 일으키는 데 더할 나위 없이 좋은 명문이었다.

현재 한국 사찰에서 새벽예불 때 한글로 읽는 이 〈이산혜연선사발원문〉은 고려의 나옹선사가 지은 〈행선축원문〉과 함께 가장 많이 읽히는 발원문이다. '날 적마다 좋은 국토 밝은 스승 만나오며, 바른 신심 굳게 세워 아이로서 출가하여'의 글귀는 많은 출가자들이 다음 생의 발원으로 삼을 정도로 심금을 울리는 명문이다.

봉암사에서 성철이 했던 법문은 나중에 운달산 김룡사 운달법회와 해인사 백일법문으로 풀어져 나왔다. 봉암사에서의 법문은 운달법회와 백일법문을 위한 예행 연습이 되었는지도 모른다. 20여 년 뒤 묘엄은 운문사 강원의 강주로 있을 때 해인사에서 열린 성철의 '백일법문'을 들으며 봉암사에서 했던 성철의 법문과 거의 같은 내용임을 발견했다. 기억력이 비상했던 묘엄은 성철에게 이를 확인했다.

"스님, 봉암사에서 법문하신 것이 백일법문과 같지요?"

"그래 맞다. 어찌 네가 그걸 기억하느냐?"

"그때는 제가 글을 깨치지 못해 무슨 뜻인지 잘 몰랐는데 언뜻언뜻 기억이 나서 그런 생각이 듭니다."

인구에 회자되는 성철의 백일법문을 묘엄은 열여덟 살에 비구니 도반들과 단출하게 들은 셈이다. 더없이 은혜로운 회상이었다.

탁발

부처님께서는 법을 설한 45년 가운데 21년 동안 반야부 경전을 설했다고 한다. 반야부 계통에 속하는 《금강경》의 사상을 한마디로 얘기하면 '나'라는 아상을 제거해야 어리석음의 속박에서 벗어나 자유로울 수 있으며, 자유로울 수 있을 때 진정한 부처가 된다는 것이다. 그러므로 '나'라는 상(관념)을 벗어나 영원한 행복을 누리라고 설한다.

《금강경》의 처음은 석가모니 부처님께서 제자 1,250명과 함께 가사를 수하고 발우를 들고 성안으로 걸식하러 들어가는 것으로 시작된다. 석가모니 부처께서도 밥을 빌어드셨다. 중생을 위해 모범을 보인 것이다. 중생은 '나'라는 상 때문에 순수 불성을 발휘하지 못한다. 그래서 부처로 살지 못하고 중생으로 윤회하며 고통을 받는 것이다. 부처로 살기 위해서는 '나'라는 상相을 벗어나야 하고, '나'라는 상을 벗어나기 위해서는 '나'에 대한 집착을 마주하고 깰 수 있어야 하는데, 그 방편 가운데 하나가 걸식을 수행으로 삼는 것이다.

부처님 이후 수많은 수행자들이 밥을 빌어서 먹는 것을 전통으로 삼았다. 흔히 수행자를 비구라 부르는데 그 뜻이 걸사乞士, 즉 빌어서 먹는 사람이라는 의미다. 마음으로는 진리(법)를 빌고 몸으로는 밥을 비는 수행을 하는 이들이 출가자인 것이다.

승려가 마을을 다니면서 밥을 비는 것을 탁발이라 한다. 탁발을 통한 수행은 봉암사 결사 대중이면 한 사람도 빠짐없이 지켜야 하는 규칙이었다. 두세 사람이 함께 탁발을 다녔다. 종일 찬밥 한 덩어리를 얻어먹고 돌아다니면서 염불 한 자락 해주고, 동냥 받은 쌀을 걸머지고 봉암사로 돌아오곤 했다. 그들은 가난한 집을 보면 동냥한 쌀을 맡겼다가 찾지 않고 슬쩍 동네를 떠나오기도 했다.

묘엄의 첫 번째 탁발은 윤필암에 있으면서 봉암사를 오갈 때였다. 살림이 넉넉한 큰절(대승사)에서는 탁발을 하지 않았으나, 윤필암은 식량을 수확할 논밭이 없었으므로 대중들이 탁발을 나갔다. 식량이 떨어져 탁발을 나가서 쌀과 보리를 얻어 온 적도 있다.

봉암사에서 식차마나니계를 받고 윤필암으로 돌아온 그 해 동짓달 어느 추운 날이었다. 사제인 묘희妙喜와 함창으로 탁발을 나갔다. 마을에서 쌀을 얻어 걸망에 넣고 돌아오는데, 함창과 점촌 사이에 있는 다리 밑에서 거지들이 가마니를 펴 놓고 살고 있는 것을 보았다. 문수보살이 문둥이나 거지로 나 타나서 수행을 시험한다는 법문을 들었던 두 사람은 동시에 얼굴을 쳐다보며, 혹시 저 사람들이 문수보살 아닐까 생각하 고 다리 밑으로 내려가 쌀을 부어주었다. 그들은 미안해서 어쩔 줄 몰라 했다.

신심이 하늘을 찌를 때이니 모든 것이 가능했다. 부처님 법대로 사는 것이라면 무슨 일이든 다 할 수 있었다. 쌀을 부 어주고 흐뭇한 마음으로 점촌으로 걸어가는데, 거기서 또 거 지를 만났다. 한 여자가 아들을 데리고 조그마한 다리 밑에 서 살고 있었다.

"우리 내복을 벗어주자."

두루마기를 벗어 서로 몸을 가려주며 내복을 벗어 그들 에게 주었다. 몸이 덜덜 떨리고 추웠으나 기쁜 마음이 솟아났 다. 두 사람은 홑광목 두루마기로 몸을 감싼 채 십 리쯤을 걸 어 점촌에 있는 묘희의 부모님 집으로 갔다. 이불을 덮어쓰 고 추위로 언 몸을 녹이며 뜨거운 물을 마시는데 서로를 보 며 웃음이 났다. 윤필암으로 돌아가는 길에 봉암사에 들러 청담에게 탁발한 이야기를 했다.

"동냥한 쌀을 문수보살인가 싶어서 거지에게 주었는데 미안해하는 걸 보니까 문수보살이 아닌 것 같아요."

청담은 순진무구하기 이를 데 없는, 신심이 파릇파릇 솟아나는 묘엄을 바라보며 지그시 미소 지었다. 청담은 다감했다. 봉암사 대중들 사이에서 생불生佛로 불릴 정도로 정진할 때는 스스로에게 말할 수 없이 엄격하고 겨울 새벽바람처럼 날카로웠지만, 선원 대중들에게는 봄바람처럼 따스했다. 묵을 방이 넉넉지 않아 대중은 물론 행자들까지도 큰방에서 함께 잤는데, 방을 따로 쓰지 않았던 청담은 잠잘 때 행자가 다리를 자신의 가슴 위로 올리면 발을 들어 제자리에 가지런히 놓아주었다. 새벽부터 일어나 예불을 하고 밥을 짓고 울력을 하고 참선까지 하면서 종종걸음을 치는 행자도 관심으로 보살폈다.

"네 마음자리를 찾아라."

하루는 묘엄이 도반과 탁발을 나갔다가 밤늦게 돌아온 적이 있었다. 청담은 그때까지 잠자리에 들지 않고 있다가 묘엄을 보고는 왜 이리 늦었느냐며 저녁은 먹었냐고 물었다. 그러자 기다리기라도 했다는 듯 묘엄은 그날 탁발을 하면서 있었던 일을 빠짐없이 얘기했다.

"저녁때가 되어 어느 집에 들렀더니 밥을 주는데, 자기가 먹던 숟가락으로 밥을 퍼주어서 도저히 비위가 상해 못 먹겠더라고요. 그래서 고추장을 달라고 했더니 얻어먹는 주제에 고추장·된장을 찾는다고 궁시렁대더니 바가지에 밥과 함께 고추장을 넣어주었어요. 배는 고픈데 어떻게 해요. 억지로 먹고 왔습니다."

"그렇게라도 얻어먹고 다녔으니 됐다. 이제 늦었는데 어서들 올라가거라."

묘엄이 도반과 함께 백련암으로 올라가려고 봉암사 위쪽의 지증대사 비석이 보이는 곳에 이르렀을 무렵이다. 바로 그 때 호랑이 한 마리가 비석 옆 묘에 드러누워 있다가 일어서는 게 아닌가. 온몸에 식은땀이 날 정도로 놀란 묘엄이 멈추어 서자 호랑이가 대숲으로 사라졌다. 도저히 발걸음이 떨어지지 않았다. 다시 내려와 봉암사로 들어가는 뒷문 앞에 섰다. 너무 늦은 시간이라 망설이고 있는데, 인기척을 들은 청담이 나왔다. 밤길에 사람을 올려 보내놓고는 안심이 안 되어 나와 있었던 것이다.

"왜 안 올라가고 내려왔느냐?"

"비석 옆에 호랑이가 누워 있다가 일어나 대숲으로 사라졌는데 무서워서 못 가겠어요."

"호랑이 한 마리가 무서워서 못 올라가고 도로 내려왔단 말이냐? 가자, 지금 가면 없을 거다."

청담이 묘엄 일행을 비석 위에까지 데려다주면서 말했다.

"짐승은 사람을 보고 무서워하고 사람은 짐승을 보고 무서워하는데, 하늘을 덮고도 남을 불성을 가지고 있는 놈들이 호랑이 하나 무서워서 자기 집으로 돌아가지 못해서야 되겠느냐?"

다시 백련암을 향해 발걸음을 옮기면서 묘엄은 더 이상 두렵지 않았다. 깜깜한 그믐날 밤에도 발에 눈이 달린 것처럼 정확하게 발을 내딛으며 수없이 걸어온 길이었다. 아무것도 보이지 않는 깜깜한 밤에는 개울이 길이 되었고, 비가 온 뒤에는 물이 내려가면서 파인 곳을 길 삼아 다닌 곳이었다. 묘엄이 백련암에 무사히 이르렀을 때쯤 그제야 청담은 방으로 들어갔다.

그날 이후로도 청담은 묘엄 일행이 밤늦도록 법문을 듣고 백련암으로 올라갈 때면 그들이 혹시 다시 내려와 문밖에 서 있을까 해서 나와 보고는 했다. 묘엄은 그런 시간들을 경험했기에 살아가면서 어떤 일에도 무섭고 어려운 게 없었다. 세상에 못할 일은 없다는 신념을 키운 시절이었다.

"그때 우리는 얻어먹는 빈궁을 빈궁으로 여기지 않고 몸의 괴로움을 알라는 거로 배웠어. 인생무상하다는 거를 알게 하기 위해서, 또 남한테 몸을 굽히고 얻는 것이 미안하다는 것도 알게 하려고 탁발을 시켰어. 부처님 당시에는 몸에 고苦가 있다는 걸 댕기다 보면 알 수 있으니까 걸식을 시켰거든. 그런데 우리 한국에서는 걸식을 안 하니까 탁발을 일부러 시킨 거야."

도반의
연비

결제나 해제와 관계없이 수행이 이루어지던 봉암사 결사에는 많은 수행자들이 동참하며 오갔다. 묘엄이 봉암사 결사에 정식으로 참가한 안거는 1949년 하안거 결제 때다. 성철이 방함록에 〈입지게〉로 서문을 썼다. 참가자 명단은 당사자들이 직접 썼다. 청담, 종수, 법전 등이 법명과 나이, 출신 사찰을 적고 비구니 명단에는 재영, 묘엄, 묘찬, 웅민 등이 이름을 썼다.

성철이 안거에 든 대중들에게 보름 동안 법문을 하던 마지막 날, 서른 명가량의 대중이 앉아 있는 가운데 물었다.

"대중들은 보름 동안 불법이 얼마나 수승한가에 대한 법문을 들었다. 내가 법문을 한 것은 내 뜻을 전한 것이 아니다. 내가 무엇이 잘나서 법문을 하겠는가. 다만 부처님, 조사 스님들의 뜻을 전한 것이다. 대중들에게 묻겠다. 이건 가정이다. 공부하다 보면 불법佛法도 아무것도 아니구나 하는 생각이 들 때가 있을 것이다. 부처가 될 목적으로 중이 되었는데 불법이 아무것도 아니라는 생각이 들면 어떻게 하겠는가?"

한 사람 한 사람 모두에게 물었다. 그들의 발심 정도를 알아보기 위함이었다. 성철의 법문을 듣고 감화를 받아 갓 출가한 행자가 대답했다.

"세상만사를 다 버리고 불법을 공부하기 위해 중이 되었는데 그 불법이 아무것도 아니라면 사람과 같이 살아 뭐 하겠습니까. 저 산골짜기에 들어가 감자나 캐 먹고 살겠습니다."

그를 시작으로 모두 각양각색의 대답을 내놓았다. 부인을 구해서 잘 살아보겠다고 답한 사람도 있었다. 마지막으로 묘엄의 차례가 오자 성철이 물었다.

"묘엄이 니는 어떻게 할 것이냐? 대답해봐라."

"한 가지 대답할 게 있기는 한데 여기 여럿이 있는 데서는 못하겠습니다. 순호(청담) 스님이나 스님(성철)이 계신 데서만 대답할 수 있습니다."

"여기서 대답을 받으려고 이야기를 시작했는데 어디 가서 가만히 대답을 한다고 그러느냐? 여기서 대답해봐라."

"못 합니다!"

성철은 옆에 놓인 주전자 물을 들어 묘엄의 머리 위로 부었다. 그래도 대답을 하지 않자 향로에 담겨 있던 재를 온몸에 덮어씌웠다.

"이래도 안 하겠느냐?"

"죽어도 안 하겠습니다."

"아따 이 가시나, 최고집(최씨 고집)이 있다 카더니 이고집(이씨 고집)이 여기 있구나. 어서 대답을 해!"

그래도 대답을 하지 않자 들고 있던 주장자로 등짝을 후려쳤다. 그러고는 밖으로 나가 문을 걸어 잠갔다.

"묘엄의 대답을 듣기 전에는 대중 아무도 못 나간다."

큰방이 아수라장이 되었지만 묘엄은 입을 열지 않았다. 그날 밤 묘엄은 청담과 성철 두 사람만 있는 자리에서 이렇게 답을 했다.

"아까 행자가 이야기했듯이 불법이 아무것도 아니라면 그냥 죽어버리겠습니다. 그런데 저 혼자 죽지는 않을 겁니다. 원자탄 두 개를 구해서 동서양 모든 나라에 던져 모두 죽여버리겠습니다."

"가시나 중노릇은 끝까지 하겠네. 불법이 아니면 죽는 것 말고는 다른 게 없다는 소신을 가지고 중노릇하는 사람이 결국 불법으로 회향할 수 있지."

불법이 아니면 목숨을 유지할 필요가 없다는 간절함이 있어야 제대로 발심하여 수행할 수 있으며, 그 원력을 대중교화로 회향해야 한다는 입지를 확고히 세운 그때, 청담이 마흔여덟, 성철이 서른여덟, 법전이 스물다섯, 묘엄이 열여덟이었다.

◎

안거에 든 봉암사 대중들의 발심이 나날로 더해가는 사이에 백련암 대중도 차츰 늘어났다. 장소와 식량 문제로 여섯 사람만 백련암에 머물며 정진해오다가, 그즈음에는 묘엄을 비롯해 지원, 재영, 묘찬, 응민, 오선, 혜민, 재용, 혜일, 원명, 지현, 묘련, 수진, 묘각, 묘명, 혜해, 장일, 그리고 여성 신도로 청련화 등이 머물고 있었다. 봉암사 결사 소식을 듣고 전국 각지에서 비구니 수행자들이 몰려든 것이다.

그들이 치열하게 정진하고 있던 어느 날, 봉암사 큰절에서 방부를 받아주지 않아 백련암에 임시로 있으면서 결사에 참여하고 있던 혜해慧海(1921~2020)가 연비燃臂를 하겠다고 나섰다. 금강산 신계사 법기암에서 출가한 혜해는 광복 후 이남으로 내려와 정진하던 중 봉암사 결사에 참여했다. 성철의 법문을 듣고 마음속 찌꺼기가 다 내려가는 듯한 시원함과 수행자로서의 긍지를 느끼던 즈음 연비를 결심한 것이다.

"세세생생에 제가 지어온 악업을 참회하는 뜻으로 연비하겠습니다."

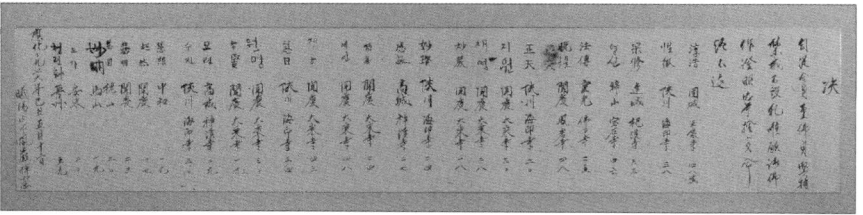

봉암사 결사 방부록(1949년 하안거)

약왕보살이 오랫동안 기름을 바르고 마셔 자신의 몸을 심지로 만들어 소신燒身 연비를 했다는 이야기를 들은 적이 있던 묘엄은 혜해의 발원을 듣고 전율이 일었다. 혜해의 결심을 들은 청담이 벌꿀과 밀랍으로 초를 만들었다. 봉암사 극락전에 혜해와 묘엄 두 비구니가 섰다. 묘엄은 목탁을 치며 '석가모니불'을 불렀다. 혜해가 청담이 만든 초를 먹인 천을 왼손 가운뎃손가락에 감아 불을 붙였다. 손가락 한 마디를 태우는 데 네 시간이 걸렸다.

묘엄은 시간 가는 줄 모르고 목탁을 치며 석가모니불을 불렀다. 석가모니불 석가모니불 석가모니불… 그때처럼 석가모니 부처님이 애절하게 다가온 적이 없었다.

작은 법당에 살을 태우는 냄새가 진동했지만 염불에 몰입해 있어서 냄새조차 맡지 못한 묘엄은 연비가 끝나자 후들거리는 걸음으로 방으로 돌아와 앉았다. 조금 뒤 혜해가 들어와 조용히 물었다.

"스님, 왜 목탁을 치지 않고 염불도 안 했습니까?"

"스님 곁에서 목탁을 치고 석가모니불을 부르며 정진했는데 못 들었습니까?"

"전혀 들리지 않았습니다."

혜해는 연비를 하는 동안 깊은 선정에 들어 있었던 것이다. 묘엄은 다시 한번 온몸에 전율을 느끼며 기필코 정진해서 성불하리라 발심했다.

스물아홉의 나이에 연비를 단행하며 뜨겁게 발심한 혜해는 이후 향곡과 효봉 등 당대의 선지식들 회하會下에서 수행했고, 평생 선승으로 정진에 일관하며 경주 흥륜사 금당선원에서 후학을 지도하다 100세에 입적했다. 여든넷이던 해에 출가를 돌아보는 자리에서, "금방석에 앉혀준다고 한들, 임금 자리를 준다고 한들 마음 밝혀 성불에 이르는 이 수행자의 길만 하랴. 화두 공부라는 것이 성불할 때까지는 '초고추장에 고드름 찍어 먹듯' 아무런 맛이 없는 공부이기는 하나, 언제 해도 내가 해야 할 이 공부를 다음 생에도 놓치고 싶지 않다"라고 말하면서 수행자로서의 긍지를 마음껏 구가했던 봉암사 결사를 결코 잊을 수 없다고 회고했다.

"바늘로 손가락을 찔러도 아픈데 손가락이 타들어가니까

무슨 소리가 들리겠습니까? 중지 한 마디만 태우려고 했는데 그 윗마디까지 데어서 두 달 만에 빼니까 한마디만 뾰족하게 남아 있어서 병원에 가서 떼어냈습니다. 참 그때는 머리가 뾰족한 것(머리가 쭈뼛하게 서는 것)뿐만 아니라 부처님이 내려와 계신 걸 느꼈어요. 그리고 온 도량이 석가모니부처님 명호로 가득 찼었어요. 봉암사 결사 중 그렇게 훌륭한 참회불사도 있었습니다."

—묘엄, 한국학중앙연구원 고영섭 교수와의 대담(2010. 3.)

봉암사를
떠나다

개인의 의지와 무관하게 시대적 상황에 의해 삶이 의도치 않은 곳으로 흘러가기도 한다. 묘엄은 봉암사에서 수행한 지 몇 달 만에 봉암사를 떠나야 하는 상황에 직면했다. 광복 후 남북이 38선으로 나뉘어 대치하고 있었고, 좌익 성향의 무장 단체인 빨치산이 출몰하고 또 군경은 그들을 토벌한다며 전투가 곳곳에서 일어나 양민들이 극심한 괴로움에 처했다. 봉암사가 있던 희양산에도 빨치산이 자주 출몰했다.

들녘에 산나물이 한창 피어나는 늦봄이었다. 백련암에서 정진하던 대중이 산나물 뜯기 울력으로 암자를 나섰다. 평화로운 날이었다. 백운대 위로 올라가 나물을 뜯어 소쿠리에 넣고 일어서려는데 황토가 잔뜩 묻은 광목 두루마기를 입은 한

남자가 묘엄의 턱밑에 총구를 들이대며 다짜고짜 밥하고 빨래해줄 사람이 없으니 함께 가자고 했다. 눈앞이 캄캄했으나 정신을 바짝 차리고 누구냐고 물었다. 빨치산이라고 했다.

"부모 형제 다 버리고 도를 닦으려고 출가한 사람인데 당신이 따라가잔다고 가겠습니까. 날 여기서 죽인다고 해도 따라갈 수는 없습니다."

날마다 '차라리 목숨을 버릴지언정 끝내 물러서지 않겠습니다'라고 게송을 읊조리지 않았던가. 대답을 들은 척도 않고 그가 강제로 묘엄을 잡아끌고 가려고 할 때 숲속에서 한 사람이 더 나왔다. 두 사람이 끌고 가려는 찰나 묘엄과 멀리 떨어져서 나물을 뜯던 묘찬이 쫓아오며 무슨 일이냐고 물었다.

"이 사람들이 자기들을 따라가 빨래하고 밥을 해달랍니다."

묘찬이 그들을 바라보며 차분하게 말했다. 초등학교 교사 출신으로 남편이 명을 달리하고 나서 청담의 인과 법문을 듣고 발심 출가한 비구니였다.

"이 스님은 수행을 해서 출가의 목적인 깨달음을 이루어야 합니다. 나는 마을에 살면서 결혼도 해봤고 아이도 낳아보았으니 이 사람은 수행하도록 놔두고 대신 나를 데려가시오."

도반을 위해 자기가 가겠다고 나선 묘찬은 그만 눈물을 흘리고 말았다. 하지만 그들은 함께 가지 않으면 모두 죽이겠다고 목에 총구를 대며 으름장을 놓았다. 그래도 두 사람은 죽일 테면 죽이라며 그 자리에서 꼼짝하지 않았다. 그 자리에서 죽을지언정 따라갈 수 없다고 버텼지만 내심 묘엄은 가슴이 뛰어 진정되지 않았다. 〈능엄주〉를 외웠다. 화두도 들었다. 잠깐이던 그 시간이 오랜 시간이 흐른 것처럼 길게 느껴졌다. 그때 총구를 겨누던 사람이 총을 내리며 웃으면서 말했다.

"사실 우린 경찰이오."

그 말을 듣는 순간 묘찬의 손이 빠르게 경찰의 뺨으로 날아갔다. 그러곤 연거푸 힘껏 뺨을 때렸다.

"사내자식이 이런 비겁한 행동으로 우리의 사상을 알아보려고 했단 말이냐?"

경찰이 산속에 사상이 의심되는 비구, 비구니들이 모여서 산다고 들어서 어떤 사상을 가지고 살아가나 하고 시험해보려고 했다면서 거듭 사과했다. 다음에 정식으로 사과하러 봉암사로 가겠다며 산을 내려가자, 그제야 묘엄과 묘찬은 털썩 주저앉아 울음을 터뜨리고 말았다. 놀라움과 안도감이 섞인 울음을 한바탕 쏟아내고 난 뒤 묘엄이 말했다.

"우리가 목숨 한 번 버려봤네요. 이차돈 성사의 목이 베어졌을 때 목에서 흰 피가 나온 것처럼 만약 우리도 죽었으면 흰 피가 나왔을까요?"

방금까지 위급했던 일을 까마득히 잊은 듯 두 사람은 파안대소했다. 뜯어놓은 나물을 백련암에 내려놓고 저녁 공양

을 마친 다음 묘엄은 봉암사로 내려가 청담과 성철에게 산에
서 일어났던 일을 이야기했다.

"잘 가르친 보람이 있구나. 그렇게 한 번 생명을 내놓아보
았으니 더한 일이 생겨도 잘 이겨낼 수 있을 게다."

진리 앞에선 일체를 희생해야 한다는 자신들의 가르침이
어느새 어린 묘엄의 가슴에 금강석처럼 단단하게 자리 잡고
있음을 발견했다. 그날 청담과 성철은 반듯한 수행자로 성장
해나가는 묘엄을 보며 기쁜 마음이 드는 한편으로, 빨치산의
잦은 출몰로 인해 대중이 더 위험해지지 않을까 하는 염려에
서 벗어날 수 없었다.

◎

1949년 가을, 묘엄을 비롯한 백련암 비구니들은 빨치산의 잦
은 출몰로 인해 각자 절로 흩어졌다. 성철도 위험을 감지하고
봉암사를 떠나 부산의 기장 묘관음사로 거처를 옮겼다.

청담은 1950년 3월, 봉암사 결사가 해체될 때까지 대중들
과 함께 남아 정진했다. 봉암사에서 많은 이들의 존경을 한
몸에 받으며 늘 점잖은 태도로 대중을 살뜰하게 보살핀 청담
은 다른 대중보다 법랍이 높다고 해서 자신을 내세우지 않
았다. 항상 겸손했고 청빈하게 생활했다. 봉암사 대중 가운데

1950년대
봉암사 전경

가장 해진 걸망을 가진 이도 청담이었다. 따로 방을 쓰지 않고 선방에서 대중과 정진하고 함께 잠자리에 들었다. 포살을 할 때나 선방 대중과 신도들이 1,000배를 할 때도 한 번도 빠짐없이 함께 절을 했다. 정진 중 나이가 한참 어린 후학이 죽비를 잡고 잠시 조는 청담의 어깻죽지를 사정없이 내리쳐도 경책으로 받아들여 감사함을 전했다. 성철이 서릿발처럼 예리하고 차갑게 후학들을 대하고 경책했다면, 청담은 봄바람처럼 따뜻하게 대중들을 다독였다. 1950년대 중반부터 입적할 때까지 정화불사의 야전 사령관 역할을 담당하며 정화의 한가운데 있었지만 끝내 따뜻함을 잃지 않았다.

봉암사에 남아 결사 대중을 이끈 청담은 한국전쟁이 일어나기 몇 달 전 결정적으로 결사를 해체해야만 하는 사건에 직면했다. 어느 날, 공비들이 봉암사에 들이닥쳐 대중을 모두 선방으로 몰아놓고 살림살이를 뒤졌다. 쌀과 곶감, 농사를 짓기 위해 키우던 송아지를 팔아 꼭꼭 숨겨둔 돈까지 빼앗아가자 결단의 시기가 왔음을 느끼지 않을 수 없었다. 공비들이 자신들을 밀고했다는 이유로 원주를 맡고 있던 스님을 끌고 가려고 하자 대중 모두가 들고일어섰고, 그것도 안 되자 모두 함께 따라나서겠다고 해 겨우 위기를 모면한 일이 있었는데, 그날 이후로 봉암사 결사의 분위기는 걷잡을 수 없이 불안해졌다. 청담은 대중공사를 열어 흩어져야 한다는 의견을 수렴했다. 그렇게 봉암사 결사는 한국전쟁이 일어나기 3개월 전인 1950년 3월에 대장정의 막을 내렸다.

1947년 10월부터 1950년 3월까지 2년 6개월 남짓의 봉암사 결사 기간 동안 묘엄이 결사에 참여한 시기는 1949년 2월부터 9월까지로, 8개월 정도의 짧은 기간에 불과하다. 그러나 봉암사 결사에 동참한 많은 수행자들이 살아가면서 봉암사 결사 정신을 이어간 것처럼, 비구니로서 봉암사 결사에 최초로 참여한 묘엄 또한 서릿발 같은 기상과 정신으로 살아갔다고 해도 과언이 아니다. 훌륭한 선지식 회하에서 선·교·율을 배우고 익힌 정신을 자신이 머무른 모든 도량에서 실천했다. 이에 역사가들은 비구니들이 봉암사 결사에 참여한 것만으로도 비구니 권리 신장에 중요한 의미가 되었다고 평가하고 있다.

妙
嚴

제4장

전쟁의 격동기에서 수행하다

전쟁 속의 정진

묘엄은 1950년 6월에 발발한 한국전쟁을 열아홉에 겪었다. 봉암사에서 나와 윤필암에서 정진하고 있었을 때다. 밤에 멀리 팔공산이 보이는 윤필암 마루에 앉아 바라보면 적군과 아군이 서로 쏘아대는 빨간 불빛의 총알이 날아다니는 것이 보였다. 시간이 흐르면서 적군의 비행기가 하늘 위로 날아다니는 횟수가 많아졌다. 공산군들이 군대에 밥과 빨래를 해줄 여자를 데려가려고 산중에 숨어 있는 여자들을 찾아다닌다는 소문이 나돌았다. 여자들에게는 폭탄이 날아오는 것보다 더 큰 공포감을 안겨주었다.

묘엄을 비롯한 윤필암의 젊은 대중들은 낮엔 지붕 밑 다락에 숨어 있다가 밤이 되면 내려왔다. 윤필암에 자신의 딸

192
193

을 맡겨놓은 대승사 주지 김철이 안심이 안 되었는지 다시 딸을 데려갈 만큼 위험한 날들이 계속되었다. 그즈음 오대산 지장암에서 정진하던 인홍이 북태산 같은 걸망을 지고 윤필암으로 피난 왔다. 인홍의 걸망에는 이불 보따리까지 들어 있었다.

그러던 어느 날, 남쪽으로 피난을 가던 비구 한 사람이 윤필암에 들러 성철과 청담이 묘엄의 안부를 몹시 궁금해한다는 소식을 전해주었다. 위험을 무릅쓰고 묘엄은 윤필암을 나왔다. 사형인 묘전이 동행했다. 점촌까지 걸어 나가 어렵사리 경찰 트럭을 얻어 타고 대구까지 갔다. 그곳에서 묘전과 헤어진 뒤 통영 안정사에 도착하니 성철은 왜 이제야 오느냐고 야단을 치면서도 안심하는 기색이 역력했다.

"청담 스님이 문수암으로 가셨다. 어서 빨리 가봐라."

안정사에서 그리 멀지 않은 고성의 문수암으로 달려갔다. 전쟁 중에도 정진을 놓지 않고 있던 청담은 묘엄을 보고 반가웠지만 크게 내색하지는 않았다.

"왔나?"

한마디뿐이었다. 그러나 전쟁 속에서 무사히 살아남아 문수암까지 올라온 묘엄을 보며 안심하는 표정을 거두지는 못했다. 묘엄은 이틀 동안 문수암에 머물렀다. 멀리 다도해의 짙푸른 바다가 끝없이 펼쳐지는 아름다운 곳이었다. 청담은 이런저런 말이 없었다. 오직 참선에 몰두해 있을 뿐이었다. 묘엄은 다시 진주로 나가 어머니를 만나고 나서 윤필암으로 돌아왔다.

묘엄은 전쟁 중에 또 한 번 청담을 만났다. 도반과 함께 동래 범어사 동산東山(1890~1965)에게 인사를 드리고 앉아 있는데, "저기 반가운 사람이 있으니 날 따라오너라" 해서 어느 방문 앞으로 가 문을 열어보니 그곳에 청담이 있었다. "여기 반가운 사람이 왔어" 하는 동산의 말에 청담은 그저 인사만 받았다. 그것이 묘엄의 눈에는 각별한 기색을 드러내지 않으려고 일부러 덤덤하게 대하는 것처럼 느껴졌다.

묘엄은 점점 격해지는 전쟁을 피해 윤필암을 나와 부산으로 갔다. 부산은 몰려드는 피난민들로 북적였다. 터만 있으면 땅을 파서 왕겨와 가마니를 깔고 그 위에 거적이나 담요를 덮고 누웠다. 절도 피난민들에게 방을 내주었다. 스님들도 부산으로 피난을 많이 내려왔으나 누가 어디에 있는지 서로 알지 못한 채 지냈다.

1951년 초봄 복숭아꽃이 필 무렵, 묘엄은 부산 동래에 있는 금화사에서 인홍과 성우, 성우의 상좌 한 사람과 함께 머물며 정진했다. 윤필암에서 부산으로 온 인홍과 다시 만난 것이다. 들판 한가운데 있는 금화사 부근 복숭아밭에서 망초가 푸릇푸릇 올라오고 있던 때였다.

    망초를 삶아 먹고 배탈이 나서 애를 먹는 등 어수선한 분위기였지만 정진에 몰두할 수 있었던 것은 인홍 덕분이었다. 인홍이 부산 시내에서 탁발을 해와 식량을 마련하며 살림을 맡아주었기 때문이다.

    인홍은 한국불교 근현대 역사를 온몸으로 헤쳐오며 비구니 승가의 출가 정신을 회복시키는 데 앞장선 인물로 평가받는 수행자다. 묘엄에게 인홍은 비구니계의 대선배이자 평생 동안 성철을 정신적 스승이자 법사로 섬기며 살았다는 점에서 법형제와 같은 사이였다. 묘엄보다 스물네 살이 많아 어머니와 같은 연배였지만 인홍이 서른넷에 출가했기 때문에 출가 연수는 묘엄보다 4년 정도밖에 빠르지 않았다. 그러나 당시 출가 연수가 짧음에도 불구하고 인홍의 발심과 정진에 대한 원력은 그 누구보다 깊었다.

    오대산 월정사 지장암에서 출가한 인홍이 한암漢巖(1876~1951) 회하에서 공부하다가 성철을 만난 것은 출가한 지 8년이 지난 1949년, 성철이 봉암사에서 나와 향곡과 함께 묘관음사에 주석하고 있을 때였다. 묘엄이 처음 성철을 만난 것보다 4년 늦은 셈이다. 묘관음사 근처 마을에 방을 얻어 머물면서 도반인 장일, 성우, 묘찬 등과 함께 성철의 지도를 받았다. 인홍은 그곳에서 수행의 일대 전환기를 맞았는데, 훗날 상좌들에게 그때 정신이 돌아왔다고 회고했을 정도로 수행 방법에 대전환을 이룬 시점이었다.

"아무도 의지하지 말고 철저하게 화두 일념으로 공부하라고 하셨지. 공부를 제대로 이루기 전에는 공부란 이름도 붙일 수 없는 것이니 하루에 적어도 20시간 이상 화두가 한결같게 들려야만 비로소 화두 공부를 할 수 있는데, 이를 화두천話頭天이라 했어. 목숨을 아끼지 말고 부지런히 정진하라면서, 깨달음의 경계는 한번 얻게 되면 영원토록 잊히지 않는 것이라고 하셨지. 현재의 생뿐만 아니라 내생에서도 잊히지 않는 것인데, 그것이 영겁불망永劫不忘의 대자유에 이르는 것이며, 이 길에 이르는 가장 빠른 방법은 참선이라고 법문하셨어. 아무리 깊은 잠이 들어도 절대 어둡지 않고 여여불변如如不變하게 되면 그것이 영겁불망, 대자유인이 되는 것이라는 말씀을 듣고 진정한 발심을 했지. 그때부터 밤에 잠을 잊은 채 정진했고, 잠이 오면 행선行禪을 하면서 정진했어."

인홍은 정진하다가 잠시 쉬는 시간에 묘엄에게 당시 공부하던 이야기를 들려주곤 했다.

"성철 스님의 법문을 듣고 이 선지식의 지도로 공부해서 기필코 성불하리라고 결심했지. 묘관음사에서 정진하던 추운 어느 겨울날, 포행을 하고 있었는데 성철 스님께서 연못으로 나를 밀어 넣었어. 연못이 살짝 얼어 있을 정도로 추운 겨울이었는데 누비 두루마기가 물에 젖어 온몸이 얼음장처럼 차가워졌는데도 옷을 갈아입지 않았어. 그대로 옷이 마르도록 걸으면서 정진했지. 스님의 말 없는 경책으로 발심했던 그 마음을 철두철미 잊지 않고 있지."

성철은 인홍의 깊은 발심과 정진력, 그리고 지도자적인 면을 크게 인정했다. 자신의 딸인 불필不必을 비롯해 출가의 뜻을 가지고 찾아온 사람들을 인홍의 회상으로 보냈다. 그리고 인홍이 오십 대 후반에 원인을 알 수 없는 병으로 생명에 위험이 닥쳤을 때, "너희 대장이 아직 죽으면 안 된다. 살려내야 한다"면서 21일 동안 〈능엄주〉와 〈108대참회〉 기도를 할 것을 명해 인홍을 사지에서 벗어나게 한 유명한 일화가 있다.

묘엄이 금화사에서 보낸 시간은 몇 달 남짓이었지만, 전쟁이라는 역경 속에서도 발심이 꺾이지 않은 채 수행하는 인홍 덕분에 많은 것을 배우고 존경하는 계기가 되었다. 이러한 인연으로 전쟁 중 봉암사 백련암과 성주사 결사에서 인홍과 다시 만나 정진하게 된다.

묘엄과
불필

전쟁 중 금화사에서 정진하던 묘엄은 초파일을 지내고 월내 묘관음사로 갔다. 그곳엔 향곡과 그의 상좌 혜조, 그리고 봉암사에서 함께 정진한 혜해가 있었다. 묘엄은 잠시 그곳에서 혜해와 함께 향곡의 지도를 받으며 정진했다.

향곡은 봉암사 결사에 참여해서 21일 용맹정진 끝에 오도송을 읊었고, 희양산 산천이 떠나가도록 성철과 법거량을 하며 정진을 거듭하다 묘관음사로 옮겨와 정진하고 있었다. 향곡은 이 일(공부)을 해결하지 못하면 살아 있어도 산송장에 지나지 않으니, 공부를 해결하지 못한 이를 죽여도 살인이 아니라고 말하며 경책을 아끼지 않은 수행자였다. 용맹정진하는 중에 졸고 있는 수좌를 보면 불에 달군 향불을 살갗에 가

저다 댔고, 장삼 끈으로 목을 매어 끌고 다니기도 했다.

1960~1970년대 불가에서는 '북전강北田岡 남향곡南香谷', 즉 북쪽에는 전강 스님이, 남쪽에는 향곡 스님이 있다는 말이 나돌 정도로 높은 법력으로 후학들을 지도했다. 향곡은 묘관음사에서 머물다 1979년에 입적했는데, 성철은 도반의 입적 소식을 듣고 다음과 같은 추도사로 도반을 보내는 절절한 마음을 대신했다.

슬프도다, 이 종문의 도둑아!
하늘 위아래 너 같은 놈 몇일런가
업연이 벌써 다해 훨훨 털고 떠났으니
동쪽 집에 말이 되든 서쪽 집에 소가 되든
애닯고도 애닯도다, 갑을병정무기경
哀哀宗門大惡賊 天上天下能幾人
業緣已盡撒手去 東家作馬西舍牛
桑桑 甲乙丙丁戊己庚

묘엄은 정진을 하고 나면 휴식 시간에 잠시 선원을 나와 묘관음사 언덕 위에 서서 끝없이 펼쳐진 수평선을 바라보곤 했다. 그러던 어느 날, 두 해 전 성철의 딸인 불필을 묘관음사로 데리고 왔던 일을 떠올렸다.

전쟁이 일어나기 한 해 전, 성철이 묘관음사에 머물 때 일이다. 윤필암에서 묘관음사에 다니러 온 묘엄이 있는 자리에서 마침 그곳에 있던 자운이 성철에게 말했다.

"부처님도 가족을 모두 출가시키고 백성까지도 출가시켰는데, 스님들도 아이들을 다 불러다 중 만들어야지 않겠나. 묘엄이도 출가했고 장차 저거 엄마도 출가하러 온다고 하는데, 성철 스님도 아이 불러 중 한번 만들어요. 사회 공부 더 해서 뭘 하게."

성철이 자운의 제안에 머리를 끄덕이며 말했다.

"그걸 내가 어찌 하겠노? 당신들이 해야지. 내가 데리러 갈 수 있는 문제도 아니고."

본인만 좋다면 출가시켜도 좋다는 반허락이었다. 자운이 묘엄의 곁에 앉아 있던 묘희의 어머니에게 불필이 어디 있는지 알아보고 만나거든 출가의 뜻이 있는지 물어보라고 했다.

"출가할 기회를 만들어서 중을 만들어야지, 그냥 놓아두면 중이 되겠는가?"

자운은 다시 한번 그렇게 말하며 묘엄과 묘희 어머니에게 불필을 만나보라고 했다. 진주 묵곡리(묵실)에 있는 불필의 집에 연락을 했더니 서울로 유학을 가서 명륜동에 살고 있으며 혜화초등학교에 다니고 있다고 했다. 묘엄은 묘희 어머니와 함께 불필을 찾아 서울로 갔다. 초등학교 6학년인 불필은 대

200
201

학에 다니는 막내 삼촌과 함께 지내고 있었다.

묘희 어머니가 "성철 스님께서 한번 봤으면 한다"는 이야기를 전하자, 불필의 삼촌이 "우리가 찾아가면 도망갈 테고 또 스님 수도에도 지장이 될 테니 가지 않겠다"고 거절했다. 묘희 어머니가 다시 권했다.

"이제 그렇지 않습니다. 지금 스님이 월내 묘관음사에 계시니 우리하고 같이 갑시다."

이틀 후 네 사람이 묘관음사로 가기 위해 기차를 탔다. 나란히 앉아 가던 불필의 삼촌이 전쟁을 예상한 듯 묘엄에게 물었다.

"혹시 전쟁이 일어나면 스님 노릇을 못 할지도 모르는데 그렇게 되면 어떻게 하시겠습니까?"

"머리를 길러야 할 형편이면 길러서라도 불도를 행하면 되지요. 겉모습과 무슨 관계가 있겠습니까?"

신심이 깊은 묘엄을 보며 "그렇게까지 불교가 좋습니까?" 하고 묻는 불필의 삼촌에게 대답했다.

"몰라서 그렇지 붉은 물이 든 옷을 양잿물에 삶으면 색이 지겠지만 먹물 옷은 삶아도 지워지지 않습니다."

묘엄은 창가 쪽에 조용히 앉아 있는 불필을 바라보며 예전에 진주 묵실에 사는 아주머니 한 분이 집으로 찾아와 울던 날을 떠올렸다. 십 년 동안만 절에서 공부하고 도통해서 고향에 돌아와 살겠다고 한 남편이 십 년이 지나도록 돌아오지 않자 진주에 자신과 비슷한 처지의 사람이 있다는 소문을 듣고 물어물어 묘엄의 집을 찾아왔던 것이다. 울면서 남편을 기다렸다는 그 아주머니 눈은 짓물러 있었다. 자신의 어머니는 아버지 청담이 돌아올 것이라 바라지 않는데, 그 아주머니는 남편이 돌아올 거라 믿고 기다리는 것 같았다. 그 뒤에는 불필의 할머니도 찾아왔다. 옷을 좀 해서 보내고 싶은데 어디에 있는지 몰라서 보내지 못한다는 이야기를 하며 하룻밤을 묵어가기도 했다.

묘엄은 처음 대승사에 갔을 때 성철이 그 묵실 아주머니가 그토록 애타게 찾던 남편이라는 사실을 알고 바로 그날 밤 집으로 편지를 썼다.

'엄마, 그때 우리 집에 찾아와서 울던 묵실 아주머니가 찾던 신랑이 여기 있어요.'

그 소식이 묵곡리로 전해졌던지 성철의 어머니가 대승사로 아들을 찾아왔다. 아들이 입을 가사장삼을 지어 온 성철의 모친은 윤필암에서 하룻밤을 묵고 집으로 돌아갔다.

서울을 떠난 네 사람이 월내역에 내려 철로를 걸어가는데 출타했다 돌아오던 향곡이 묘엄을 보고 물었다.

"서울에서 오나?"

불필을 보자 성철의 딸인지 한눈에 알아보고는 "여기가

묵실이지?" 하고 물었다.

◎

성철은 불필을 보고는 "가라" 하고 소리치고는 어디론가 가버
렸다. 불필이 어린 마음에 서운해서 서울로 돌아가려고 하는
것을 향곡이 붙들어 부드러운 말로 달랬다. 커서 무엇이 되
고 싶으냐는 향곡의 물음에 불필은 에디슨을 좋아해서 장차
발명가가 되고 싶다고 했다. 그리고 발명가가 되어 늘 궁금하
던 '사람은 어디서 와서 어디로 가는가'에 대해 연구해보고
싶다고 대답했다. 향곡은 흐뭇하게 웃으며 "앞으로 철 수좌보
다 더 큰 사람이 되겠구나" 하고는, 유난히 깊고 반짝이는 눈
이 성철을 그대로 닮은 불필을 바라보았다.

　다음 날 불필이 서울로 돌아갈 때까지 성철은 나타나지
않았다. 불필은 훗날 이때를 "다음 날 아침 절 아래를 내려다
보니 바다가 끝없이 펼쳐져 있었다. 아버지에 대한 그동안의
미움을 그 바다에 모두 던지고 서울로 올라왔다"고 회고했다.
불필이 돌아가자 성철은 "손수건도 하나 빨지 못할 텐데 그런
아이를 데리고 중을 만들어 어쩌려고 해. 좀 더 커야지" 하는
것으로 학교 공부를 마치고 좀 더 성장한 뒤 출가했으면 하
는 의중을 드러냈다. 불필은 집으로 돌아가 초등학교와 진주

묘엄과 불필

사범학교를 졸업한 뒤 인홍을 은사로 석남사에서 출가했다.

묘엄과 불필은 그 후 출가의 길을 걸으면서 여러 곳에서 상면했다. 참선 수행으로 일로매진一路邁進하며 선승의 길을 걸었던 불필과 한 도량에 머물거나 일을 도모하지는 않았지만, 훗날 비구니들의 모임인 '일여회一如會'에서 만나 우정을 나누었다. 묘엄은 늘 불필을 동생처럼 보살피는 마음을 가지고 있었다. 나중에 일여회에서 외국 여행을 갔을 때도 익숙하지 않은 음식 때문에 고생하는 불필을 언니처럼 마음을 쓰며 돌봐주었다.

해인사 장경각 앞에서
성철 스님과
인홍, 묘엄, 불필(왼쪽부터)

훗날 불필은 아버지 성철 곁에 다가갈 수 없었던 자신에
비해 성철에게 직접 지도받으며 공부한 묘엄이 참으로 부러웠
다며 속마음을 털어놓았다. 그리고 자신을 처음 서울로 데리
러 온 묘엄이 비록 자신보다 다섯 살 위였지만 당당한 수행자
의 위엄이 느껴졌다고 회고했다.

그로부터 반세기가 지나 성철이 해인사에서 입적했을 때
불필은 앞에 나타나지 못하고 멀리 산등성이에 올라 해인사
법당을 바라보며 9배를 올렸고, 묘엄은 법당 안에서 목 놓아
큰 소리로 울었다.

젊은 두 사람은 세월이 흘러 한국불교 비구니계를 대표하는 지도자가 되었다. 뛰어난 수행력과 지도력을 상징하는 비구니 명사 법계 품서를 받으며 도반으로 함께 길을 걸었다. 입적 직전에 자신을 문병 온 불필에게 묘엄은 좀 더 참선 수행에 매진하지 못한 것을 아쉬워했다. 묘엄이 입적하자 불필은 누구보다 먼저 봉녕사로 달려와 눈물을 흘리며 영전에 국화 한 송이를 올렸다. 백련암 뜰에서 성철을 가운데로 하고 인홍, 묘엄, 불필이 함께 찍은 흑백사진 한 장이 오늘날까지 남아 두 사람의 역사를 보여주고 있다.

봉암사 백련암에서의
한 달

전쟁 중 향곡의 지도를 받으며 묘관음사에 잠시 머물던 묘엄
은 다시 봉암사 백련암으로 들어갔다. 빨치산의 출몰로 인해
봉암사를 떠난 지 2년 만이었다. 묘관음사에서 성철을 처음
만나 그를 법사로 모시며 발심에 발심을 거듭하며 정진한 인
홍은 전쟁 중이라 해도 조용한 곳을 찾아 정진하고 싶어 했
다. 금화사에서 함께 정진한 묘엄이 봉암사 백련암을 추천했
다. 봉암사 결사 때 그 고요하던 백련암의 전경을 떠올리며,
그곳이라면 조용히 공부에 전념할 수 있을 것 같았다. 묘엄의
말을 듣고 인홍은 확인이라도 하듯 물었다.

"수행하기에 조용한 곳인가?"

숲이 울창해서 시원한 바람이 불고 개울이 넓어 마음마

저 탁 트이게 해준 곳이 아니었던가. 선지식들에게 법문을 들으며 화두 공부에 여념이 없었던 그 시간들은 또 얼마나 아름다웠던가. 조사들이 사는 도량과도 같은 봉암사에서 풍겨 나오는 청정한 긴장감은 또 얼마나 그리웠던가. 떠나온 지 두 해도 채 안 되었지만 다시 돌아가고 싶은 도량이었다. 암자에 딸린 밭이 없어서 채소를 심을 수 없는 게 흠이었지만 봉암사 밭에서 뜯어오면 식량은 해결될 것이었다. 된장과 고추장만 있으면 별문제 없이 정진할 수 있다는 묘엄의 말에 인홍은 백련암에서 하안거를 지내자며 서둘렀다.

전쟁이 한창 중이던 1951년, 초여름이 오기 전이었다. 수행자란 그렇게 뜨겁게 어느 한순간도 정진에서 물러남이 없어야 한다는 것을 보여주듯 인홍은 발걸음을 재촉했다. 지리산에서 활동하던 공비들이 희양산에 들어와 있다는 소문이 있었으나 주저하지 않았다. 여성 신도인 무진행이 함께했다. 주로 기차 안에서 근무하는 이동경찰인 이 여성은 몸이 쇠약해서 요양 차 따라나선 것이다.

백련암에 도착해 3개월 동안 입을 옷과 쌀과 보리쌀 한 말을 준비해놓고 고추장과 된장을 담은 항아리를 부엌에 놓자 만사가 해결된 듯 평안했다.

'그래, 수행자의 본분사인 정진을 하면서 사는데 공비가 나타난들 어떠랴.'

불과 2년 전 빨치산 때문에 곤욕을 치르느라 결사를 다
하지 못하고 윤필암으로 돌아갔던 기억은 대선배의 신심 앞
에서 사라지고 없었다. 묘엄은 산의 나무를 끌어다 놓고 일꾼
을 시켜 장작을 패게 한 다음 처마 밑에 쌓아놓고는 안거에
들어갈 만반의 준비를 끝냈다.

　　안거가 시작되면서 묘엄은 인홍과 함께 선방에 앉았다. 전
쟁 중인 사실이 믿기지 않을 만큼 고요한 곳이었다. 숲에서
부는 바람도 예전보다 더 청량하게 느껴졌다. 보름이 지난 뒤
의 달빛은 밝고 푸르렀다. 결제를 시작한 지 사흘째 되는 날
이었다. 인홍은 어찌 편히 잠을 잘 수 있겠느냐면서 밤 열 시
에 방선을 하고도 자리에서 일어날 줄 몰랐다.

　　묘엄은 방선을 알리는 죽비소리를 듣고 일어나 부엌에 나
가 등잔불의 심지를 돋웠다. 저녁을 먹고 물을 부어놓은 가
마솥의 눌은밥을 긁어 그릇에 담아놓을 요량이었다. 그때였
다. 막대기를 꽂아 잠가놓은 사립문이 '와지끈' 하고 부러지
는 소리가 들렸다. 인민군이 나타났다는 직감이 든 묘엄은 부
엌에서 나와 선방으로 들어갔다. 인홍 스님에게 총 끝을 겨눈
사람들이 보였다. 족히 수십 명은 되어 보였다. 인홍은 침착
하게 그들의 군화를 내려다본 채 입선한 자세를 풀지 않고 있
었다. 그들은 선방에 들어온 묘엄과 무진행에게 총 끝을 겨누
며 조선인민공화국을 위해서 인민을 해방시키려고 왔다면서,

인민을 해방시켜야 하는 이유를 장황하게 설명했다. 그러고는 책임자로 보이는 인민군이 가장 연장자인 인홍에게 세 가지를 물을 테니 답하라고 했다.

그가 물어본 세 가지 질문은 첫째 자신들이 떠난 뒤 밀고를 할 것인가, 둘째 남한 정권과 김일성 정권 가운데 어느 쪽이 좋은가, 셋째 당신들이 오기 전에 살던 스님은 어디에 있는가였다. 묘엄은 인홍이 이 위기를 어떻게 모면할지 가슴이 조마조마했다. 하지만 겉으로는 태연한 척 가만히 앉아 있었다. 사십 대 중반의 인홍은 동요 없이 차분하게 대답했다.

"밀고라는 것은 몰래 가서 신고를 하는 것 아닙니까. 그런데 지금 당신들이 총칼을 들이대고 있으니 나가서 신고를 할 수 있겠습니까. 그리고 우리는 경찰서가 어디 있는 줄도 모릅니다. 그러니 밀고가 가능한지는 당신들이 더 잘 알겠군요."

인홍의 대답에 그들이 놀라는 눈치였다. 인홍은 나머지 질문도 간결하고 일목요연하게 정리해서 대답했다.

"수행자는 도를 닦기 위해서 세상을 떠나온 사람이므로 정치에 대해서는 모릅니다. 더욱이 수행자는 옳고 그름, 좋고 나쁨 같은 시비분별에서 벗어나기 위해 공부를 하는 사람들이라 남한 정권과 김일성 정권 가운데 누가 좋은 줄은 더더욱 모르고요. 그리고 전국의 승려가 수천 명에 달하는데 여기에 살던 스님이 어디로 간 줄 제가 어찌 알겠습니까."

침착함을 잃지 않은 인홍의 답에 그들도 조금은 긴장을 푸는 듯했으나 총을 거두지는 않았다. 그리고 정말로 궁금하다는 듯 물었다.

"우리의 총 끝에 당신들의 목숨이 달려 있는데 어찌 놀라지 않습니까?"

인홍이 일거에 수행자다운 명답을 내놓았다.

"살아오면서 우리는 남을 해친 일이 없습니다. 그리고 과거 전생에 내가 당신을 해한 적이 없는데 무엇이 두렵겠으며 어찌 놀랄 일이 있겠습니까?"

그들은 수행자의 위엄에 기가 눌렸는지 잠시 무장해제를 한 채 물었다.

"혹시 부엌에 남은 밥이 좀 있습니까?"

그들도 적군이기 이전에 밥때가 지나면 시장기가 도는 평범한 동족이었다. 인홍도 자세를 풀고 그들을 달랬다.

"이제 그만 총을 치우세요. 밥을 달라는 사람들이 총을 들이대고 있으면 어쩌자는 겁니까?"

그들이 총부리를 거두자 묘엄은 안심하고 부엌으로 들어가 저녁에 먹다 남은 밥과 반찬들, 그리고 방금 전에 긁어놓은 누룽지 밥을 내놓았다. 그들은 허겁지겁 밥을 먹고 나더니 안거를 나기 위해 준비해놓은 쌀과 보리쌀을 자루에 쓸어 담았다. 나가면서 못 미더웠는지 신고를 하려면 두 시간 후

우리가 멀리 가면 하라고 일러놓고는 대문 밖으로 사라졌다.

묘엄은 삼십 명은 족히 되어 보이던 그들이 발자국 소리 하나 남기지 않은 채 귀신처럼 사라지는 걸 보고 놀라움을 금치 못했다. 어떻게 훈련을 받았기에 저리도 바람처럼 흔적 없이 사라진단 말인가. 날이 새면 백련암을 내려가야겠다고 생각했다. 인홍은 묘엄의 의견에 곧장 대답하지 않았다. 정진에 미련이 있는 것 같았다. 뜬눈으로 밤을 지새운 다음 날 아침 일찍 밖에서 두런거리는 소리가 나더니 경찰들이 들어섰다.

"세 분 모두 다친 데는 없습니까? 그들이 뭐라고 하고 갔나요?"

묘엄이 대답했다.

"인민공화국을 해방시키러 왔다고 하던데요."

큰일을 치른 사람답지 않게 평온한 얼굴을 하고 있는 세 사람을 믿기지 않는 표정으로 바라보던 경찰관 한 사람이 물었다.

"스님들께서는 말짱하시네요?"

언제 어디서나 순수함으로 자기 생각을 솔직하게 드러내던 묘엄은 그날도 예외는 아니었다.

"그 사람들이 왔다 갔다고 뭐 어디 찌그러지기야 하겠습니까?"

스무 살 묘엄의 해맑은 답에 경찰들이 웃음을 터뜨리자

묘엄이 다시 느낀 바를 얘기했다.

"수십 명이 문밖으로 일시에 나가는데 날아갔는지 기어갔는지 모르게 소리 하나 들리지 않았습니다. 훈련을 잘 받았나 봐요. 산도 잘 타고."

묘엄은 위험하니 경찰들을 따라 백련암을 내려가자고 인홍을 설득했지만, 인홍은 답을 하지 않았다. 그러다가 경찰들이 내려가자 묘엄에게 이렇게 말했다.

"우리가 어렵게 이곳엘 왔는데 그래도 공부를 좀 더 하고 가야 하지 않겠는가?"

묘엄은 자신의 의견을 거두고 인홍의 말에 따랐다. 인홍의 정진에 대한 목마름을 모르는 바 아니었기 때문이다. 인홍은 훗날 석남사 회상을 이루고 살 때, 일흔 살이 넘어 지리산 상무주암에서 정진한 적이 있다. 지리산의 추운 곳에서 용맹정진하다가 신우신장염에 걸렸는데도 더 정진해야 한다며 좌복에 앉아 정진하다가 병이 깊어져 상좌의 등에 업혀 내려올 만큼 평생 정진의 열망이 깊은 수행자였다.

그 일 이후 세 사람은 낮에는 백련암에서 정진에 몰두하고 저녁에는 봉암사로 내려가서 밤을 보내고 올라왔다. 그리고 한 달 후 백련암을 내려왔다. 전쟁 중에 비구니들끼리 깊은 산속에서 공부를 계속한다는 것은 아무래도 위험한 일이었다. 그리하여 인홍은 부산으로, 묘엄은 윤필암으로 돌아갔다.

성주사
결사

윤필암에서 정진하던 묘엄은 백련암에서 내려와 부산으로 간 인홍이 창원 성주사聖住寺에 자리를 잡고 결사를 시작했다는 소식을 듣고 성주사로 갔다. 묘전을 비롯해 대중 몇 사람이 함께했다. 인홍이 절을 맡았다는 소문이 나자 각지에 있던 수행자들이 몰려들었다. 인홍의 출가 절인 오대산 월정사 지장암 대중들을 비롯해 40여 명의 대중들이 동참했다.

인홍은 성철을 찾아가 결사를 행하는 데 필요한 지도를 받고 돌아왔다. 그리하여 전쟁으로 혼란한 가운데서도 정진에 목말라 있던 비구니들은 단순히 참선 수행을 하겠다는 의미를 뛰어넘어 진정한 내면의 정화 개혁을 꾀했던 봉암사 결사의 정신을 그대로 구현, 실천하기로 결의했다. 비구니들의

창원 성주사 대웅전

제2의 봉암사 결사였던 것이다.

경상남도 창원과 김해 사이 불모산 자락에 자리한 성주사는 왕사 무염無染이 신라 흥덕왕 10년(835)에 창건한 절로, 결사를 시작할 당시 대웅전 앞으로 다섯 칸 규모의 건물이 두 채가 있었다. 이때 오른쪽 안심료는 강원과 율원으로, 왼쪽 금당은 선원으로 쓰였다.

강원과 선원, 율원을 갖추어 비구니 총림의 형식을 띤 결사가 시작되었다. 강원에서는 사미니들에게《초발심자경문》을 배우게 했고, 비구니계를 받은 대중에게는《금강경》을 가르쳤다. 강원의 강주는 비구 화엄이 맡았고, 자운이 와서 율을 강의하고 보살계를 설했다. 시간이 흘러 성철이 성주사에 총림을 세울 생각으로 오게 되었을 때, 결사 대중들은 지금 성주사 부도가 있는 개울가에 작은 암자(멸빈암)와 요사채 몇

채를 짓고 성철의 참선 지도를 받으며 정진했다. 현재 성주사 응진암 위쪽 언덕에 성철이 머물렀던 초막과 멸빈암 및 요사채는 모두 허물어져 흔적만 남아 있다.

성주사 결사 대중들은 봉암사에서 실천한 〈공주규약〉의 내용을 철저히 지켰다. 정진할 때는 물론 일상생활에서도 오조가사를 입었고, 외출할 때는 삿갓을 쓰고 죽장을 짚었다. 잠자리에 들기 전까지는 장삼을 벗지 않은 채 정진하고 일했다. 하루 일하지 않으면 하루 먹지 않는다는 〈백장청규〉의 사상에 의거해 매일 두 시간 이상 울력을 했다. 산에서 나무를 져 날라 장작으로 사용했다. 대중은 채소 농사를 지어 먹거리를 자급자족하였다.

오로지 정진이었다. 등을 바닥에 대지 않고 꼿꼿이 앉은 채로만 수행하는 장좌불와를 하는 대중도 여럿이었다. 묘엄은 잠을 자다가 문득 일어나 등을 곧게 펴고 좌선을 하고 있는 대중을 보고는 발심이 저절로 되어 다시 일어나 앉았다.

온 대중이 모여 초하루와 보름마다 포살을 시행했다. 아침엔 죽을 먹고 오후부터는 음식을 먹지 않는 오후불식을 단행했다. 새벽예불에는 〈능엄주〉를 독송하고, 저녁예불에는 〈108대참회〉를 통해 보현행원을 실천했다. 아무리 큰 불공이 들어와도 〈능엄주〉 독송과 〈108대참회〉로 의식을 끝냈다. 이는 특별히 성철이 내린 지침으로, 봉암사에서 실현한 결사 방식 그대로였다.

전쟁 중에도 성주사는 봉암사 결사 그대로의 방식으로 정진하고 부처님의 영산회상처럼 계율이 살아 숨 쉬는 도량이었다. 묘엄은 수행 정진에 온 마음을 다하며 '이뭣고' 화두에 몰두했다. 결사를 끝까지 마치지 못하고 봉암사를 떠나 윤필암으로 돌아오면서 아쉬웠던 정진의 목마름이 조금은 해소되는 것 같았다.

> "인홍 스님의 도반인 성우 스님이 공양주를 맡았고, 나에게는 채공 소임이 주어졌다. 하루 일과를 마치고 개울가에 나가보면 어느새 대중들이 나와서 바위나 나무 밑에서 좌선하고 있었는데, 그 모습을 보면서 도량 전체가 참선 수행에 들어 있는 것 같은 느낌을 받곤 했다."
> — 박원자, 《길 찾아 길 떠나다》, 김영사, 2007

실질적으로 결사를 이끈 인홍은 결사 대중을 아우르며 솔선수범해서 정진하는 데 힘을 아끼지 않았다. 아무리 사찰 일이 분주해도 정진하는 시간에는 선방에 앉았다. 사사로운 일에 얽매이지 않고 공부하려는 대중을 문중에 관계없이 이끌어주었다. 묘엄은 수행에 대한 갈망이 깊은 데다 일처리까지 잘하는 모습을 겸비한 인홍에게서 진정한 지도자의 모습을 보았다.

당시 각 절들은 대처승들과의 갈등이 끊이지 않았다. 비구와 대처가 정화되기 전이던 성주사도 예외는 아니었다. 절을 내놓으라고 몰려온 대처승들을 인홍은 준엄하게 꾸짖었다. 승가의 근간을 이루는 청정함을 지키는 것이 계율인데, 청정한 계율을 무너뜨리는 것이 부처님 제자로서 부끄럽지 않냐며 호통쳤다. 수행에 전념하는 청정 도량에 와서 절을 내놓으라는 법이 부처님 법 어디에 있느냐고 물어 대처승들이 아무 말도 하지 못하고 물러가게 했다. 지도자의 인품과 통솔력이 원만하게 갖추어졌을 때 결사가 가능하다는 걸 알게 한 선지식이었다.

묘엄은 인홍에게서 수행자의 진정한 위의는 수행을 향한 뜨거운 원력에서 오는 것임을 배웠다. 매 순간 정신을 꼿꼿이 세우고 출가 정신을 견지하는 것이 얼마나 숭고한 일인지도 성주사 대중 생활을 통해서 익혔다. 묘엄이 훗날 봉녕사 회상을 이루어 후학들을 이끌 때 성주사 결사에서의 경험이 많은 도움이 되었다. 지도자는 반드시 이사理事를 겸비해야 한다는 것을 인홍을 통해서 배웠기 때문이다.

석남사에서 출가한 본각本覺(중앙승가대학 교수 역임)은 성주사 결사의 의미를 이렇게 얘기하고 있다.

"성주사 결사는 비구니의 존재와 위상이 미미했던 시절에 결사를 통해 출가 정신을 확고히 하고 수행 전통을 세우려고 애쓴 선각적인 모습을 보여주었다. 정법수호의 회상을 열어 40여 명의 많은 참선 대중과 대중 결사를 시도한 것은 비구니 승단이 출가 승단의 한 축으로서 역할을 해야 한다는 인식의 전환을 이룬 결사였다."

선지식
인홍과 혜춘

수행 환경이 열악했던 20세기 초에 비구니들의 참선 수행을 지도한 비구 선사를 꼽으라면 근대 한국선의 중흥조라 일컬어지는 경허의 선풍을 이은 만공滿空(1871~1946)과 한암漢岩(1876~1951)을 비롯해 고봉高峰(1890~1961), 효봉曉峰(1888~1966)을 들 수 있다. 특히 만공과 한암은 1900년대 초반에 법사로서 비구니들을 이끌어 빼어난 비구니 1세대 선사들을 배출한 선지식으로 꼽힌다. 한편 인홍, 혜춘, 묘엄 등은 성철의 지도를 받으며 정진한 2세대 선사들이라고 할 수 있다.

1960년대부터 1970년대 비구니계에서 지도력과 영향력이 두드러졌던 스님으로 인홍과 혜춘慧春(1919~1998)이 있다. 묘엄은 두 선배 수행자와 교유가 깊었다. 참선을 지도하며 대중을 외호하던 두 사람은 경전 공부가 필요한 제자들을 묘엄에게 보냈다. 강원을 설립해 경전을 가르치고 율원을 만들어 계율 사상을 진작시킨 묘엄에 대한 신뢰가 두터웠기 때문이다. 이들은 일찌감치 묘엄을 선·교·율을 겸비한 수행자로 여기며, 다른 비구니들과 차별을 두어 바라본 선배 수행자였다.

묘엄은 성주사 결사에서 혜춘을 처음 만났다. 시간이 흐르면서 결사 정신이 청정하게 살아 있는 성주사에 드나들던 신도들 가운데 출가하는 사람이 늘어나기 시작했다. 대중들에게서 뿜어져 나오는 깊은 위의와 철저한 수행 정진에 감명을 받은 사람들이 환희심을 일으켜 출가한 것이다. 성철에게 참선법을 듣고 발심해서 성주사로 온 사람이 혜춘과 철마鐵馬다. 두 사람 모두 자식들을 두고 발심 출가한 수행자다.

결사가 시작될 즈음, 인홍은 성철로부터 사람 하나를 보낼 테니 도량에는 받아들이되 참선방에는 들이지 말라는 전갈을 받았다. 세속에서 누리던 부와 명예를 버리고 자식까지 둔 채 출가하려고 했으나, 성철은 혜춘의 출가를 쉬 허락하지 않았다. 혜춘은 삭발하지 못한 채 선방 대신 법당 추녀 밑에 거적을 깔고 앉아 정진했다. 예불에도 참여하지 못했다. 온몸에 습기가 스며들어 습병濕病이 든 채 부엌에서 꽁보리밥에 김치 한 가지로 공양했다. 스스로를 거지라 부르며, 채공 소임을 보는 묘엄에게 밥을 조금만 더 달라고 부탁하곤 했다.

© 한국비구니연구소

1950년대
석남사 옥류동 계곡에서
인홍 스님(왼쪽)과
혜춘 스님(오른쪽)

그러나 묘엄은 인홍의 엄명으로 밥을 더 줄 수가 없었다. 그렇게 두어 달을 혹독하게 지내고 혜춘은 해인사 약수암에서 창호彰浩를 은사로 삭발했다.

성철은 그 후에도 혜춘에게 "자식까지 두고 출가한 사람이 그 정도로 정진해서 되겠는가" 하고 경책을 하며 신심을 격발시켰다. 하루는 성주사에서 성철을 보고 반가운 마음에 문밖에서 허리를 굽히고 합장한 채 인사를 하는 혜춘에게 인사를 받는 대신 향로를 집어던져 온몸에 재를 뒤집어쓰게 했다. 또 안정사 천제굴에 법문을 들으러 온 대중을 경책하며 혜춘의 바랑을 태워버리기도 했다.

훗날 혜춘은 성철의 그러한 경책으로 눈을 시퍼렇게 뜨고 공부했는데, 고맙다는 생각이 샘솟아서 공부할 용기가 더 났다고 회고했다. 혜춘은 그 후 윤필암과 인홍이 이끄는 석남사 등에서 치열하게 정진한 뒤, 해인사에 보현암을 창건하고 비구니 선원을 개설해 수많은 후학을 이끌었다. 전국비구니회를 만드는 데 앞장서 초대 비구니회 회장을 지내며 비구니계의 지도자로 활동했다. 묘엄은 비구니계의 큰일들을 앞두고 있을 때마다 혜춘을 찾아가 의논했고, 혜춘은 상좌들을 봉녕사 강원으로 보내 공부하게 했다. 묘엄은 강원의 지원자가 많아 정원이 넘쳐도 혜춘이 보낸 상좌들은 한 사람도 떨어뜨리지 않고 받아들였다.

◎

안정사 천제굴에서 지내던 성철은 인홍을 비롯한 성주사 대중의 요청으로 1952년 동안거를 성주사에서 보내고, 이듬해 봄에 성주사에 총림을 세우려던 마음을 접고 천제굴로 돌아갔다. 대처승들이 절을 달라고 자주 나타나는 등 여러 가지 일들로 인해 총림을 세우는 건 시기상조라고 생각했다. 묘엄은 그보다 앞서 가을에 성주사를 떠났다. 자운에게 율장을 배우라는 청담의 연락을 받고 통도사에 주석하고 있는 자운에게로 갔다.

성주사 결사는 1951년 여름에 시작해 1952년 동안거까지 이뤄진 것으로 추정된다. 성철의 행장을 보면 1952년 동안거를 성주사에서 났다는 기록이 있다. 이는 성주사 결사 대중들이 총림을 만들고 싶어 하는 성철에게 성주사를 내주고 곁에 멸빈암을 짓고 지도를 받다가 대처승들이 절을 내놓으라고 찾아오는 등 여러 가지 사정으로 대중이 흩어진 것으로 보인다. 그 후 인홍은 성주사를 내주고 경상남도 하북면 천성산의 조계암으로 옮겨 정진을 이어갔다.

인홍은 1955년 정화불사 때도 조계사에서 동참한 비구니들을 이끌며 새벽예불 때 〈능엄주〉와 〈108대참회〉를 하게 해 몇몇 대중에게 눈총을 받을 만큼 성주사 결사에서의 철저한 규칙을 어느 도량에서든 실천했다. 또한 1968년에는 석남사에서 산문 밖을 나가지 않고 용맹정진하는 3년 결사를 시작했는데, 그때도 성주사 결사를 모범으로 했다. 성철을 지도법사로 모셨고 청담을 초청해 며칠 동안 《육조단경》 법회를 열었다.

묘엄이 강주로 있는 운문사에 손주 상좌 도혜를 시작으로 많은 학인들을 보냈고, 봉녕사 강원을 시작했을 때도 학인들을 보냈다. 1983년 석남사에서 계율 특강을 열어 묘엄이 계율 진작에 박차를 가할 때도 힘을 실어주었다.

출가 초기 7년 동안 성철과 청담의 지도 아래 〈능엄주〉 주력과 참선을 통해 수행의 기반을 닦은 묘엄은 성주사 결사를 마지막으로 선방에서의 공부를 마쳤다. 그 뒤 5년 동안 집중

인홍 스님 열반에 쓴 묘엄의 조사(1997)

적으로 운허에게 경학을 배우고 자운으로부터 율장을 수학
했다. 현실 생활에서 늘 '이뭣고'를 들며 수행했고, 봉녕사 주
석 후 4년 동안 선방을 운영하며 참선 수행을 놓지 않았다.

　묘엄의 일생 가운데 출가 초기에 경험한 봉암사 결사와
성주사 결사는 삶 전체에 큰 영향을 미쳤는데, 그만큼 묘엄에
게는 중요한 시기였다. 무엇보다 하루를 살다 죽더라도 공부
하다 죽는 존재가 출가 수행자라는 신념을 확고하게 키운 시
기였다.

　봉암사 결사에 참여한 대중 가운데 조계종 종정(청담, 성철,
혜암, 법전)과 총무원장(청담, 월산, 자운, 성수, 법전, 의현, 지관), 원로회의
장(월산, 자운, 혜암, 법전) 등이 여러 명 배출된 것처럼, 성주사 결
사 대중 가운데서도 전국비구니회를 이끈 지도자들과 뛰어
난 수좌들이 배출되었다. 그 가운데 인홍과 혜춘은 선배 도
반으로서 묘엄이 비구니계 일을 하는 데 자문을 구한 선지식

혜춘 스님 열반에 쓴 묘엄의 조사(1998)

이었다. 두 결사에서 묘엄은 좋은 스승과 도반들을 만나고 그들로부터 폭넓은 지도력을 배울 수 있었다. 성주사 결사는 대중 가운데 인홍과 혜춘, 묘엄이 한국 비구니계의 지도자로 자리매김해 근현대 한국불교 역사에 큰 발자국을 남겼다는 점에서도 의미가 깊다.

결사 대중들은 성철이 지시한 청규가 엄격하게 행해진 그곳에서 철저히 수행 정진했던 터라 그 후에도 한 가족 한 형제처럼 지내며 그 시절을 오래도록 회상했다. 그들의 회상으로 인해 참석하지 않았던 사람들도 눈으로 본 것처럼 그 시절을 떠올릴 수 있게 되었다.

인홍은 1957년 울산 석남사 회상을 열어 후학들을 이끌때도 성철의 지도로 일관했다. 자운을 율사로 모셔 계율 정신을 이어갔으며, 선원을 열어 후학들에게 정진의 길을 열어주었다. 1997년 4월, 아흔 살의 나이로 입적에 들 때까지 석남

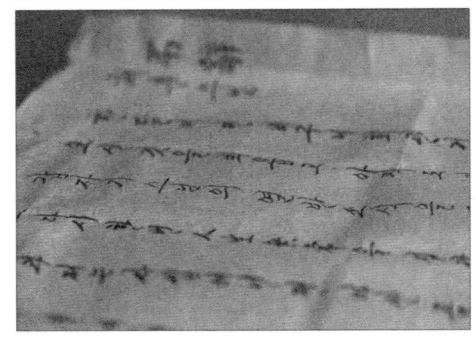

혜춘 스님 열반에 쓴
묘엄의 조사(부분)

사 회상을 거쳐 간 수행자가 2천여 명이 넘고, 300여 명의 은 제자를 길러낸 대선지식이었다.

묘엄은 도량 전체가 참선에 든 분위기 속에서 열심히 공부하며 신심 있게 살았다고 성주사 결사를 회고하며, 출가 수행자는 누워 편히 지내는 것을 경계해야 한다면서 그런 시간이 많을수록 지옥과도 같은 고통을 겪게 된다는 인홍의 좌우명을 늘 기억했다. 정말로 그랬다. 인홍은 말할 수 없이 자신에게 엄격했으며, 석남사를 수행의 대가람으로 올려놓기 위해 끊임없이 노력한 수행자였다. 후학들을 위해 도량을 열고 하늘과 사람에게 사표가 될 만한 후학을 길러내기 위해 헌신의 길을 걸었던 인홍의 삶에서 묘엄은 어쩌면 자신의 길을 돌아보며 인홍의 삶을 그 누구보다 깊이 이해했을 것이다.

인홍이 남쪽 석남사에서 성철의 지도 아래 이루어진 성주사 결사 정신을 그대로 가르치고 실천하며 비구니들을 이끌었다면, 묘엄은 북쪽 봉녕사에 회상을 열어 봉암사 결사와 성주사 결사 정신을 그대로 실천하며 회상을 이끌었다.

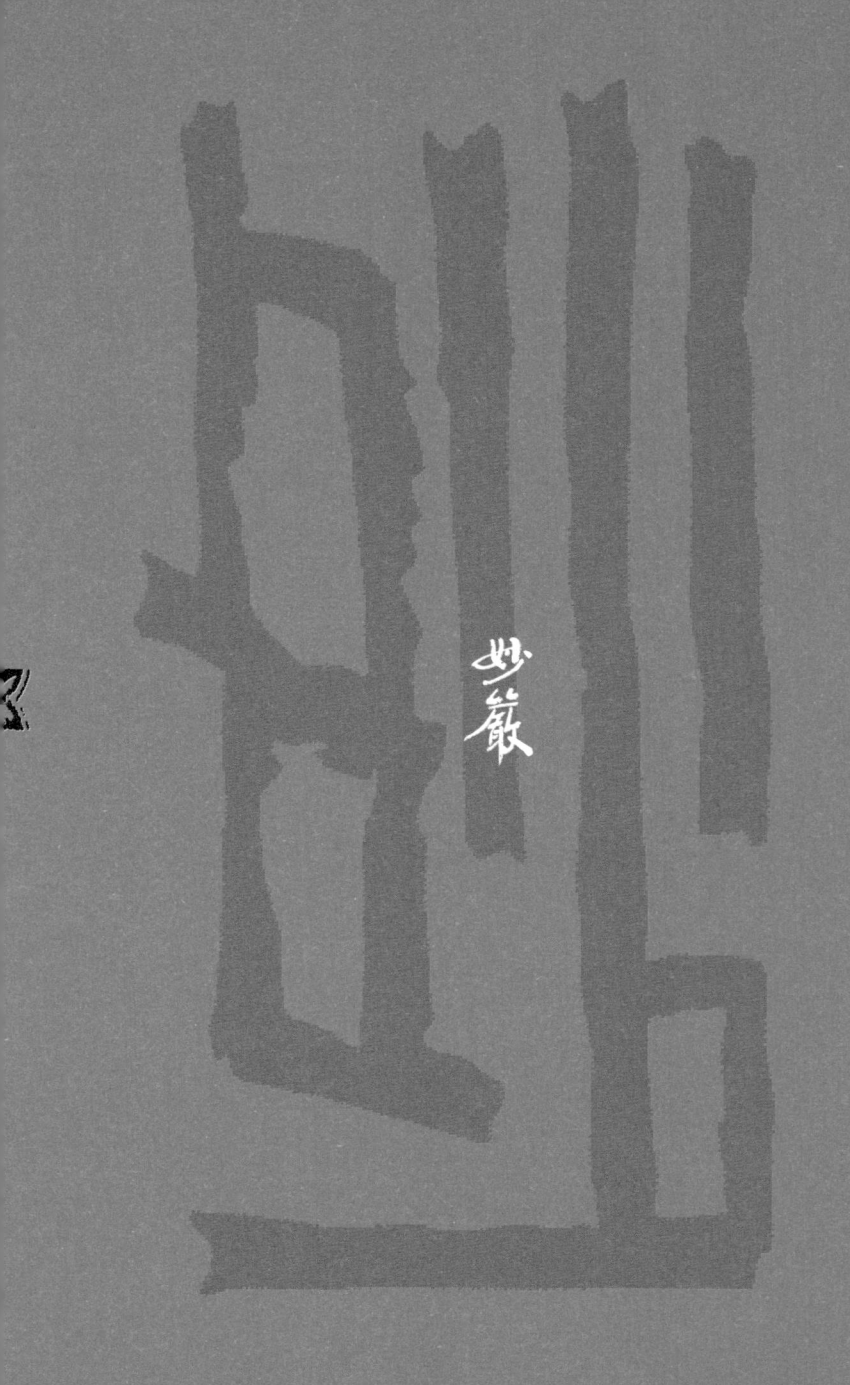

제5장

곡, 배우다

스물두 살,
동학사로 가다

묘엄에게 경전을 배운 후학들은 한결같이 스승 묘엄을 일컬어 선·교·율 어디에도 막힘이 없는 사통팔달의 스승이었다고 회고한다. 이는 운허와 경봉 등 당대 최고의 스승에게 경을 배운 덕도 있지만, 출가 직후부터 선 수행을 한 배경이 더 크게 작용했을 것이다. 무심을 익혀 순수 무잡한 바탕에서 경전을 보았기 때문에 경을 보는 깊이가 달랐을 것이다. 묘엄은 경전을 수행 점검의 기준으로 삼았고, 선정력을 바탕으로 경전의 진의를 이해했다. 그리고 초심자들에게는 강의나 법문을 통해 경전의 진의를 알려주는 길잡이 역할을 했다.

　사람은 사랑해서 아껴주면 스스로 빛을 낸다. 무정물인 물건도 마찬가지다. 쓸모없다고 밀쳐두면 그 본연에 존재하는 단단함, 순수함, 그만이 가지고 있는 유일무이한 아름다움을 드러내지 못한다. 훌륭한 교육자는 그 고유성을 칭찬해 드러나게 하고 지켜주는 사람이다. 교육자로서 묘엄은 제자들을 불성을 지닌 온전한 존재로 대했고, 그들이 지닌 고유한 힘이 드러날 수 있도록 정성을 다했다.

교육자로서 첫 출발은 운허에게 경전을 배운 것으로 시작된다. 묘엄을 처음부터 지도한 성철과 청담은 철저한 참선 수행자였다. 그러므로 두 사람은 묘엄을 참선 수행자로 만드는 데 이의가 없었다. 묘엄 또한 이들 선지식의 사상을 한 치의 의심 없이 받아들였다. 그리하여 참선 수행을 통해 깨달음을 얻겠다는 열망이 언제나 가슴속에 자리했다. 이는 경전 공부를 모두 마치고 운문사와 봉녕사에서 후학들을 가르칠 때도 마찬가지였다.

그런데 출가하기 전, 초등학교 6년 동안 일본어로 교육을 받아온 묘엄은 한문으로 된 경전을 우리말로 풀이해 익히기가 쉽지 않았다. 일본어를 비롯해 수신修身, 산술, 역사, 지리를 중심으로 생활교육을 받은 묘엄에게 한글도 아닌 한문으로 된 불교 경전은 너무나 커다란 벽처럼 느껴졌다.

윤필암에서 보낸 사미니 시절에도 성철이 법문에 자주 사용하던 한문 문구를 이해하는 데 어려움을 겪었다. 봉암사에서 법문을 들을 때는 한문 법문이 나오면 도통 알아듣지 못해서 암기해두었다가 다시 스님들에게 묻곤 했다. 중국 선사들의 선시를 배울 때도 암기는 곧잘 했으나 뜻을 정확히 알기는 어려웠다. 해 질 무렵 산그늘처럼 답답함이 늘 가슴 한 켠에 내려앉아 있었다.

성주사 결사에서 나와 통도사에서 자운에게 계율을 잠시 공부할 때도 한문 실력이 부족하여 답답하기는 마찬가지였다. 당시는 비구니들이 한문 경전과 불교 교리를 체계적으로 배울 수 있는 정식 교육기관이 없었기 때문에 달리 방법이 없었다. 묘엄은 성철과 청담을 찾아가서 하소연했다.

"한문 실력이 턱없이 부족해 한문 불전들을 대하면 좌절감이 오니 어쩝니까. 스님들께선 정식으로 한문 교육을 받으셨으니 불교 경전을 이해하는 데 아무런 어려움이 없으시겠지만 저는 아직도 너무 어렵습니다. 한문 경전을 읽을 수 없으면 부처님의 가르침을 온전히 이해할 수 없지 않습니까. 한문 경전 교육을 체계적으로 받을 수 있도록 해주세요."

성철과 청담 두 사람은 묘엄의 청을 듣고 경전을 공부할 수 있는 길을 알아보겠다고 약속했다.

통도사에서 자운에게 율장을 배우고 윤필암으로 돌아와 반년이 지났을 무렵, 묘엄은 청담에게 빨리 짐을 챙겨 고성 문수암으로 오라는 편지 한 통을 받았다. 다급히 묘희와 함께 문수암에 도착하니 청담과 성철이 함께 있었다. 성철이 편지 한 통을 써주면서 어서 범어사로 가보라고 했다.

"묘엄이 네 소원대로 글(경전)을 좀 배울 수 있게 되었다. 운허 스님이 지금 범어사에 계시니까 가서 이 편지를 보여드려라. 그리고 근방 암자에 방을 얻든지 해서 스님께 글을 배워라. 사서삼경도 배워야 문리가 나니까 속서俗書부터 배워라. 내가 편지에도 그렇게 썼다."

편지의 내용은 묘엄이 청담의 딸이며 강사로서도 활동할 수 있도록 잘 가르쳐달라는 것이었다. 성철은 여덟 줄짜리 양면 괘지에 내용을 담아 신문지를 봉투 삼아 편지를 넣어주었다. 묘엄이 보니 신문지 겉봉과 편지 끄트머리에는 '오역인五逆人 성철'이라고 쓰여 있었다.

배움의 길이 열릴 생각에 기뻤던 묘엄은 범어사로 가서 운허 앞에 성철의 편지를 내놓았다. 붉은색 잉크로 쓴 편지를 본 운허의 기색이 묘엄의 눈에는 그리 좋아 보이지 않았다. 잉크가 붉은색뿐인 사정이 있었겠으나 묘엄의 눈에도 붉은색으로 편지를 쓰는 것은 예의에 벗어난 일 같았다. 그러나 운허는 내색하지 않고 자신이 처한 사정을 설명했다.

"내가 지금 범어사를 떠나 동학사로 가게 되었다. 사정이 이러한데도 가겠느냐?"

동학사에 강원을 설립하겠다는 뜻을 두고 있던 동학사 주지 송덕윤宋德潤이 운허를 강사로 청해 범어사를 떠나려던 참이었다. 경전을 배울 기회가 있다면 동학사가 아니라 그 어디든 따라가고 싶은 심정이었던 묘엄은 "스님을 따라가겠습니다"라고 대답하고 윤필암으로 돌아와 월혜에게 사정을 얘기했다. 묘엄에게 그간의 정황을 들은 월혜는 김 300장과 간장 한 병을 준비해 격려했다.

동학사에 도착하자 미리 와 있던 운허가 안쓰러운 표정을 지으며 말했다.

"내가 너희를 도와주고 거두어야 하는데 그러질 못하게 됐으니 미안하구나. 이 절에서 내게 대두 쌀 한 말씩만 준다고 하는구나."

말하자면 쌀 한 말이 운허의 한 달 급여였던 셈이다. 가지고 온 거라고는 김 300장과 간장 한 병이 전부였으나 묘엄은 자신들이 모두 준비해왔으니 염려하지 말라며 오히려 운허를 안심시켰다.

묘엄이 동학사에서 공부를 시작할 때 북한 지역에서는 여전히 남북한 군대가 치열하게 전쟁 중이었다. 청담과 성철, 자운은 중부 지방의 동학사에 머물러 있는 묘엄의 안전이 걱정되었다. 그러나 묘엄은 불교를 체계적으로 배울 수 있다는 기쁨에 젖어 전혀 아랑곳하지 않은 채 교학에 첫걸음을 내딛었다. 1953년 1월, 스물두 살 때였다.

맹자와 논어를
배우다

묘엄에게 교학의 스승인 운허는 근현대 불교사에서 뛰어난
승려 교육자로 평가받는 수행자다. 청담과 운허는 1928년에
서 1930년까지 서울 개운사에서 경전을 함께 공부한 사이로,
청담이 운허보다 10살 아래였지만 두 사람은 오래도록 절친
한 도반으로 지냈다. 청담이 딸의 교육을 책임지고 맡길 수
있는 최고의 강사로 운허를 선택한 데는 오랜 인연을 두고 서
로 지내오면서 생긴 신뢰와 존경 때문이었다.

　　교육을 통해 나라가 바로 설 수 있다는 철학을 가진 운허
는 한국불교의 진정한 부흥과 확립을 위해서 비구·비구니
모두의 역할이 필수적이라고 생각한 선지식이었다. 열악한 교
육 환경에서도 비구니를 교육자로 잘 키워야 한다는 생각을

품고 있던 그는 이러한 심정을 제자 월운月雲(1929~2023, 동국역경원장 역임)에게 이렇게 얘기했다.

"그동안 비구니들이 모여서 공부하는 곳이 몇몇 있었는데 강사講師 때문에 문제였다. 젊은 강사를 모시면 강講은 잘하지만 십상팔구 잡음이 일고, 늙은 분을 모시면 잡음은 없으나 기력이 부쳐서 강을 못한다. 요즘 비구니 수는 늘어나는데 그들도 가르쳐야 교단의 모양이 되겠고, 그러자면 비구니 강사를 기르는 것이 시급하다. 그래서 내일 팔공산 파계사 성전암에 있는 성철 수좌 등 모모한 분들을 찾아보고 이 일을 의논하려고 한다."

운허는 성철을 비롯해 효봉, 청담, 향곡 등을 찾아 자신이 비구니들에게 정식으로 경전을 가르치는 것이 어떻겠느냐고 의견을 타진했다. 한국불교를 위한 교육 불사를 하기 위해 당시 불교의 중흥과 청정 승가를 회복하기 위한 정화운동을 돕던 고승들을 찾아가 동의를 얻은 것이다. 다른 한편으로, 비구가 비구니에게 정식으로 교육을 시키는 것이 민감한 사안이기에 비구계의 지도자급 스님들에게 의견을 구한 것이기도 했다.

운허는 그들의 지지에 힘입어 비구니 교육 문제에 골몰하

고 있을 때 마침 동학사 주지로 있던 송덕윤을 만났다. 송덕
윤은 1950년대 초반 대처승 가운데 재력과 권력이 막강했던
인물 가운데 한 사람으로, 운허의 비구니 교육에 관한 이야기
를 듣고 당시 비구 강원이던 동학사에 와서 비구와 비구니들
에게 경전을 가르쳐줄 것을 청했다. 그렇게 해서 운허가 동학
사에 가게 되었고, 동학사로 간 묘엄은 강원에서 공부를 하게
되었다.

묘엄을 가르치기 시작한 뒤 1년도 채 지나지 않았을 때
운허는 묘엄에게 《치문경훈緇門警訓》을 가르치라고 지시했다.
오로지 비구 강사들의 지도로만 비구니 교육이 이뤄지던 당
시 강학 전통의 한계를 그가 모를 리 없었지만 묘엄을 통해
비구니 강사의 가능성을 발견했던 것이다.

묘엄은 비구 스승들의 철저한 계획 아래 가장 전폭적으로
교육을 받은 비구니였다고 해도 과언이 아니다. 묘엄이 성철
과 자운, 운허의 교육을 받으며 선·교·율을 겸비한 수행자로
거듭날 수 있었던 데에는 이러한 배경이 자리하고 있었다.

운허가 동학사에서 비구니들에게 경전을 가르친 주목적
은 비구니 교육자를 배출하는 데 있었다. 하지만 당시만 해도
비구니들을 위한 강원이 없었기 때문에 묘엄은 동학사 비구
강원에서 공부를 해야 했다. 동학사에 강원이 열리자 사판승
들도 배우러 왔다.

묘엄은 산내 암자인 미타암에서 동학사로 통학을 했다. 오전 10시쯤에 가서 한 시간 정도 배우는 수업이었다. 비구니는 묘엄을 비롯해 묘영과 묘희 세 사람이었다가 뒤에 봉민과 묘화 등이 합류해 7~8명이 되었다. 비구 학인으로는 청담의 제자인 정천과 정찬 등을 비롯해 월운, 계정, 상묵, 보담, 화련, 이환, 보명, 영우 등이 있었다.

비구와 비구니는 동학사 큰방에서 공부했지만 수업은 따로 받았다. 비구들의 수업이 끝나면 비구니들이 공부하는 식으로 비구니 교육이 정식으로 이루어졌다. 또 뒤에 조용히 앉아 경청만 한다면 상대방 수업을 자유롭게 청강할 수도 있었다. 학인들은 열심히 공부했으나 참고자료를 구하는 것은 엄두도 내지 못할 만큼 여유가 없었다.

운허는 비구니들에게 먼저 《맹자》와 《논어》를 가르쳤다. 한문으로 공부해본 경험이 전혀 없던 묘엄에게 두 책은 무척 어렵게 느껴졌다. 한자를 익히지 못하면 불교 경전을 공부하기 어렵다는 것을 깨달은 묘엄은 《맹자》와 《논어》를 배우는 데 심혈을 기울이지 않을 수 없었다. 묘엄은 2008년 출간한 출가 유행록 《향성香聲》에서 "맹자와 논어를 배우며 양반 노릇, 인간 노릇 하는 법을 배웠다"고 회고한 바 있다.

"운허 스님은 불교 경전뿐만 아니라 외전外典에도 능했어.

그 스님이 참 문장가였다고. 어디에서 글공부를 했는지 모르겠는데, 고향에서 어릴 적부터 한학을 했다고 그래. 춘원 이광수 선생하고 같이 한학을 했다고 해. 또 일어도 하시고 영어도 좀 하시고 그래서 당신은 혼자서 다 읽을 수 있었어. 그러니까 광복 후에 불교사전을 운허 스님이 제일 먼저 만들었잖아."

첫사랑
치문緇門

경전을 읽고 듣는 것은 입과 귀를 거치는 인연이 되게 하
고 마음으로 생각하여 신심을 일으켜 기쁨이 따르는 복
을 짓게 된다. 물거품 같은 이 몸은 다할 날이 있으나 참
다운 행은 헛되지 않아서 반드시 선근종자가 된다.

─《선가귀감禪家龜鑑》

어렵게 《맹자》와 《논어》를 공부한 뒤 묘엄은 사미(니)과의
첫 과목으로 《치문》을 배우기 시작했다. 전쟁 중에 책을 구
하는 일이 쉽지 않았으나 운허가 《치문》을 구해왔다. 처음 접
한 《치문》은 묘엄에게 결코 잊을 수 없는 첫사랑과 같은 책이
었다. 중국 고승들의 경책과 승가의 일원이 되기 위한 규율을

모아놓은 책으로, 출가자로서 인생관과 삶의 태도를 배우게 해주었다.

　동학사 강원의 교육은 서당식 교육이었다. 묘엄은 매일 아침 묘영, 묘희와 함께 가부좌 자세로 앉아서 수업을 받았다. 책을 올려놓는 앉은뱅이책상을 살 여유가 없어서 책을 다리 위에 올려놓고 수업을 들어야 했다. 책상이 없으니 메모를 하기도 어려워 최대한 집중해서 들었다.

　처음에는 하루에 한 단락씩 암기해서 배우다가 다음엔 반쪽, 그다음엔 한쪽씩 양을 늘려갔다. 그날 공부한 내용을 모두 암기했고, 다음 날 공부하기 전에 운허 앞에서 강을 바쳤다. 한문 문장은 조사 하나만 틀려도 뜻이 달라졌다. 그 자리에서 운허는 틀리거나 정확하지 않은 부분을 바로잡아주었다. 학인들은 내용을 외우는 것뿐만 아니라 모든 한자의 음音과 훈訓을 미리 공부해야 진도를 나갈 수 있었다. 수업 후에 학인들은 함께 모여 그날 공부한 부분을 스스로 해석하는 시간을 가졌다.

　세 사람은 옛 서당의 풍습대로 몸을 좌우로 흔들면서 그날 배운 부분을 하루 종일 반복해서 큰 소리로 읽었다. 그렇게 묘엄은《치문》을 전부 외웠다. 반복된 학습은 노력을 배반하지 않았다. 그리하여 선배 조사들의 신심과 경책이 묘엄의 것이 되었다.

사미과의 암기 학습은 부지런한 습관을 만들어주었고 초심자에게 대중 생활의 규율에 대한 의식을 심어주었다. 또한 집중력도 길러주었다. 온 마음을 다해 집중해야 암기할 수 있기 때문에 암기로 단련된 집중력은 일상생활에도 도움이 되었다. 배운 부분을 반복해서 소리 내어 암기하는 것은 마치 화두를 들 때나 진언을 외울 때처럼 집중력을 길러주고 잡념을 없애주었다. 암기를 통해 길러진 집중력은 수행과 다름 아니었다.

한문 문장을 반복해서 읽다 보면 저절로 한글이 동시 해석이 되었고, 이것은 자연스레 마음에 깊이 새겨지면서 자기 것이 되었다. 훗날 묘엄은 한문에 익숙지 않은 학인들을 가르칠 때 한글로 번역된 경전을 교재로 사용해보기도 했으나, 학인들 스스로 한문으로 배우는 게 좋겠다고 건의해 그만둔 적이 있다. 한문이라는 표의문자가 주는 여운과 수없이 암송하는 과정에서 문장의 내용이 함께 익혀지는 효과를 학인들 스스로 알았던 것이다. 묘엄은 봉녕사에서 학인들을 가르칠 때 "사무치게 외워 내 것으로 만들라"고 했는데, 동학사에서 《치문》을 배울 때가 바로 그런 시절이었다.

《치문》의 내용을 전부 외운 그 시간들은 묘엄이 윤필암에서 〈능엄주〉를 외우고 봉암사에서 화두를 놓치지 않고 수행한 것과 다르지 않은 시간이었다. 그 시간들은 묘엄이 《치문》

과 하나 되게 했다. 《치문》을 다 배웠을 때는 자기 스스로 신심이 몇 뼘 정도 자라나 있음을 느낄 수 있었다. 내용을 완전히 이해하면서 암기를 했기 때문에 진정으로 묘엄의 것이 된 것이다. 윤필암에 머물 때 앓았던 만성적인 편두통이 동학사에서 공부하면서 씻은 듯이 나았다. 더 이상 약을 먹지 않아도 되었다.

봉암사 결사 때 성철에게 배운 양기선사의 시는 더 큰 울림으로 다가와 묘엄의 인생관에 큰 영향을 미쳤다. 움막 안 침상으로 떨어지는 눈발을 진주로 바라보는 것처럼 내가 서 있는 이곳이 극락이었다. 모든 것이 내 것이라고 생각하면 우주 전체가 내 것이며, 내 것이 아니라고 생각하면 마음 밖의 물건이 되어서 집착하는 마음을 갖지 않게 되는 것이 불교의 인생관이라는 것을 분명히 알게 된 것이다.

먼 시간과 공간을 초월해 선지식들의 지혜와 합일되어가는 시간이 늘어가고 있었다. 그러한 경험의 시간들, 그리고 경이로움과 환희로움으로 물든 순간들이 가슴 깊이 스며들어 깊은 강물로 흐르게 했다. 복습과 예습을 철저히 하며 방학도 없이 불전 공부에 온 마음을 다한 그 시간들은 훗날 묘엄이 선·교·율에 정통한 선지식으로, 큰 교육자로 자리매김하는 데 자양분이 되었다.

"중노릇하는 것을 가르치는 책이다. 마음가짐, 이른바 용심처用心處, 즉 인생관을 가지는 자세를 주로 가르치고 있다. 인생은 무상하나 반면에 무상하지 않은 어떤 절대적인 것이 있다. 싯다르타 태자가 이를 알고 생로병사를 초월하는 자리를 찾아 나섰는데,《치문》은 그런 인생관을 가르쳐준다. 그런데 출가 생활은 인생관만 가지고 되지 않는다. 그러므로 단체 생활을 해야 하는 승가에서 조실은 어떠해야 하며, 대중으로서 한 개인은 어떠한 마음가짐과 행동을 갖추어야 하는가가 담겨 있다. 뒤로 갈수록 내용의 차원이 높아진다. 대상의 경계는 마음을 떠나 있는 것이 아니라는 유심관唯心觀의 내용이 있다. 불교적인 세계관, 조사 스님들의 사상, 지족知足의 생활 등을 배울 수 있었다."

네가 한번 가르쳐보아라

묘엄이 《맹자》와 《논어》를 떼고 《치문》의 두 번째 〈면학勉學〉 편까지 배우고 나자 운허는 묘엄에게 사미니 초심자들에게 〈면학〉편을 가르치라고 명했다. 〈면학〉편은 불교 수행과 일반 학문 모두에 있어 부지런히 배우고 널리 익혀야 함을 강조하는 내용을 담고 있다.

"이제 네가 한번 가르쳐보아라."

묘엄이 놀라서 말했다.

"못 가르칩니다. 새김은 일러주신 대로 똑떨어지게 읽겠지만 객관적인 예를 들어 설명하는 것은 아직 되지 않습니다. 교리가 분명하게 파악이 안 된 상태에서 어떻게 다른 사람을 가르칩니까? 또 그 사람들은 스님에게 배우러 왔으니 저한테 배우기를 원하지 않을 겁니다."

운허가 설득했다.

"모르는 게 있으면 내게 와서 물으면 될 것이고, 네가 내게 배워서 새김법만 틀리지 않도록 정확하게 가르쳐주면 되지 않느냐. 한문을 배우고 문리가 터지려면 원문을 읽을 때 마음속에서 동시에 번역이 되어야 하는데, 그렇게 되도록만 하면 돼."

이렇게 운허에게 배운 덕에 묘엄은 후학들에게 항상 "동시 번역이 되도록 글을 읽어라. 한문의 음을 입으로 읽으면서 마음속으로 새김이 되게 해야 문리가 터진다"고 가르칠 수 있었다. 뼛속까지 스며든 경험에 의한 교수법이었다.

배운 대로 새김만 정확하게 전하고 그 나머지 설명은 안 해도 된다는 운허의 설득에도 묘엄은 문장은 새길 수 있으나 아직은 자신의 식견이나 주석을 붙여 설명할 수 없다며 극구 사양했다. 그러나 미래에 더 많은 비구니들의 교육을 위해 묘엄을 비구니 강사로 훈련시키겠다는 결심이 확고한 운허도 물러서지 않았다.

"네가 내 말을 듣지 않으려면 당장 짐을 싸서 동학사를 떠나거라."

운허의 불호령에 더 이상 물러설 수 없었던 묘엄은 《치문》의 〈면학〉편을 가르치기 시작했다. 묘엄의 나이 스물두 살 때였다. 처음에는 배운 그대로 조금도 가감 없이 새김만 일러주었다. 배운 것을 돌아서서 바로 가르쳐야 했기 때문에 운허의 말을 조금도 놓치지 않고 들었다. 그때를 두고 묘엄은 "운허 스님이 나를 억지로라도 사람을 맨들라꼬 그런 방식으로 유도를 한 거야"라고 회고했다.

최선의 집중력과 발심을 바탕으로 해서 다른 사람을 가르친 그 경험은 묘엄을 강사로 거듭나게 하는 데 큰 힘이 되었다. 《치문》을 한두 번 가르치면서 이력이 붙기 시작해 객관적인 예를 들어서 설명하는 실력이 붙기 시작했다.

묘엄이 《치문》 가운데 특별히 좋아한 대목은 《증도가》를 지은 중국 당나라 영가현각永嘉玄覺(665~713)선사의 편지 내용이었다.

영가의 도반인 낭선사가 산중의 아름다운 곳에 절을 지어놓고 영가를 초청하는 편지를 보낸다.

'중생을 교화한다고 늘 시끌벅적한 시정市井에만 있는데, 내가 사는 곳에 한번 와봐라. 때때로 아름다운 새가 꽃을 물어다 주고 밝은 보름달이 떠오르면 물속에도 달이 떠오른다. 시끄러운 세속을 버리고 내가 사는 이곳에 와서 공부하자.'

이에 영가선사가 답장을 보낸다.

'나를 초청해줘서 고마우나, 도반께선 지금 산만 보고 도道를 보지 못하고 있다. 도를 보고 산을 보아야 한다. 심도心道를 보지 못하기 때문에 경치에 팔려 그곳이 조용하다고 하는 것이다. 그러므로 경치에 팔린 그대가 시중에 있는 나보다 더 시끄러운 것이다.'

그리고 영가선사는 편지를 이렇게 마무리한다.

'그대와 친한 벗이기 때문에 이런 소리를 했는데, 이 편지를 다 보고 나면 불쏘시개로 쓰시오.'

세속과 산중이 둘이 아니라는 불이不二의 사상이 담긴 영가선사의 편지가 묘엄에게 폐부를 찌르며 다가왔다. 세속과 산중을 둘로 나누어 보았던 자신의 잘못된 생각을 시정해주는 것 같아 너무 멋들어지게 느껴졌다.

'부처님이 정각을 이루신 뒤 부처의 자리에 머물지 않고 다시 중생의 세계로 돌아오시지 않았던가.'

부처님은 세간에서 기쁨과 슬픔을 함께 나누면서 깊은 물속, 뜨거운 불속을 넘나들며 중생과 함께 지냈다. 중생과 함께 가고 오고 눕고 했던 부처님과 같은 삶을 택한 영가선사의 모습이 묘엄에게는 큰 감동으로 다가왔다. 영가선사처럼 살아야겠다고 굳게 결심했다.

묘엄은《치문》을 가르치면서 배울 때는 미처 느끼지 못했던 것을 발견했다. 영가선사의 편지에 따르면 세상 그대로가 아름다운 것이었다. 버릴 물건이 없었다. 자신이 서 있는 곳이 도량이었다. 도량은 언제나 평온하고 조용하며 성성적적한 곳이라는 중도中道의 처신법을 배우면서, 승려는 어느 곳에 있든 이렇게 참선 정진하는 마음가짐으로 살아야 한다는 생각이 들었다.

한 인물에 대한 감동은 그 사람이 걸어간 길을 따르게 하는 힘이 있다. 참선 공부에 대한 열망이 있었던 묘엄이 경전 공부를 마치고 선방으로 가지 않고 봉녕사 회상에서 후학을 지도하고 신도들을 교화한 이유도 입전수수入廛垂手, 즉 저잣거리에 내려와 중생들과 함께한 영가선사의 삶과 크게 다르지 않을 것이다.

입적하기 직전까지 묘엄은 학인들에게 《치문》을 가르쳤다. 《치문》은 그렇게 묘엄에게 잊을 수 없는 첫사랑 그 이상의 의미였고, 불가에 들어와 처음 배운 책이자 마지막까지 가르친 책이었다.

"훗날 학인들에게 《치문》의 이 내용을 가르칠 때 보면 나처럼 환희심을 가지는 사람을 보지 못했다. 글맛을 알고 스님들의 사상을 받아들이는 사람이 드물었다. 다 배워도 모르는 사람이 있다. 부처님의 제자 가섭이나 조사 스님들이 많은 대중 가운데 한 사람이라는 걸 생각해보면 그 한 사람이 참 중요하다는 생각이 들었다. 본디 《치문》은 상중하 세 권이었는데, 조선의 안진호 스님이 토를 달고 환주幻住 스님이 우리나라 생활에 맞도록 간추려서 한 권으로 만들었다. 중국은 세 권으로 배우는 데 비해 우리나라는 안진호 스님이 편집한 《치문》을 배우기 때문에 한 권으로 배웠다. 나는 세 권을 다 봤다. 될 수 있으면 다 외워서 내 입에서 줄줄 나왔으면 좋겠다는 생각이 들어서 우리 강사 스님들에게 전강을 할 때 상중하 세 권을 인쇄해서 하나씩 나누어준 일이 있다. 조사 스님들의 철저한 사상을 접할 기회가 《치문》하고 사집四集 과목을 배울 때뿐이기 때문이다."

스승 운허

묘엄에게 경전을 통해 인생을 배우게 한 스승 운허는 평소 과
묵하고 엄격했다. 남의 잘못을 따지거나 자신의 입장을 내세
우는 일이 없었다. 학인들이 잘못해도 역정을 내지 않았다.
분명히 아는 일도 단언하는 일이 없었으나 부처님의 공덕만
은 분명하다고 했다. 평소에 경전을 손에서 떼지 않았으며 새
벽예불을 빠뜨리지 않았다. 새벽예불 후 공양하기 전까지는
꼭 자리에 앉아서 경전을 읽는 모습을 보여주었다.

호롱불을 켜고 공부하던 시절, 시자가 토막 초를 켜놓고
책을 보는 기쁨에 젖어 있자, "네가 촛불을 켜고 공부할 복이
있느냐" 하고 물어 혼자 있을 때는 촛불을 켜지 않는 검소함
을 가르치기도 했다. 검박했던 그는 오래되어 색깔도 구분되

지 않는 비눗갑과 낡아서 군데군데 구멍이 난 털목도리, 수십 년 된 구식 가방을 쓰고 있었다. 시자가 이삼일에 한 번씩 양말을 빨면 쉬 떨어진다고 자주 빨지도 못하게 했다.

운허에게 경전을 배우고 그를 도와 《불교사전》 편찬에 참여한 법정法頂(1932~2010)은 운허의 인품에 대해 "검소하고 소탈한 생활 규범은 후래後來들에게 산 모범이었으며 남의 허물을 말씀하지 않고 당신의 영역 바깥일에 대해서는 참견하지 않던 몸가짐 또한 산 교훈이었다"고 했다. 운허의 수제자 월운은 스승을 일컬어 "변함없는 자비와 근엄함은 만균萬鈞의 힘을 가진 자력과도 같아서 지루함이 느껴지지 않는 분"이라고 했다.

메모를 하는 것에 능했던 운허의 〈동학사주석기東鶴寺住錫記〉(1952. 11. 14.~1953. 11. 1.)에 보면 간간히 묘엄에 대한 다음과 같은 기록이 보인다.

1953년 1월 1일(음력 11. 16.), 묘엄·묘영·묘희, 自慶南負笈來
자경남부급래—경남에서 책 상자를 지고 오다.
1월 23일(음력 12. 9.), 묘엄·묘영·묘희·봉민, 《맹자》를 공부하다. 묘희, 《치문》을 공부하다.
8월 25일, 동학사를 떠나 봉민·묘엄 동반하여 공주에 도착하여 다음 날 돌아오다.

경전을 통해
인생을 배우게 해준
스승 운허.

10월 8일, 묘엄·묘영·묘희,《서장》공부를 시작하다.

일제강점기에 독립운동에 참여한 운허는 1921년 5월 강
원도 고성군 금강산 유점사에서 출가해 유점사 강원에서 사
교과를 수학하고, 1926년 2월 청담과 함께 전국불교학인대회
를 서울에서 개최하고 학인연맹을 소집했다. 1928년 2월부터
다음 해 4월까지 개운사 강원에서 대교과를 수학했다. 1936
년 양주군 봉선사에 불교 강원을 설립하고 강사로 취임하였
고, 1946년에 광동중학교를 설립하고 교장에 취임했다. 묘엄
이 운허를 만난 것은 전쟁으로 인해 교장을 사임하고 동학사
강사로 취임한 시기였다.

운허는 동학사 강사를 시작으로 진주 연화사 포교사, 해인사 강사를 거쳐 봉선사 주지로 취임(1959)한 이후 《불교사전》 편찬·간행 등 한글로 불교를 전하기 위해 노력했다. 1964년에는 동국역경원을 설립하고 원장에 취임해 평생을 한글대장경 역경 사업에 헌신했다.

일제강점기 때 만주로 가서 독립운동을 했던 운허는 강의 시간 중에 일본인들을 지칭할 때면 반드시 '왜놈'이라고 했다. 아무리 점잖은 운허라도 일제에 대한 감정을 숨기지 않았으나 자세한 내력을 얘기하지는 않았다. 다만 가끔 "일본인들에게 쫓기는 몸이 되어서 성과 이름을 갈아야 했지. 예전에는 꿈에도 권총을 들고 일본 사람을 겨냥해서 쏘고 그랬는데, 중노릇하면서 통도사 오고 나서는 그 꿈이 없어졌어"라는 말을 할 뿐이었다.

◎

《치문》을 마친 묘엄은 사집과에 필요한 네 권의 책을 사러 부산의 서점을 찾았다. 사집은 대혜종고大慧宗杲(1089~1163)의 《서장書狀》, 보조지눌普照知訥(1158~1210)의 《절요節要》, 규봉종밀圭峰宗密(780~841)의 《도서都書》, 고봉원묘高峰原妙(1238~1295)의 《선요禪要》를 일컫는다. 이 네 과목의 선종 조사 어록을 통해 선 수행의 기초이론을 배우게 된다. 다시 말해, 사집과는 대승경전을 배우기 전에, 먼저 수행자로서의 정체성을 확립하고 바른 신심을 기르는 것을 목표로 하는 강원의 첫 번째 관문이라 할 수 있다.

전쟁이 막 끝난 혼란한 시기에 불교 서적을 구하기란 어려웠다. 중고 서점에서 헌책인 《서장》 한 권만 구할 수 있었다. 낙심하고 돌아온 묘엄을 본 운허는 부산에 거처하는 대처승 도반에게 《도서》와 《절요》 《선요》를 구해달라고 부탁했다. 묘엄은 사집 전권을 가슴에 안았던 그날의 벅참을 잊지 않고 열심히 공부했다. 사집과 과정을 공부하는 동안 한문 문장 짓는 법을 배우고 조사들의 삶과 사상을 배웠다.

운허는 사집을 가르치면서 한문에 익숙하지 않은 수강생들이 문리文理를 틀 수 있도록 독특한 교수법을 고안해냈다. 한글 문장을 적어주면서 한문으로 작문을 하게 한 것이다.

"꽃이 핀다, 새가 운다, 나무 위에 새가 있다. 자, 이것을 한문으로 지어 오너라."

묘엄이 '꽃이 핀다'에는 화개花開, '새가 나무 위에 있다'에는 조유지상鳥有枝上, 조유수상鳥有樹上, 혹은 조재수상鳥在樹上, 조재지상鳥在枝上이라고 써 가면, 운허는 있을 유有 자와 있을 재在 자를 분간해서 쓰는 법을 정리해주었다.

"어디에 있다고 하면 재在 자를 써야 하고, 무엇이 있다고 하면 있을 유有 자를 쓰거라. 새가 나무 위에 있는 것은 '조재지상'이라고 쓰는 거야. '새가 나무 위에 있다'와 '나무 위에 새가 있다'는 같은 문장이지만 하나는 '있을 재' 자를 쓰고 하나는 '있을 유' 자를 쓰는 거야. '책상 위에 책이 있다'고 하면 '안상案上에 유책有冊'이라고 쓰는 거란다. 그걸 몰라 '안상에 재책'이라 하면 재채기는 기침하는 거야."

그렇게 유머를 섞어 가르치기도 했다. 문리가 나게 하기 위해 운허는 토를 달지 않은 소동파의 〈적벽부〉를 써주면서 직접 토를 달고 사전을 찾아가면서 새김을 하게 했다. 그렇게 해서 가면 빨간 펜으로 교정을 해주며 실력을 키워주었다. 설총의 〈화왕계〉도 토를 달고 우리말로 새김을 하며 익혔다.

운허는 실력 면에서도 월등했으나 상대방에게 내재되어 있는 실력을 이끌어내는 지도력을 갖춘 탁월한 강사였다고 묘엄은 회고한다. 운허는 작문을 통해 스스로 한자의 쓰임을 깨우치도록 했다. 한문 원전에 조사 등을 적절하게 넣어 경전의 의미를 분명하게 드러낼 수 있게 하는 교수법이었다. 묘엄은 운허가 자신들을 가르치려고 노력하는 것에 비해 실력이 능통하지 않은 것에 언제나 미안한 마음을 가지고 있었다. 희로애락을 좀처럼 드러내지 않던 스승이 가끔 호탕하게 웃을 때면 '스님이 참 좋으셨구나' 하고 짐작만 할 뿐이었다.

배움에 대한 목마름이 깊은 데다 집중력이 뛰어났던 묘

엄은 한문을 새기는 실력이 일취월장해갔다. 학인들에게 《치문》을 가르칠 때는 때때로 아버지 청담에게 들은 얘기를 덧붙이기도 했다. 그렇게 자신감과 실력이 늘어가고 있던 어느 날, 강의를 끝내고 자리에서 일어서려는데 누가 뒤에 앉아서 빙긋이 웃고 있었다. 우연히 청담이 동학사에 왔다가 뒤에 앉아 묘엄이 강의하는 모습을 보고 있었던 것이다.

운허는 과도한 수업량으로 인해 몸이 지쳐 있기도 했으나 한 번도 힘들다는 말을 한 적이 없었다. 학인들이 아무리 많은 질문을 해도 한결같이 자상하게 답해주었다. 무슨 이런 질문을 하느냐, 더 공부해라 이런 말 대신 최선을 다해 자신이 알고 있는 것을 동원해 알려주었다. 더없이 훌륭한 스승이었다. 자식이 부모를 닮는 것처럼 제자는 스승의 일거수일투족을 닮게 마련이다. 묘엄도 운허의 이러한 태도를 배우고 익혔다. 말년에 아무리 일이 많고 몸이 불편해도 묘엄은 강의에 임하는 데 흐트러짐이 없었고, 오늘 할 일을 내일로 미루지 않았다.

묘엄은 동학사 강원에서 《치문》과 사집 네 과목을 배우는 데 일 년이 채 걸리지 않았다. 보통 2년이 걸리는 것에 비해 짧은 기간 동안 배운 셈이다. 후배 학인들에게 《치문》을 가르치는 동시에 사집과 수업도 놓치지 않으며 열의와 성실을 다했다. 사집 중에서 특히 좋아하는 대목을 묻는 질문에 묘엄은 이렇게 대답했다.

"모두 좋아서 버릴 게 없지만, 그 가운데《서장》이 참선하는 근본 골자를 얘기하고 있어서 초학자들이 배우면 좋아. 대혜선사가 참선하는 심리를 편지 형식으로 적어놓았거든. 초학자들이 이《서장》의 사상을 철저히 배우면 참선에 대한 의지를 평생 버리지 않고 살 수 있겠다고 생각했어. 후에 일부 강원에서 사집의 내용이 비슷하다고 해서 간추려서 가르치기도 하던데 아쉬운 일이야. 글이 능통해서 조사 어록이나《전등록》을 능숙하게 읽을 수 있으면 모르겠지만 한 가지도 빼놓지 않고 학인들이 배웠으면 좋겠어. 초학자가 강당에서 조사 스님과 만날 수 있는 기회는 사집 과목밖에 없어서 가능하면 모두 다 읽는 게 좋다는 생각이야."

차돌 능엄

운허가 동학사에 오래 있지 못하고 부산 금수사로 거처를 옮기자 묘엄도 공부를 계속하기 위해 동학사를 떠났다. 묘희, 묘영과 함께 금수사 근처 장군암에 방 한 칸을 얻어 머물면서 매일 금수사로 가서 수업을 들었다. 한 달 뒤인 1953년 겨울, 운허가 통도사로 옮겨가면서 묘엄도 따라갔다.

자운의 제자 보경寶瓊(1915~1989)이 묘엄 일행을 보타암에서 지낼 수 있도록 주선했다. 보타암 주지가 사정을 듣고 구석진 곳에 부엌이 딸린 방 하나를 내주었다. 나무를 해다가 군불을 때고 밥을 해 먹으며 공부했다. 가을이 되자 큰절과 암자에서 김치를 얻고, 자신들도 김장을 조금 담가 독에 넣어두고 월동 준비를 했다. 재齋가 있는 날이면 재 지내는 사람이 암자에 사는 스님들에게 공양을 했고, 그런 날엔 잿밥을 얻어먹고는 했다.

"묘엄아, 옛 조사 스님들은 뭐든지 다 잘하셨다. 경·율·론 삼장에 능했지. 옷은 다 떨어진 것을 입더라도 성불하겠다는 마음은 떨어지지 않아야 한다."

묘엄은 성철 스님이 자신에게 자주 했던 말을 떠올리며 공부에 매진했다.

통도사에서 공부를 시작하기 몇 달 전 드디어 한국전쟁이 막을 내렸다. 200만 명이 넘는 사람이 죽어간 전쟁의 상흔은 통도사의 작은 암자인 보타암에 사는 비구니들의 삶에도 영향을 미쳤다. 탁발을 해서 생활해야 했고 거친 음식에 만족해야 했다. 불교 경전을 구하는 일도 여전히 어려웠다. 사교과를 시작하기 전에 필요한 경전을 탁본하기 위해 해인사 장경각으로 갔다. 사교과 과목은 《능엄경》《금강경》《대승기신론》《원각경》을 말한다.

묘엄은 경판의 한문 한 자 한 자에 골고루 먹물을 바른 다음 경판 위에 흰 창호지를 덮었다. 그러고는 부드러운 천을 손에 쥐고 한 글자씩 조심스럽게 누르면서 경을 인쇄했다. 경판의 각 쪽마다 인쇄가 끝나면 낱장을 완전히 말린 다음 글자가 인쇄된 종이를 똑같은 크기로 가장자리를 가위질하고 그 낱장들을 모아 단단히 묶어서 한 권의 경전을 만들었다.

대승경전을 공부하기 위해 팔만대장경이 있는 해인사 장경각으로 가서 직접 인쇄해서 책으로 만들어 소유했을 때 그 기쁨은 이루 말할 수 없었다.

비구와 비구니가 함께 배울 수 없어서 오전 오후로 시간을 달리해 운허의 방에서 따로 들었다. 비구니 강의 때 비구들이 재강을 들으러 오기도 했다. 묘엄은 운허에게 절을 하고 앉아 경전을 펼 때 밀려오던 가슴 벅참을 오래 잊지 못했다. 당대 최고의 강백에게서 하나하나 불법을 알아가던, 젊은 시절의 발심으로 뜨거웠던 순간들은 묘엄의 영혼을 살찌우게 해준 소중한 시간이었다.

보타암에서 통도사로 가는 길가에 서 있는 나무들 사이로 불어오던 바람 소리, 싱그러운 봄 햇살 아래 반짝이던 나무이파리, 가벼운 발걸음, 노비구 운허의 친절하고도 깊은 불교에 대한 통찰, 그리고 인간사에 대한 따스한 시선 등은 스물세 살의 묘엄에게는 어디서도 찾을 수 없는 수학修學의 공간이자 시간이었다. 묘엄은 통도사에 1년 반 동안 머물며 운허에게 사교과의 《능엄경》을 공부하는 한편, 통도사의 자운에게 율장 등을 다시 배우며 공부했다.

《치문》과 사집 과목이 주로 조사들의 수행에 관한 이야기인 것에 비해 사교는 부처님의 말씀으로 들어가는 내용을 담고 있다. 사교과 과목 가운데 가장 먼저 《능엄경》을 배웠다.

통도사에서 운허 스님에게
사교과를 배웠다.
차돌 능엄, 깐깐 기신,
장대 금강, 넝쿨 원각을
차례대로 공부했다.

아난과 부처님이 논리적으로 질문하고 대답하는 대목은 묘엄
에게 환희심을 일으켰다. 부처님과 제자가 등장하는 것 자체
가 새로운 세계의 경험이었는데, 문답을 통해 진심眞心과 진견
眞見을 가려내는 내용도 새로웠다. 마음을 찾는 이야기가 담
긴《능엄경》을 배우면서 성철, 청담 등에게서 들었던 '일체유
심조'의 가르침들이 새롭게 다가왔다.

《능엄경》을 배우면서 마음속 저 깊은 곳에 차곡차곡 서
사가 쌓여가기 시작했다. 서사가 풍부하고 깊을수록 공부에
진전을 이룬다는 것을 알게 되는 시간들이었다. 교학 분야 최
고의 스승에게 배운 사집의 수많은 이야기와《능엄경》《금강
경》《원각경》을 하나하나 가슴에 새겨들은 그 시간들은 묘엄
을 실력 있는 강사로 만들어준 단단한 초석이 되었다.

"사교는 《능엄경》《기신론》《금강경》《원각경》 순으로 배운다. 세계와 중생이 일어난 원인, 생명체가 생기는 원인을 공부하고 수행하는 점차가 담긴 《능엄경》의 인식론과 우주론을 알고 다른 경전을 배우니 재미가 옥살했다. 《능엄경》을 배워서 인생관이 확립된 뒤에 인생 철학이 담긴 《기신론》을 배울 때는 더 깊은 재미가 느껴졌다. 《능엄경》은 차돌처럼 딱딱한 질문을 해서 마음을 따져 들어가기 때문에 얼른 이해가 안 되어서 '차돌 능엄'이라 한다. 《기신론》은 논리적이어서 알아듣기 어렵고 진행이 더뎌서 '깐깐 기신'이라고 한다. 《금강경》은 '장대 금강'이라 불렀다. 금강이라는 마음자리를 싹 뽑아내는 장대같이 높이 솟은 반야 지혜를 뜻한다. 《원각경》은 원각이 우주를 감싸고도 남을 정도로 넝쿨지다고 해서 '넝쿨 원각'이라 부른다. 이는 옛날부터 내려오는 우리나라에만 있는 고유의 표현이다."

한 중생만
남더라도

운허의 《능엄경》 강의는 인구에 회자될 만큼 유명한 일화를 가지고 있다. 전쟁 중에 범어사에서 운허의 《능엄경》 강의가 개설되었을 때 선방 수좌들마저 강의를 들으러 나가 선방이 텅 비었다고 한다. 운허에게도 《능엄경》은 많은 경전 가운데 가장 먼저 접한 경전이었으며, 평생 꾸준히 《능엄경》을 사사하고 연구했다. 1974년에 《능엄경 주해》를 펴냈는데, 《능엄경》이 팔만대장경 중에서 가장 중요하며, 초학자들이 반드시 읽어야 할 경전으로 생각했기 때문이다.

운허는 세존의 탄생부터 정각에 이르기까지 생애를 설명한 뒤 세존이 깨달은 것은 우주의 진리를 체험한 것이라고 말했다.

"우리 마음이 물이 되고 거울이 되어야 달빛을 비출 수 있다. 부처님을 확실히 믿고 부처님의 깨달음에 다가가려는 지극한 예참禮懺이 우리 업을 부처님의 행화行化로 돌려놓게 된다. 이게 불교의 인생관이야. 이것은 부처님의 생애를 자기의 생애로 살려는 원력이고 보살행인 것이야."

묘엄은 묘영과 함께《능엄경》공부를 시작했다. 전날 예습하며 수업 준비를 했다. 두 사람이 묻고 답하는 중강仲講과 발기發起를 번갈아 하며 논강했다. 매일 아침 수업이 시작되기 전 경전의 한문 문장과 새김을 모두 암송해서 운허에게 강을 바치는 시험을 치렀다. 전날에 배운 부분을 암송해서 시험에 통과해야 다음 진도를 나갈 수 있었기 때문이다.

운허는 전날 공부한 내용을 자기 앞에서 한문을 보며 그대로 새기도록 했으며, 잘못 새긴 부분은 교정해주었다. 새기기는 새겨도 깊은 뜻을 감지하지 못한 부분이 보이면 다시 새겨보게 했다. 그러고는 잘못된 부분은 교정해주어 그 뜻을 분명하고 깊이 알게 했다. 엄격한 스승 밑에서 배우는《능엄경》공부는 묘엄의 실력을 한 단계 한 단계 높여주었다.

시간이 정해져 있지는 않았으나 주로 아침 공양 후 수업받는 날이 많았다. 다음 날 강의 시간은 그날 강의가 끝난 뒤 통고되었다. 우주와 중생이 일어난 시초에 관한 내용은 체계

1953년 통도사로 가기 전 동학사 강원에서 공부할 때 운허 스님(뒷줄 왼쪽에서 네 번째)과 함께(앞줄 오른쪽에서 세 번째가 묘엄 스님)

적으로 과학 공부를 한 적이 없는 묘엄에게는 특히 어려웠다. 운허는 그런 기색을 알아채고 몇 번씩 되풀이해 가르쳤고, 강의 후에는 제대로 알아들었는지 점검했다. 묘엄은 충분히 이해되지 않은 부분들을 노트에 기록해두었다가 성철을 만났을 때 묻기도 했다.

《능엄경》을 배우고 있을 때 명성明星(운문사 회주)이 보타암으로 와서 합류했다. 진주포교당에서 아버지 관응觀應(1910~2004)에게 경전을 배우던 명성이 오자 큰방으로 옮겨 각각 경상을 놓고 경을 읽었다. 등잔불이 어두워 촛농을 모아 만든 촛불을 켜놓고 공부하면 콧구멍과 얼굴이 시커멓게 되곤 했지만 아랑곳하지 않고 밤을 새워가면서 열심히 공부했다. 지금은 잠자는 시각과 일어나는 시각 등이 일정하게 정해진 강당의 규칙이 있는데 당시는 발심의 정도가 규칙이 되었다. 자유롭게 밤을 새워 공부했다. 그 자유로움이 묘엄을 더 성장시켰다. 마음껏 공부하고 최소한의 필요한 만큼만 잠을 자던 시절, 묘엄의 실력은 그 시간과 비례해 늘어났다.

운허에게 경전을 배우던 비구와 비구니는 스무 명 남짓이었다. 세속으로 돌아간 사람도 몇 있으나 대부분은 강사가 되었다. 지관智冠, 홍교興敎, 월운月雲 등이 함께 공부한 비구들이다. 지관은 머슴이 하는 일에서부터 노전 법당의 일까지 모든 일을 맡아가며 공부했다. 홍교는 살림살이에 능했고, 월운은 두루 재주가 있고 글공부가 출중해 운허의 칭찬을 받았다.

《능엄경》을 통해 세계관을 정립한 묘엄은 봉녕사 회상에 있을 때 《능엄경》 내용을 바탕으로 찬불가를 직접 작사하기도 했다. 그만큼 묘엄의 인생에 큰 영향을 끼친 경전임을 알 수 있다. 그 가사에는 부처님 제자로서 아름다운 서원이 담겨 있다.

미묘하고 청정하고 부동하신 세존님
억겁 동안 전도된 망상심을 없애시고

아승지겁 지내잖고 법신 얻게 하셨으니
저희 지금 과위 얻어 중생제도 하렵니다.

깊고 깊은 마음으로 미진 찰토 받잡는 것
거룩하신 부처님께 보답코자 하나이다
저희들이 서원코 오탁악세 먼저 들어
한 중생만 남더라도 열반 얻지 않으리다

대웅하고 대력하고 대자비한 부처님
바라건대 저희들의 미세혹을 없애시고
하루바삐 무상각에 오르게 하옵소서
이와 같은 저희 원을 부처님은 증명하소서

묘엄은 제자들에게 전강할 때도 증표로《능엄경》전질을
주었다. 묘엄에게《능엄경》은 종이와 먹으로 된 경전이 아닌,
그 너머의 것이었다.

기신론을
배우다

1955년 봄, 운허는《능엄경》강의를 마치고 진주 연화사로 거처를 옮겼다. 비구와 대처가 갈라져 싸우는 한국불교 정화운동이 불을 댕길 때였다. 통도사의 주지와 삼직(총무·재무·교무)은 대처승이었고, 운허에게 수업을 듣는 비구 학인들은 정화운동을 지지하고 있었다. 비구 학인들과 통도사의 대처승 소임자들 사이에서 난감한 위치에 있던 운허는 비구와 대처 간의 갈등이 없는 연화사로 자리를 옮겼다. 마침 연화사에 법사 자리가 나자 진주거사림회에서 운허를 초청했다.

묘엄과 연화사는 인연이 깊다. 아버지 청담이 그곳에 법문을 하러 왔다가 할머니의 간곡한 청에 마지못해 집에 들러 묘엄이 세상에 태어났기 때문이다. 묘엄이 태어난 진주시 수정동은 연화사 아랫동네이다. 묘엄의 어머니가 평소 집에서 가까운 연화사에 다니며 하루도 빠짐없이 새벽예불을 드린 곳이기도 하다.

연화사는 1923년 1월 고성 연화산 옥천사의 진주포교당으로 시작했다. 지금도 진주시 수정산 기슭에 위치해 있으며, 청담, 운허, 인곡, 성철, 관응, 고암 등 고승들이 머물다 간 도량으로 유명하다. 재가불자를 위한 선원이 있으며 결제 해제 없이 일 년 내내 참선 수행이 이루어지고 있다.

묘엄은 명성, 묘영과 함께 운허를 따라 진주로 거처를 옮겼다. 운허는 월운, 지관, 상묵, 종원 등 비구들과 연화사에 머물렀고, 묘엄 일행은 연화사에서 걸어서 10여 분 거리에 있는 도솔암에 머물렀다. 도솔암에서는 하루 세 끼를 먹으며 공부만 할 수 있도록 배려해주었다. 탁발을 하러 가지 않고 공부에 집중할 수 있는 환경이 마련된 것이다. 운허는 자신을 따라다니며 공부하는 모습이 안쓰러웠던 터에 이 소식을 듣고 무척 반가워했다.

도솔암은 금강산의 석두石頭(1882~1954) 회하에서 공부하던 비구니가 한국전쟁 때 진주로 내려와 비봉산 아래에 지은 작은 암자다. 지금은 주변으로 자리를 옮겨 법혜암으로 이름을 바꿔 새로 지었다. 언덕 위에 있던 도솔암은 현재 터만 남아 있다.

묘엄은 오랜만에 양식 걱정을 하지 않아도 되는 환경 덕분에 때론 어머니 집에도 다니러 가고 그 김에 결혼한 언니의 가족들도 보았다. 도솔암이 중앙동 집과 가까운 거리에 있어서 어머니는 가끔 공양상을 마련해 묘엄 일행을 청했다. 마음 편히 공부에만 전념할 수 있었던 연화사 도솔암에서의 공부는 1955년 3월부터 11월까지 8개월 동안 계속되었다. 묘엄은 이 시기를 자신이 교학을 공부한 7년여의 세월 가운데 가장 마음 편했던 시절로 회고한다.

운허는 연화사에 있는 동안에도 묘엄, 명성, 묘영을 비구니 교육자로 만들기 위해 헌신적인 노력을 아끼지 않았다. 방학 없이 수업이 진행되었음에도 불구하고 수업에 최선을 다했다. 오전과 오후로 나누어 비구와 비구니들에게 강의를 하느라 바쁜 일상을 보냈지만, 비구니들이 강의를 듣기 위해 오가는 것이 안쓰러워 때때로 도솔암으로 가서 강의하기도 했다. 운허가 1952년 5월부터 1959년 10월까지 학인들의 교육에 전념한 기간은 총 2,309일에 달한다고 제자들은 《운허선사어문집雲虛禪師語文集》에 기록하고 있다.

운허는 묘엄을 비롯한 비구, 비구니 학인들에게 《대승기신론》을 가르쳤다. '깐깐 기신'으로 불릴 만큼 어려운 공부였다. 진도도 더디게 나갔다. 함께 공부한 경남여고 출신의 묘영은 《능엄경》 공부부터 얼마나 어려웠던지 《대승기신론》을 공부한 뒤에 경전 공부 대신 참선 수행에 몰두하기로 결정했다. 그러나 묘영은 그 뜻을 이루지 못하고 안타깝게도 교통사고로 유명을 달리하고 말았다.

《대승기신론》강의가 진행되는 가운데 운허와 학인들 사이에 약간의 마찰도 있었다. 서울에서 개최하는 정화운동 결사대회에 전국의 수많은 젊은 비구, 비구니들이 서울로 집결했다. 연화사의 학인들도 참가하기 위해 서울로 올라가려고 하자 운허는 학인들이 공부에 전념하기를 바라면서도 적극적으로 말리지는 않았다. 정화운동이 원칙적으로는 옳다고 생각하면서도 싸우는 모습보다는 평화적으로 타협하기를 바랐다. 노골적으로 가지 말라는 말은 안 했지만, 얼굴에 공부에 전념했으면 하는 뜻이 역력해 결사대회에 참석하고 돌아온 묘엄은 미안한 마음에 한동안 고개를 들 수 없었다.

1955년 11월, 운허가 해인사 강원의 강사로 가게 되어 묘엄은 도솔암을 나와 은사 월혜가 있는 김룡사로 갔다. 운허가 해인사에 정착하게 되면 해인사로 가서 공부를 계속할 예정이었다.

스물네 살 봄부터 가을까지 배운《대승기신론》에 대해 묘엄은 이렇게 설명하고 있다.

"대승불교의 근본 철학을 종합적으로 제시한 책이다.《대승기신론》에 나와 있는 비파설법은 유명하다. 비파를 뜯을 때 줄이 너무 팽팽하거나 느슨하면 소리가 나지 않는 것처럼, 수행도 너무 느슨해도 팽팽해도 안 된다. 알맞게 줄을 고르게 해서 아름다운 소리를 내게 하는 것이 수도하는 방법이다. 수행을 하다 보면 다른 세계가 보이기도 하고, 신통이 생기기도 한다. 《기신론》엔 그럴 때 신통을 부려 사도邪道에 떨어지지 말고 오래도록 가만히 정진하라고 가르친다. 정밀히 면면히 참선을 하다 보면 삿된 경계가 저절로 없어진다는 것이다. 내 마음을 밝히는 것이 근본이지 문수보살을 백번 친견하면 무슨 소용인가. 좋은 경계나 나쁜 경계가 나타날 때 오직 화두만을 들고 있으면 삿된 경계가 오래가지 않는다. 《기신론》은 그런 경계를 없애는 방법으로 화두만 하라고 강조한다. 어느 정도 수행을 하면 평소에 바랐던 바가 현상으로 나타난다. 거기에 빠지면 공부는 그만인 거다. 그것에 흔들리지 않고 계속 정진하면 더 즐거운 정진락을 얻을 수 있다는 내용이 《기신론》에 있다."

계속 정진하는 것만이 고른 비파소리를 낼 수 있다. 삶도 그렇다. 과거는 이미 지나갔고 미래는 아직 오지 않아서 모른다. 오직 현재에 집중해서 정진할 뿐이다. 현재에 집중할 때 나타나는 모든 경계는 완벽하다. 그런데 중생은 좋은 게 조금 이뤄지면 좋아하고, 원치 않는 일이 일어나면 절망하고 괴로워한다. 묘엄은 평생 중생이 가진 이러한 잘못된 견해를 바르게 바꾸어 지혜롭게 사는 법을 가르쳤다.

김룡사
달빛 아래서의
약속

해인사로 가서 《금강경》과 《원각경》을 배울 예정이던 묘엄은 잠시 틈을 타 은사 월혜가 있는 운달산 김룡사로 갔다. 도착해 보니 사형 묘전妙典(1915~2003)이 주지로 있었다. 1954년 제1차 정화운동이 일어나자 월혜가 적극 동참했고, 정화가 끝나자 종단에서 윤필암 대중이 정화운동에서 보여준 공로를 인정해 대처승들을 내보내고 사격寺格이 큰 김룡사를 윤필암 대중들에게 내어준 것이다. 당시 김룡사는 건물이 35동이나 되는 큰 절이었다. 지택知澤이 총무, 뇌묵雷默이 재무 소임을 보며 묘전을 보필하고 있었다.

월혜는 선방의 입승으로 선객들을 지도하고 있었다. 제방에서 모인 선객들과 소임자들을 비롯해 행자를 합쳐 50여 명이 살고 있었다. 참선 수행자로 존경을 받던 월혜가 김룡사에서 정진하고 있다는 소문이 나자 제방에서 선객들이 모여든 것이다.

정화운동에 참석했던 김룡사의 선객들은 젊은 수행자들의 교육에 깊은 관심을 가지고, 참선도 중요하지만 교리를 체계 있게 배워 현대에 맞는 수행자로 길러야 한다는 의견을 함께했다. 한국불교 발전에 필수인 도제 양성에 대한 선배로서의 의무감이었다. 1956년 동학사에 비구니 전문 강원이 문을 열기 직전, 묘전은 상주 남장사 관음선원 조실로 선·교를 넘나들며 납자들을 지도하고 있던 혜봉慧峰(1874~1956)을 강사로 초대해 비구니들을 위한 강원을 마련했다. 선원을 운영하면서 젊은 수행자들을 위한 강원을 연 것이다. 배움에 굶주려 있던 젊은 수행자들에게 기회를 제공하자 각지에서 30여 명의 젊은 학인들이 모여들었다.

혜봉은 김룡사 극락전 곁 요사채에 머물면서 사집반부터 사교과, 대교과까지 일체 강의를 도맡았다. 큰 강당으로 각 학년의 학인들이 차례대로 들어와 공부하고 나갔다. 오전에 공부를 끝낸 대중들은 지게를 지고 산으로 올라가 부목이 해놓은 나무를 한 짐씩 지고 내려왔다. 학인들이 함께 공부하는 강당이 얼마나 큰지 대중들이 해온 나무는 불쏘시개로 쓰였다. 따로 부목이 해놓은 큰 나무들을 고래까지 넣어두면 며칠 동안 타들어갔고 한참 방이 따뜻했다. 묘엄은 대교과에 적을 두고 공부하며 운허에게 배운 경전들을 복습했다.

김룡사는 윤필암과 달리 큰 절이어서 소유하고 있는 논밭에서 자급할 수 있는 식량이 나왔다. 개인적으로 식량을 내놓지 않아도 되었다. 개인 식량을 내놓는 것을 자비량自備糧이라 한다. 사중에 여유가 있을 때는 차비와 약값을 주는 정도의 생활이 유지되었으나, 어려울 때는 시장에 나가 필요한 생활용품을 구해올 수 없을 정도로 가난한 생활을 이어가야 했다.

50여 명이나 되는 사중의 살림살이가 어려워 학인들에게 책을 제공할 수 없었다. 재무 소임을 보던 뇌묵은 연고지인 강릉 등으로 자주 탁발을 나갔으나 많은 대중의 생활비를 대기엔 역부족이었다. 대중이 나서서 밭농사를 지으며 자급자족 생활을 했지만 밭에서 나오는 것만으로는 물자가 턱없이 부족했다. 대중들이 쓸 비누 한 장도 구해와야 하는 형편이었다.

흘러가는 계곡물도 아껴 썼던 묘전은 절에서 일하는 부목을 시켜 대중 50여 명이 쓸 지게를 만들게 해서 넓은 누각 밑에 걸어놓았다. 나무를 하는 데 지게는 필수였다. 그즈음 행자로 온 혜운慧耘은 그 지게를 져보고 싶어서 부목에게 자신의 지게도 하나 만들어달라고 부탁했다. 그렇게 해서 김룡사의 쉰 번째 지게가 만들어졌다.

당시 김룡사에는 행자가 넷이 있었다. 그 가운데 행자 한 사람이 한 해 동안의 행자 생활을 끝내고 삭발하던 날이었다. 강사 혜봉을 중심으로 김룡사 선객들이 둘러앉은 가운데 묘엄이 행자의 머리를 밀어주었다.

"묘엄이 중노릇을 잘하고 있으니 묘엄에게 삭발을 하는 게 좋겠다."

묘엄은 부드러운 손길로 행자의 머리를 밀며 윤필암에서 삭발하던 날을 떠올렸다. 어느덧 십여 년이 넘는 세월이 흘러 후배의 머리를 밀어주는 선배의 위치에 와 있는 자신을 돌아보며 잘 가고 있는가, 자문해보았다.

삭발을 마친 행자가 잠시 나갔다 들어왔는데, 그 모습이 가히 볼 만했다. 집에서 가지고 온 명주 수건을 머리에 두른 채 마땅한 옷이 없었던지 붉은색 윗옷에 누더기 바지를 입고 나타난 것이다. 노 선객들이 손뼉을 치며 웃었다. 어른스님들의 명으로 임시로 발우 닦는 보자기로 윗옷을 감싼 행자의 모습에 모든 대중이 다시 한번 웃음을 쏟아냈다. 그날 풋풋한 모습으로 사미니계를 받은 혜운은 훗날 자격이 갖추어졌을 때 묘엄의 청으로 봉녕사 향하당 현판과 주련을 썼다.

묘엄이 밭농사도 짓고 탁발을 하며 김룡사에서 5개월가량 머무는 동안 조카 상좌인 도성道性이 출가했다. 묘엄이 고추밭을 매다가 쉬고 있을 때였다. 도성의 아버지와 한 젊은 스님이 올라오고 있었다. 도성의 아버지가 묘엄에게 인사를 하고 나서 말했다.

"딸이 출가하고 싶다고 해서 데리고 왔습니다. 스님 앞으로 출가를 시키고 싶습니다."

"저는 아직 공부하고 있는 학인 신분입니다."

"알고 있습니다. 저희 집에 홍근鴻根(서암西庵) 스님과 지유知 有 스님이 자주 들르시는데 딸애가 출가한다는 이야기를 듣자 지금 김룡사에 묘엄 스님이 있으니 그리로 데려가라고 해서 왔습니다."

이십 대 중반이던 묘엄은 어느덧 주변 스님들이 은사로 추천할 정도로 신의 있는 수행자가 되어 있었다. 묘엄은 자신이 도성보다 네 살밖에 많지 않은 데다 아직 젊으니 사형인 묘전 앞으로 출가하는 게 좋겠다며 정중하게 사양했다. 며칠 후 도성은 묘전을 은사로 머리를 깎았다. 여고를 졸업하고 온 도성은 감성적인 면이 풍부했다.

"달빛이 너무 좋아 시라도 짓겠어요, 스님. 우리 달밤에 놀러 가요."

터널을 이루고 있는 포도 넝쿨 위로 가을 달빛이 환히 쏟아져 내리는 밤이었다.

"산에 짐승이 있어서 안 돼."

"달빛이 너무 좋아서 잠이 안 와요."

묘전 스님(뒷줄),
도성 스님(앞줄 오른쪽)과 함께

　　못 이기는 척 따라 나선 묘엄에게 도성은 자신이 김룡사
로 오게 된 연유를 설명했다.

　　"저는 기독교 학교를 나와 예배당에 다니고 있었는데, 큰
스님들이 저희 집에 오셔서 법담을 자주 하셨어요. '해탈'이
니 '일심'이니 하는 소리를 자주 듣다 보니 예수교보다 깊이
가 있는 것 같았어요. 그래서 불심이 깊은 아버지에게 출가하
겠다고 하니까 좋아하시면서 집에 오시던 스님들께 제 이야
기를 하셨어요. 그러자 그분들이 묘엄 스님에게 데려다주라
고 해서 여기로 온 거예요."

두 사람은 그날 밤, 명부전 뒤 언덕 위에 서서 수행자로서 열심히 잘 살아 서로에게 도움이 되자고 약속했다. 묘엄은 김룡사에서 나와 해인사로 갈 때 도성을 데리고 가서 함께 공부했다. 그 후 도성은 묘엄이 운문사와 봉녕사 회상을 일굴 때 총무 소임을 보며 전심전력으로 묘엄을 도왔다. 달빛이 그 어느 날보다 아름다웠던 그날 밤의 약속을 지킨 것이다.

금강경과
원각경을
배우다

묘엄은 해인사 약수암에 머물면서 큰절 강당으로 가서 운허에게 사교과의 마지막 과정인《금강경》과《원각경》을 배웠다. 1955년 불교 정화가 일단락되고 비구승들이 종단 운영권을 갖게 되자 자운이 해인사 주지로 임명되었다. 비구로서는 광복 이후 처음으로 해인사 주지가 된 자운은 부임하자마자 비구들의 교육을 위해 해인사 강원을 개설하고 운허를 초빙했다. 이를 계기로 묘엄이 해인사로 와 운허에게 경전을 배우게 된 것이다. 삼선암과 약수암에 있던 비구니들은 해인사의 강고봉姜高峰(1900~1968)과 변월주邊月舟(1909~1975)에게 사집과 사교 과정을 배웠다.

　묘엄은 선방을 운영하는 약수암에 방부를 들이고 노전채

에 머물며 공부했다. 1922년 7명의 비구니가 세 칸짜리 선방을 짓고 정진하던 약수암은 1970년 법공法空에 의해 정식으로 선원을 개원했는데, 묘엄이 있었을 때는 주로 비구니 선객들이 머물며 선방에서 정진하고 있었다. 이곳에서 대중 30여 명이 공동으로 경비를 내고 큰방에서 발우공양을 했다. 양식이 귀한 때라 대중들은 탁발을 해서 쌀 다섯 말을 내놓았다. 여름에도 탁발을 나가 보리쌀을 얻어와 사중에 내놓았다.

"약수암에서는 기본 재산이 없어 각방제 생활을 하고 또 자기 개인 재산은 개인이 소유하면서 사중에 공동 식량을 내서 한 솥에 공동 밥을 해서 큰방에서 발우를 펴고 먹었어. 비구니 스님들이 한 30명 있었지. 지금도 약수암 스님들을 만나면 두 사람은 먹여줘도 됐는데 그때 식량값을 받은 게 미안하다고 그런다고. 그래도 당시는 다 내고 먹는 형편이었으니까 내지 않았으면 내가 미안했겠지. 뒤에 가만히 생각해보니까 신세는 한번 져놓으면 평생을 갚고 또 갚아도 다 못 갚겠더라고."

《금강경》에서 수보리와 부처님의 문답은 천고千古의 지음知音이다. 물을 것 없는 물음과 대답할 것 없는 대답이 오간다. 부처님이 중생을 위해 아무리 천어만어千語萬語로 이 경의 공덕을 넓고 깊게 설명할지라도 사람이 먼저 자성을 반조하여 깨닫기 전에는 그토록 부처님께서 진실하여 거짓 없이 핍진逼眞한 말씀도 한갓 헛수고로 돌아갈 것이니, 반야지혜 이외에는 한 물건도 없다는《금강경》의 메시지는 묘엄에게 정진을 격발시키는 가르침으로 다가왔다.

사교과의《능엄경》《대승기신론》《금강경》《원각경》 네 과목을 차례로 배우고 나자 묘엄은 비로소 불교의 윤곽을 잡을 수 있었다. 더욱이 선사상이 내재되어 있는《능엄경》과《원각경》을 배우고 나자 선禪에 대한 기초 지식과 신심이 비 온 뒤 강물처럼 불어난 느낌을 받았다. 우주관과 인생관을《능엄경》을 통해서 배우고,《기신론》을 배우며 인생철학을 견고히 하고,《금강경》을 통해서는 반야지혜의 거룩함을 깨닫고 성불할 수 있다는 자신감을 가졌다.《원각경》을 배우고 나서는 보살행을 통해 부처가 된다는 가르침을 가슴 깊이 새길 수 있었다.

이제 보살의 원각행을 실천해서 부처님의 깨침인 화엄의 세계를 구현하는《화엄경》만 배우면 경전 공부는 일단락될 참이었다.《화엄경》을 통해 부처님과 중생, 그리고 마음은 하나이므로 깨달으면 나 자신도 부처가 된다는 자신감을 얻을 일만 남은 것이다.

◎

묘엄은 운허에게 경전을 배우면서 효봉의 결제와 해제 법문, 반산림 법문을 빼놓지 않고 들었다. 그런데 하루는 운허가 《금강경》 강의 시간에 효봉에 관한 이야기를 들려주었다.

"내가 출가를 하고 강당에서 강을 배우고 유점사 강당으로 갔지. 거기서 글을 배우다가 선방으로 갔는데 효봉 스님이 계신 거야. 평양 판사 출신인데 당시 출가한 지 이삼 년이 되었다고 해. 그런데 내가 보기에 참선한다고 앉아 있는 게 우습더라고. 교리도 모르고 부처님에 대해서도 모른 채 참선하고 있는 것이 제대로 되겠나 싶기도 하고. 교리를 아는 내 눈엔 좀 가소로운 생각이 들었거든. 방선을 하고 나와서 인사를 하고 이런저런 이야기를 하다가 강원에서 교학도 배우지 않고 참선만 하는 효봉 스님을 빗대어 내가 한마디 했지. 그물 없이 고기를 잡겠느냐고 하자, 효봉 스님이 '무슨 말을 합니까. 우리는 그물 가지고 고기만 건져 먹는 게 아니고 물째 다 마십니다'라고 하는 거야. 고기만 건져 먹는 것이 아니라 물과 고기를 다 마신다는 말에 내가 거기서 말문이 막혀 더 할 말이 없었지. 경을 배워도 반드시 선을 해야 순전히 자기가 체득한 소리를 할 수 있는 거야. 그때부터 내가 참선하는 이를 절대 무시하지 않았지.”

묘엄은 그때 운허가 들려준 일화를 감동 깊게 들었고 마음속 깊이 간직했다. 성철에게서 참선에 대한 필요성을 누누이 들으며 참선하는 사람이 수행자라는 말을 잊지 않고 있었기에 그날 운허가 들려준 일화가 더 깊이 각인되었다. 나중에 묘엄이 강사를 하면서 경을 설할 때도 학인들에게 선 수행을 강조했고, 평생 화두를 놓지 않고 참선 정진하게 했다. 제자들도 당시 묘엄을 떠올리며 “항상 선정에 든 것 같았다”고 증언했다. 시비분별을 멈추고 현재의 내 앞에 있는 일에 온전히 집중하는 것이 참선이라면, 묘엄의 삶은 늘 참선 중이었다 할 것이다.

효봉은 여전히 법문을 마칠 때마다《선요》에 나오는 게송으로 마무리했다.

한 조각 흰 구름이 골짜기 입구를 가로막고 있네
흰 돌 높은 봉우리가 바로 나의 고향이로다
一片白雲橫谷口 白石高峯是我家

묘엄이 열일곱 살에 국일암에서 정진할 때 반산림 법문에

서 들었던 게송이었다. 주장자를 마당으로 휙, 던지면서 "대
중은 일러라" 하고 묻는 것도 변함이 없었다.

예전에 말소리만 듣고 외워서 국일암으로 돌아와 효봉의
흉내를 내던 묘엄은 이제야 그 의미를 알 수 있었다. 운허에
게 《선요》를 배울 때 저 게송을 만나며 전율에 휩싸였다. 대
중이 공부한다고 하나 번뇌 망상이 가득해서 일체중생 선객
들이 스스로 자기 집을 모른다는, 그래서 자성을 깨쳐야 한
다는 법문이라는 것을 알 수 있었다.

그러나 효봉이 주장자를 던진 이유는 여전히 알 수 없었
다. 주장자를 던진 효봉이나 그것을 본 대중들이나 그 순간
순수한 마음이 전부일 뿐, 그조차도 말로 설명하려 할 때는
이미 어긋난다는 것은 더 오랜 시간이 흘러서야 깨달았다.

그토록 이해하기 어려웠던 '무상無常'이라는 단어도 어느
덧 다른 사람에게 설명해줄 수 있게 되었다. 이십 대 중반 김
룡사에 있을 때 잠시 들른 이모 집에서 '제행무상諸行無常'의
뜻을 묻는 이모부에게 《법화경》의 '제행무상 시생멸법是生滅法
생멸멸이生滅滅已 적멸위락寂滅爲樂'의 구절을 인용하면서 제행
무상의 뜻을 이렇게 설명했다.

"이 현상계는 항상함이 없습니다. 언젠가는 없어진다는 뜻
입니다. 시생멸법, 이 네 자는 현상계를 말합니다. 생멸이

멸하면, 즉 생하고 멸하는 것이 없어져 절대가 되면 이것이 적멸법입니다. 현상계는 무상합니다. 그러므로 상대성으로 이뤄진 세상이기 때문에 상대를 없애버리면 절대적인 '나'라는 마음자리, 그것을 깨닫는 것이 열반을 증득하는 것입니다. 열반은 '적멸'이라고 번역합니다. 마음에 번뇌 망상의 불꽃이 사라지고 묘해진 상태를 말하는 것입니다."

묘엄의 짧은 법문을 들은 이모부는 속이 시원해졌다며 손뼉을 쳤다. 묘엄의 실력이 그렇듯 일취월장해 있을 때 운허가 해인사를 떠났다. 묘엄도 도성의 어머니가 보낸 모시 옷감으로 여름 승복을 지어 입고 그해 여름 약수암을 떠났다. 해인사에서 사교과 과정을 모두 끝낸 1956년, 스물다섯의 여름이었다.

은사의
입적

묘엄은 길 위에서 은사스님의 입적 소식을 들었다. 대교과의 《화엄경》을 배우기 전 어느 날, 순천 선암사에 가는 길이었다.

사교 과정을 끝내고 잠시 휴식 시간이 생긴 묘엄은 은사 월혜가 있는 김룡사로 갔다. 어느덧 이순을 넘긴 은사는 바짝 마른 얼굴에 푸르스름한 빛을 띠고 몰라보게 수척해 있었다. 정화운동 때 서울에서 눈 위에 오래 앉아 시위를 한 탓에 감기를 오래 앓다가 결핵으로 발전한 게 화근이었다.

묘엄을 보자 은사는 석화(굴)가 결핵에 좋다는데 그걸 좀 먹어보면 어떻겠냐며, 사천 굴이 많은 진주로 가보자고 했다. 은사는 조용히 둘만 가자고 했지만 묘엄은 사형인 묘전에게 상의하지 않을 수 없었다. 묘전은 석화를 먹는다고 낫는다는

묘엄의 은사
월혜 스님

보장이 없는 데다 몸 상태가 너무 좋지 않아서 절대로 움직이면 안 된다며 반대했다. 결국 진주에는 가지 못했는데, 그것이 은사스님과의 마지막이 될 줄은 몰랐다.

잠시 도반 지택과 김룡사를 나와 진주에 들렀다가 나온 김에 선암사를 둘러보기 위해 들어가는 길에 은사의 입적 소식을 들은 것이다. 입구에서 만난 한 비구가 말했다.

"아이구, 상주님이 초재를 지내고 여기 웬일입니까?"

김룡사로 돌아가니 벌써 2재를 앞두고 있었다. 사형인 묘전은 눈길조차 주지 않았다. 만상좌가 은사가 편찮은 걸 보고도 나가 돌아다니다가 2재가 되어서야 나타나니 화가 단단히 나 있었던 것이다. 묘엄은 고개를 들 수가 없었다.

나중에 들어보니 은사의 후배 도반인 진오가 입적 직전에 물었다고 한다.

"형님, 화두 잘 들립니까?"

그러자 월혜는 하늘을 가리키듯 손가락 하나를 곧게 세웠다. 그러고는 손이 아래로 떨어지면서 적멸에 들었다. 예순둘의 나이였다. 대중들이 월혜가 열반당에서 입적한 후에 보니, 평생을 청빈하게 살다 간 수좌답게 무명 걸망 하나와 입고 있던 옷 한 벌이 전부였다.

월혜가 환갑을 맞았을 때다. 혜관이 찹쌀을 팔아 대추랑 잣, 밤을 사서 약식을 만들었다가 월혜에게 들키는 바람에 당일에는 덮어놓았다가 이튿날 나누어 먹은 일이 있다. 자신의 생일에 별다른 것 하나라도 차리면 잿간에 엎어버리겠다고 엄명을 내릴 정도로 허례허식을 싫어했다. 한마디로 무소유를 실천한 청정한 수행자였다.

묘전이 윤필암에서 월혜와 함께 살던, 비가 많이 오는 어느 여름날이었다. 보리쌀을 수확할 때쯤이었는데, 저녁거리가 떨어져버렸다. 그걸 알고 은사가 묘전을 불렀다. "절을 책임지고 있는 총무인 네가 어찌 대중의 저녁거리를 떨어지게 한단 말이냐. 어서 동네에 내려가 동냥을 해서라도 대중이 굶는 일이 없게 해라" 하고 꾸중을 내렸다. 묘전은 그렇게 서러울 수가 없었다. 밖으로 나와 처마 밑에서 눈물을 흘리고 있는데 야속하게 비까지 철철 내리고 있었다. 그때였다. 마침 저 밑에서 거사 한 사람이 지게를 지고 올라오고 있었다. 대중을 위

묘엄의 은사 월혜 스님은 세수 62세, 법랍 21세로 김룡사에서 입적하였다.
1920년대 촬영한 김룡사 전경.

해 진심으로 흘린 눈물의 힘 때문이었을까. 거사의 지게엔 갓
찧은 보리쌀 한 말이 얹혀 있었다. 묘전은 그날 보리쌀 한 말
을 보고 안심이 깃든 은사의 눈길을 잊을 수 없었다.

　묘전은 은사가 입고 있던 옷을 그대로 수의로 하고 쓰던
홑이불을 뜯어서 시신을 쌌다. 관도 사지 못하고 돗자리 두
어장을 사서 시신을 싸서 장작을 쌓고 화장했다. 화장장이
따로 없어 절 밭이나 빈 언덕에서 화장을 하던 시절이었다.
김룡사 대중과 손주 상좌들만 모여 화장을 하고 재를 온 산
에 흩어버리고 장례를 치렀다. 묘전은 수행을 하는 데 새 신

발을 신고 가면 병이 나는 법이라며 헌 신발을 신고 천천히 꾸준히 가라고 일렀던 은사를 그렇게 보냈다.

월혜의 49재 역시 제자들끼리 모여 검소하게 치렀다. 묘엄의 어머니와 언니, 조카를 제외하고는 외부 손님 하나 없이 조촐하게 지냈다. 월혜의 문하에는 맏상좌인 묘엄을 비롯해 묘전, 묘희, 세명世明, 혜관慧觀, 상운祥雲, 고견古見, 대은大恩이 있었다. 이들은 수정문중에 속한다. 비구니 선원인 법주사 수정암을 중심으로 일가를 이룬 문중이다.

윤필암의 우와실牛臥室에서 홀로 조용히 수행하던 월혜의 모습을 보고 발심해 출가한 혜운은 청빈했던 월혜를 이렇게 기억하고 있다.

"열다섯 살 때 제사 지내러 가는 부모를 따라 윤필암에 갔다가 선방에서 정진하는 스님들을 처음 보았는데 그 모습이 그리도 아름다워 보였다. 그 가운데 피부가 너무나 깨끗한 노스님 한 분이 우와실 한가운데 놓인 나무 의자에 앉아 홀로 정진하고 있는 모습은 압권이었다. 겉으로는 찬바람이 일 만큼 차갑게 보였지만 어느 한곳에 집중해 있는 모습이 너무 아름다웠다. 월혜 스님은 당시 윤필암 회주로 계셨다. 절에 갈 때마다 문을 살짝 열고 들어가면 싱긋이 웃으셨다. 스님께 드리고 싶어서 산딸기를 따 칡잎

에 싸서 가지고 들어가면 스님은 그것을 작은 발우에 부
으셨다. 그러고는 설탕에 묻혀 딱 두 알만 내놓고는 나머
지는 큰방에 공양을 시키라고 하셨다. 그 모습을 보면서
스님들은 산딸기 하나도 이렇게 평등하게 드시는구나 생
각했다. 몇 년 뒤에 출가하러 간 김룡사에서 입승으로 계
신 스님을 뵈었을 때 너무 기뻤다."

妙嚴

제6장

곡, 가르치다

동학사
강원에서

평소 묘엄은 후학들에게 《화엄경》을 통해 깊은 신심과 깨달음에 대한 보리심을 일으킬 것을 강조했다. 다음은 묘엄이 고희를 앞두고 교학 공부할 때를 회고하며 한 말이다.

《화엄경》은 부처님이 깨달음을 얻은 지 2주째가 되었을 때 보리수 아래에서 해인정海印定에 들어서 성도成道한 깨달음의 내용을 그대로 드러낸 경전으로, 대승보살행을 다루고 있다. 초지初地에서부터 시작해 부처의 경지에 이르는 정신세계 과정을 소개한다. 처음 볼 때는 뜬구름 잡는 것 같아서 갈피를 잡지 못한다. 차분하게 앉아서 보는 것과 들떠서 보는 것과는 다르다. 처음엔 갈피가 잡히지 않았다.

부처님께서 직접 설하신 것은 없다. 모든 신장, 팔부 신장, 보살들, 또 타방의 부처님들이 부처님의 경지, 부처님의 공덕을 설해놓은 경전이다. '찰진십념刹塵十念은 가히 헤아릴 수 있고 바다의 물은 다 마실 수 있으나 부처님의 공덕은 이루 다 말할 수 없다. 지금까지 설한 내용은 적고 아직 다 설하지 못한 부처의 경지는 더 많다'고 마무리 짓는 것이 《화엄경》의 세계다. 동학사에서 경봉 스님에게, 통도사에서 운허 스님에게《화엄경》을 두 번 읽으며 공부했다."

실상實相을 바로 보는 지혜가 확고해야 중생을 구제하고자 하는 자비심이 자연스럽게 나오며, 실상에 대한 성찰을 통해 마침내 선재동자와 같이 무상보리를 증득하고자 하는 보리심을 발하게 된다는 것이 경전에 대한 묘엄의 철학이었다.

묘엄은《화엄경》을 교학의 스승인 운허에게 먼저 배우지 않고 동학사 강사로 있던 경봉에게 배웠다. 묘엄이 은사의 49재를 치르고 김룡사를 나올 즈음 해인사에 있던 운허가 통도사로 옮겨가 있었다. 묘엄은 통도사로 가지 않고 동학사로 갔다. 다시 암자의 방을 빌려 밥을 해 먹으며 공부해야 하는 일에 지겨움을 느꼈기 때문이다. 묘엄은 대승사 주지 김철이 지게에 지고 와서 선물한《화엄경》80권 전질을 가지고 동학사로 갔다. 1956년 늦은 가을, 그새 동학사는 비구 강원에서 비구니 강원으로 변모해 있었다.

동학사 강원은 우리나라 비구니 강원 가운데 역사가 가장 오래된 곳이다. 1864년에 개설된 이후 비구 강원으로 운영되다가 정화운동 뒤 1956년 2월, 비구니 대현大玄(1916~1963)이 주지로 부임하면서 근현대 한국 최초로 비구니 강원을 열었다.

동학사 비구니 전문 강원이 설립되어 체계적으로 운영되면서 비구니 교육이 본격적으로 시작되었다. 이어 운문사(1958), 봉녕사(1974), 삼선강원(1978), 청암사(1987)에서 강원을 설립했다. 1994년 개혁종단 이후에 '강원'의 명칭이 '승가대학'으로 바뀌었다. 짧은 기간 동안 운영되다가 문을 닫게 된 강원으로는 서산 개심사(1968~1979), 용인 화운사(1974~1985), 전주 정혜사(1954~1994)를 비롯해 20여 곳이 있었다. 비록 여러 사정으로 폐원되었으나 이들 강원은 비구니 인재 양성을 위해 자주적으로 강원을 설립하고 운영했다는 점에서 깊은 의미를 지니고 있다.

묘엄은 근현대 한국 최초의 비구니 강원인 동학사 강원에서 《화엄경》을 끝으로 교학을 마친 다음 전강傳講을 받은 뒤 강사를 지냈다. 이는 광복 후 비구니 강원에서 비구니가 강사를 지낸 첫 기록이다. 그리고 20여 년 뒤에는 자신이 직접 봉녕사 강원을 설립해 한국 비구니 4대 강원 가운데 하나로 성장, 발전시키는 쾌거를 이루었다.

◎

동학사 강원은 운허에게 처음《치문》을 배운 곳이고, 학인들에게《치문》을 가르친 곳이기도 하다. 묘엄이 동학사 강원에 다시 갔을 때 김경봉金鏡峰(1885~1969)이 50여 명의 비구니 학인들을 지도하고 있었다. 경봉은 운허에게 사집을 가르친 강사로, 묘엄이 그를 처음 본 것은 동학사에 있을 때다. 하루는 운허가 동학사 앞산의 용화사 스님에게 인사를 가자며 묘엄을 데리고 나섰다. 경봉에게 삼배를 하고 나서 운허는 묘엄에게 말했다.

"이분은 내 선생님이시다. 너도 인사해라. 이 스님께 사집을 20일 동안 배웠다."

동학사에서는 강사를 선생님이라고 부르는 풍습이 있었다. 비록 대처승이었으나 묘엄의 눈에 경봉은 언행이 점잖고 학식이 깊어 보였다. 그날 부인이 대접한 칼국수를 먹고 왔는데, 그 뒤 부인과 사별하고 홀로 생활하고 있을 때 동학사에서 경봉을 강사로 청한 것이다.

머리를 강제로 깎게 한 일본의 단발령에 반발해 도통해서 일본인들을 혼내주겠다고 절에 들어와 불서를 읽다가 불

동학사 강원 제4회 졸업식 기념(1961)

교에 반해 출가한 경봉의 방에는 책이 따로 없었다. 책을 보지 않고도 강의할 정도로 해박했다.《치문》과《초발심자경문》을 가르치도록 중강을 뽑아놓고 나서 강의하는 것을 한번 들어보고, 믿을 만하다고 생각되면 맡겨버렸던 스승이다. 말년에 아파서 누울 지경이 되어도 서산대를 손에서 놓지 않고 학인들을 가르쳤다.

경봉은 삼일절이 되면 학인들을 마당에 모아놓고 애국가와 만세삼창을 시킨 다음 삼일정신에 대해 강연했다. 자신은 대처승이어서 강원장을 할 수 없다며 총무원장을 당연직으

304
305

로 만들었다. 이로 인해 종단에서 관심을 가지고 바라보았고 일 년에 한 번 졸업식에는 반드시 총무원장이 참석했다. 경봉의 지혜로운 조처로 인해 동학사 강원의 위상이 올라가는 계기가 되었고, 1970년대 중반까지 계속되었다.

경봉은 말할 수 없이 검소했다. 평생 세숫비누를 사용하지 않았다. 동학사의 장도 직접 담갔는데, 그 뒤부터 동학사의 장맛이 좋기로 소문이 났다고 한다. 우편배달부에게도 대접을 잘하라고 할 정도로 사람을 대하는 데 차별을 두지 않았다. 학인들이 모두 탁발을 나가 살림에 보태며 살던 어느 날, 대전으로 탁발을 하러 나갔다가 빈손으로 돌아온 학인(공양주) 한 사람이 통곡하며 울었다. 그 모습을 본 경봉이 공양주와 부전副殿을 맡은 학인들은 탁발을 면제해주는 규칙을 정하도록 지시했다고 한다.

동학사
첫 비구니 강사

경봉은 《화엄경》 전질을 가지고 동학사로 온 묘엄을 반갑게
맞아주었다. 그리고 보자마자 《화엄경》 80권 가운데 한 권
을 내놓으며 새겨보라고 했다. 경전에 대한 독해 능력을 시험
하기 위함이었다. 묘엄이 막힘없이 경전을 새겨나가자 경봉은
그 자리에서 중강仲講을 하라고 명했다. 중강은 강사를 대신
해서 아래 학년을 가르치는 학인을 말한다. 경봉의 명으로 묘
엄은 아랫반 학인들에게 사미(니)과의 《치문》을 비롯해 사집
과의 《서장》《도서》《선요》《절요》를 가르치기 시작했다.

"묘엄 스님보다 나이가 많은 지현 스님이 묘엄 스님에게
선생님이라 부르면서 가르침을 받았다. 동학사에 함께 있

던 학인은 지현, 지관, 봉민(탈순), 수현, 성현, 보각 등이다. 묘엄 스님이 처음 와서 이들의 윗반으로 합류했다."

—적조(금륜사 회주)

그렇게 묘엄은 동학사 강원의 중강으로 있으면서 《화엄경》을 공부하기 시작했다. 강원의 가장 상급반인 대교과의 유일한 학인으로 여든 권 분량의 《화엄경》을 배웠다. 선배의 도움 없이 그동안 쌓아온 실력으로 새겨나갔다. 징관澄觀(738~839)의 《화엄경》에 대한 주석서가 유일한 참고서였다.

하루 열 장에서 열다섯 장 정도의 내용을 예습한 다음 경봉 앞에서 새기고 잘 모르는 부분을 질문했다. 묘엄이 《화엄경》을 새기면 경봉은 묵묵히 그 새김을 점검했다. 묘엄의 불교를 보는 통찰력과 해석력을 관찰하고 틀린 부분을 바로잡아주거나 좀 더 깊은 설명이 필요할 때는 자신의 해석을 보탰다. 경봉이 묘엄에게 점검 삼아 물으면 묘엄이 답하는, 이른바 서당식 공부를 하며 질문과 토론의 시간이 늘어갔다.

경봉은 자신이 문리를 얻은 이야기를 이렇게 들려주었다.

"나는 어릴 적 재주가 없어서 《천자문》을 배울 때 애를 먹었지. 일곱 살에 《천자문》을 배우는데 '비로소 시始' 발음이 안 되고, '비로조 지'로 발음이 돼. 다른 친구들은 《천자

1954년 추석에
학인들과 함께한
동학사 강사 경봉 스님(앉은 스님).
경봉은 당대의 대강백이었다.

문》을 떼고 《동몽선습》까지 배워 윗반으로 올라가는데, 나만 《천자문》을 잡고 있는 거야. 그러다가 어느 절 스님에게 관세음보살을 지극히 부르면 공부를 잘하게 된다는 소리를 들었어. 어린 마음에 관세음보살을 열심히 불렀지. 부모님이 동네 망신을 당한다고 생각하니까 걱정이 많았어. 그러다가 잠이 들었는데, 꿈에 천장에 전부 천자문이 쓰여 있는 거야. 실제로는 '비로소 시'까지만 배웠는데 꿈에는 천자문의 맨 뒤 '잇기 야也'까지 다 알겠어. 깨보니 꿈이었는데 글씨를 환하게 다 알겠더라고. 서당에 가서 훈장에게 꿈 얘기를 하니 훈장이 글자 하나하나를 묻는데 모두 대답을 할 수 있었지. 부모님이 좋아하시며 쌀 두 가마니를 내서 이웃 세 마을 사람들을 불러 잔치를 열었어. 나같이 재주가 없는 사람도 열심히 천진난만하게 관세음보살을 불러서 가피를 얻었으니, 너희도 열심히만 하면 꿈에 배운 것을 알게 될 거다. 꿈과 생시는 같은 것이야."

묘엄은 그 이야기를 들으며 사미니 시절에 〈능엄주〉를 외우며 경험했던 몽중일여의 경지를 떠올렸다. 더욱 공부에 박차를 가하는 한편 자신의 경험을 전하며 학인들로 하여금 공부에 몰입할 수 있도록 최선을 다했다.

◎

1957년 봄, 묘엄은 동학사에 간 지 몇 달 만에 경봉에게 전강傳講을 받았다. 전강은 스승이 제자에게 불교의 가르침인 강맥講脈을 물려주는 전통 의식을 말한다.

어느 날 수업을 끝낸 자리에서 경봉은 자신이 앉았던 방석과 서산대를 묘엄에게 넘겨주었다. 서산대는 대나무를 깎아 만든 길고 가는 막대기로, 책을 읽을 때 글줄이나 글자를 짚는 데 쓰인다. 평소 경봉은 경전을 학인들이 바로 볼 수 있

묘엄은 1957년 봄,
동학사 강원의
첫 비구니 강사가
되었다.

　도록 학인들을 향해 책을 놓고 서산대로 경전의 글귀를 짚으
며 설명했다.
　특별한 의식 없이 학인들 앞에서 전강식을 한 후 경봉은
말했다.
　"전강을 했으니 이제부터 강사는 묘엄이 맡고 혜성慧性은
중강을 맡아 가르쳐라. 강의를 하면서 모르는 것이 있으면 나
에게 물어라. 나는 이제 강사가 아니고 증의證義다."
　지금으로 말하자면 전강을 받고 바로 교수로 임명된 것이
다. 이날 묘엄은 혜성과 함께 전강을 받았다. 혜성은 이북에
서 내려온 교사 출신으로, 경전에 해박했고 대쪽같이 성격이
곧았으며 후배들을 깊이 사랑했다. 경봉에게 《치문》을 배운
어린 초학자들에게도 쉬지 말고 배운 것을 외워두면 나중에
크게 도움이 될 거라면서 뒤에서 힘을 북돋워주었다. 묘엄과

도반 사이였던 혜성은 후에 묘엄이 운문사 강주로 있을 때 중강으로 와서 학인들을 가르치기도 했다.

"전강을 했으니 이제부터 묘엄은 강사다"라는 경봉의 이야기를 함께 들은 그날, 학인들은 모처럼 잘 차려진 점심을 먹었다. 그로부터 얼마 지나지 않아 동학사 남매탑 중수식이 있기 며칠 전이었다. 경봉은 묘엄에게 그날 식이 끝난 뒤 법당에서 《원각경》〈보안보살장普眼菩薩章〉에 대해 법문을 하라고 일렀다. 큰 법당의 법상에 앉아 외부 손님들이 모인 자리에서 법문을 하는 것이 처음인 묘엄은 초조한 마음이 들었지만, 평소 익힌 대로 침착하게 법문을 마쳤다. 묘엄이 강사로서 잘할 수 있는가를 살펴보는 일종의 경봉식 시험이면서, 여러 사람이 모인 자리에서 묘엄의 전강을 알리려고 했던 것이다.

묘엄의 법문이 끝나자 경봉은 청중을 향해 묘엄의 전강을 알렸다.

"이 사람이 오늘부터 동학사 강사로 있게 되었습니다."

묘엄은 그제야 자신의 전강을 외부에 공식적으로 알리기 위해 경봉이 자신에게 법문을 하게 했음을 알았다. 불가에서 강사는 지금으로 말하자면 대학의 교수를 말한다. 그러므로 묘엄은 이십 대 중반에 정식 교수가 된 셈이다.

1945년 광복 이후 최초의 비구니 강사가 된 묘엄은 1959년부터 1961년까지 동학사 강원에서 학인들을 가르쳤다. 묘엄은 동학사가 비구니 강원으로 문을 연 지 처음으로 임명된 비구니 강사로, 한국 비구니 강원 역사에도 기록되어 있다.

> "해방 후 종단 차원에서 개설된 교육기관에서 처음으로 강사의 자격을 인정받은 묘엄의 전강은 비구니 강맥 전승 역사의 시초이며 특별한 의미를 확보한다."
> ─ 도연, 〈세주묘엄 연구〉, 2023

강사로 재직했던 동학사는 묘엄에게 많은 추억을 만들어 주었다. 동학사에서 멀지 않은 대전 시내에 나가 국극단이 공연하는 〈이차돈의 사〉를 보기도 했다. 그 극을 보고 학인들과 연극 공연을 준비했던 추억도 있다. 교육자로서 첫 부임지이기도 했던 그곳에서 학인들을 가르치고 연극도 연출했던 시간들은 오래도록 아름다운 기억으로 남았다.

어느 날 청담이 기별도 없이 동학사를 방문했다. 청담은 건년방에 앉아 있다가 인사를 하러 들어온 묘엄에게 가위를 좀 가져오라고 했다. 묘엄이 무심코 가위를 건네고 볼일을 본 뒤 다시 갔더니 청담이 벽에 걸려 있던 달력을 떼어내 가위로 오리고 있었다. 수영복을 입은 여성이 모델로 나온 달력을 보고 사진을 도려내고 문자 사진을 오려 다시 달력을 만들고 있었던 것이다.

"여럿이 보는 달력을 떼어내시면 어떻게 합니까?"

"안 돼. 저 아이들이 보고 '나도 벗으면 저럴 것이다' 생각을 할 것인데 벗은 사진을 절에 걸어놓으면 되겠느냐? 어쨌든지 성불할 마음을 가지도록 해야지. 까딱하면 봇물 터지듯 옆길로 간다. 보지 말아야 해!"

"밖에 나가면 간판 같은 데 붙은 사진들을 모두 보지 않습니까? 그래도 무심히 보지 스님 말씀처럼 '나도 벗으면 저럴 것이다' 그렇게 생각하지 않습니다."

"아니다. 무심히 본다고 해도 잠재의식에 남아서 안 돼!"

"그런 말씀을 하시면 오히려 더 의식하게 됩니다. 그러니가만 놔두면 됩니다."

청담은 끝내 꾸중을 거두지 않았다. 그리고 새로 만든 달력을 벽에 단정히 걸어놓았다.

그날 밤, 늦은 시각에 청담이 묘엄을 다시 불렀다. 그리고 더 큰 꾸중을 내렸다. 연극을 준비해 대전극장에 올리려 한다는 얘기를 전해 들은 것이다.

"앉아보아라. 너희들이 연극을 한다는 이유로 속인의 옷을 입고 머리를 만들어 쓰면 그 모습이 몇 달은 삼삼할 것이다. 속인들이 그 모습을 보면서 '저 사람이 저러는데 마, 데리고 나가고 싶다'는 생각을 할 수도 있는 거야. 어디, 시정에 나가 극장에서 연극을 한다고 그래? 그러고도 네가 중이냐? 앞으로 남을 지도할 사람이 학인들에게 여자 옷을 둘러 입혀 연극을 시키는 그것이 무엇이냐!"

당연히 연극 공연은 취소되었고, 그 뒤 묘엄은 다시는 연극 연출을 하지 않았다. 그러나 훗날 청담보다는 한발 물러서서, 봉녕사 학인들이 큰방에 모여 청중 없이 자신들끼리 연극 공연하는 것을 허락했다. 다만 다음과 같이 한마디만 덧붙였을 뿐이다.

"그래도 여자 옷은 입지 말고 해라."

그 뒤에도 청담은 가끔 동학사를 찾아 학인들에게 법문했는데, 여기에는 그것을 계기로 묘엄에게 출가 정신과 생활에서 지켜야 할 계율을 고루 지도하고 싶은 부모의 마음도 있었으리라.

"시주의 은혜가 무거운 줄 알아야 한다. 중국 당나라 때 위산영우潙山靈祐(771~853)선사는 매일 마을에 사는 부잣집에 가서 쌀 두 가마니를 탁발해 대중들 식량을 대었는데, 입적하면서 제자에게 몇 년 뒤 그 부잣집 소가 새끼를 낳거든 배를 만져보라고 했다. 제자가 스승의 입적 후 열심히 수행하다가 어느 날 부잣집에 들렀는데, 마침 소가 새끼를 낳았는지라 배를 살펴보니 '위산영우'라고 쓰여 있는 게 아니냐. 그렇게 큰스님도 대중을 위해 쌀을 탁발하면서도 그것을 갚기 위해 그 집의 소로 태어나는데, 하물며 우리는 어떠해야겠는가."

묘엄은 말년에 봉녕사 대중들에게 이 이야기를 들려주며, 항상 인과가 분명하다는 걸 기억하고 시주로 받은 재물은 자신보다 못한 이들을 위해 쓸 수 있어야 한다고 법문했다. 시주자에게 복이 되도록 가치 있게 써야지, 내 일신의 편리를 위해 함부로 써서는 안 된다고 가르친 것이다.

청담은 한번 법문을 시작하면 그칠 줄 몰랐다. 그러면 묘엄이 일어나 청하고는 했다.

"스님! 학인들이 일과를 끝내고 난 뒤라 모두 피곤해서 졸고 있어요. 좀 일찍 끝내주세요."

"송장에게도 법문하고 염불을 해주는데 학인들이 조는 게 무슨 대수인가. 법문이란 청중들이 듣다가 졸다가 하는 가운데 하는 거야."

그러고는 밤이 이슥해지도록 법문을 계속했다.

청담은 다음 날 아침, 동학사 계곡에 내려가 창포를 뽑아 서울로 가지고 와서 집무실인 총무원장실의 화분에 옮겨 심었다. 청담의 무제한 연장 법문은 묘엄이 운문사에 있던 시절부터 봉녕사 초기까지 멈추지 않았다.

운허의
강맥을 잇다

경經에 일가를 이루어 후학을 지도할 만한 실력을 갖춘 사람을 강백講伯이라 이른다. 예로부터 강백들은 교학에 밝고 후학을 기를 만한 능력과 자격을 갖춘 제자들에게 강맥講脈을 전했다. 스승에게서 제자로 강講의 줄기가 이어지는 흐름을 강맥이라 한다. 그러므로 전강은 강맥의 흐름에 따라 스승의 학문적 토대를 계승할 새로운 강사를 배출하는 것이다. 스승이 갈고닦은 학문의 성과를 제자에게 전하는 교학의 사자상승師資相承을 뜻한다.

묘엄은 스물여섯 겨울에 운허에게 전강을 받았다. 운허는 스승인 석전石顚 박한영朴漢永(1870~1948)의 강맥을 이어받았다. 석전은 근대 한국불교를 대표하는 석학으로, 오늘날 대한불교조계종 사찰 승가대학의 강사 절대다수가 그의 강맥을 잇고 있을 만큼 뛰어난 강사다.

경봉에게 전강을 받은 뒤 강사로 학인들을 가르치던 묘엄은 《화엄경》을 다시 배우기 위해 혜성과 함께 운허가 있는 통도사로 갔다. 동학사 경봉에게 《화엄경》 삼현三賢을 보고 있을 때였다. 삼현은 보살의 수행 단계를 나타내는 '십현十玄'과 '십지十地' 사이에 위치하는 세 단계를 말한다.

스스로 《화엄경》 공부가 미진하다고 느끼는 한편, 운허에게 가서 공부를 마치는 게 명예로울 것 같다는 생각이 들었다. 전강은 부처님을 대신해서 준다는 측면에서, 주는 사람도 받는 사람도 의미가 깊다. 또 경전 대부분을 운허에게 배운 터라 그에게 전강을 받고 싶은 마음도 컸다. 마침 운허가 1957년 10월에 해인사를 떠나 통도사에 강사로 와 있었다.

《화엄경》을 다시 짊어지고 통도사로 가는 묘엄에게 동학사의 재무가 그동안 강사를 하느라고 애썼다면서 9만 원을 주었다. 당시로서는 큰돈이었다. 통도사에서 1957년 10월부터 12월까지 두 달 동안 운허의 지도 아래 《화엄경》〈십지품十地品〉을 공부한 뒤 운허로부터 전강을 받았다.

동학사에서 경봉에게 받은 이후 두 번째로 받은 전강이었다. 불조의 강맥을 이은 운허가 비구니에게 준 첫 번째 전강이라 더욱 의미가 깊었다.

운허는 통도사에서 1957년 10월부터 1959년까지 비구들과 비구니(묘엄, 혜성)에게 경전을 가르쳤다. 1957년 12월, 찬바람이 부는 어느 날이었다. 운허가 비구와 비구니 학인들이 있는 자리에서 이렇게 말했다.

"내 제자들 가운데 전강을 받을 수 있는 월운과 지관, 인환과 홍교 그리고 묘엄과 혜성 강사가 있어서 기쁘다."

그리고 묘엄에게는 따로 다음과 같이 말했다.

"너도 이제 충분히 가르칠 만하고 동학사에서도 학인들을 가르쳤으니, 이제부터 강사다."

전강을 받은 비구·비구니 모두 전강식은 따로 없었다. 당시는 지금처럼 축하하는 의식 자리가 마련되지 않았고 공식적인 증명서도 없었다. 운허가 기록한 연보를 보면, 1959년 10월 1일에 통도사 강사를 사임하고 월운에게 전강했다는 내용이 있다. 이로 볼 때 묘엄이 월운보다 먼저 전강을 받았음을 알 수 있다. 그러나 아쉽게도 운허의 연보에는 이에 대한 기록은 보이지 않는다. 묘엄은 이후 쟁쟁한 제자들을 길러내 전강의 맥을 이어갔다.

◎

묘엄은 운허가 동국역경원장으로 있을 때 가끔 역경원을 방문했다. 조용하고 믿음직하게 교육자의 길을 걷고 있는 묘엄을 맞이하는 운허의 얼굴엔 늘 기쁨이 가득했다. 자신이 길러낸 제자가 성장해가는 모습을 바라보는 것이 얼마나 큰 기쁨을 주는가를 고스란히 드러낸 모습이었다.

대학을 졸업하고 운문사 강주로 가게 되었을 때 묘엄은 운허에게 인사를 하러 갔다. 운허는 그날 묘엄이 데리고 간 학인(혜강)에게 이렇게 말했다고 한다.

"묘엄 스님은 한 세기에 한 번 나올까 말까 한 스님이시니, 앞으로 잘 뫼시고 공부하도록 하세요."

혜강慧江은 1966년 음력 3월 10일 그날 일기에 '엄 스님은 지그시 나를 보시며 무언지 모를 마음을 전해주시는데, 전율이 흐른다. 참 행복한 시간이다. 수불석권手不釋卷(손에서 책을 놓지 않는다)을 지키자'라고 적었다.

운허가 입적했을 때 묘엄은 봉선사로 달려가 문상했다. 비구니는 성불할 수 없으며 비구니가 어찌 강을 하느냐는 의식이 팽배하던 시절에 비구니에게 경전을 가르치고 전강을 해주며 훌륭한 지도자로 만들기 위해 헌신을 다했던 스승을 어찌 떠나보낼 것인가. 최고의 강백으로부터 전강을 받은 비구니로 만들었고, 강원(승가대학)을 설립해 후학들을 가르치며 비구니 승가교육의 초석을 놓는 데 선구자적인 역할을 하게 만든 스승과의 이별이었다.

묘엄은 운허에게 《화엄경》을 공부하고 전강을 받은 것을 끝으로 교학 공부를 마쳤다. 사미, 사집, 사교, 대교 과목을 배우면서 한편으로 율장을 배운 7년여의 강원 교과과정이 드디어 끝난 것이다. 전쟁을 치르는 와중에 여기저기 옮겨 다니면서 시작된 여정이 모두 끝났을 때 묘엄은 '드디어 해냈다'는 감회가 몰려왔다.

묘엄은 성철, 청담, 운허 등 선지식들에게 가르침을 받으면서 그 어떤 것도 의심하지 않고 전부를 수용했다. 왜 그럴까, 맞는 걸까 하는 생각은 꿈에도 해보지 않았다. 인생관이 채 성립되지 않은 어린 나이인데도 수긍이 갔다. 이해가 가지 않는 내용이 있어도 자신이 부족해서 그렇지, 했다. 나중에 보니 젊은 학인들은 부처님이나 조사들의 말씀을 따지고 분석했다. 비판적인 태도를 취하기도 했다. 그러나 묘엄은 무조건 옳다고 믿었다. 자연스레 그렇게 되었다.

부처님 말씀이나 선지식들의 가르침 앞에서 '옳다, 그렇구나' 생각하며 공부했다. 신앙의 체계가 믿음으로부터 시작되어 깨달음의 순으로 이루어지는 것을 이해할 수 있었다. 순수 무잡함이 묘엄의 가장 큰 장점이었다. 그러면서 가장 바른 진리가 부처님의 법이고 그 뜻대로 사는 것이 옳은 인생이라는 중심이 서 있었기에 기나긴 세월 동안 경전 공부에 매진할 수 있었다.

자신이 들인 노력과 시간이 곧 자신이다. 성실한 노력이 깃든 그 수많은 시간은 고스란히 묘엄 자신이 되었다. 어려운 시간을 참아낸 인내, 진리에 대한 믿음, 선지식들의 삶에서 배운 포용력, 그 모든 것이 묘엄 자신이 되었고, 그것은 후학을 길러내는 데 정성과 실력으로 드러났다. 후학들 또한 묘엄의 그것들을 고스란히 받아들여 뒤에 오는 사람들에게 가르치고 있다. 사자전승의 계승이 이루어지고 있는 것이다.

묘엄은 강원 공부를 마친 그때를 회상하며 이렇게 말한다.

"사미, 사집, 사교, 대교(과정)를 다 배우면 수의과隨意科 과정이 있어. 일반대학의 석사와 박사 과정에 해당하지. 전등(傳燈錄), 염송(禪門拈頌), 아함(阿含經), 방등(方等經), 그리고 율장律藏을 보게 되는데 부처님 당시의 사정을 좀 알게 돼. 율장을 보면 율이 성립된 과정, 출처 등을 알게 되지. 수의과는 강원 과정을 다 마치고 글을 해석할 수 있는 실력을 갖추어 자기 뜻에 따라 보는 과정이기 때문에 삼사십 명 가운데 한 사람이 공부할까 말까 한 어려운 과정이야. 지금 불경만 잘 읽어서 남에게 일러줄 정도만 되어도 괜찮기는 하지. 하지만 내 수행은 수행대로 하면서 한편 한문이든 불경이든 공부를 꼭 해야 돼. 한문도 많이 알고 불법도 많이 아는 사람이 많아야 후배 양성을 제대로 할 수 있다고 생각했거든. 그래, 내가 배운 것은 팔만대장경 가운데 아주 작은 부분이니까 강원 공부가 다 끝나고 나서도 만족하지는 못했어."

묘엄은 수의과 과정을 일반대학의 석박사 과정에 해당한다고 했지만, 지금의 시선으로 보면, 수의과 과정을 따로 배우지 않고 7년의 강원 과정을 마친 묘엄을 이미 박사 과정을 마친 것으로 간주해도 이의를 제기할 사람은 없다. 당시 비구니 가운데 사미과에서 대교과까지 전체를 모두 배운 사람은 묘엄이 유일했고, 경전과 율장에 관해서는 독보적인 존재였다.

현대 학문의
문을 두드리다

경봉과 운허에게 전강을 받았을 때 묘엄의 나이 스물여섯이었다. 지금으로 보면 대학원 석사 과정을 마칠 정도의 나이였다. 전강을 받고 동학사 강원 강사로 후학들을 가르치면서 묘엄은 그다음 나아갈 과정을 숙고해보았다. 앞으로 더 많이 배우고 알아야 후학들에게도 더 잘 가르칠 수 있을 것 같았다. 점차 학교 공부를 많이 하고 출가하는 사람들이 늘어날 텐데, 그들을 가르치려면 신학문을 더 공부하고 외국어도 배우면서 자신의 학문적 시야를 좀 더 넓혀야겠다고 생각했다.

　그즈음 도반이 이렇게 속내를 털어놓았다.

　"스님! 저는 인생무상이 안 느껴져요. 살다 보니 인생이 재미있는 구석도 있고, 세속 사람들이 겪는 가족들의 죽음이라

든가 하는 것을 겪어보지 못했기 때문에 더더욱 인생무상을 느끼지 못하겠어요."

이렇게 고백하는 도반의 토로에 교법과 인생관을 바탕으로 자유롭게 말로 표현하고 설득할 수 있는 실력이 아직 자신에게 무르익지 않았음을 발견했다. 사미니 시절에 무엇을 물어도 깊고 명쾌한 답으로 자신을 설득시킨 어른스님들처럼 되기에는 아직 먼 것 같았다. 대학에 진학해 현대 학문을 배우면서 대중을 교화하기 위한 공부를 더 해야겠다고 결심했다.

마침 서울에 중·고 과정의 검정고시 학원이 있다는 소식을 들었다. 동학사의 지현에게 서울에 가면 있을 곳으로 마포 석불사를 소개받고 서울로 올라갔다. 이 소식을 들은 청담은 몹시 걱정했다.

"네가 서울 바닥을 오가며 소란스럽게 살다가 다시 산중으로 들어가서 참선을 하겠나?"

"꼭 산중에 들어가야 참선을 합니까? 발심만 되면 참선이야 어디서든 할 수 있는 것 아닙니까?"

그때를 회상하며 묘엄은 들은풍월로 책임지지도 못할 소리를 한 거라고 했지만, 무의식중에 그러한 신념이 자리 잡혀 사상적 토대를 이루고 있었다. 대학을 졸업하고 나서도 묘엄은 선방으로 가서 참선만 하는 선객의 삶을 살지 않았다. 출가 초기에《치문》을 배우면서 승속이 둘이 아니므로 지금 자신이 서 있는 그 자리, 그 시간이 수행터라는 영가선사의 편지를 읽고 감동했던 것처럼 세간에서 중생들과 함께 살았다. 선 수행이란 현재를 무념無念·무상無相·무주無住로 사는 것을 의미한다는 관점에서 보면, 묘엄은 평생 선 수행자의 삶을 살았다. 참선이란 반드시 어디 조용한 곳으로 가서 화두를 들어야 하는 것이 아니라 삶 속에서 그 무엇에도 집착하지 않고 머무는 바 없이 최선을 다하며 중생과 함께하는 것이기 때문이다. 더구나 묘엄은 이미 비구니 선원인 윤필암에서 선승을 은사로 출가해서 여러 철 동안 수행 정진했고, 봉암사 결사와 성주사 결사 등에 참여해 선 수행의 기반이 갖추어져 있었다.

묘엄은 전통적인 강원 교육을 마치고 세속의 교육 시스템 속으로 들어간 이유에 대해 이렇게 말했다.

"불교의 진리에는 객관적인 예를 들어 해석을 하고 무엇이라도 이해할 수 있을 만큼 한계가 없다. 현대 학문을 공부한 사람들을 이해시키려면 현대적인 지식을 갖추어야 그들에게 맞는 불교를 가르칠 수 있겠다는 생각이 들었다. 전통적인 교육 가운데 원만한 진리가 다 들어 있지만, 현대인들에게 맞는 표현을 하지 않으면 알아듣지 못하는 게 불교이기도 하다. 인도의 범어 불전을 번역해서 만든 한문

묘엄은 1966년 봄,
동국대학교 불교학과를
졸업했다.

경전에는 퍼 쓰고 퍼 써도 다함이 없는 우물처럼 깊은 진리가 내재되어 있다. 변해가는 사회와 문화 환경 속에서 불법을 널리 알리려면 무엇보다 자신이 객관적인 시야를 넓히고 신학문을 익히고 전통적인 학문을 현대어로 표현하는 능력을 키워서 중생을 교화해야 한다는 생각이 들었다."

1962년, 검정고시에 합격해 대학 입학 자격을 얻고 마산대학(경남대학교 전신, 한국전쟁 후 잠시 해인대학으로 명칭함) 종교학과에 들어가 잠시 적을 두고 공부하다가, 1963년 가을학기에 동국대학교 불교학과로 편입했다. 승려가 일반인보다 몇 배는 더 알아야 변화하는 사회를 이끌어갈 수 있으며, 수행자로서 수행력도 뛰어나야 하나 지식이 앞서야 그들을 지도할 수 있다는 것이 당시 조계종의 분위기였다. 대학에 진학해서 공부할 것을 권하는 분위기 속에서 종단이 학비를 제공하는 종비생 제도가 1964년에 처음 만들어져 차츰 학생이 늘어났고 공부하기도 수월해졌다.

그럼에도 당시 비구니의 대학 진학은 매우 선각적인 일이었다. 전국비구니회장을 지낸 광우光雨(1925~2019)와 월송月松이 묘엄보다 먼저 동국대학교를 다녔는데, 승복을 입지 못하고 양복을 입고 대학에 다녔을 만큼 비구니의 대학 진학은 드문 일이었다. 묘엄이 동국대학교에 들어갔을 때는 신현숙, 상호(승려)가 있었고, 다른 반에는 명성이 공부하고 있었다. 조명기, 황수영, 김동화, 우정상, 황성기, 홍정식이 교수진으로 있었으며, 묘엄은 이기영 교수에게 산스크리트어를 배웠다.

묘엄은 대학에서 불교 역사, 불교 철학, 불교 이론, 유식학, 한국문학, 범어와 영어 등을 배우면서 체계적인 공부를 해나갔다. 불교의 현대적인 표현 방법에 관심이 많았기 때문에 공부를 하면서 늘, '아, 저럴 때는 저런 표현을 사용하면 좋겠구나' 하는 생각을 했다. 학인들을 가르치면서 불교를 표현하는 데 느낀 아쉬움, 전통 학문을 배울 때 목말랐던 것들을 보충할 수 있는 시간이었다. '이러한 각도에서도 불법을 볼 수 있구나' 하는 새로운 시각, 객관적인 안목이 생기면서 유익한 대학생활을 보낼 수 있었다.

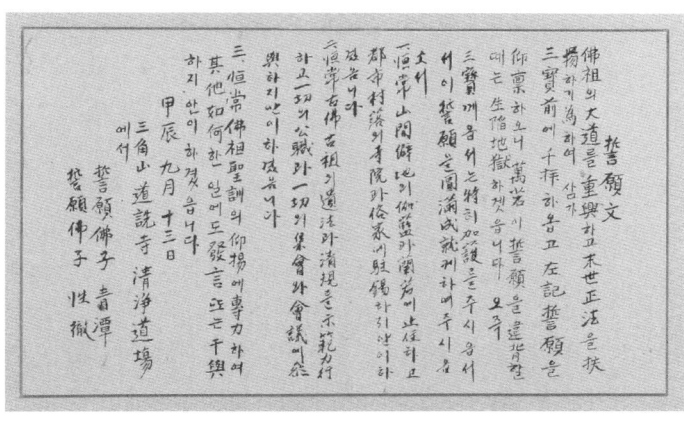

청담 스님과 성철 스님이 함께 쓴 서원문

　박사 과정까지 공부할 생각도 있었으나 학부로 끝낸 것은
이론만 가르치는 대학의 커리큘럼에 아쉬움을 느꼈기 때문
이다. 참선을 하면서 자신의 체험이 부처님 말씀인 경전이나
조사 스님들의 말씀과 일치하는지를 공부하는 것이 효율적
이겠다는 생각이 들었던 것이다.

　청담은 묘엄이 서울에서 학교를 다니는 동안에도 세심한
가르침을 거두지 않았다. 학교에 입고 갈 단벌의 무명 두루마
기를 세탁하는 바람에 한 노스님의 기지 두루마기를 빌려 입
고 도선사에 있는 청담에게 인사 갔을 때다. 기지 두루마기를
입은 묘엄의 사정을 들은 청담이 이렇게 말했다.

328
329

"입지 마라. 얻은 걸 다 쓸 것 같으면 사람도 주면 얻었다고 하겠구나. 지금 여기서 그 옷을 벗어라."

그날 청담의 꾸중을 듣고 묘엄은 학교에 다니는 동안 기지 옷을 입지 않았다. 세월의 변화에 따라 기지나 나일론 옷을 입을 때도 있었지만 옷 입는 일이 조심스럽기는 마찬가지였다.

어느 날 묘엄은 도선사를 찾았을 때 청담과 성철이 함께 쓴 〈서원문誓願文〉을 보았다. 세 개의 서원 가운데 청담이 쓴 발원의 글을 읽으면서 묘엄은 사무치는 마음을 억누를 수 없었다.

'항상 부처님과 조사님의 가르침을 널리 펼치는 일에 온 힘을 다 쏟아 기타 어떠한 일에도 발언 또는 간여하지 않겠습니다.'

그동안 공부하면서 약간의 이치를 알았다고 해서 최종 목적지에 이른 것은 아니었다. 오로지 끊임없는 노력과 마음공부를 견고히 지속해서 역순逆順의 경계에 흔들리지 않고, 보고 듣는 대로 일어나는 관념에 물들지 않으며, 어떤 경계에서도 자유자재할 수 있기를, 그리하여 중생교화에의 서원을 잃지 않기를, 그 글을 읽으면서 묘엄은 서원했다.

다음 글은 묘엄이 대학에 다닐 때 묘전을 은사로 출가한 성학聖學의 회고다.

"묘엄 스님이 읽어보라고 건네준 《팔상록》을 얼마나 감동 깊게 읽었는지, 세월이 흘러 노년에 이른 지금도 일생에 가장 좋은 책을 꼽으라면 이 책이라고 할 만큼 출가에 영향을 주었다. 지금도 부처님의 열반상 부분을 읽을 때면 눈물이 난다. 당시 열여섯의 내 눈에 삼십 대의 묘엄 스님은 마치 부처님처럼 거룩하고 아름다워 보였다. 어린 나이에 출가한 내가 때로 위축되어 보일 때는 다가오셔서 어깨에 팔을 두르고 '나를 엄마로 생각하고 어렵고 힘들 때는 다 이야기하렴' 하고 말씀하셨다. 세월이 흘러 내가 처음 주지가 되었을 때, 모든 사람이 친정처럼 머물다가 가는 곳으로 우리 절을 만들리라 결심했는데, 이는 젊은 시절의 묘엄 스님에게 배운 인간적인 따뜻함에 기인한 것이었다."

— 성학(장평 문수사 회주)

운문사
강주로 취임하다

1966년 봄, 서른다섯에 대학을 졸업하고 며칠 뒤 묘엄은 청도 운문사雲門寺로 내려가 강주로 취임했다. 사형인 묘전이 운문 사 주지를 맡게 되자 함께 살자고 청한 것이다.

"이제 대학도 졸업했으니 서울에서 맴돌지 말고 나랑 운 문사로 가서 후배 양성을 해. 내가 주지를 하고 스님이 강을 맡아 하면서 운문사를 잘 꾸려나가자고. 스님은 강의에 열중 해. 나는 뒷바라지할게."

그렇게 해서 운문사 비구니 강원 역사에서 묘엄이 비구니 로서 첫 강주로 부임하게 되었다. 운문사에서의 4년은 그동 안 선지식들에게 배운 전통 학문과 대학에서 경험한 현대 학 문 등을 자기 것으로 소화시켜 학인들에게 가르친 시기였다.

560년 신라 때 창건된 운문사는 신라시대 고승인 원광圓光과《삼국유사》를 저술한 일연一然이 주석한 바 있는 유서 깊은 절이다. 신라시대 화랑들이 운문사 일대에서 수련을 하면서 경학을 연구하던 곳으로도 알려져 있다.

광복 이후 잠시 대처승이 거주하다가 1950년대 교단 정화 이후 비구니 정금광鄭金光이 초대 주지로 취임(1955)했다. 그 뒤로 수인守仁(1899~1997)이 주지로 부임해 비구니 전문 강원을 개설(1958)했다. 정화 후 비구 사찰에서 비구니 사찰이 된 운문사는 주지로 부임한 수인의 헌신적인 활약으로 인해 성공적으로 자리 잡은 비구니 사찰 가운데 하나다. 운문사 사찰 정화는 1955년에 시작되어 1961년에 재판이 마무리되었을 만큼 대처승들이 완강하게 버티고 물러나지 않아 안정을 찾는 데 6년이 걸렸다. 수인은 주지로 부임한 뒤 대처승과의 재판에서 승소해 소작인들에게 넘어갔던 절 소유의 논밭인 불양답佛糧畓을 되찾아 오늘날 운문사가 비구니 사찰로 큰 발전을 이루는 데 초석을 마련했다.

그런데 1965년 겨울이 시작될 때쯤 운문사에 위기가 닥쳤다. 운문사에 비구가 주지로 온다는 얘기가 들려온 것이다. 운문사의 젊은 학인들은 석남사로 달려가 인홍과 혜춘에게 그 사실을 알렸고, 두 사람은 운문사에 진을 치고 대책을 강구했다. 당시 운문사의 학인은 30명 정도였고 강사는 비구제응堤應(1925~1998)이었다. 학인들이 본사인 동화사로 가서 격렬하게 항의, 시위한 끝에 운문사는 비구니 사찰로 남을 수 있었다. 묘엄이 1966년 운문사로 갔을 때는 대처승들과의 재판이 마무리되고 강원도 안정되어 있었지만, 생활은 넉넉하지 않은 상황이었다.

운문사에 있던 선주, 태경, 계수 등 10여 명의 학인과 묘전의 권속들, 제자 20여 명 등 묘엄 일행이 자리를 잡자 해마다 학인이 늘어났다. 도성道性이 총무 소임을 보면서 묘전을 도왔다. 재무는 지우至牛가 맡았다.

묘엄이 안정적인 생활 속에서 학인들을 가르칠 수 있었던 데는 묘전의 역할이 컸다. 묘전에게는 묘엄을 비구니계의 지도자로 만들어야 한다는 사명감이 있었다. 묘전은 묘엄이 출가하고 보름 후에 출가했기 때문에 엄밀히 따지자면 묘엄의 사제가 된다. 그러나 묘엄은 나이가 많은 묘전을 사형으로 모셨다. 묘엄을 잘 보필해서 큰 인물이 되도록 하라는 은사의 당부를 평생의 지침으로 알고 살았던 묘전은 누가 보아도 완벽할 정도로 정성을 다해 묘엄을 보필했다. 사형 사제의 선을 넘어서 생불처럼 대했다고 한다.

남편의 죽음 후 선지식의 법문을 듣고 발심 출가한 뒤 선방에서 공부에 매진하다 생긴 상기병上氣病(수행 중에 기운이 상승해 나타나는 증상)으로 인해 선방 수좌들을 외호하는 것으로 수행을 삼았던 묘전이 묘엄을 따라 봉녕사로 와 힘든 일을 도맡아 한 것도 오로지 묘엄이 비구니계의 지도자로서 성장하기를 바라는 마음에서였다. 어느 누구도 묘엄에게 누가 되는 언행을 하면 용납하지 않았을 만큼 절대적인 보호자 역할을 했다. 묵묵히 뒤에서 보살행만 할 뿐 앞에 나서지 않는 묘전을 두고 생전에 성철은 이렇게 말했다고 한다.

"묘전 수좌는 다음 생에 손가락을 이렇게 한 번만 들어도 틀림없이 성불할 거야."

묘전은 도성을 데리고 농사를 지으며 도량을 정비하느라 울력이 연속인 나날을 보냈다. 오백나한전과 대웅전에 불공을 하러 오는 신도들로 인해 살림에 도움이 되었으나 강원을 운영하기에는 턱없이 부족했다. 재정 문제에 봉착한 묘전과 묘엄은 타개책으로 운문사보다 수입이 더 많은 산내 부속 암자인 사리암을 직접 운영하기로 의견을 모았다. 당시 큰절 운문사와 사리암은 운영을 각기 따로 하고 있었다.

사리암은 일제강점기 때부터 기도 영험으로 이름난 암자여서 기도객의 발길이 끊이지 않았던 곳이다. 묘전과 묘엄은 사리암 원주에게 재정을 통합해야 학인들을 더 많이 받아 가르칠 수 있다며, 암자의 운영권을 내놓던지 사리암의 수입을 큰절로 내려 보내라고 설득했다. 사리암 쪽에서 두 사람의 의견을 수용하고 절을 떠나자 대연大淵(노스님)이 사리암으로 올라가 원주 겸 도감 소임을 맡았다. 묘전은 학인들 두세 명씩 조를 짜서 4박 5일간 사리암에 가서 소임을 보는 것으로 운영했다. 수입이 운문사로 내려오자 재정이 좀 나아졌다. 그렇게 1966년 가을부터 사리암의 모든 보시금은 운문사 학인들을 위한 지원금이 되었다. 이 일은 묘전과 묘엄이 운문사에 머무는 4년 동안 이룬 큰 업적으로 남았다.

재정 문제 말고는 큰 어려움이 없던 운문사 시절이었다. 주지 묘전과 삼직들이 나서서 공공기관을 상대하는 일들을 해결했다. 사무를 본 홍영기(거사)의 성실함도 이런저런 문제를 해결하는 데 많은 도움이 되었다.

사리암의 운영으로 재정적인 도움이 되었다고는 하지만 학인들에게 음식을 넉넉히 먹일 만큼의 형편은 아니었다. 묘전은 학인들을 배불리 먹여 공부에 전념할 수 있도록 하는 데 골몰해 있었다. 어느 해 무더운 여름날, 대구에 볼일을 보러 나갔던 묘전이 돌아오는 길에 시장에 들러 학인들에게 먹일 포도를 큰마음 먹고 풍족하게 샀다. 여러 개의 포도 상자를 버스에 싣고 운문사로 돌아오는데 버스가 절에서 20리 정도 떨어진 마을에 멈추어 섰다. 홍수로 인해 나무다리가 떠내려가서 더 이상 갈 수 없다는 운전사의 말에 묘전은 버스에서 포도 상자들을 내려 등에 지고 홍수로 물바다가 된 빗길을 걸었다. 몇 시간 뒤 운문사에 도착해 비에 젖어 포도는

1968년 운문사
강주 시절
(앞줄 가운데 묘엄 스님)

다 뭉개졌는데, 묘전의 헌신에 학인들은 그 포도를 먹으며 눈물을 삼켰다고 한다.

묘전은 또 지금처럼 밀가루가 흔하지 않은 시절에도 시장에 나가 밀가루를 사서 자주 별식으로 만둣국을 해주었다. 2년째 접어들면서 묘전은 사찰 주변의 밭에 과실수를 심어 여름철이 되면 학인들이 먹을 과일을 풍족하게 만들었다.

입주 초기의 학인들은 울력을 하며 공부하느라 고생을 많이 했다. 산에 올라 나무를 패서 끌고 내려오는 울력이 매일 있었다. 그 나무로 학인들이 거주할 처소를 지었다. 묘전은 외부 일과 대중을 외호하는 데 주력했다. 묘전은 차츰 큰 규모의 중창불사나 건축불사, 농사짓기 등 고된 육체노동이 필요할 때는 일꾼을 고용해 일을 시키고, 학인들은 밭농사를 짓는 울력만 하게 했다. 농지가 없는 사하촌의 농부들에게 사찰이 소유한 땅을 임대해준 묘전은 매년 가을 추수 때가 되면 상급반의 두 사람을 대표로 보내 소작인에게 쌀을 받아오게 했다.

"묘전 스님께서 목욕탕을 짓기 위한 불사를 하셨는데, 품삯을 아끼려고 학인들에게 울력을 많이 시켰다. 일꾼들이 산에서 나무를 베어놓으면 학인들이 목도질해서 끌고 내려왔다. 그렇게 불사를 하던 어느 가을에 수고했다는 차원에서 오대산으로 수학여행을 보내주셨다. 가는 데만 이틀이 걸리는 먼 길이었다. 지장암에서 하루를 묵고 다음날 상원사를 거쳐 보궁을 참배하고 내려와 다음 날 탄허 스님에게 법문을 듣고 돌아왔다. 돌아오는 데도 이틀이 걸렸다."

—도혜(봉녕사승가대학 석좌교수)

다음은 1969년 열여섯의 나이로 운문사로 입산해 묘엄의 첫 상좌가 된 일운—耘(울진 불영사 회주)의 증언이다.

"첫날 운문사로 걸어 들어가는데 노송이 우거진 모습이 대단했다. 그때 일주문 쪽으로 걸어오시던 묘전 스님과 묘엄 스님은 마치 하늘에서 내려온 분들처럼 거룩하고 장엄해 보였다. 묘엄 스님은 '꼬맹이가 마음의 주인공을 찾으러 출가를 하겠다고 하니 우선 있어보라'고 하셨다. 행자로 있을 때 대중이 60여 분 되었다. 묘전 스님은 주지로 불사를 진두지휘하셨고, 묘엄 스님은 학인들 지도에 전념하고 계셨다. 낮에는 울력하고 밤에는 참선하면서 행자 시절을 보냈다. 그해 4월, 묘엄 스님을 은사로 사미니계를 받으면서 공부에 집중하고 훌륭한 스님이 되라는 뜻의 '일운'이라는 법명을 받았다. 스님께선 항상 부처님의 말씀에 따라 살아야 하며, 무엇보다 자신을 믿고 책임감을 가지고 행동하라고 가르치셨다."

비유와 유머가
살아 숨 쉬는
강의

묘엄과 묘전이 운문사를 맡았다는 소문이 나자 제방의 비구니들이 운문사 강원으로 사미니들을 보냈다. 묘엄은 학인들에게는 일체의 비용을 받지 않았다. 개인 책과 옷만 가지고 오면 먹이고 받아들여 가르쳤다. 따로 밥해 먹으며 탁발을 해서 책값을 마련하던 묘엄으로서는 감개무량한 일이었다.

학인들의 지도는 묘엄이 홀로 도맡아 했다. 사미·사집·사교과 세 반을 가르치는 묘엄의 하루는 눈코 뜰 새 없이 바빴다. 강의실인 큰방에 들어가면 하루 종일 나오지 못했다. 한 반의 수업이 끝나면 다음 반 학인들이 기다렸다가 바로 들어왔기 때문에 화장실에 가는 것 말고는 쉴 틈이 없었다.

강의를 시작한 뒤 1년이 지났을 때 학인들의 숫자가 처음보다 두 배 증가하여 80명으로 늘어났다. 두 해째가 되던 해 묘엄은 동학사 강원에서 함께 강의했던 혜성을 강사로 초청했다. 홀로 감당할 수 없을 정도로 학인들의 숫자가 늘어난 것도 있지만, 경전에 대해 의견을 나눌 도반이 필요했기 때문이다. 혜성이 운문사로 와서 사미과와 사집과를 맡아 가르치자 비로소 묘엄은 상급반인 사교과와 대교과 두 반만 가르쳐도 되었다. 두 해 뒤 혜성이 동학사 강사로 취임해 운문사를 떠날 때까지 두 사람은 강사로 학인들을 가르쳤다.

묘엄은 학년의 기한을 정하지 않았다. 기한을 따로 정하지 않자 내용을 정확히 익힐 때까지 배울 수 있었고 학인들은 충실한 수업을 받을 수 있었다. 《치문》이나 《서장》 한 과목만 가지고 일 년 동안 배우는 학인들도 있었다. 당시 고학력을 가진 학인은 드물었으나 지금보다 선근이 깊고 한문을 해석하는 실력이 우수했다. 7~8년에 한 번씩 각 과목을 마친 학인들을 모아 졸업식을 했기 때문에 묘엄이 있는 4년 동안 학인들은 미처 대교과 과정을 마치지 못했다.

묘엄은 강의에 철저히 임했다. 수강생들은 귀에 속속 들어오는 묘엄의 강의에 빨려 들어가 열중하지 않을 수 없었다. 묘엄이 녹여낸 지혜와 자비를 갖춘 불교사상은 깊이와 풍요를 품어 학인들에게 불교가 무엇인지를 정확히 알게 했다. 인과와 연기법 등에 대한 기본적인 교리를 확실하게 각인시켜

주었다. 그리하여 묘엄의 강의는 학인들이 수행자로 살아가는 데 풍부한 밑거름이 되었다.

당시 삼십 대 중반이던 묘엄의 강의 특징을 꼽으라면 선사상에 바탕을 둔 즉변卽辯과 유머 그리고 비유가 뛰어났다는 점이다. 평소엔 다소 무뚝뚝한 것처럼 보여도 강의 중에는 유머러스한 표현으로 학인들을 사로잡았다. 유머 감각에 대한 에피소드만 따로 모아 만들어도 좋겠다고 생각한 학인들이 있을 정도였다. 묘엄의 유머는 지나치지도 넘치지도 않아서 학인들의 긴장감을 풀어주었고, 저 멀리 우뚝 서 있는 것같아 어렵게만 느껴지는 스승을 가까이 느낄 수 있게 해주었다. 묘엄에게 배운 초기 학인들은 "한 말씀 한 말씀이 모두 어록이었고, 스쳐 지나가기만 해도 그저 좋은 스승이었다"고 당시를 회상한다.

경전 공부를 해도 반드시 선 공부를 해야 한다는 것이 묘엄의 사상이었으므로 강의 중엔 언제나 선사상을 강조했다. 사집 과목을 가르칠 때는 모든 과목이 주로 선사상에 대한 내용이었으므로 선사들의 삶을 들려주며 선 공부의 중요함을 가르쳤다. 자신이 가르침을 받았던 성철, 청담, 자운, 운허, 경봉, 향곡 등에게 배운 이야기도 들려주었다.

출가 초기부터 참선 공부를 시작해 교학을 마친 묘엄의 강의는 초학자들에게 신심과 발심을 일으키기에 모자람이 없었다. 그간의 공부들이 차곡차곡 쌓여 있다가 자신의 소리로 풀려 나왔기 때문이다. 성철에게 '이뭣고' 화두를 받은 뒤 일상에서도 꾸준히 화두 수행을 해왔던 터라 강의는 언제나 '이뭣고'를 관통하며 펼쳐졌다. 그랬기에 묘엄만의 명료한 힘이 있었다.

《치문》은 출가한 초학자들이 처음 배우는 과목이기 때문에 초발심의 그들에겐 선사들의 이야기가 절절하게 다가온다. 목숨을 걸고 진리에 매진했던 선사들의 이야기와 행간 밖의 이야기들을 들려줌으로써 신심을 고취시킨 것이 묘엄만의 특별한 강의 방식이었다.

묘엄은 즉변의 강의로 정평이 나 있다. 어떤 질문을 해도 단 1초의 간격을 두지 않고 바로 대답하는 것을 즉변이라 하는데, 이는 강사로서 묘엄의 가장 큰 특징이다. 경전을 공부하고 선 수행을 해서 자신의 것으로 체득되면 스승 없는 지혜, 즉 무사지無師智가 내면으로부터 발현된다. 그러므로 누가 어떤 질문을 해도 생각 이전의 바로 그 자리에서 바로 답을 할 수 있게 된다. 묘엄의 즉변 강의는 그것에서 비롯된 것이리라.

또 묘엄의 강의는 비유와 배대配對가 뛰어난 것으로도 유명했다. 뇌리에서 잊히지 않도록 적당한 비유를 뽑아내는 실력은 어느 누구도 따를 이가 없었다.

"일본 에도시대에 백은白隱(1685~1768)선사가 있었어. 선사를 존경하는 거사 한 사람이 부인에게 선사를 친견하라고 해서 부인이 가서 인사를 드렸는데, 선사가 부인에게 '옷을 벗어라' 하는 거야. 부인이 입고 간 겉옷을 벗자 선사가 다시 '벗어라, 다 벗어라' 그러는 거야. 부인이 겉옷 안에 입은 옷을 벗고 나니 속옷이 드러났을 거 아냐? 그 부인이 뛰쳐나가 집에 가서 남편에게 이야기를 전했겠지?"

학인들이 눈을 반짝이며 다음 이야기를 기다렸다.

"당신이 존경하는 선사가 자꾸 벗으라고 그러는데, 여인네에게 옷을 벗으라고 하면 어떻게 하냐고 불만 섞인 소리를 한 거야. 그러자 자초지종을 들은 남편이 '당신이 스님의 뜻을 알지 못했군. 벗으라는 것은 옷을 벗으라는 것이 아니라 마음의 번뇌와 집착을 벗으라는 얘기야' 하고는 다시 부인을 데리고 선사에게로 갔대. 그랬더니 선사가 또, '벗어라' 그랬다는 거야. 이 이야기가 뜻하는 바가 무엇인지 알겠지? 우리가 살면서 늘 번뇌와 집착을 가지고 살잖아. 이 번뇌를 오늘 벗고 또 내일 벗고 늘 벗으면서 살아야 해."

적절한 비유를 들어가며 설명하는 강의를 들을 때마다 학인들은 말씀이 쏙쏙 들어왔다. '내려놓음'에 대한 강의를 듣고 발심한 학인들은 가르침을 즉각 행동으로 옮겼다. 옷도 두 개 이상 생기면 하나는 다른 사람에게 주었고 서로 양보하고 화합했다.

진리를 향한 길은 신심과 환희심이 없으면 오래 걸을 수 없다. 그래서 묘엄의 강의는 모든 학인에게 오래도록 진리의 길을 반듯하게 걸을 수 있도록 하는 힘이 되어주었다. 학인들은 묘엄의 강의를 듣고 나면 곧 도인이 될 것 같은 마음이 들었다. 그래서 묘엄이 강의 중에 《증도가證道歌》를 이야기하면 그날 바로 《증도가》를 외웠고, 《신심명信心銘》에 대한 이야기를 듣고 나면 《신심명》을 찾아 외웠다.

수행자의 초발심 시절은 모든 것이 가능해 보이는 때다. 초발심의 그들은 묘엄의 강의를 들으며 성불을 꿈꾸었을 것이다. 묘엄에게 《치문》을 배울 때 그들은 신심이 북받쳐 세상에 두려울 것이 없었으며, 부처가 될 것처럼 솟는 자신감을 주체할 수 없었다. 묘엄에게 배운 내용을 모두 외우면서 공부하던 학인들은 그 시간이 일생에서 가장 환희로운 시절이었다고 회고한다.

학인들에게 환희심과 신심을 불러일으킨 묘엄은 공부하는 데 세밀해야 함을 강조하면서 다음과 같은 예를 들기도 했다.

"사소한 부분까지 세밀해야 중노릇을 잘할 수 있어. 우리가 마음을 찾아가는 것도 세밀해야 찾을 수 있거든. 머리카락에 홈을 팔 수 있을 정도로 모든 일에 정성을 쏟아야 하고 또 치밀해야 해. 예전에 한 선사가 그릇에 물을 가득 담아두었다가 출가하러 온 사람에게 그릇을 가져오게 했어. 어두컴컴한 데서도 물을 흘리지 않고 가져와야 머리를 깎아주었지. 그만큼 모든 일에 침착하고 세밀해야 공부도 할 수 있는 거야."

그리하여 수행자는 위의를 지켜 걸을 때도 단정하게 걸어야 하고 갈지자걸음으로 덤벙덤벙 걸으면 안 된다면서 책을 머리에 이고 걸어가게 하는 훈련도 시켰다. 그러므로 묘엄의 회상에서는 아무리 급한 일이 있어도 뛰어다니는 것은 허용되지 않았다.

운문사의
경전 암송과
논강

운문사에서 행해진 묘엄의 수업 방식은 많이 읽고 외우는 것과 논강論講이었다. 논강은 경전에 대해 자신의 의견을 내놓으며 서로 토론하는 것을 말한다. 묘엄은 운허와 경봉에게 배운 방식대로 학인들을 가르쳤다. 전날 배운 내용을 전부 외워 스승 앞에서 강을 바치던 방식 그대로였다. 《치문》과 사집의 모든 과목을 외워 강을 바치게 했고, 사교반에서 배우는 《능엄경》은 서문까지 외우게 했다. 그리고 기초 과정인 치문반이 끝나고 나면 다음 과정인 사집반부터는 논강을 하게 했다.

묘엄은 학인들에게 '독서백편의자현讀書百遍義自見'이라는 말을 강조했다. 책을 백 번 읽으면 문장의 뜻이 저절로 드러난다는 뜻으로, 문장을 완벽하게 이해할 수 있을 때까지 반복해서 읽으라는 의미이기도 하다. 이는 글을 공부할 때 사용하는 방법이기도 하지만 어떤 일을 하던 끈기를 가지고 나아가면 목적하는 바를 이룰 수 있다는 의미도 포함되어 있다.

"처음엔 아무것도 모르는 것 같아도 백 번을 읽으면 자연히 외우게 돼."

묘엄의 명에 따라 학인들은 반드시 그날 배운 내용을 100번씩 읽었다. 300번, 500번을 외우는 학인도 있었다. 독서백편의자현의 책 읽기는 뜻을 영혼에 새기는 방편의 공부 방법인 셈이다.

《치문》까지는 학인들이 먼저 어려운 한자를 찾아 예습하고, 묘엄이 한문을 새기며 의미를 전달하는 주입식 강의로 진행했다. 전날 배운 것들을 외우고 한 단락이 끝나면 한문으로 된 원문과 새김된 문장 모두를 외웠다. 외우지 못하는 학인이 있으면 다음 수업이 진행되지 않았기 때문에 반드시 외워야 하는 수업 방식이었다.

묘엄의 운문사 강의 초기, 운문사 삼총사로 불린 도혜道慧, 본각本覺, 성학聖學은 배우고 있는 경전을 300독은 기본으로 소리를 내어 읽고 또 읽었다. 500독을 외우기도 했던 세 사람은 그 후 묘엄의 전강 제자가 되었다. 울력하랴 공부하랴 고생을 많이 했던 제자들이다. 점심시간이 끝나고 자유 시간이 한 시간 정도 있었으나 이들은 개울가에 가서 양치질을 한 다음 바로 책상에 앉아 글을 읽었다. 딴 것을 할 겨를이 없었다.

입선 시간이 따로 없었다. 울력 시간에도 손등이나 팔뚝에 글을 새겨놓고 외웠다. 볼펜도 흔하지 않던 시절이라 잉크를 찍은 펜촉으로 경전 문구를 팔뚝에 새겼다. 호미질을 하면서 팔뚝에 새겨진 글귀를 들여다보고 외웠고 불을 때면서도 외웠다. 취침 소등 후 플래시를 가지고 있던 본각은 이불 속에서 책을 보며 외웠다. 플래시가 없는 성학은 소등 후 자는 척하고 있다가 30분 후에 일어나 마당가에 켜 있는 석등 앞으로 가서 책을 들여다보며 외웠다. 책이 없어서 윗반의 선배 학인에게 책을 얻어 쓰고 노트에 새로운 한자들을 적어가며 직접 사전을 만들어 열심히 공부했다.

일 년 동안《치문》을 다 외우고 나면 학력이 고르지 않던 학인들도 경전을 보는 실력이 거의 평등해졌다. 그날 배운 내용을 백 번 외우게 한 공부 방법의 효과였다. 외운다는 것은 눈으로 보고 입으로 읽고 책장을 넘기며 손으로 만지는 통감 痛感의 가장 효과적인 방법이었다.

학력이 높은 것을 믿고 대충 공부한 사람보다는 학력이 낮더라도 매일 착실하게 외운 학인의 실력이 더 나을 때도 있었다. 이렇게 공부한 이들은 새김도 줄줄이 나왔다.

반복해서 읽고 외우지 않으면 정확한 이해가 되지 않는 것을 경험하면서 기초 과정인《치문》이 끝나고 사집반부터는 논강이 시작되었다. 물론 사집과의 첫 과목인《서장》의 내용도 다 외우게 했다.

경전보다 한문이 더 어려운《치문》을 수백 번씩 외우며 사미과를 끝낸 학인들은 사집반으로 올라가《서장》을 배울 때는 처음부터 끝까지 외워 바치는 통강通講을 할 수 있을 만큼 실력이 자라나 있었다. 모두가 술술 읽어지고 외워지는 것을 경험했다. 한문에 대한 기초와 불교에 대한 기초를 충분히 익힌 그들은 사집 과목부터는 논강에 임할 수 있었다.《치문》을 배울 때 내용을 모두 외우게 해서 힘을 길러주고, 그 힘이 생겼을 때 자신의 의견을 피력하는 논강을 도입해서 깊은 사유의 경지로 가게 한 것이다.

학인들은 수업 전날에《서장》내용을 서로 토론하며 예습하는 논강을 거친 뒤 다음 날 수업 시간에 묘엄 앞에서 내용을 발표했다. 묘엄이 산통算筒(또는 강통講桶)을 흔들어 발표할 사람이 뽑히면 선택되지 못한 학인들은 실망이 이만저만이 아니었다. 자신이 열심히 공부한 내용을 강사 스님 앞에서 발표할 수 있는 기회이기 때문에 그만큼 열심히 논강에 임했다. 학인들은 논강을 하면서 의문이 있거나 미진했던 부분들을 묘엄의 강의를 들으며 보충했다. 묘엄은 발표하는 학인이 한 글자만 틀리게 새겨도 금세 그의 이해 정도를 알아채고 설명을 충분히 곁들여주었다.

당시 운문사에서 묘엄에게 강의를 들은 본각은 읽고 외우기의 학습 효과에 대해 다음과 같이 말한다.

"전통적으로 읽고 외우게 한 학습 방법은 팔만대장경을 자력으로 상대할 수 있게 하기 위해서였다. 나이 고하를 막론하고 사회에서 익힌 학문 여부와 상관없이 승려가 일생을 상대해야 할 것은 팔만대장경이다. 그 많은 경전을 상대하려면 논강을 몇 시간 하고 스승이 가르쳐주는 것만으로는 안 된다. 해서 자력으로 읽어서 실력을 평준화시킨 것이 암송이었다. 100번, 500번 읽은 학인들은 몸으로 익혀 자기 것으로 할 수 있다. 분필 하나 들고 가르칠 때 힘이 있으려면 전에 외웠던 것들이 머릿속에서 나와야 한다. 머릿속에 있는 것이 입으로 나올 때 힘이 있다는 것을 경험한다. 외우는 암송을 단순하다고 폄하한다면 그것은 불교의 세계를 모르고 하는 소리다. 그 공부 방법은 조선시대 강원이 생긴 이후로 교과목이 정해졌을 때 사용되어 온 방법이다."

다음은 운문사에서 학인 시절을 보내고 묘엄에게 전강을 받은 성학의 증언이다.

1970년 6월 15일, 운문사 사집반 학인들과 함께

"운문사에 도착해 《치문》을 배우면서 윗반 스님들이 논강을 하며 책상을 치고 격렬하게 토론하는 것을 보았다. 2학년이 되면 우리도 저런 공부를 할 수 있겠구나, 하고 설레면서 기다렸다. 사집반으로 올라가 《서장》을 동료들과 토론하는 수업에 들어갔다. 《서장》 첫 쪽을 탁 펴자, 묘엄 스님이 산통을 흔들어 발표자를 뽑았다. 우리는 전날 논강에서 토론한 것을 바탕으로 《서장》을 새겨나갔고 묘엄 스님은 듣고 계시다가 잘못된 부분을 수정해주셨다. 《치문》부터 사집 과목까지는 무조건 외워서 강講을 바쳤다. 강

의를 하는 묘엄 스님의 목소리에는 강한 흡인력이 담겨 있
어 언제나 귀 기울여 듣게 되었다. 졸업 후에 여기저기 다
니면서 공부를 해봐도 정밀하게 설명해서 이해시키는 교
수법으로는 묘엄 스님이 최고였다."

운문사 강원 5회 졸업생으로, 운문사에서 4년 동안 묘엄
에게 사집과 사교 과정을 배우고 전강과 전계를 받은 도혜^{(봉}
^{녕사승가대학 석좌교수)}는 당시를 이렇게 회상한다.

"묘엄 스님은 태산과 같은 위엄이 있었다. 강의 중간에 성
철 스님, 청담 스님 말씀도 해주셨다. 강의 도중이나 강의
를 마치고 나서 질문을 할 수 있었지만 어린 학인이었기
에 감히 질문을 할 수 없었다. 미진한 것을 청강을 통해서
보충했다. 강의가 끝나면 후배들이 바로 들어와 《치문》을
배웠는데, 우리는 나가지 않고 후배들의 뒤에서 강의를 또
들었다. 《서장》도 그렇게 또다시 들었다. 그렇게 절반가량
의 학인들이 청강을 들었는데 윗반으로 올라갈수록 청강
이 늘어났고, 모르는 것을 채워나가며 완벽하게 배울 수
있었다. 열린 강의였다. 운문사 강원에서 배울 때 기록해
둔 노트를 아직도 가지고 있다. 그때 생긴 자신감은 후일
강사를 할 때 큰 도움이 되었다."

백일법문과
운문사 결사

《서장書狀》. 이 책은 송나라 때의 선사 대혜大慧(1089~1163)가 당대 최고의 지식인들에게 '간화선에 관한 요지'를 담아 보낸 편지글이다. 성철이 초학자들에게 《서장》과 《능엄경》을 읽으면 나머지는 보지 않아도 된다고 했는데, '천고의 절서絶書'라고 할 만큼 좋은 글들이 수록되어 있다. 당대 최고의 지식인들에게 화두 참선을 가르치기 위해 제자백가의 서書를 자유자재로 이끌어오고 팔만대장경 속의 부처님과 조사의 가르침들을 이끌어낸 책이다. 사집반에 올라가 처음 이 책을 읽는 학인들에게는 신심이 북받쳐 당장 걸망을 지고 선방으로 달려가고 싶은 마음을 불러일으키게 한다.

운허에게 이 책을 배우며 선지禪旨를 익힌 묘엄은 운문사에서 학인들에게 《서장》을 가르치며 새롭게 발심했다. 천만 가지 문제가 이 화두 하나에 걸려 있으므로 오직 이 화두 문제만 해결하면 모든 다른 문제들은 일시에 풀어질 것이니, 다른 데서 해결 방법을 찾지 말라는 대혜의 고언 앞에서 강사로 있는 자신을 돌아보지 않을 수 없었다. 이십 대에 읽었을 때는 크게 눈에 들어오지 않았던 '익숙한 것은 서툴게 하고 서툰 것은 익숙하게 하라'는 내용을 대하면서, 삼십 대인 지금은 어떤 것들에 익숙해져 있는지 돌아보았다.

학인들에게 선지가 분명하지 않은 채 강사 노릇을 하고 있는 자신의 모습이 보였다. 그즈음, 성철의 백일법문이 해인사에서 열렸다. 1967년 겨울에 시작되어 다음 해 2월까지 100일 동안 계속되었다.

해인사는 1967년 7월 통합종단 최초의 총림으로 지정되었고, 백련암에서 정진 중이던 성철을 방장으로 추대했다. 당시 초대 해인총림의 소임으로는 방장 성철, 서당西堂 청담, 수좌 석암과 자운, 유나 혜암, 율주 일타, 강주 지관, 주지 지월이었다. 당시 종정이던 고암은 용탑선원에 머물고 있었고, 뒤에 송광사 조계총림 방장을 지낸 보성은 교무 소임을 맡았다. 전쟁으로 가야총림이 문을 닫은 지 이십여 년 만에 총림이 재개되자 총림은 활기를 찾았고, 성철은 그해 동안거 중에 백일법문을 통해 사자후를 터뜨렸다.

성철 스스로 처음부터 끝까지 일관되게 선禪과 교敎를 중도의 관점에서 설명한 것은 자신이 처음일 것이라고 자부한 백일법문에서, 자신의 모든 살림살이를 풀어놓았다. 묘엄이 운문사에 들어온 다음 해 겨울 동안거 때였다. 묘엄은 방학 중에 학인 10여 명을 데리고 해인사로 가 열흘쯤 법문을 들었다. 성철은 팔만대장경에서부터 초기불교 경전, 해외의 불교 연구 성과까지 망라해 연일 사자후를 토해냈다. 선방 수좌, 강원 학인, 절 소임자들, 인근 사찰과 암자에서 정진하던 선객들이 몰려들었다. 석남사의 인홍도 선방 수좌들을 데리고 와 법문을 들었다.

"언어 문자로 이루어진 언설言說과 이론인 팔만대장경은 깨달음에 이르기 위한 일종의 노정路程이다. 팔만대장경 속에서 불법을 찾으려고 하는 것은 얼음 속에서 불을 찾는 것과 같다."

자신만의 팔만대장경을 설하고 자성삼보自性三寶를 개척해야 한다는 데 늘 수행의 목표를 두고 있던 묘엄으로서는 성철의 법문이 뼈아프게 다가왔다. 가슴속 깊이 출렁이고 있던 '마음을 깨쳐 자신의 장경을 강설하는 사람이 되려면 참선을 해야 한다'는 생각이 더 간절하게 깊어지기 시작했다.

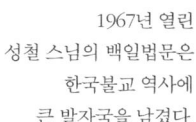

1967년 열린
성철 스님의 백일법문은
한국불교 역사에
큰 발자국을 남겼다.

성철은 해마다 세배를 오는 묘엄에게 "묘엄이 왔나" 하면서
늘 반갑게 맞았다. 함께 간 시자가 성철이 친밀하게 묘엄의 이
름을 부르던 모습이 인상적이었다고 기억할 만큼 자식처럼 살
갑게 대했으나 참선 공부에 대한 경책은 준엄했다.

"니 아직도 그 말 장사 하고 있나?"

운문사 강주 시절에 성철에게 몇 번이나 들었던 경책이었
다. 언제나 성철이 내린 경책이 마음에 그늘처럼 내려앉아 있
었다. "언제까지 네 공부는 안 하고 남의 글 장사 하고 있을
기가. 네 소리는 언제 낼 거냐"고 묻는 성철의 경책이 회초리
로 맞는 것보다 더 아팠다. 성철의 입장에서는 '지금 네 자리
에서 화두를 놓치고 사는 것은 아니지?' 하는 경책일 수도 있
겠으나, 묘엄에게는 참선 수행에 대한 목마름을 더하는 따끔
한 죽비로 다가왔다.

10여 일 동안 삼선암과 약수암에 나뉘어 머물면서 법문을 듣고 온 학인들에게 묘엄이 물었다.

"그래, 법회에 가서 법문을 들으니 어떤 생각이 들던가?"

학인들은 저마다 법문을 듣고 나서 그날의 법문 내용을 서로에게 물으며 내용을 이해하려고 노력했다. 한문에 익숙하지 않아 나눠준 교재를 읽는 것이 쉽지 않았음에도 모르는 것을 메모해 선배들에게 물어가며 새로운 세계를 맛보았다. 법문이 어렵고 사투리가 심해 잘 알아듣지는 못했지만 '쌍차쌍조雙遮雙照, 중도中道, 팔정도八正道' 정도는 내용을 알아들을 수 있었으며, 인과에 대한 믿음을 갖게 되었고 참선을 해야겠

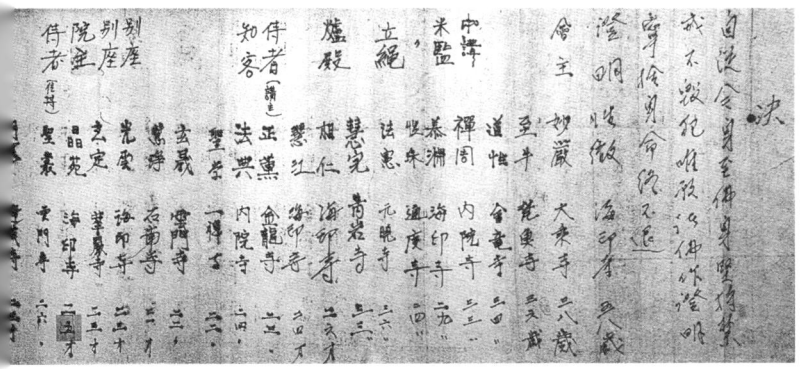

1969년 묘엄이 운문사 결사를 하기 위해 작성한 용상방 〈해인사결의문〉

다는 생각을 갖게 되었다고 대답했다. 그런 학인들을 보면서 묘엄은 그들이 법문을 정확히 들었다고 생각하며 미소 지었다. 백일법문에 잠시나마 동참시킨 효과를 본 셈이었다.

"너희들도 큰스님의 백일법문을 들었으니 알 거야. 우리가 글을 배우는 것은 삶에 부처님의 가르침을 실천하기 위해서다. 글자에만 목적을 두지 말고 그 저변의 참나(불성)를 찾기 위해 반드시 참선을 해야 한다."

성철의 백일법문은 비구니 선객들에게 큰 신심을 불러일으켰다. 석남사 인홍은 3년 결사를 시작했다. 묘엄 또한 백일법문이 끝나고 한 해 뒤(1969) 〈해인사결의문海印寺決議文〉을 만들었다. 일종의 방함록을 묘엄은 봉투에 보관했는데, 봉투에 한자로 '해인사결의문(운문사에서)'이라고 적어놓았다. 운문사 대중들과 함께 결사를 결심하면서 성철에게 고하고 증명을 허락받은 것이다.

1969년 묘엄이 결사를 하기 위해 작성한 용상방이 입적 후 발견되었는데, 그 용상방에는 세로로 '결決'이라 써놓은 글자 다음에 봉암사에서부터 외워오던 〈입지게〉가 쓰여 있고, 다음으로 직, 법명, 출신 절, 나이가 적혀 있다. 증명證明 성철性徹 해인사海印寺 58세五八歲, 회주會主 묘엄妙嚴 대승사大乘寺 38세三八歲로 시작해 지우至牛, 중강中講 선주, 미감 태연, 입승 법헌, 노전 상인, 시자侍者(강주) 정훈, 지객 법전, 별좌 관운, 원주 정원, 시자(주지) 성총 등 당시 운문사 소임자들의 이름과 함께 지금 봉녕사승가대학 석좌교수로 있는 도혜(당시 법명 혜정), 혜강, 도성, 성학 등 학인들의 이름도 보인다. 1969년도 운문사 대중과 소임자들을 알 수 있는 이 결사문은 현재 봉녕사 세주묘엄박물관에 보관되어 있다.

당시 운문사 대중 57명으로 구성된 이 결사는 봉암사 결사와 같은 철저한 형태로 실행되지는 못했으나 강주이지만 참선 결사를 하는 심정으로 운문사 대중을 이끌려고 했던 묘엄의 결심이 드러나 있다.

운문사를 떠나
봉녕사로

"이미 갖추어져 있는 불성을 드러내 활용하는 것이 참된 수행일진대 내 수행의 현주소는 어디쯤인가?"

운문사에서 4년여의 시간이 흘렀을 즈음, 묘엄은 남을 가르치는 것에 대한 한계에 봉착한 느낌으로 가득 차 있었다. 객관적인 시선으로 묘엄의 일생을 볼 때 삶 자체가 용맹정진 속에 있었다고 할 수 있다. 그러나 묘엄 자신은 그런 시선과는 별개로 늘 자신이 부족하다고 느꼈다. 글에 없는 자신만의 소리가 나오지 않는 것 같아 회의감이 들기 시작했다. 또 결의문까지 작성해 운문사 대중 모두와 결사를 행하고 싶었으나 경전 강독을 중심으로 하는 생활 여건 속에서 참선 수행을 하기가 쉽지 않았다.

선 수행에 매진하고 싶다는 생각이 들자, 학인들을 가르치는 와중에도 강의를 그만두고 참선을 하고 싶다는 말을 자주 하게 되었다. 운문사를 떠날 때가 되었다고 생각하고 묘엄은 해인사 백련암으로 가서 성철 앞에 사표를 내놓았다. 운문사 강주직의 사표라면 운문사 본사인 동화사에 내는 것이 원칙이었으나 성철에게 사표를 낸 것은 강사를 그만두고 참선 공부를 하겠다는 결연한 의지의 표명이었을 것이다.

운문사로 돌아와 학인들에게 운문사를 떠나게 되었다고 인사하자 학인 모두가 울며 매달렸다. 당시 스님들에게 선 수행은 당연한 것이어서 경을 보다가도 훌쩍 선방으로 떠나는 일이 다반사였다. 그 때문에 학인들도 이해를 못 하는 바는 아니었다. 그러나 운문사 대중은 묘엄이 떠나지 않기를 간절히 바랐다. 묘엄이 뜻을 꺾지 않자 운문사 대중 모두가 나서서 기도를 시작했다. 3일 동안 밤낮없이 목탁이 부러져나갈 정도로 기도하며 자신이 떠나지 않기를 바라는 대중의 마음을 모르는 바는 아니었으나, 묘엄은 선 공부에 대한 뜻이 너무도 확고해 번복할 수가 없었다. 대신심大信心과 대분심大憤心으로 가득한 구도심을 누구에게 말할 수 있으랴.

참선 수행하기에 알맞은 곳을 물색해야 했지만 일단 짐부터 쌌다. 1970년 가을이었다. 학인들이 울면서 붙들었으나 묘엄은 인정을 두지 않고 처소도 정하지 않은 채 그렇게 운문사를 떠났다. 묘전이 모시고 있던 노수행자들과 묘엄을 따르고자 하는 문중 학인들을 포함해서 대중이 서른 명이었다.

묘엄의 소식을 들은 석남사 인홍은 전국비구니회 중진회의를 열어 운문사 주지와 강주 등 소임자를 선출했다. 주지 태구를 비롯해 소임자들이 곧 내려왔고, 뒤에 강사로 선출된 명성이 내려와 다음 학기부터 강의를 맡았다. 당시 상황을 도혜는 이렇게 말한다.

"참선 공부를 하기 위해 나가신다고 말씀은 하셨으나 막상 나가실 때는 이루 말할 수 없이 섭섭했고 충격이 컸다. 학인들 모두 망연자실했고 하늘이 무너지는 것 같았다. 떠나시던 날 밤, 이대로 가만히 있을 수 없다고 생각해 반 전체가 횃불을 들고서 산을 넘어 석남사로 갔다. 석남사 어른들께 사정을 전하고 대책을 부탁드리자, 그 후 대구 서봉사에서 비구니 중진회의가 열려 운문사 대책을 논의했다는 소식을 들었다."

운문사를 나온 묘엄 일행은 일단 비어 있는 경주 죽림사에 짐을 풀었다. 죽림사는 다 쓰러져가는 초라한 절이었다. 길도 나지 않은 후미진 곳에 있어 시내를 오갈 때면 바지를 걷어 올리고 시냇물(蚊川)을 건너야 했다. 트럭으로 싣고 간 짐을 다 풀어서 이고 지고 냇물을 건너 들어갔다. 식솔들을 데리고 살기에는 여러 불편이 따랐다.

대중은 많은데 당장 먹을 쌀이 없어 경주 시내로 나가 동냥을 얻었다. 먹성이 좋은 젊은 학인들은 먹을 것이 없어 늘 탁발을 나갔다. 사과밭이 많았던 경주 마을에서는 쌀이나 보리 대신 사과를 내주었다. 학인들은 사과가 담긴 무거운 걸망을 지고 절로 돌아왔다. 들판에 널린 나물을 뜯어 반찬을 만들었다. 소나무 잎을 따 먹기도 했다. 그러는 사이 묘전과 묘엄은 밖으로 절을 알아보러 다녔다. 그렇게 한두 달을 살다가 총무원장 소임을 맡고 있던 청담을 찾아가 대중들과 살 절을 구해달라고 청했다.

청담의 상좌인 혜성이 김포공항 근처에 있는 개화산 약사사를 정화하고 묘엄에게 절을 내주었다. 죽림사에 있던 대중의 반은 약사사로, 반은 김천 청암사靑巖寺로 갔다. 대처승들이 살던 약사사 법당은 서너 명이 들어가면 꽉 차는 곳이었다. 대중 서른 명이 있기엔 적당하지 않았으나 우선 화장실과 목욕탕을 지었다. 규모도 그렇지만 절 근처에 군부대가 있는 것이 마음에 걸렸다. 결국 넉 달 정도 머물다 다시 절을 구하러 다녔다.

서울 쪽으로 방향을 정하고 평택, 안양 등을 돌아다니다 발길이 머문 곳이 봉녕사奉寧寺였다. 조용한 절이었다. 약사전도 있고 제법 절의 모습을 갖추고 있었다. 인연이 되려고 그랬는지 괜찮겠다 싶은 마음이 들었다. 1971년 봄, 그렇게 서른명의 대중들과 함께 봉녕사로 들어왔다.

"4년 만에 제자 가운데 강사를 배출할 수는 없는 것이었으나, 내 뜻이 전달이 되어서 이들이 잘하겠나 싶었지. 앞으로 40년을 한다고 했을 때 내 나이 여든인데 내 존재가 어떻게 되겠는가 싶으니까 그만 허무해서 못 가르치겠더라고. 또 글에 없는 내 소리, 글에 없는 내 장경藏經이 나와야 하는데 그게 자유자재로 안 되니까 자꾸 뭔가 부족함을 느꼈어. 그래서 참선을 해야겠다 싶어서 운문사를 나오게 되었지."

妙
嚴

제7장

清潭家

청담가의 출가

청담의
입적

봉녕사에 들어온 지 한 해도 채 되지 않았을 때 묘엄은 아버지 청담이 입적했다는 비보를 접했다. 청담은 한국 근현대불교 역사에서 한국불교 정화운동의 기수로 활동하며 조계종의 기틀을 마련한 고승으로 평가받는다. 조계종 초대 총무원장(1955), 조계종단 제2대 종정(1966), 그리고 또 한 번의 총무원장(1970)을 역임하는 동안 종단 정화와 중생 교화에 헌신하며 현대 한국불교를 반석에 올려놓은 거목으로 역사에 기록되고 있다.

청담은 1926년 5월 17일 고성 옥천사에서 독립운동가이며 근대 한국불교를 대표하는 석전영호石顚映湖(1870~1948)에게 순호淳浩라는 법명을 받고 출가 수계했다. 인욕과 무심을 일평

청담 스님 출가 전,
진주농고 재학 시절
(왼쪽이 청담)

생 실천한 수행자의 대명사로 불린 청담은 상좌들에게 늘 이
렇게 일렀다.

"내가 너희들과 길을 갈 때 말이다, 혹시 누가 와서 나를
두들겨 팬다고 해도 너희들은 절대 그 사람과 대적하지 말고
오히려 나에게 인과를 믿으라고 말해야 한다."

무아와 하심, 인욕이 함께한 만인의 스승이자, 자기를 온
전히 버렸을 때만 인욕이 가능하다는 것, 즉 부처를 이루었을
때 인욕을 실천할 수 있다는 것을 온몸으로 보여준 선지식이
었다.

정화 현장에서 야전사령관 역할을 하며 청정비구 종단의 기틀을 확고히 세우고 한국불교의 발전을 위해 헌신한 청담은 1971년 11월 15일에 입적했다. 조계종 총무원장으로 있으면서 대중교화에 대한 열정을 놓지 않고 왕성하게 활동하고 있던 터라 뜻밖의 비보 앞에 모두가 망연자실했다.

청담의 입적 소식을 듣고 묘엄은 시자를 데리고 도선사로 향했다. 겉으로는 담담했으나 마음속 깊은 곳에서는 눈물이 흘러넘쳤다. 천륜으로서의 아버지이자 스승이며, 선배 도반이기도 했던 청담은, 묘엄이 열네 살에 만나 마흔에 이별할 때까지 25년 동안 수행자의 길에서 특별한 가르침을 준 큰 스승이었다.

묘엄은 생전에 청담에 대해 "아버지라고 해서 치대고 의지한 것은 없었다. 아버지라기보다는 큰스님으로 소중한 어른이었다"고 고백할 만큼 아버지 스님으로부터 독립적으로 살아왔다. 그래도 아버지로서 청담의 입적은 가슴 시리게 할 만큼 큰 아픔이었을 것이다.

◎

정화운동 때 통도사에서 정화불사 임시회의를 하던 어느 날이었다. 묘엄은 운허로부터 가사장삼을 입고 큰절로 오라는 연락을 받았다. 회의가 열리는 보광전에 들어가니 묵담默潭 (1896~1981, 태고종 제3·4대 종정)이 묘엄을 바라보며 걸쭉한 전라도 사투리로 말했다.

"내가 너를 보기 원해 불렀다. 너 땜새 온 조선이 들썩였다. 그런데 네가 중노릇을 해서 참 고맙구나. 아마 네 아버지 청담 스님도 원이 풀렸을 것이다."

묵담의 말처럼 온 나라를 떠들썩하게 한 자신의 출생 비밀을 묘엄은 출가하고 한두 해 지나서야 알게 되었다. 그러나 그때는 자신의 출생이 청담에게 어떤 의미인지를 알지 못했다. 나중에 자신의 존재가 청담에게 백지 위의 검은 점과 같다는 것을 알았을 때 청담에게 이렇게 말한 적이 있다.

"제가 태어나는 바람에 스님이 청정승이라는 백지 위에 검은 점이 하나 붙지 않았습니까?"

청담이 대답했다.

"철저하게 청정한 비구 노릇을 하려고 이혼까지 하고 출가를 했지만, 손자를 보려는 어머니의 간절한 원을 들어드려야겠다 싶어서 한 겁을 더 닦을 각오로 하룻밤 집으로 들어갔다. 수덕사 만공 스님 회상에서 공부하고 있을 때 네 어머니가 보낸 편지를 보고 네가 태어난 것을 알았다. 그런데 편지를 내가 보기도 전에 한 수좌가 편지를 뜯어보았어. 아들 낳기를 바랐는데 딸을 낳았다는 네 어머니의 편지로 인해 온 산중이 떠들썩했지. 그때 내가 유별하게 수행하던 때라 '괴각쟁이도 딸만 잘 낳고 다닌다'는 소문이 산중에 퍼졌고, 금세 파계승이라는 소문이 온 조선에 알려졌지. 그 뒤로 파계한 죄를 참회한다고 겨울에도 맨발로 다녔어. 개운사 강당에 있을 때는 누가 옷이라도 해다 주면 다른 사람에게 벗어주고 행전만 치고 위에 두루마기만 입고 들어오고 그랬다. 이놈, 너 한번 견뎌봐라, 이런 심정으로 육신을 괴롭히며 참회했지."

1932년, 묘엄이 태어나자 출가 6년 차였던 청담의 수행은 더욱 치열해졌다. 묘향산 보현사 설영대에서 목숨을 건 용맹정진을 하고 난 뒤, 오대산 상원사 적멸보궁에서 100일 참회 기도를 마치고 마침내 오도송을 읊었다.

예로부터 불조가 어리석기 그지없으니
어찌 현학의 이치를 제대로 깨우쳤겠는가
만약 나에게 능한 것이 무엇이냐고 묻는다면
길가 고탑이 서쪽으로 기울어졌다 하리
上來佛祖鈍痴漢 安得了知玆邊事

若人問我何所能 路傍古塔傾西方

만공에게 인가를 받고 '올연兀然'이라는 법호를 받은 지 3년 만이었다. 이후에도 청담은 설악산 적멸보궁인 봉정암에

불교정화불사를
주도했던 청담 스님은
통합종단 출범 후
2대 종정을 맡아
오늘날 대한불교조계종의
토대를 마련했다.

서 효봉, 동산과 안거에 들어 수행했으며, 덕숭산 정혜사, 김
천 직지사 천불선원에서 정진했다.

서른여덟, 금강산 마하연에서 하루에 한 끼만 먹는 일종식
과 장좌불와를 하기로 하고 용맹정진에 들어가기 전의 일이
다. 조실로 석우石友(1875~1958), 수좌로 지월指月(1911~1973) 등이
함께했다. 동안거를 나기 위해 식량과 땔감 준비를 마친 뒤, 당
시 입승을 맡았던 청담은 난감한 얼굴로 이렇게 말했다.

"우리 모두 목숨을 걸고 정진할 각오를 가지고 이번 철을
나려고 하고 있습니다. 그러니 용맹정진을 하다가 죽는 사람

이 나오지 말란 법이 없어요. 그런데 죽는 사람이 나오면 다비를 할 나무가 준비되어 있지 않습니다."

그 말을 듣고 모두 모골이 송연해졌을 만큼 청담은 언제 어디서나 목숨을 내걸고 정진한 수행자였다. 그 뒤 속리산 법주사에서 정진하다가 대승사로 와 정진하고 있을 때 묘엄이 출가했다.

묘엄이 출가 후 봉암사 결사 동참을 거쳐 선 수행 정진과 교학을 배우는 동안 청담은 1950년대 중반부터 1960년대 초 한국불교계 정화운동에 앞장섰다. 동산, 효봉, 금오 등과 같은 고승들과 함께였다. 그즈음 불교계에서는 '인욕 제일은 청담'이라는 말이 나돌 정도로 청담은 인욕수행을 바탕으로 정화운동에 앞장섰다.

오늘날, 만일 그때 청담이 처절할 정도로 자신을 낮추고 낮추며 인욕행을 실천하지 않았더라면 자체적으로 화합이 시급했던 정화운동은 분란과 반목으로 실패했을 것이라는 시각이 지배적이다. 당시 학인 신분이던 묘엄은 정화운동에 적극적으로 참여하진 못했으나 청담이 정화 현장에서 연설하는 것을 먼발치에서 바라보곤 했다.

정신적
유산

불국사 조실로 있던 월산月山(1913~1997)이 젊은 시절의 묘엄에게 물은 적이 있다.

"묘엄 수좌는 아버지에게 무엇을 받았느냐?"

"중노릇을 받았습니다."

"흠, 그래? 그럼 중노릇이 어떤 것인가 말해보아라."

"중노릇이라는 것에 대해 말로는 표현할 수 없습니다. 그러나 제가 지금 참 불법을 만나 출가의 길을 가는 것을 다행스럽게 생각하고 있습니다. 출가의 길로 들어서서 중노릇을 하고 있는 것이 청담 스님에게 받은 유산 아니겠습니까?"

그랬다. 아버지 청담이 아니었으면 가능하지 않았던 출가의 길이었다. '출가'는 아버지 청담에게 받은 최고·최대의 정신적 유산이라고 생각하며 묘엄은 살아왔다.

출가 초기, 청담은 발심도 채 되지 않은 어린 나이에 출가한 묘엄이 걱정되어 묻곤 했다.

"혹시 중노릇하는 게 싫은데 억지로 하는 거 아니냐?"

일종의 발심에 대한 점검을 하려 한 질문에 묘엄은 고개를 내저었다.

"절대로 후회하지 않습니다! 제가 출가한 건 너무 잘한 일입니다."

윤필암에서 정진할 때 청담에게 받은 〈명심銘心〉 아홉 가지는 참다운 수행자로 살아가는 데 얼마나 많은 도움이 되었던가. 그 가운데 마지막 아홉 번째의 '정법에 서원을 높고 깊고 너르게 세워서 마침내 물러서지 말 것'이라는 당부는 늘 가슴속에 간직했다. 그리고 다음과 같은 '마음 법문'은 또 얼마나 큰 발심을 내게 했던가.

인간이 다른 동물과 구별되는 것은 종교를 가지고 있기 때문이다. 이 종교는 '나'를 찾는 마음에서 출발한 것이다. 이 마음이야말로 우주 속에 있으면서 우주를 포괄하는 핵심임을 깨달아야 한다. 마음은 우주에 본래本來한 것이며 자재自在한 것이므로 모든 존재에 앞선 실존實存이다. 또한 모든 만유萬有를 실재하게 하는 존재의 의지다.

진주로 나가서 학교 공부하는 것을 포기하고 운허에게 경전을 배우러 갈 때 아버지 청담에게 들은 말을 묘엄은 평생 잊지 않았다.

"묘엄아, 네가 출가자가 되었고 또 앞으로 비구니들의 지도자가 되기 위해서 배워야 하지만 그것만이 전부가 아니다. 배우는 즐거움이 있어. 잘 배우면서 느끼는 깨달음의 즐거움은 부처님을 만난 듯 기쁜 일이야. 그리고 모든 걸 배워두면 남들에게 무시당하지 않는다. 무엇보다 네 자신에게 당당하지. 그 당당함이 없으면 인욕도 할 수 없고 정진도 순조롭지 않다. 평생 동안 배우는 즐거움을 잃지 말기 바란다. 지혜로운 자는 묻고 어리석은 자는 답하려 한다는 말이 있다. 배울 때는 스승에게 많이 묻거라. 그리고 네가 훗날 스승이 되거들랑 그때는 많이 답하도록 해라."

청담은 대중교화의 원력과 자비심이 너무도 투철한 사람이었다. 한번은 대학을 다니고 있던 묘엄이 선학원에 주석하고 있는 청담의 법문을 듣기 위해 그곳으로 갔다. 청담은 밤 늦은 시각에도 불구하고 설법에 여념이 없었다. 묘엄이 뒤에 앉아보니 대부분이 졸고 있었다. 묘엄은 조용히 단상 뒤로 가서, 설법 시간이 이미 많이 지났음을 알리는 쪽지를 건넸다.

대학 시절에
청담 스님,
언니와 함께

그럼에도 불구하고 법문은 계속되었다. 묘엄은 자신이 제
자나 신도들에게 법문을 하기 시작하면서 알았다. 대중교화
원력이 철저하지 않으면 그러한 자비가 나올 수 없다는 것을.
그렇게 묘엄은 아버지 청담에게 포교에 대한 깊은 열정을 배
웠다.

수행자 이전에 천륜의 정으로 아버지 청담에게 다가간 순
간도 더러 있었다. 청담이 선학원에 주석하며 정화불사로 분
주하게 지내던 시절, 묘엄이 방문하니 시래깃국 한 그릇에 간
장 한 종지와 김치 한 그릇이 전부인 늦은 점심상을 받아놓

고 있었다. 찬이 너무 허술해 보여 마음 한구석이 저려왔다.

"언제부터 이런 변변찮은 공양을 드셨습니까?"

목멘 목소리로 묻자 청담이 무심히 답했다.

"선학원에 사는 대중들보다 언제나 내 상에는 반찬이 한 가지 더 올라온다."

"어떻게 이런 초라한 밥상이 대중들 밥상보다 반찬이 하나 더 많다고 생각하시는 건지 모르겠습니다."

"선학원에서 잘 살펴주니까 걱정하지 마라."

콧등이 시큰할 만큼 마음이 아팠던 묘엄은 변변한 공양상을 차려줄 수 없는 자신의 형편이 그때처럼 처량하게 느낀 적이 없었다. 30대 초반, 공부한다고 이리저리 돌아다니며 살던 때라 따뜻한 공양 한번 올리지 못한 것이 그리도 아쉬울 수가 없었다.

부모가 안 계시고 나서야 깨닫는 불효에 대한 회한은 세간이나 출세간이나 다름이 없다. 묘엄은 훗날 여유가 되었을 때 '일주일이고 한 달이고 모실 수만 있다면 얼마나 좋았을까' 하는 생각을 하곤 했다. 차비 한번 드리지 못한 일이 두고두고 회한으로 남았다.

묘엄이 봉녕사에 들어온 지 한 달 정도 되었을 때다. 청담이 일본에 다녀온 뒤 젊은 학인들에게 일본 불교에 관한 이야기를 들려주고 싶다면서 봉녕사를 방문했다. 연락을 미리 받은 묘엄은 아버지 청담이 열무김치를 된장찌개에 적셨다가 먹는 걸 좋아한다는 이야기를 어머니에게 들은 것이 생각났다. 얼른 열무김치를 담가서 시원한 물에 담가놓았다. 물을 적게 넣고 빡빡하게 끓이는 진주식 된장찌개를 만들고 적도 구워 상을 차렸다. 8월에 다시 방문했을 때도 정성을 다해 공양상을 차렸는데, 그렇게 딱 두 번 아버지를 위해 공양상을 차린 것이 전부였다. 그해 11월 청담이 입적했기 때문이다.

또 한 번, 묘엄이 아버지 청담을 만났을 때 눈물이 솟구친 적이 있다. 구겨진 광목 장삼을 입고 있는 청담을 보면서 묘엄이 자신의 나일론 바지를 가리키면서 말했다.

"빨아서 탁탁 털면 물이 금세 마르고, 마른 수건에 꼭꼭 밟으면 금방 입을 수 있어 좋습니다. 스님도 한번 입어보세요."

"내가 그런 걸 입어야 하겠나?"

묘엄은 그 말이 마치 '처자를 버리고 출가한 내가 편리하다고 해서 일반 사람들이 입는 나일론 옷을 입을 처지냐'는 소리로 들려 그만 마음속 깊이 눈물을 흘리고 말았다.

세뱃돈
천 원

청담은 공사公私를 철저히 구분하고 산 수행자였다. 묘엄이 봉
녕사에 들어와 재정적으로 고생할 때도 전혀 도움을 주지 않
았다. 당시 조계종 총무원장으로 있으면서 중앙부서인 총무
원도 늘 재정이 부족하던 터라 엄두도 내지 못했을 것이다.
더욱이 청담은 사적으로 쓰는 돈에 대해서는 철저하게 단속
했다.

　　묘엄이 대학에 다니던 어느 해 설날 때 일이다. 어린 권속
들을 데리고 새해 문안 인사를 하러 갔다. 삼배를 하고 앉으
며 묘엄이 인사를 드렸다.

　　"스님! 새해에도 건강하십시오."

　　청담도 덕담을 건네고는 가만히 자리에 앉아 있는 묘엄을

향해 물었다.

"나한테 할 말이 있나?"

"특별히 드릴 말씀은 없습니다."

"그런데 왜 가지 않고 있니?"

"오늘은 새해 아침이고 하니 세뱃돈을 좀 주세요."

"돈이 없는데."

청담 자신을 위한 돈은 가지고 있지 않다는 것을 알고 있었지만 묘엄은 물러서지 않았다.

"제게 세뱃돈을 주지 않으시는 건 괜찮습니다. 그런데 함께 온 학인들에게는 세뱃돈을 좀 주세요. 주지 않으시면 방을 나가지 않겠습니다."

여느 때와 달리 묘엄이 고집을 피우자 청담이 벽에 걸린 승복을 가리켰다.

"저 옷 속주머니에 돈이 있나 좀 찾아보아라."

묘엄이 일어나 승복 주머니에 손을 넣어보니 천 원짜리 지폐 한 장이 나왔다. 너무도 적은 돈이었으나 동행한 어린 권속들에게 세뱃돈을 주고 싶은 마음이 앞서 그 천 원을 받아 나왔다. 묘엄은 세뱃돈을 달라고 고집 부리던 그 일을 오랜 세월이 흘러서까지 두고두고 후회했다. 그러나 그날 받은 천 원짜리 한 장이 묘엄이 평생 아버지 청담에게서 받은 유일한 돈이었다.

청담은 신도들에게 보시금을 받으면 금액도 확인하지 않고 조계종 재무부에 주었다. 한번은 고등학생이 학교 불교 행사를 치르기 위한 돈을 얻으러 총무원에 온 걸 알고는 신도가 준 보시금을 세어보지도 않고 봉투째 주었다. 그러한 일이 다반사였으니 딸인 묘엄에게는 돈 한 푼 주는 일이 없었던 것이다.

묘엄이 철저히 수행하고 비구니계의 지도자로서 설 수 있도록 관심을 기울인 출가 초기와는 달리, 세월이 흐르면서 청담은 묘엄에게 냉정할 정도로 담담하게 대했다. 묘엄이 어느 정도 입지를 해나가고 있다는 믿음 때문이었을 것이다.

인사를 하러 오면 단 한마디가 전부였다.

"왔나?"

삼배를 하고 앉으면 어디서 어떻게 지내고 있는지 묻는 대신, 의논할 일이 없으면 가보라는 말뿐이었다.

또 이런 일도 있다. 청담이 홀로 참선 수행에 집중하는 바람에 몇 년 만에 찾아뵈었다. 삼배를 하고 자리에 앉아 몇 년이나 어디서 어떻게 지냈는지 물어보려는 찰나 청담이 여느 때처럼 말했다.

"의논할 일 없으면 가봐라."

청담의 무심함에 너무나 서운했던 그날, 묘엄은 밖으로 나와 청담의 상좌에게 불평을 털어놓았다.

"아무리 애착을 끊기 위해 가족에게 냉담해야 한다고 하지만 큰스님은 너무하신 것 같습니다. 이제 도저히 더 이상은 참을 수가 없어요. 어떻게 그동안 잘 지냈느냐는 말씀 한마디를 안 하십니까?"

상좌가 묘엄의 말을 전했는지 다음에 갔을 때 청담은 얼굴에 미소를 띠며 왔느냐고 묻고는 두 마디를 더 물었다.

"그동안 어떻게 지냈나?"

"그래, 어디서 지냈느냐?"

◎

청담은 입적하기 두 달 전에 봉녕사를 방문했다. 운문사에서 옮겨온 묘엄이 자리를 잘 잡고 사는지 궁금했으리라. 청담은 대중들을 불러놓고 수행 정진을 해야 하는 이유와 방법을 간결하게 법문했다. 봉녕사에 와 있던 부인 대도성을 불러 그동안 수고했다는 말도 했다. 그것이 가족과의 마지막이었다. 묘엄이 봉녕사를 대가람으로 일구며 후학들을 지도하고 전강과 전계를 하며 교학자로, 율사로 우뚝 서며 비구니계의 큰 지도자가 되어가는 과정을 보여주기에는 너무 이른 이별이었다.

묘엄은 봉녕사에서 청담의 49재를 치렀다. 청담과 가까운 도반이었으며, 묘엄에게 참사람의 길을 가르쳐준 스승 운허에게 49재 법문을 청했다. 그날 운허는 쪽박 씨를 묘엄에게 주었다. 나중에 씨를 땅에 심으니 해가 갈수록 열매를 맺어 박이 많이 열렸다. 묘엄은 탐스럽게 달린 박을 따서 신도들에게 나누어주었다.

묘엄이 비구니계의 큰 지도자가 된 것은 치열한 수행을 통해 인격을 갖추고 타인에게 인정받은 결과다. 평판과 역사는 자연스럽게 흘러나온다. 인위적으로 만들어질 수 없다. 여기에는 아버지 청담의 가르침이 크게 작용했다. 청담을 보며 공부에 용감하게 뛰어들 수 있었고 중생교화를 향한 불퇴전의 열정을 배울 수 있었다.

수행자로서의 목표인 깨달음에 대한 사상과 정진력을 뼛속 깊이 익혀 후학들을 이끌고 비구니계의 지도자로 성장할 수 있었던 가장 큰 원동력이자, 각 분야 최고의 수행자 성철, 자운, 운허 등의 선지식에게 가르침을 받으며 수행자로 성장할 수 있었던 것, 그리고 당당하게 세상에 설 수 있었던 이 모든 것이 모두 아버지 청담 덕분이었다. 묘엄은 아주 훗날 청담과의 영원한 작별을 회고하며 "너무 슬펐다"고 말했다.

할아버지
청담

묘엄에게는 냉정하게 느껴질 정도로 무심했던 청담은 손주들에게는 더없이 따뜻한 영락없는 할아버지 스님이었다. 청담은 큰딸 인자에게서 얻은 손주들을 두었다. 분별없이 순수했던 젊은 시절 묘엄이 청담에게 이렇게 말한 적이 있다.

"손주들에게 할머니 소리를 듣는 어머니 대도성 보살을 보면 어른 같다는 느낌이 드는데, 스님은 아직 할아버지 소리를 듣지 못하니 좀 어른이 되지 않은 것 같은 생각이 듭니다."

"할아버지 소리를 들어야 어른이가?"

청담은 묘엄에게 손주들의 이야기를 전해 들으면 마냥 흐뭇한 미소를 짓곤 했다. 손자(용환)를 보고 나서 묘엄에게 "그 아(아이) 인물이 참 좋다. 그 아 얼굴을 보니까 거리에 내버려도 살겠더라" 하면서 미소를 감추지 못했다. 실오라기 하나 없이 모든 애착을 끊은 무심한 도인이었으나 손주들 앞에서 만은 따스한 사랑을 지닌 할아버지 모습 그대로였다.

청담이 도선사에 백운당을 짓고 주석할 때 고등학생이 된 손자가 법문을 들으러 오곤 했다. 사람들로 가득 들어찬 방에 들어가 법문을 들은 그날도 역시 청담의 법문은 끝날 줄 모르고 밤늦게까지 계속됐다. 법문이 끝나고 청담은 친구와 함께 온 손자에게 불이 꺼지지 않도록 종이를 감싼 초에 손수 불을 붙여주었다.

"조심히 내려가거라."

길도 닦이지 않은 어두운 밤길을 내려가는데 불을 밝히고 내려갈 수 있게 촛불을 쥐어준 것이다.

청담이 선학원에 거주하고 있을 때 안국동 선학원과 가까운 동숭동 서울대학교에 다니고 있던 손녀 귀옥이 찾아왔다. 친구들에게 외할아버지가 스님임을 밝히고 함께 찾아뵈러 간 것이다. 조그만 문간방에 머물던 청담과 성철이 함께 있는 어느 날이었다. 성철이 먼저 반갑게 맞이했다.

"옥이 왔나?"

성철이 벽장에서 사탕을 꺼내주자 청담이 손을 저으며 말했다.

"내가 줄 건데 왜 당신이 주는 거야?"

그러고는 손녀와 친구들에게 사탕을 듬뿍 건네주었다. 청담이 대학생들을 앉혀놓고 세계의 미래와 불교에 대해 설한 그날, 불교에 문외한이던 손녀의 친구들은 미래를 몇 걸음 앞서 내다보는 청담의 안목과 박학한 과학적 상식에 경이로움을 느꼈다고 한다.

하루는 청담이 손녀에게 물었다.

"너희, 뭐 먹고 사노?"

"밥 먹고 살죠."

"쌀은 어디서 나는데?"

"논에서 나지요."

아마도 어떻게 살고 있는지 궁금해서 물어보았을 것이다. 청담은 그냥 웃고는 더 이상 묻지 않았다. 아무리 도인이라도 자신의 출가로 인해 가족들이 겪어야 할 고통에 대해 아주 무심할 수는 없었을 것이다.

젊은 시절, 청담은 여학교를 졸업하고 병원에서 간호사로 일하고 있는 큰딸 인자를 서울로 데려간 적이 있다. 경제적 여유가 있는 서울의 한 후원자에게 맡겨 대학에 다니게 할 작정이었다. 그런데 서울에서 하룻밤을 지낸 인자는 다시 집으로 내려가겠다고 했다. 그 집안의 썰렁한 분위기 속에서 그들의 도움을 받아야 하는 자신의 처지가 상전 덕에 먹고 사는 하인처럼 느껴져 싫다는 것이 이유였다. 청담은 인자의 의견을 받아들이고 딸을 서울역에 데려다주었다. 그런데 그때 경찰이 두 사람을 불러 세웠다. 스님을 따라가는 여학생의 모습이 마치 납치당하는 것처럼 보인 것이다. 경찰이 인자에게 아버지가 맞느냐고 물었는데 사실 그것은 물어보지 않아도 될 일이었다. 누가 봐도 두 사람이 꼭 닮았기 때문이다. 청담은 매몰차게 가족과의 연을 끊고 출가했지만 관심과 애정은 늘 가지고 있었다.

약대에 다니던 손녀는 가끔 도선사에 주석하고 있는 청담을 찾아왔다. 청담은 불교를 잘 모르는 손녀를 앉혀놓고 두 시간 이상 그림을 그려가며 불교와 우주, 철학 등에 대해 설했다. 발이 저리고 때론 꾸벅꾸벅 조는데도 아랑곳하지 않는 청담을 바라보며 귀옥은 생각했다.

'스님은 언제 저런 공부를 다 하셨을까?'

세계불교도대회 등 외국에 나가 회의에 참석할 기회가 더러 생기자 청담은 손녀가 오면 종종 이렇게 말했다.

"옥이 너는 결혼하지 말고 영어를 잘 배워서 내 따라다니면서 통역해라."

그러나 손녀는 대학을 졸업하고 곧 결혼했다. 결혼한 뒤 인사를 하러 온 손녀에게 청담은 '참을 인忍' 자 365개를 직접 쓴 전지全紙 한 장을 선물했다. 그리고 누군가에게서 받은 케이스에 담긴 만년필도 함께 건네면서 이렇게 말했다.

청담 스님이 쓴
'참을 인忍' 자 365개

"사는 게 쉬운 일이 아니다. 그냥, 항상 참아야 해."

입적하기 한 해 전 일로, 이 글씨는 지금 봉녕사 도서관 입구에 걸려 있다.

◎

청담이 서울 도선사에 머물고 있을 때 고등학생이던 손자 용환은 친구들과 함께 할아버지 청담의 법문을 들으러 종종 갔다. 청담은 아침부터 밤늦게까지 하루 종일 법문했다. 용환은 할아버지 청담의 법문을 듣고 있으면 환희심이 가슴에 가득 차오름을 느꼈다. 청담은 업장참회에 대한 법문을 많이 했다.

"업장 때문에 어려운 일이 생기고 고통을 받는 것이니 업장참회 기도를 많이 해야 한다. 그러기 위해서는 관세음보살을 부르면서 108배를 해라."

아마 청담도 수없이 참회기도를 했을 것이다. 할아버지의 법문에 감화를 받은 용환은 옥탑방을 법당처럼 꾸미고 아침 저녁으로 108배를 했다. 그 무렵 도선사에서는 1천 배, 3천 배 등 참회기도를 많이 했다. 할아버지 스님이 보여준 그 세계를 따라가야겠다는 생각이 들곤 했던 용환은 언제 어디서나 염불하는 것을 잊지 않았다.

"모든 일을 할 때 사심 없이 처리해야 하고 공평하게 사람을 대해야 한다."

할아버지 청담이 상좌들에게 하는 이야기를 우연히 들은 후 그 말은 용환에게 삶의 철학이 되었다. 용환은 그 무렵 청담의 눈을 보았다. 마치 허공처럼 텅 비어 있었다. 아집과 아상이 사라진 무심의 경지가 느껴졌다. 용환은 할아버지의 눈빛을 보면서 저렇게 맑고 투명한 사람이 되어야겠다고 생각했다.

용환은 당시를 이렇게 돌아보고 있다.

"마음 심心 자 모양의 연못이 있는 백운당에 머물던 청담 스님은 원형 탁자에 놓인 수석을 바라보며 '여기에서 파도소리가 들린다'고 하셨다. 그런 모습이 신비롭게 느껴졌다. '잃어버린 나를 찾으라'는 말씀을 자주 하셨는데 그것은 청담가의 정신이었다. 할아버지가 살아 계실 적에 스님을 살아 있는 성인이라고 생각했다. 말씀하시는 것, 에고가 빠져 있는 눈빛을 보며 저런 사람이 되고 싶다고 생각했다. 수행자인 할아버지 청담 스님과 이모 묘엄 스님의 삶에 영향을 받지 않을 수 없었다. 내가 어떻게 살아가야 하는지, 인간은 어떻게 살아가야 하는지 그 길을 보여주신 분들이다."

손자 용환은 부산대 철학과 교수를 역임하며 할아버지 청담과 이모 묘엄의 삶과 사상을 알리는 데 진력했다.

어머니의
출가

청담이 입적하고 난 이듬해 1971년 7월, 묘엄의 어머니 대도성
이 봉녕사로 와서 출가했다. 대도성은 청담이 입적하기 몇 해
전, 인편을 통해 보낸 편지 한 통을 받았다.

대도성大道性 보살 귀하
부처님께 귀의합니다.
그동안 염불 공부 잘하시어 죽을 때에 귀신한테 끌려서
삼악도로 가지 아니하고 극락세계의 아미타불님 회상으
로 갈 자신 섰습니까. 모진 병이나 알코(앓고) 똥이나 싸부
고(싸버리고) 정신없이 잡귀신들에게 끌려가서 무주고혼이
되어 밤낮으로 울고 천만겁으로 돌아다니면서 물 한 그릇

청담 스님이
묘엄의 어머니에게
보낸 편지

도 못 얻어먹는 불쌍한 도가비 귀신이나 면해야 할 것이 아닙니까. 다 늙어서 서산에 걸린 해와 같이 금방 쏙 넘어가게 될 형편이 아닙니까. 살림 걱정 아히들 걱정, 이 걱정 저 걱정 다 해봐야 보살에게는 쓸데없는 헛걱정이요 죄업만 두터워질 뿐이니 다 제쳐놓고 염불 공부나 부지런히 하시오. 앞날이 급했지 않습니까. 내나 보살이나! 얼마 안 해서 우리들이 다 죽어서 업을 따라서 저가끔(제각각) 뿔뿔이 흩어지고 말 것이 아닙니까. 부디 쓸데없는 망상은 다 버리시고 염불만 부지런히 하셔야 하지요. 곧 떠나게 될 인간들이 제 늙은 줄도 모르고 망상만 피우고 업만 지으면 만겁의 고생을 어찌 다 감당할 것이오. 극락세계만 가

노면(가면) 우리가 만날 사람은 다 만날 수 있을 것이 아닙니까. 다 집어치우고 자나 깨나 나무아미타불. 급했습니다. 부탁입니다. 절하고 빕니다.

늙은 중 합장

노수행자가 쓴 이 편지는 세상의 모든 이들에게 '고통을 유발하는 실체 없는 망상은 내려놓고 오로지 수행 정진하라'는 메시지처럼 느껴진다. 단정한 글씨로 빼곡히 써 보낸 편지를 읽은 뒤 대도성은 묘엄이 자리 잡은 봉녕사에서 청담을 다시 한번 보았다. 청담은 그날, 신심이 견고해 보였는지 대도성의 정진을 칭찬했다. 그리고 몇 달 뒤 대도성은 청담의 입적 소식을 들었다. 차마 앞에 나서서 문상을 하진 못했다. 큰딸네 집에서 가까운 서울 대학로 거리를 지나며 바람에 펄럭이는 만장들을 바라보고 손수건을 눈가에 대었을 뿐이다.

마지막 이별 앞에서 눈물을 흘린 뒤 묘엄의 어머니는 출가를 감행했다. 모든 것을 잊고 오로지 염불만 하라던 청담의 청을 수락한 것일까. 반세기 전 청담이 출가하면서 함께 출가하자고 했을 때 자식과 봉양해야 할 시어머니만 아니었으면 따라나섰을 출가였다.

묘엄이 어머니의 머리를 밀었다. 어느덧 일흔을 바라보는 어머니는, 지난날 옷감이며 내복을 이고 자신을 찾아오던 젊

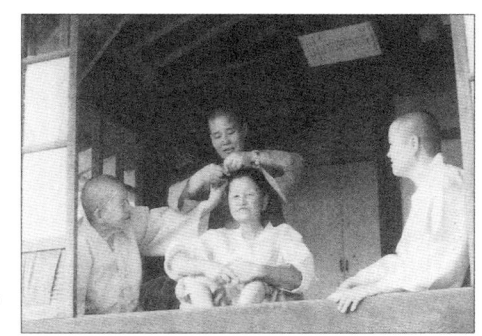

어머니의 출가,
대도 스님

은 어머니가 아니었다.

출가 전, 대도성은 큰딸 집에서 지내며 손주들을 키우며 출가 수행자 못지않게 깊은 신행 생활을 해왔다. 매일 아침저녁으로 예불을 올리고, 《금강경》《신심명》《증도가》 등 경전을 독송했다. 낮에도 틈만 나면 경전을 독송했다. 기억력이 비상해서 《금강경》과 《선문염송》은 책을 보지 않고도 외웠다.

절에도 자주 가고, 새벽 3시에 시작되는 새벽예불에도 참석했다. 캄캄한 새벽길을 오가며 염불을 하던 그 시간은 불심으로 고통을 이겨내는 시간이자, 청담이 찾아 떠난 불교를 가슴으로 받아들인 시간이기도 했다.

그 길에서 때로 청담과 마주치기도 했다. 대도성은 손자 용환을 데리고 고성 문수암에 자주 올라가 기도했다. 버스에서 내려 3킬로미터 정도를 걸어 들어가야 하는 거리에 있는 문수암을 어린 손자의 손을 잡고 오르내리곤 했다. 그러던 어느 날이었다. 버스에서 내리고 보니 청담이 절에서 내려와 정류장으로 걸어오고 있었다. 대도성은 손자의 손을 잡은 채 버스 뒤로 몸을 감추며 그를 피했다. 손자가 외할아버지 청담의 모습을 처음 본 날이었다.

손자 김용환과 손녀 김귀옥이 이야기하는 할머니에 대한 증언을 통해 대도성의 출가 전 신행 생활을 알 수 있다.

"외할머니와 지내면서 할머니의 인간적인 고통을 알게 되었다. 화가 치밀어 오르면 끈을 이마에 둘러 묶었다. 일본 약인 마이신을 먹고 끙끙 앓아눕기도 하셨다. 여성으로서, 한 인간으로서 겪었을 고뇌를 누구에게도 말하지 못하고 오로지 절에 가서 부처님께 공양을 올리며 힘든 마음을 털어놓으셨던 것 같다. 할머니는 평생에 걸쳐 아침저녁으로 반드시 예불을 올렸다. 새벽에 일어나 108참회로 시작하는 예불은 1시간 이상 계속되었다. 《금강경》을 다 외워 독송하셨다. 손길이 닿은 경전은 닳고 닳아 다 해어져 있었다. 할머니의 경전은 양복을 담아두던 박스에 가득 담겨 있었다. 할머니는 아침마다 저녁마다 촛불 밑에서 경전을 읽었다. 할머니가 안 계실 때면 내가 그 경전을 읽었다. 초등학교 때까지 할머니를 따라 연화사에 자주

어머니 대도 스님과
함께한 묘엄

갔다. 할머니가 스님들과 새벽예불 올리던 모습, 친구분들
과 기도하고 나서 이런저런 얘기 나누던 모습을 모두 담
고 있는 연화사의 세계가 어린 눈에도 연꽃이 피어난 듯
아름다워 보였다. 새벽마다 기도할 때의 할머니 모습은 칠
십이 넘은 지금도 머릿속에 생생히 그대로 남아 있는데,
살아가면서 좋은 일이 있을 때마다 할머니의 사랑과 기도
공덕 덕분이라고 생각했다."

—김용환(묘엄 스님의 조카)

"할머니께서 〈능엄주〉를 외울 때다. 범어로 된 주문이 입
에 익숙지 않으셨던지 '할머니가 외울 테니 틀리나 네가
좀 보아라' 하면서 〈능엄주〉가 쓰여 있는 종이를 건네주
셨다. 할머니가 왜 이런 걸 어렵게 외우려고 하시나 생각

했다. 할머니는 우리를 데리고 눈 내린 길을 한 시간 동안 걸어 동학사 강사로 계신 이모스님을 찾아가 며칠 동안 머물기도 하셨다. 새벽마다 연화사에 가서 기도하셨는데, 청담 스님이 오신다는 소식이 들리면 절에 가지 않고 집에 계셨다. 커서 할머니께 왜 할아버지를 잡지 않았느냐고 물은 적이 있는데, 그때 할머니께서 '잡아봐야 안 될 것 같더라. 기왕 그러면 가서 좋아하는 불교 공부나 실컷 하시오 생각하고 도장을 찍어주었지' 하고 말씀하셨다. 평생 육식을 금하셨던 할머니는 스님들을 지극정성으로 받들어 모셨다. 진주에 볼일이 있어 오는 스님들이 연화사로 가거나 할머니가 계시는 우리 집에 들러 묵어갔다. 할머니는 그럴 때마다 스님들을 지극히 공경하며 도움이 될 만한 것을 내어주셨다. 동네에서는 우리 집을 '중집'이라 불렀다."

―김귀옥(묘엄 스님의 조카)

툇마루의
홍시와 산밤

출가 전에 '대도성'이라는 법명을 쓴 묘엄의 어머니는 '대도大
道'라는 법명을 받고 출가 생활을 시작했다. 해인사에 주석하
던 고암古庵(1899~1988)에게 사미니계를 받고 자운에게 비구니
계를 받았다. 비구니계를 받을 때 묘엄이 어머니를 모시고 통
도사로 갔다. 자운은 묘엄과 대도 두 모녀에게 비구니계를 준
계사가 되었다. 그렇게 묘엄과 어머니는 진리의 길을 함께 가
는 도반이 되었다.

늦은 출가였으나 대도는 신심이 깊고 부지런한 참선 수행
자로 살았다. 새벽 두 시에 일어나 세수를 마친 다음 〈108대
참회〉〈능엄주〉〈광명진언〉 등의 수행을 하루도 거르지 않았
다. 그리고 앉으나 서나 '이뭣고' 화두를 들었다. 청담이 출가

한 뒤 늘 새벽에 일어나 집에서 가까운 연화사에 가서 예불을 드리고 경전을 외우며 정진하던 날들과 다르지 않았다.

묘엄이 따로 마음을 쓰지 않아도 될 만큼 대도는 스스로 신심을 내어 자발적으로 수행하며 출가자로서 절 생활에 모범을 보였다. 대도가 새벽 두 시에 일어나자 봉녕사에 거주하는 노수행자들도 다투듯 일찍 일어나 정진하는 진풍경이 벌어졌다. 산밤이 영그는 계절엔 노수행자들 모두 도량 내에 떨어진 산밤을 주웠다. 대도는 가장 먼저 일어나 산밤을 주워 깨끗이 씻은 다음 묘엄의 방문 앞에 가져다놓았다.

묘엄은 어머니가 주운 산밤을 볼 때마다 할머니가 김천 직지사의 작은 산내 암자인 서전西殿에 있으면서 홍시를 주워 기척도 없이 아버지 청담의 방문 앞에 가져다놓고 조용히 돌아서던 모습을 떠올렸다. 묘엄의 할머니는 아들 청담의 권유로 늦은 나이에 출가했다.

할머니는 며느리에 대한 불만이 바위보다 견고해서 끝내 무너지지 않았다. 아들을 절대적으로 여기던 유교적 풍토에서 딸만 낳은 것도 모자라 남편도 붙들지 못한 며느리라며 불만이 이만저만이 아니었다. 며느리에게 애먼 소리를 하며 눈길 한번 곱게 주지 않았다. 시어머니의 입장에서 보자면, 아들 손주를 낳았으면 아들이 떠나지 않았을 텐데, 며느리가 강경하게 붙들었더라면 그렇게 매정하게 떠나지 않았을 텐데 하는 아쉬움이 원망처럼 들러붙어 수시로 올라왔을 것이다. 그런 두 사람이 화해한 것은 할머니가 출가하고 나서다.

시어머니의 구박이 날이 갈수록 심해지자 묘엄의 어머니는 두 딸을 데리고 나와 따로 살았다. 청담이 고부간의 불화에 대한 소식을 듣고 어머니를 찾아와 출가를 권했다. 할머니는 막내딸을 혼인시킨 뒤 살림을 정리하고 아들을 따라 직지사 서전으로 갔다. 청담이 직지사 천불선원千佛禪院에 머물며 수행하던 시기로, 묘엄이 일곱 살 때였다.

묘엄의 할머니는 다음 해 출가해 성인性仁이라는 법명을 받았다. 그 짧은 시간이 청담의 어머니로서는 살면서 가장 행복한 시절이었을 것이다. 돌다리 하나 건너에 아들이 있다는 생각에 천하 부러울 것이 없었을 테니 말이다.

묘엄은 아홉 살이던 추석 전날에 어머니가 마련해준 차례 음식을 가지고 할머니를 만나러 갔다. 언니 인자와 함께 진주역에서 야간열차를 타고 추석날 새벽에 김천역에서 내려 몇 시간을 걸어 직지사에 도착했다. 직지사 천불선원에 들어서자 선원 한 귀퉁이에서 청담이 삭도削刀로 머리를 밀고 있었다. 묘엄은 태어나 두 번째로 보는 아버지였으나 단번에 청담을 알아보고 손가락으로 가리키며 언니에게 소리쳤다.

"언니야, 저 중! 저기 있다!"

삭발을 끝낸 청담은 짐을 들고 서 있는 두 딸을 보고도 말을 건네지 않은 채 개울로 내려가 머리를 감았다. 개울가에 서서 세수가 끝나기를 기다리고 있던 인자가 조그만 소리로 말했다.

"스님! 할머니를 뵈러 왔어요."

청담은 그제야 두 딸을 바라보고는 인사를 건넸다.

"왔나?"

그러고는 두 사람을 어머니 성인이 머물고 있는 서전으로 데려다주고 바로 돌아갔다. 할머니 성인은 소식도 없이 나타난 두 손녀를 보고 반가움을 감추지 못했다. 어린 묘엄과 인자는 할머니 품 안에 안겨 울었다. 며느리와는 불화가 심했어도 손녀딸들에게만은 "아이구 내 새끼 내 새끼" 하며 귀히 여기고 사랑했던 할머니였다. 삭발한 할머니의 머리가 씻어놓은 무 같아 보여 조금은 생소하게 느껴졌지만 가슴은 여전히 따뜻했다.

다음 날 이른 새벽, 함께 잠들었던 할머니가 보이지 않자 묘엄은 밖으로 나와 할머니를 찾아 나섰다. 암자 곁 감나무 밑에 할머니가 왔다 갔다 하면서 홍시를 줍고 있었다. 벌레먹은 감이 일찍 떨어져 홍시가 된 것을 몇 개 주워 소쿠리에 넣은 할머니는 묘엄의 손을 잡고 다리를 건너 큰절로 걸어갔다. 그리고 선원의 어느 방문 앞 좁은 마루에 소쿠리를 가만히 놓아두고 문을 톡톡 두드렸다. 방에서는 아무 기척이 없었다.

돌아오는 길에 묘엄이 물었다.

"할머니, 그 방이 누구 방이야?"

"누구 방이긴, 네 애비 방이다."

할머니가 서른아홉의 아들 스님에게 감을 따서 툇마루에 놓아둔 그날로부터 40여 년이 흘렀다. 이번에는 그 할머니의 며느리가 출가해 스님이 되었고 산밤을 주워 마흔이 넘은 딸의 방문 앞에 살며시 놓아둔 것이다. 인연을 끊고 떠나 출가를 했어도 할머니에게 아들은 스님이 아니라 여전히 자식이었던 것이다. 이른 새벽부터 산밤을 주워 아무 말 없이 자신의 방 앞에 가져놓은 어머니 대도의 마음도 할머니와 같았으리라고 묘엄은 짐작했다.

할머니 성인은 출가한 지 한 해 뒤 병을 얻어 자리에 누웠다. 청담이 묵언과 장좌불와의 용맹정진을 하러 금강산 마하연으로 떠나고 할머니는 동화사 부도암으로 옮겨 지내고 있을 때다. 소식을 들은 묘엄의 어머니가 암자로 찾아가 몇 달 동안 병간호를 했다. 할머니가 숨을 놓기 직전 두 사람은 깊이 화해했다. 서너 달을 지극정성으로 자신을 돌보는 며느리에게 할머니가 손을 꼭 잡으면서 사과했다.

"이리도 좋은 사람을 내가 그렇게 들볶았구나. 아이고 내가 잘못했다, 잘못했어."

눈물을 흘리는 시어머니에게 며느리도 울면서 말했다.

"제가 어머니한테 잘못했습니다. 어머님 말씀이 맞아요. 제가 붙들었으면 가지 않았을지도 모릅니다."

"이왕에 중이 될 거 내가 그렇게 너를 들볶지 않아도 되는 건데, 어미로서 내가 하도 한이 돼서 그랬다. 잘못했다."

그렇게 손을 꼭 잡고 용서를 구한 시어머니는 그날 며느리의 손을 놓고 세상과 작별했다. 묘엄의 어머니 나이 서른여섯일 때였으니, 청담을 절로 보내고 15년 만의 화해였다. 음력 삼월 초이튿날 두 사람이 따뜻하게 손을 잡은 것처럼 햇살이 좋은 봄날이었다. 다음 날 어머니 성인의 부음을 전해 듣고 청담이 부도암으로 와 직접 염을 했다. 청담은 초상을 치른 뒤 화장해서 습골한 뼈를 갈아 산에 뿌리고 홀홀 떠나갔다.

묘엄의 어머니 대도는 젊은 시절부터 뼈가 쑤시고 아픈 신경통으로 고생했다. 너삼(苦蔘)의 뿌리를 찧어서 즙을 내 마시기도 하고 환약을 지어 먹기도 했다. 그런데 그 약이 독했던지 위산과다증이 생겨 고생하다가 위천공이 발생했다. 충청도 보석사에 있는 대도가 큰 병원으로 옮겨 수술실에 들어갈 때 도중에 잘못되어도 이의가 없다는 서약서를 써야 했지만 묘엄은 선뜻 쓰지 못했다. 결국 언니 인자의 남편인 형부가 보증인이 되어 수술했다.

수술 후 병원에 누워 있을 때 묘엄은 병실에 머물면서 어

견성 후 경남 진주 고향을 찾아 가족들과 함께한 청담 스님(오른쪽에서 세 번째). 어머니, 부인, 둘째 딸(묘엄)까지 스님을 따라 출가했다.

머니에게 습포濕布를 하며 간호했다. 어머니는 아이처럼 묘엄에게 "봐라 봐라" 하며 "지단 올린 국수를 좀 해달라"고 졸랐다. 세간의 어머니 그 모습이었다. 얼마 후 퇴원해서 봉녕사에 있을 때 환자인 어머니를 두고 석암昔巖(1911~1987)의 장례식에 다녀왔는데, 그때 자신을 보고 무서운 얼굴을 했던 어머니의 모습을 묘엄은 잊을 수가 없다. 그때 일이 떠오를 때마다 묘엄은 후회가 밀려오곤 했다.

"스님, 석암 노스님이 돌아가셔서 제가 가보지 않을 수 없어서 다녀왔습니다. 그러니 그런 무서운 얼굴 하지 마세요."

자신을 두고 외출한 묘엄에게 서운했던 것일까, 아니면 홀로 있다는 두려움이 컸던 것일까? 그 일로 대도는 위천공이 재발했지만, 재수술하지 못한다는 의사의 진단으로 수술을 할 수도 없었다. 그 뒤로 뇌졸중이 와서 와사증(안면마비)이 나타났다.

묘엄은 어머니 시봉을 상좌에게 맡겼다가 직접 시봉하기 시작했다. 자신이 머무는 방에 어머니를 모셔놓고 돌봤다. 저녁마다 다리를 주물러드리고 함께 잠자리에 들었다. 외출할 때는 새벽 일찍 관장을 해드리고 대소변을 보게 해드렸다. 세월이 흘러 나이가 들자, 묘엄은 이십 대의 젊은 나이에 출가를 원하는 남편에게 이혼 도장을 찍어주고 홀로 자식들을 키우느라 고생하며 외로웠을 여인으로서의 어머니 인생이 아프게 다가왔다. 어머니가 살아 계신 동안은 최선을 다해 보살펴드리고 싶었다.

대도는 출가한 지 16년째 되던 해 1988년 5월, 묘엄의 지극한 병간호를 받으며 입적했다.

"그렇게 뉘어놓고 가면 점두룩(저물도록) 한잠도 자지 않고 낼 기다리는 거라. 저녁때라도 오면 이래 보고 안심을 하고 자고 그러는데, 지금 돌아보면 미안한 생각이 늘 있어. 대도 스님 살아 계실 때는 내가 집에 놔두고 댕겼는데 돌아가시고 나니까 만날 델꼬 댕기더라고, 내가. 그게 참 오래 가더라꼬. 그런 기분을 어데다 말할 수도 없지. 그래 저녁으로 자면 거기 턱 누운 것 같애. 만날 일으키고 안고 해서 여기 따뜻한 체온이 배어서 대도 스님 살이 붙은 거라. 그런 애착을 떼느라고 한참 애먹었다. 내가 문을 열고 들어가면 스님이 '아이!' 카고⁽하면서⁾ 웃던 모습이 지금도 눈에 선해."

조카 김용환에게 털어놓은 어머니에 대한 회한이 섞인 인간적인 고백이다. 그즈음도 어머니를 데리고 버스를 타고 붙들어 올리고 내리는 꿈을 자주 꾼다면서, 천륜을 끊고 떠난 수행자인 자신에게도 그러한 면이 있음을 고백했다.

묘엄의 어머니가 입적함으로써 할머니와 부모 두 대에 걸친 출가가 막을 내렸다. 그로부터 20여 년 후 김용환이 그 시절을 낱낱이 물어 회고록을 내기까지 묘엄은 그 모든 것을 가슴에 묻고 봉녕사 회상을 이끄는 데 전념했다.

妙
嚴

제8장

봉녕사 회상을 열다

봉녕선원을
개설하다

경기도 수원시 팔달구 우만동 광교산 자락에 위치한 봉녕사
는 묘엄에게 중년에서 말년에 이르기까지 출가 수행자로서
풍성한 역사를 써 내려간 첫 회상이자 최상의 도량이다. 마
흔 살이 되던 해 봉녕사에 들어와 여든 살에 입적할 때까지
40년 가까이 봉녕사에 머무는 동안 선원을 만들어 참선 수
행을 하면서 봉녕사 강원(현 봉녕사승가대학)을 개원하고 한국불
교 역사상 최초의 비구니 율원인 금강율원(현 금강율학승가대학
원)을 설립했다.

후학들을 교육하고 지도자로 키우며 전강(傳講)과 전계(傳戒)
를 실시해, 비구니에서 비구니로 전승되는 한국 비구니의 강
맥(講脈)과 율맥(律脈)의 계보를 새롭게 형성하는 역사를 썼다.

묘엄은 주지 직책도 함께 하면서 크고 작은 불사를 통해 퇴락한 절을 총림급의 대가람으로 만드는 한편, 재가불자들의 포교와 신행에 힘을 기울여 다양한 종류의 법회와 사찰음식 행사 등을 실시해 경기도 수원시를 대표하는 전통사찰로 만들었다.

봉녕사는 고려 희종 4년(1208)에 원각국사가 창건한 유서 깊은 사찰이다. 묘엄이 봉녕사에 들어와서 가장 먼저 한 것은 선원의 개설이었다. 운문사를 떠나올 때 참선 공부에 매진하리라 결심했던 일을 실천한 것이다.

1971년 4월, 봉녕사로 들어오면서 운문사에서 나와 약사사와 청암사로 흩어져 있던 서른 명의 대중들이 다시 모였다. 그러나 서른 명이 살기에는 너무 비좁고 퇴락한 절이었다. 대중들이 지낼 요사채의 큰방이 하나 있었으나 너덜너덜해진 천장에서 쥐들이 떨어져 내려왔다. 쥐들이 창호 문구멍을 뚫고 들어와 머리맡에 둔 간식을 물고 가기도 했다.

묘전을 비롯한 대중들 모두 팔을 걷어붙이고 도량을 정리했다. 칠성각을 허물어 양철 지붕 아래 작은 방 네 개가 딸린 요사채를 지었다.

그리고 나서 지은 것이 선방이다. 대중들이 앉아 수행할 선방부터 마련하기로 하고 언덕에 20평짜리 집을 지었다. 간판은 달지 않았으나 대중들은 '봉녕선원'이라고 불렀다. 수행

초기 봉녕사의 모습

에 목말라 떠나온 길이었으니 당연한 일이었다. 오두막 같은 작은 공간이었지만 그렇게 선원을 마련하고 강원을 열 때까지 참선 수행에 몰두했다. 선철善哲(수정문도회장, 성주 대흥사 주지)은 선방 개원 후 첫 철에 방부를 들이고 정진했다. 함께 들어온 문중의 젊은 후학들은 동학사 강원으로 보내 경 공부를 하게 하고, 1973년 말까지 여덟 명의 대중들만 남아 오롯이 참선 정진에만 몰입하면서 지냈다. 이 기간에 청담, 자운 등 선지식들을 청해서 선 법문을 듣기도 했다.

생활은 여전히 가난해 탁발을 나가야 했고 살 집들을 짓느라 날마다 산더미처럼 쌓인 일을 했으나, 봉암사 결사 때처럼 울력을 하고 규율을 철저히 지키며 참선 공부에만 몰입할 수 있어 마음만은 풍요로운 시절이었다.

묘엄은 생전에 자신이 견성했다고 말하거나 선사라고 칭

한 적이 없다. 공식적으로 누구에게 인가를 받은 적도 물론 없다. 그러나 묘엄을 만나본 후학들이나 대중들은 묘엄이 선사로서의 일생을 살았다고 말한다. 성철에게 화두를 받은 뒤 참선 수행을 지도받으며 일평생 정진해왔고, 기필코 생사윤회의 고통에서 벗어난 부처가 되어 중생을 교화하겠다는 발심과 원력, 수행의 깊이가 바다보다 깊었기 때문이리라.

묘엄은 함께 사는 제자들의 화두를 종종 점검하면서 다음과 같은 법문을 들려주었다.

"지금 화두 들고 있나? 우리가 예불할 때마다 《반야심경》을 외우잖아. 청담 큰스님께서는 《반야심경》의 '시제법공상是諸法空相'을 이 모든 만법이 없어지고 난 그때라고 하셨어. 여기서 법이란 나와 남이라는 존재, 그리고 종교, 과학, 철학, 예술, 문학 등 현상계에서 벌어진 일체의 것들을 말해. 이것들을 모두 만들어낸 주인공이 마음인데, 시제법공상이란 결국 마음자리에서 벌어져 나온 제법이 다시 나온 자리로 되돌아가는 것을 의미해. 나지도 멸하지도 더러워질 수도 깨끗해질 수도 늘어나지도 줄어들지도 않는 것이 생명의 실상이야. 그러니까 결국 수행이라는 것은 현상계에 팔려 있는 우리의 시선을 거두어 생명의 실상에 초점을 맞추는 것이라 할 수 있지. 그래서 수행자인 우리

는 늘 화두를 들고 있어야 해. 화두는 생명의 실상에 초점
을 맞추게 하는 최고의 방편이니까."

그 후 봉녕사에 강원을 열고 나서도 학인들에게 경전을
배우더라도 반드시 참선을 해야 한다고 가르치면서 "선과 교
가 따로 있지 않으며 일상에서 선을 토대로 수행을 해야 한
다"고 강조했다. 계율 또한 생활하는 가운데 지켜야 하며, 계
율을 지킬 때 가장 편안하고 계율을 떠나서는 부처가 있을
수 없다는 법문을 수시로 했다. 선과 교, 율이 하나임을 강조
한 것이다.

강원 개설을 하고 건축 불사를 하면서도 지금의 세주묘엄
박물관 자리에 선방을 열어 새벽예불 후 강원 강사와 소임자
들과 함께 직접 죽비를 들고 입선과 방선을 주관했다. 공양 시

간 전까지 선방에서의 참선 수행 정진은 10년 동안 이어졌다.

봉녕사에 강원을 열고 학인들을 다시 가르치기 시작할 당시에는 쉰 살까지만 하고 은퇴해서 참선 수행에 전념하겠다는 생각이었다. 그러나 해가 갈수록 학인 수가 늘어났다. 자신에게 배우기 위해 봉녕사로 몰려오는 학인들의 열의에 가득 찬 눈망울을 보자 도저히 개인 수행을 위해 그들을 저버릴 수가 없었다. 묘엄은 바쁜 수업 일정과 사찰 운영으로 참선 수행할 시간을 따로 낼 수 없음을 늘 아쉬워했다. 혹자는 비구니 교육자로서 보람 있는 삶을 살고 있다고 칭송했으나 그것은 승가의 일원으로 의무를 다한 것뿐이라고 생각했다.

봉녕사에 들어온 지 30년 뒤, 오랜 세월 동안 강의를 해온 사람으로서 미래의 비구니 승가교육, 나아가 한국불교 승가교육의 발전적 방향을 묻는 김용환에게 이렇게 답했다. 참선 수행에 대한 묘엄의 원력이 얼마나 깊었는지를 알 수 있는 내용이다.

"예전에는 개인적으로 내가 참선만 할 것이 아니라 학문을 좀 배워서 불교를 표현하는 능력을 키워야겠다고 생각했다. 그러나 오랜 세월이 흘러 돌아보니 다시 참선을 해야겠다 싶다. 개인적인 삶의 측면에서 볼 때 이것(배워서 표현력을 향상시키려고 했던 것)은 겉치레를 한 거지 조금도 내용

있는 생활이 아니었다. 강당 옆에라도 선방을 지어서 철저하게 정진하고, 모범이 될 만한 선사를 청해 선에 대한 강의도 듣고 초학자들에게는 기초를 가르치면서, 문자를 통해 포교도 하지만 실제 몸으로, 행동으로 무언의 포교를 하고 싶다. 반드시 철저히 수행을 잘하는 선방을 만들어서 참선하는 모습도 보이고, 문자를 통해 포교하는 것도 보이면 훨씬 무게 있는 포교가 되지 않겠나 하는 생각을 하고 있다."

봉녕사 강원을
설립하다

오늘날 반세기의 역사를 지닌 봉녕사승가대학은 한국불교의
중추적인 교육의 장으로 자리매김해 있다. 한국불교 정화 이
후 다수의 비구니 강원들이 명멸해갔음에도 불구하고 오늘
날 비구니 4대 강원 가운데 하나로 그 위엄을 자랑하고 있다.

봉녕사승가대학은 1974년 묘엄에 의해 설립되었다. 대학
을 창설해 운영한다는 것은 결코 쉬운 일이 아니다. 모든 일
이 그렇듯 그 무게를 감당할 만한 수행력과 인품이 없으면 중
도에 멈춰지고 마는 일이다. 그 쉽지 않은 역사가 묘엄을 비
롯해 당시 봉녕사 주지로 있던 묘전, 그리고 그곳에서 정진하
던 몇몇 수행자들에 의해 시작되었다.

묘엄을 비롯해 주지인 묘전 등 노수행자 여섯 사람만 남

앗을 때, 선원에서 정진하되 강원을 열어 학인을 받아들이자는 데 의견이 모아졌다. 1974년 4월, 벽돌로 2층 강당을 지은 다음 초대 원장으로 자운을 추대하고 강원 학인을 모집했다. 교계 신문에 공고를 내자 정원 30명 모집에 50명의 학인들이 몰려왔다. 해가 갈수록 젊은 학인들이 봉녕사로 더 많이 몰려들어 정원이 넘쳤다.

학인이 머물며 공부할 공간이 좁아 모두 받을 수 없었다. 다음 해에 오도록 유도해 돌려보내야 하는 경우가 생겼다. 미리 와서 공부하고 있던 봉녕사 본방 식구들조차 성적순으로 입학시킬 정도였다. 출가자 수가 줄어들어 학인 모집에 어려움을 겪는 지금에 견주면 격세지감이 느껴지는 일이다.

묘엄이 강당을 열자 비구니계 원로들은 상좌와 손상좌들을 봉녕사 강원으로 보냈다. 묘엄에게 보내야 제대로 된 사람, 사상이 철저한 수행자가 된다는 것이 그들의 신념이었다. 특히 언양 석남사에서는 대부분의 사미니를 봉녕사로 보냈다. 성철의 사상을 실천하는 데 앞장선 인홍이 석남사 주지로 있을 때였다. 육문六文(군위 법주사 회주)은 봉녕사 강원에서 기본교육을 받은 학인들이 언행이 여법하고 흐트러지지 않은 모습을 보고 묘엄의 지도법에 믿음이 생겨, 상좌의 과반수인 30명을 봉녕사 강원에 보내 기본교육을 받게 했다.

20평짜리 요사채를 지었으나 불어나는 학인들을 감당할

수 없어 뒤쪽에 방을 달아내 기둥을 만들고 구들장을 놓아 50평 가까운 방을 만들어 학인들을 거주하게 했다. 그러나 공부할 건물이 더 필요했다. 이에 묘전이 권선문勸善文을 만들어 시주에 나서자 시주자들이 모여들기 시작했다.

하루는 부산에 거주하는 보살 한 사람이 봉녕사로 묘엄을 찾아왔다. '왕자표 메리야스 보살'로 불린 그녀는 운문사를 떠난 묘엄 일행을 찾으려고 애쓰다가 총무원까지 가서 소식을 듣고 찾아온 것이다. 그 보살이 화주化主(150만 원)를 해와서 대웅전 앞의 아홉 마지기 논을 147만 원 주고 사들였다. 몇 해 동안 농사를 짓다가 네 마지기 논을 매립해 그곳에 육화당六和堂을 지었다.

묘엄은 '발심發心, 구도求道, 보은報恩'을 교육 이념으로 삼아 강원 원훈을 만들고 인재를 키워가기 시작했다. 원훈의 구체적인 내용을 보면 다음과 같다.

발심 : 생사사대하고 무상이 신속하니 도업 닦기를 여구두연如救頭燃할 것.

구도 : 지능을 계발하며 덕성을 함양涵養하여 나라와 부모의 은혜 갚기를 기약할 것.

보은 : 사장師長을 존경하고 법려法侶를 애호하여 기거起居동정動靜에 반드시 불조의 훈계에 의준依準할 것.

봉녕사승가대학
제1회 졸업식

    승려에게 생사를 해탈하겠다는 발심이 없으면 공부에 진전이 없으며 승려의 옷을 입고 있어도 빈껍데기에 지나지 않는다. 그리하여 생사의 고통을 벗어나겠다는 발심이 된 사람은 부처님과 조사들의 가르침을 따라 도를 구해나가야 하며, 나아가 안정되게 공부할 수 있도록 터전을 마련해준 나라와 부모의 은혜를 갚고 중생을 교화하는 회향의 삶을 살아야 하는 것이 수행자의 사명이라는 묘엄의 사상이 담긴 원훈이라 할 수 있겠다.

    이러한 묘엄의 교육 이념은 모든 출가자들, 나아가서는 보살을 꿈꾸는 불자들의 이상으로 상구보리 하화중생의 구체적인 발현이었다. 묘엄은 학인들에게 발심과 구도, 보은 세 가지를 출가의 목적으로 삼아 언제나 잊지 말고 실천할 것을 당부했다.

묘엄이 평소 후학들에게 가장 강조한 것은 '생사발심生死發心'이다. 생사발심은 묘엄 자신이 성철과 청담의 가르침을 받으면서 그것이 출가의 길에 얼마나 절대적인지를 체험한, 뼛속까지 새겨져 있는 사상이었다.

봉녕사승가대학은 1975년 제1회 졸업생 8명을 배출한 이후 2025년 제51회 졸업식에 이르러서는 총 918명의 졸업생을 배출했다. 한때는 봉녕사승가대학에 150명이 넘는 학인들이 재학할 정도로 많은 신규 출가자들이 공부했다.

동학사 강원 개설을 필두로 비구니 강원 교육이 시작된 이후 질적·양적으로 커다란 발전을 이루었다. 그러는 동안 비구니의 위상 또한 크게 높아졌다. 이는 동학사와 운문사 최초 비구니 강사로 시작해 봉녕사승가대학을 창립한 교육자로서 묘엄이 이룩한 성과 가운데 하나다.

묘엄의 입적 다음 해인 2012년, 봉녕사승가대학은 교과과정 및 학사행정 운영이 우수한 기본 교육기관으로 선정되었다. 묘엄이 세워놓은 전통적인 교육의 장점을 살리면서 차명상 코칭 지도사 과정, 싱잉볼 명상, 불교다례, 사찰음식 지도자 특강과 실습, 출가학교 등 봉녕사승가대학만의 다양한 특화교육을 통해 현대사회에 필요한 수행자를 길러내기 위한 노력을 다하고 있다.

발심하고
또 발심하라

봉녕사에 강원이 열리자 하루 종일 도량이 학인들의 경 읽는 소리로 가득 찼다. 학인들은 묘엄을 스승으로 모시고 공부한다는 자부심으로 열심히 정진했다. 치문·사집·사교반이 함께 큰방에서 생활하며 잠을 잤는데, 학인들이 많을 때는 방이 비좁아 바로 누울 수조차 없었다. 하지만 이러한 불편함은 최고의 스승에게 배운다는 긍지와 즐거움으로 상쇄되었다.

학인들은 묘엄을 부처님 다음가는 최고의 어른으로 여겼다. 묘엄의 강의 자체를 법으로 알고 배웠다. 강의 중에 섞여 나오는 위트와 유머에 소리 내어 웃었고, 신심을 북돋워주는 법문을 들을 때는 영혼이 영롱해짐을 느꼈다. 묘엄의 비유법은 여전히 특출했다. 글을 잘 새기지 못하는 학인에게는 '눈

먼 이가 자갈밭을 터벅터벅 더듬어 가는 식'이라고 비유해 모두를 웃게 만들었다.

묘엄은 예전에 자신이 운허 밑에서 공부하던 시절 이야기를 종종 들려주었다. 연로한 스승의 노고를 덜어드리기 위해 밤을 새워 그날 배운 내용을 외우고 다음 날 강을 바쳤다는 이야기는 학인들을 숙연하게 만들었다. 문리가 나서 한문으로 된 경전 문장을 뜻에 맞게 똑떨어지게 새기게 되면 절로 신심이 나고 중노릇을 하는 데 재미가 옥살했다는 이야기를 빼놓지 않고 하곤 했다. 봉녕사 강원은 스승과 제자가 함께 공부하는 공간이었고, 부처님 제자로서 스승과 한길을 간다는 자긍심을 갖게 했다.

묘엄은 학인들을 자상하게 지도했다. 학인이 예불 중 염불하면서 실수를 하면 예불을 마치고 그 자리에서 바로 알려주었다. 칠판에 오선지를 그리고 음정과 박자, 리듬을 시연하면서 바르게 할 수 있도록 지도했다. 묘엄의 염불은 강약과 빠르게 하거나 느리게 해야 할 때, 보통으로 해야 할 때가 한 치의 빈틈도 없이 정확했다. 녹음기가 귀하던 시절, 학인들은 묘엄의 자유자재한 음률을 자신들의 귀에 녹음해놓으려고 애썼다. 그렇게 귀로 듣고 외워 머리에 저장해놓았다가 필요할 때 꺼내 썼다.

묘엄이 후학에게 가르친 수행의 요체는 '자성청정심自性淸

2005년 6월 17일 소참법문을 하는 묘엄(맨 왼쪽)

淨心이 본래 내게 구족되어 있다는 믿음을 바탕으로 보리심을 발해 수행해야 한다'는 것이었다. 즉 불성에 대한 절대 긍정과 발심이 있어야 불보살과 같은 존재로 거듭날 수 있다는 것이다.

"부처님의 말씀을 듣고 그대로 실천하면 나도 곧 부처가 될 수 있다는 확고부동한 신념이 곧 보리심이다. 이는 곧 부처가 내 마음속에 갖추어져 있다는 것을 알고 끊임없이 정진하여 본래의 자성을 깨달으려는 마음을 놓지 않는 것이다."

묘엄은 또 학인들의 발심을 고취시키기 위해 특강을 자주 열었는데, 그때 주로 교재로 삼은 것이 《150찬불송》《팔상록》《권발보리심》이다. 이 가운데 묘엄이 애정을 가지고 가르친 것은 《150찬불송》이다.

윤필암의 사미니 시절, 대승사에서 정진 중이던 성철이 묘엄을 불렀다. 함께 사는 대중들끼리 시시비비로 마음이 힘들 때였다. 이를 알고 성철이 부른 것이다.

"묘엄아, 어린 네가 힘들 줄은 안다만, 그래도 불자라면 아무리 나를 해롭게 하는 사람이 있다 해도 상대를 부모나 부처님과 같이 섬겨야 한다는 것을 알아야 한다. 예전 인도에서 조석예불 시간에 반드시 지송하는 것이 있었다. 마트리체타Mātṛceta 스님이 지은 《150찬불송》이 그것인데, 거기에 이런 말이 나온다. '베푼 은혜 천지보다 깊은데 그걸 배반하고 깊은 원수를 맺는다. 부처님은 그 원수를 가장 큰 은혜로 본다'는 말이야. 말하자면 내가 어떤 상대를 부모나 부처님보다 더 받드는데, 그는 나를 가장 큰 원수로 삼고 해롭게 해. 그러나 상대가 나를 해롭게 하면 할수록 나는 상대를 더욱 섬긴다는 말이야. 원수는 부처님을 해롭게 해도 부처님은 원수를 섬기기만 하고, 상대는 부처님의 허물만 보는데 부처님은 그를 은혜로 갚아. 그래서

봉녕사승가대학
학인들의 강의 및 입선
(2004)

'부처님은 나를 해치는 원수를 섬기기만 한다!' 이것이 부
처님의 근본 사상이고 불교의 근본이야. 알겠나?"

묘엄은 '나를 해치는 원수를 은혜로 알고 부처님으로 섬
기는 것이 곧 불교'라고 이야기해준 성철의 법문을 가슴에 간
직했다. 그리고 얼마 뒤 이 게송들을 통도사에서 율장을 공
부하고 있을 때 배웠다. 자운에게 부처님의 공덕을 끝없이 찬
탄하는 《150찬불송》을 배우면서 묘엄은 언젠가 이 찬불송을
후학들과 함께 읽으리라 생각했다. 구절구절 모두가 부처님의
여법한 모습을 담고 있어 신심을 고취시켜주었기 때문이다.
무엇보다 묘엄 스스로 이 책을 통해서 부처님이 영겁에 걸쳐
수행했음을 정확히 알게 되었고, 이를 본받아 수행하기를 서
원하는 마음이 더욱 돈독해졌기 때문이다.

봉녕사승가대학
학인들의 입선독경
(2004)

　　묘엄은 강원 전체 학인들을 대상으로 특강을 열어 《150
찬불송》을 강의할 때 이렇게 말하곤 했다.

　　"우리 부처님 제자들은 부처님을 찬탄하는 말을 하고 존
경해야 한다. 진정으로 부처님의 경지에 이른 사람은 부처
님을 향한 찬탄이 끝없이 나오게 되어 있다. 그 사람이 진
정으로 부처님을 스승으로 모신 사람이다. 이 찬불송을
지은 스님은 150개의 게송 가운데 한마디도 반복해서 쓴
용어가 없다. 훌륭하다, 아름답다, 대단하다 정도는 할 수
있어도 이렇듯 전혀 다른 용어로 부처님을 찬탄할 수 있
다는 것은 놀라운 일이다. 우리가 존경하는 스승의 경지
에 가기 위해서는 스승에 대한 추호의 의심 없이 절대적
인 신뢰가 있어야 한다. 소금을 어깨에 지고 물에 들어가

라고 해도 그 말씀을 믿고 스승에 대한 찬탄이 나올 수
있어야 한다. 그런 절대적인 신뢰가 있어야 스승의 경지에
갈 수 있고, 스승의 대를 이을 수 있다."

한때는 행자 교육에서 수계자들에게 이 찬불송을 읽게
했을 정도로 묘엄이 중요시한 책이다. 또한 불교방송(BBS) 경
전 공부 시간을 통해서도 이 책을 강의해 불자들이 발심할
수 있도록 이끌었다.

묘엄은 제자들에게 경학, 참선, 계율의 삼학을 고루 갖춘
수행자가 될 것을 당부했는데, 무엇보다 참선 수행을 강조했
다. 출가자가 참선을 하지 않으면 수행자가 아니라고 가르쳤
기에 자연스레 학인들은 4학년이 되면 졸업하자마자 걸망을
짊어지고 선방으로 갈 결심을 굳히곤 했다.

첫 입학생들의 졸업이 가까워질 무렵 묘엄은 그들을 방으
로 불렀다. 손수 재단해서 걸망을 만들어 선물하며 걸망이
떨어지도록 수행 정진하라고 격려했다. 그들은 발우와 책, 옷
등을 다 넣어도 될 정도로 큼직한 걸망에 "삶의 매 순간 자성
(참나)에 대한 회광반조回光返照의 수행이 흐르도록 하라"는 묘
엄의 당부를 함께 넣었다.

묘엄은 첫 졸업생들에게 생활에서 지켜야 하는 두 가지를
당부하기도 했다.

"아무리 시대가 바뀌고 좋아졌다고 하지만, 너희들은 칠락팔락 승려로서 음식점에 가지 마라. 그러면 아무리 가려 먹어도 속인들은 중이 고기 먹으러 음식점에 간다고본다. 어쩔 수 없는 경우를 제외하고는 음식점은 되도록들락거리지 마라. 그리고 언제든지 다른 절에 들를 때는꼭 대가사를 걸망에 챙겨 가지고 다녀라. 큰 법당에 들르면 대가사를 수하고 부처님께 삼배를 올려라. 두루마기바람으로 법당에서 부처님께 절을 하는 것은 스님들의 위의가 아니니 삼가라."

졸업생들은 어디에 살던 수행자로서의 본분을 잃지 말라는 가르침으로 받아들여 실천했다. 멀리 외국에 나갔다가 들어올 때도 몸에 지니는 가방에 대가사를 반드시 챙겨 넣었다.

묘엄은 메모를 생활화했다. 사용할 수 있는 이면지나 벽지,편지봉투를 메모지로 만들어 생각나는 대로 계율, 기행문, 단상들을 적었다. 메모의 내용을 살펴보면, 묘엄은 늘 제자들을비롯한 대중들에 대한 교화에 마음이 있었던 것 같다.

졸업생에게
성공·행복은 내 몸 가까이에 가득히 있습니다. 바로 볼줄 아는 안목을 여는 것이 깨달음이라 할 수 있습니다. 떠들지 말고 당황하지 않고 굳게 대지를 딛고 승려가 갈 길을 가야 합니다. 졸업생 여러분, 10년 후 뒤를 돌아볼 때 내가 왜 그때 아무것도 하지 아니하고 그냥 놀았나 하고 후회하지 말기를 바랍니다.

졸업하였다고 안이하게 지내지 말고 참선을 열심히 하거나 경전을 다시 연구 또 연구하여 종통 설통 구족한 수행생활 하기를 재삼 부탁하며 부처님 제자로서 무엇인가를 해내는 승려가 되어주기를 바라마지 않습니다. 우리 부처님과 역대 조사도 다 해내신 분들입니다.

원願에는 세 가지 조건이 필요합니다. 첫째 그 원에 전심전력해야 합니다. 온몸과 마음을 쏟을 수 있는 의미 있는 열렬한 것이어야 하고, 그리고 원이 반드시 이루어진다고 항상 자기 자신에게 타이릅니다. 둘째는 원이 달성되기 위해서는 온갖 노력을 다 바쳐야 하고, 셋째는 시간이 걸리는 것을 싫어하지 않고 세월이 걸려도 체념하지 말고 끈기 있게 강한 희망을 가지는 것입니다. 첫째는 심적 에너지요, 둘째는 육체적 에너지요, 셋째는 시간 에너지입니다.

정직하게 사는 것과 거짓되게 사는 것에 대하여 스스로 인식하지 못하고 사는 인생이 많다. 거짓되게 사는 사람은 공통된 특징이 있다. 그들은 전부 세상적(현실적)인 척

正道에 사는걸라
거 옳되게 사는 것에 대하여
스스로가 인식지 못하고 사는
人生이 많다
거 옳되게 사는 사람은 共通點이
특징이 있다 그들은 전부
반드시인 (現實的)것을 척도로 기준을
삼는다

묘엄은 메모를 생활화했다.
생각나는 대로 이면지나 벽지,
편지 봉투 빈 곳에
계율, 기행문, 단상들을 적었다.

도로 기준을 삼는다.

묘엄은 제자들에게 '천리안'이라는 별명을 얻었다. 제자들이 사회로 나가 멀리 있거나 수계산림 계단戒壇에서 활동할 때도 계속 관찰하고 지도한다고 해서 얻은 별명이다. 자신의 별명이 천리안이라는 말을 전해 들은 묘엄은 이렇게 말했다고 한다.

"나는 도통道通을 안 했어도 심통心通은 가지고 있어!"

포살과
계율 수지

예나 지금이나 봉녕사는 선과 교와 율이 하나가 되어 흐르는 도량이다. 수행자는 어느 위치에 있든 선·교·율을 하나로 통하게 해야 한다는 묘엄의 사상이 철저히 실천되고 있다. 묘엄은 수시로 이렇게 강조했다.

"계정혜는 서로 다르지 않은 관계다. 지혜가 열려서 깨침의 경지에 이르면 자연히 산란한 마음이 조정되고 몸가짐이 바르게 된다. 또 행동을 조심함으로써 마음이 안정되고 생활 전면이 각성되게 한다. 역대 조사 스님들 가운데 계율을 지키지 않고 음식을 함부로 취하면서《전등록》에 오른 분은 한 분도 없다."

강원을 개원하면서 매월 음력 보름과 그믐날에는《범망경
보살계포살본梵網經菩薩戒布薩本》과《사미니율의포살본沙彌尼律
儀布薩本》으로 번갈아 포살布薩을 실시했다. 포살은 같은 경내
에 있는 수행자 전원이 보름마다 한곳에 모여서 정기적으로
계를 설하며 계율의 실천 여부를 점검하는 자리다.

청정성 회복으로 말미암아 청정 승가를 이루는 원동력이
되며, 그 힘으로 승가 전체의 화합을 이끌어내므로, 포살은
근본적으로 청정과 화합이라는 의미를 함축하고 있는 중요
한 승가의식이다. '화합포살갈마和合布薩羯磨'라고도 불리는 이
의식은 부처님 당시에 정형화되어 현대의 승가까지 이어지고
있다.

묘엄은 강원을 개원한 처음부터 사미니 학인의 위계에 맞
게 사미니계로 포살하도록 했다. 법사(율사)만 대표로 계목戒

目을 읽는 형식에서 벗어나 전 대중이 함께 읽도록 해서 대중의 화합과 자기 점검 정신을 고취시켰다. 2006년 5월부터는 《비구니계포살본》을 간행하고 비구니 포살도 시작했으며, 2016년부터는 식차마나니 포살도 개별적으로 진행하고 있다.

계율 수지를 내면화하여 삶의 모든 면을 다스리는 제2의 천성이 되도록 하라는 자운의 가르침을 받은 묘엄은 학인들에게 계율를 강조하고 철저히 가르쳤다. 율장의 내용대로 산 수행자로 평가받고 있는 묘엄은 일상에서 출가자가 기본적으로 지녀야 할 사상과 몸가짐에 대해 이렇게 말했다.

> "출가자는 역대 부처님과 조사들이 수행해온 사상 그대로를 배워야 한다. 사상이란 올바른 견해를 가지고 있는 사람들과 함께 생활하며 영향을 받아 형성되는 것이다. 그러므로 초발심자들은 사상이 좋은 사람들과 함께 생활하면서 자기도 모르게 물들임을 하는 것이 무엇보다 중요하다."

묘엄이 성철과 청담, 자운, 운허 등 훌륭한 선지식들에게 물들었듯 봉녕사 학인들은 묘엄의 이러한 사상과 행위에 물들어갔다.

계戒는 그릇됨을 막고 악을 그치려고 하는 마음의 자발적인 힘, 곧 자율적이며 내면적 습관과 성격을 의미한다. 율律은

봉녕사 포살은
법사만 대표로
계목을 읽는 형식에서
벗어나 전 대중이
함께 읽도록 해서
대중의 화합과
자기 점검 정신을
고취시켰다.

강제적이고 외면적인 조복과 징벌을 의미한다. 불교는 계정혜 삼학을 수행의 근본으로 한다. 계를 익힘으로써 정에 오래 머물 수 있고, 정을 잘 닦은 까닭에 깨끗한 지혜가 나오며, 지혜로 인해 탐진치 삼독에서 벗어나는 것이다.

신구의身口意(행위와 말과 뜻)의 삼업을 엄격하게 다스리는 것이 부처가 되는 길이니, 대승의 삼취정계三聚淨戒에 의거해 계행을 지켜나갈 것을 간곡히 당부했다. 아울러 자기 마음속에 있는 삼보, 즉 자성계自性戒에 입각해서 계행을 실천하라고도 강조했다.

"불교라는 것은 자기 단속이라 할 수 있고, 이것은 계행으로 구체화된다. 형상과 수명이 다하도록 지키는 계(盡形壽戒)는 형식적인 계다. 그러나 불보살이 지키는 계는 마음

의 계이며 과거와 현재, 미래에 세세생생 지키는 자성계
다. 참으로 계행을 지켜나가는 것은 계를 지킨다는 생각
도 없이 일상에서 지켜가는 것이다. 저절로 자성계를 지녀
야 하는 것이다. 그것은 내 마음의 삼보를 개척하는 것과
같은 것이며 바른 안목으로 가는 길이다. 매 순간 계행을
실천하는 일은 다만 내 마음속의 삼보를 개척하는 일이라
고 말할 수 있다."

세속에서 오랫동안 익혀온 여성 특유의 습관을 경계하라
고 가르쳤으며, 여법如法하고 율에 맞는(如律) 언행을 하라고
가르쳤다.

묘엄은, 계율이 선정과 지혜를 통해 해탈을 이루기를 서원
하며 정진하는 수행자들에게 수행의 출발점이자 기초이므로,
계가 흔들리면 수행이 흔들리고 바른 선정과 지혜를 기대하
기 어렵다면서 후학들로 하여금 계를 철저히 지키도록 솔선
수범하며 가르쳤다.

봉녕사에 목욕탕 시설이 없던 강원 초창기 어느 날의 일
이다. 신도 가운데 대중목욕탕을 경영하는 사람이 매달 한
두 번 스님들을 위해 목욕탕을 비워주었다. 학인들은 그날이
되면 흙길을 걸어 시내 목욕탕으로 갔는데, 버스가 흙먼지를
일으키며 지나가곤 했다. 학인들은 버스가 오면 흙먼지를 피

하기 위해 버스가 오는 방향으로 뒤돌아보며 길을 걸었다. 학인들을 뒤따라가며 이 모습을 지켜본 묘엄은 그날 오후 이렇게 꾸중했다.

"보따리를 든 스님들이 일제히 뒤를 바라보는 모양이 참으로 가관이더구나. 버스에 탄 사람들이 너희를 다 쳐다보는데 수행자들의 위의가 그래서야 되겠느냐. 경전에도 선재동자가 문수보살을 찾아가자 문수보살께서 상왕회선象王回旋하듯 위엄 있는 모습으로 선재동자를 맞이했다고 하지 않나. 몸을 돌릴 때는 코끼리 왕처럼 고개를 바로 돌리지 말고 몸까지 천천히 돌려라. 행위에 마음이 담긴 것이다. 마음을 관찰하지 않기 때문에 몸을 함부로 하며 행동하는 것이다. 승려가 위의를 지키지 않고 가볍게 행동하는 것은 복을 감하는 일이다. 위의가 있음으로 해서 성직자들이 존경받는 것이야. 위의에 신구의 세 가지 업도 있고, 의식주가 그에 들어 있다는 것을 명심해라."

하루는 묘엄이 외출하는 학인에게 물었다.
"어디 가나?"
"아르바이트하러 갑니다."
어느 절 행사에 의식을 도와주러 간다는 뜻으로 대답한

것이었는데, 그날 행사에 다녀온 학인은 일주일 동안 정학에 처해졌다. 예경禮敬을 하러 나간다고 해도 시원찮을 마당에 마치 돈을 벌기 위해 아르바이트하러 간다는 말이 어떻게 수행자의 입에서 나올 수 있느냐는 것이 경책 이유였다.

"방에서 이야기하는 소리나 웃음소리가 문밖으로 나가게 해서는 안 된다. 웃음소리를 내더라도 간격을 두어 삼박자로 내라."

봉녕사의 규율은 엄격했다. 학인과 신도들이 도량에서 사사로운 잡담을 하면 일주일 동안 정랑(화장실) 청소를 벌칙으로 내렸다. 자신의 신분을 잊은 채 도량 내에서 떠드는 것을 경계시킨 것이다. 빨래를 바르게 너는 법까지도 가르쳤다.

"계행은 자기 단속이야. 특히 수행 초기에는 스스로는 물론 타인의 시선에서 깨끗한 이미지를 가져야 해. 자신의 이미지는 스스로 만드는 거야. 어떤 경우에도 '저 사람은 왜 저럴까' 하는 의심이나 혐오감을 주는 일은 애초에 하지 않도록 해야 돼. 그렇게 하려면 계율 실천을 습관화하는 것이 필요하다. 신사도紳士道를 익히면 몸에 배는 것처럼, 계율도 마음의 수행을 잘해서 습관으로 들여야 해. 밥을 먹을 때도 여기저기 헤쳐 먹지 말고 앞쪽에서부터 먹어라. 도둑처럼 훔치는 마음이 있기 때문에 앞엣것을 감추어놓고 뒷엣것부터 먹는 거야. 먹고 나서는 꼭꼭 눌러 다독여놓아라. 마지막 한 숟갈이 남을 때까지 새로 막 밥을 퍼온 것처럼 해서 꼭꼭 다독이고 눌러 먹어라."

젊은 학인들이 소리 내어 웃으면 "웃음을 마음껏 내뱉어서는 안 된다. 설사 웃더라도 희로애락을 형색에 나타내지 말라"고 했고, 졸음을 견디지 못해 하품을 하는 학인에게 "하품도 삼킬 줄 알아야 한다. 설사 삼켜지지 않거들랑 소매로 가리고 하라. 그게 상대방에 대한 예의다"라고 가르쳤다.

크게 말하지 않고 빨래를 잘 너는 것만이 지계가 아니며, 음주하지 않고 오신채를 먹지 않는 것만이 지계는 아니다. 그러나 이렇게 작은 생활습관, 즉 승려로서의 기본 의식주도 소소한 계라 생각하여 실천하지 못하면 더 큰 계는 어떻게 지키겠느냐 하는 가르침이었다.

계율의 전통을 한 치의 오차도 없이 지켜나가는 도량에서 교육받은 학인들은 졸업 후에 어느 절에 가서 생활해도 봉녕사 출신이라는 것이 알려지면 대접이 달라졌다고 한다. 계율을 철저히 지키는 도량, 훌륭한 스승 아래서 교육을 잘 받은 제자라는 신뢰가 있었기 때문이다. 모두가 묘엄이 만들어낸 봉녕사의 위엄이었다.

2008년 〈포살법〉 법제화 이후 그간의 포살법 시행 현황과 성과를 고찰한 자료에 실린 '25교구 본사 및 말사의 포살 현황 조사표'(정관, 2020)에 따르면, 기본 교육기관을 운영하는 비구니 말사 가운데 보름마다 포살을 실시하고 보살계 포살 과 비구니계·식차마나니계·사미니계 포살이 각각 체계적으 로 이루어지며 율장에 따라 포살의식 전에 범계犯戒에 대한 자발적 고백과 발로發露 참회를 통해 청정성을 회복하는 곳은 봉녕사가 유일했다고 한다. 묘엄의 투철한 계법 수지의 원력 으로 지금까지 여법하게 포살이 시행되고 있는 것이다.

세상에서
가장 아름다운
옷

봉녕사승가대학을 운영하며 계율의 전통을 철저히 지킨 묘엄은, 혹여 수정할 것이 있으면 그 자리에서 고쳐나가며 규칙을 정립해나갔다. 그러던 어느 날, 강사이자 율사인 고산杲山(1933~2021)이 수원을 지나다 봉녕사를 방문했다. 두 사람은 승가의 교육자이자 수계산림의 계단을 이끌어가는 지도자로서 교유해오던 터였다. 하루를 묵으며 아침과 저녁예불에 대종大鐘 치는 것을 듣고 묘엄에게 물었다.

　"어젯밤과 오늘 새벽에 대종 치는 것을 들으니 서른세 번을 치던데 왜 그렇게 치십니까?"

　"제석천이 다스리는 33천의 하늘을 뜻하는 것으로 알고 있습니다."

"《석문의범釋門儀範》과《능엄경》에 보면 아침에는 스물여덟 번(28추)을 치고 저녁에는 서른여섯 번을 치는 것으로 나옵니다. 바꾸는 게 좋을 것 같습니다."

묘엄이 소임자를 불러 녹음기를 가져오게 했다.

"방금 말씀하신 내용을 다시 말씀해주세요."

"아침에는 욕계欲界·색계色界·무색계無色界인 삼계와 이십오유二十五有 중생을 합해서 스물여덟 번을 치는 것이고, 저녁에는 삼계, 이십오유, 사주四洲(수미산을 중심으로 사방에 있는 네 개의 섬), 지옥·아귀·아수라·축생의 사악취四惡趣를 합하여 서른여섯 번을 치는 겁니다. 천상에서부터 모든 중생을 제도해 내려온다는 뜻이 담겨 있습니다."

묘엄은 곧 이를 반영해 아침과 저녁예불에 시행하게 했다.

《석문의범》과《화엄경》을 비롯해《능엄경》과《원각경》을 외우고 기독교의 신약과 구약서까지 모두 통달해 있던 고산에게 "어떻게 그렇게 다 외우십까" 하고 물었던 묘엄은 그 후에도 고산을 여러 번 초청해 보살계 법문을 부탁했다. 평소 묘엄을 일러 '이 시대의 일대 비구니 강사이자 율사'라고 평한 고산은 묘엄이 입적했을 때 조문하고 영결식에서 조사를 읽었다. 2018년 묘엄의 부도와 행적비가 봉녕사에 세워졌을 때는 비문과 찬讚을 쓰기도 했다.

묘엄은 일정한 규칙을 만들어 그 틀 안에 넣으려 하지 않고 융통성 있게 규율을 적용했다. 본인에겐 철저했으나 지도할 때는 누구보다 자비로웠다. 학인이 잘못을 해서 규칙에 따라 벌을 내려야 할 때도 있었다. 그때 묘엄은 한 사람에게 과한 짐을 주면 안 된다고 하면서 짐을 나누어지게 했고, 다시 일어설 수 있도록 자비와 덕으로 지도했다.

◎

하루는 한 학인이 보고 싶은 영화가 있어 아무도 모르게 수원 시내에 있는 영화관에 갔다. 그 모습을 보고 봉녕사 신도였던 극장 주인이 묘엄에게 전화를 했다.

"여기 봉녕사 스님이 영화 구경을 왔어요."

즉시 대중공사가 열렸다. 어떻게 밖으로부터 이런 전화를 받게 하느냐, 왜 극장에 갔느냐 하는 꾸중은 나중이었다. 묘엄은 승려가 영화관에 가면 안 되는 이유부터 설명했다.

"아직 마음이 제어가 안 된 초심자인 너희들이 세속의 영화를 보면 감정에 휘둘릴 수가 있어. 감정의 동요가 없을 자신이 있으면 영화를 보러 가도 좋아. 그러나 자신이 없으면 여기서 영화관에 가지 않겠다고 모두 맹세해라."

대중공사 자리에 있던 학인들은 모두 숙연해져 저마다 마음자리가 얼마나 돈독한지 돌아봤고 극장에 가지 않겠다고 맹세했다.

또한 승려로서 지녀야 할 자부심에 대해서는, 노스님들을 모시며 공부하느라 애쓰는 시자를 불러 이렇게 가르쳤다.

"당당하게 살아라. 승려의 '승僧' 자는 사람 '인人' 변에 일찍 '증曾' 자가 합해진 글자야. 이는 승려들은 일반 사람보다 먼저 사람이 되었다는 뜻이지. 승려는 그러한 자부심을 가지고 살아야 한다. 그렇다고 해서 건방지게 살라는 건 아니야. 출가 수행자는 생사해탈을 해서 중생을 구제하기 위해 집을 나온 사람들이다. 한시도 이러한 출가의 목적을 잊어서는 안 돼. 세밀하게 일하고 마음을 낮추어 어른을 모시되 장부의 당당한 마음을 가지고 공부해라."

묘엄은 강원 초기, 학인들이 4학년 2학기가 되면 한 철은 신입생들을 가르치고 졸업하게 하는 관행을 만들었다. 후배를 가르칠 정도로 습의와 교리에 대해서 철저히 알아야 한다는 생각에서였다.

봉녕사 강원에 재학 중인 모든 학년의 학인들을 한군데 모아놓고 《사미니율의》를 가르치는 통합 강의를 했다. 계율

봉녕사 율원 스님들과 함께

을 공부하고 나서 그 중요성을 체득한 다음 구족계를 받고
졸업했다. 계율에 대한 평소의 소신을 지킨 것이며 그러한 소
신이 봉녕사의 전통이 되었다.

　다변하지 않고 늘 조용했던 묘엄은 후학들에게 호랑이처
럼 무섭다는 말을 듣기도 했다. 그러나 강의, 특히 계율을 강
의할 때는 유머를 풍부하게 구사해 다른 도량에서 온 학인들
도 묘엄의 계율 강의를 듣고는 탄복했다고 한다. 묘엄은 계단
에서 교수사로 율장을 설명할 때도 쉽고 재미있게 했다. 풍부
한 경험을 들려주었기 때문에 학인들의 웃음소리가 그치지
않았다는 것이다.

"청정한 계율을 지켜야 하는 비구니의 위상을 강조하시면서 도력보다 위의가 중요하다는 말씀과 함께 청정한 비구니 스님의 먹물 옷이 세상에서 가장 아름다운 옷이라고 하셨다. 항상 본연의 자리에서 행동거지를 살피고 잘못된 점이 있으면 스스로 부끄러워할 줄 알며, 스스로 참회할 줄 아는 사람들이 가장 아름다운 옷을 입은 귀한 사람이라고 하셨다."

─자연(봉녕사 주지 역임)

맑은 가난
속에서

묘엄은 촌음을 아껴 쓰며 학업에 전념하는 학인들을 바라볼 때마다 가슴이 뻐근해지는 기쁨을 느꼈다. 그러나 봉녕사 초기 시절, 학인들의 숫자는 날로 늘어가는데 봉녕사 생활은 여전히 어려워 부식비를 마련하기도 힘든 형편이었다. 빠듯한 사찰 재정 탓에 젊은 학인들이 건더기가 넉넉히 들어간 된장국조차 먹지 못하는 것이 늘 안타까웠다. 학인들은 수행자만이 누릴 수 있는 맑은 가난을 마음껏 구가하며 공부에 전념하고 있었으나 강원을 운영하는 책임자로서는 마음 시린 일이었다.

어느 날 공양 때가 지났는데 어디선가 국수 삶는 냄새가 솔솔 풍겨왔다. 묘엄이 냄새나는 곳을 따라 가보니 부엌 안에서 학인 몇몇이 국수를 삶고 있었다. 별다른 간식거리가 없으니 국수를 삶아 먹으려 했던 것이다. 묘엄의 출연에 놀란 학인들이 머쓱해 하는 가운데 묘엄이 상 앞으로 다가섰다.

"나도 같이 먹자."

그날 이후 묘엄은 마음이 더 쓰려왔다. 고심 끝에 여성 신도 한 사람(원력화)을 방으로 불렀다. 마을 밭에 널려 있는 들깻잎이나 고구마 순, 풋고추 등 주인이 거둬가고 남은 것을 좀 얻었으면 하는 마음이 들었던 것이다. 원력화는 수원 인근의 수지에서부터 두어 시간을 걸어와 법회에 참석하는 신심 깊은 신도였다.

"보살님은 농사를 짓습니까?"

"저희 집의 것도 짓고 남의 땅도 빌려서 짓고 있어요."

"절이 어려워서 학인 스님들이 먹을 것이 없어요. 밥은 그런대로 해 먹지만 반찬이 없어서 그런데, 밭에 있는 것을 얻을 수 있겠습니까?"

"예, 그건 제가 할 수 있습니다."

가을이 되자 그녀는 학인 30여 명을 트럭에 태우고 수확 후 밭에 버려진 채소들을 주웠다. 학인들은 새참으로 5원짜리 빵 한 개와 사이다를 얻어먹으며 마냥 즐거워했다. 살림이 어려워 빵을 두 개씩 사주지 못한 그녀의 속사정을 아는지 모르는지 소풍이라도 온 것처럼 마냥 즐겁게 일했다. 학인들

묘엄은 시주의 은혜에 대해 강조했다. 쌀 한 톨에도 수많은 이들의 정성이 들어가 있으
며 그것을 모르고 살면 안 된다고 간곡하게 말하곤 했다.

은 그날 얻은 채소를 가지고 절로 돌아와 반찬을 만들어 상
에 올렸다. 그 일은 봉녕사가 형편이 나아질 때까지 몇 년 동
안 가을 울력 행사가 되었다.

원력화는 동네 하천 둑에 수백 그루의 호박 묘종을 잘 키
워서 가을에 몇 트럭으로 호박을 실어 봉녕사에 가져다놓았
다. 그 호박이 겨우내 봉녕사 대중들의 찬이 되었을 만큼 어
렵게 살던 때였다.

몇 년 뒤 봉녕사에 밭이 생겼다. 지금 절 입구의 주차장과
사찰음식교육관(금비라) 자리에 밭농사를 짓게 된 것이다. 묘

엄은 원력화를 불러 그 밭에 농사를 지어달라고 부탁했다. 남의 밭에서 채소를 얻지 않고 사찰 안에서 농사를 짓게 된 역사적인 순간이었다. 그녀는 학인들을 데리고 고추 600포기를 모종해서 심고, 배추 4,000포기를 심었다. 고추와 배추가 잘 자라 수확을 하게 되자 묘엄의 입가에도 저절로 미소가 머금어졌다.

"지금껏 여기저기에서 얻어먹기만 했는데, 농사가 잘되었으니 우리도 다른 절에 수확한 채소를 나누어봅시다."

시장을 보지 않고 자체 울력으로 채소를 가꾸어 먹자 살림에도 한결 도움이 되었다. 묘엄은 자주 밭에 나가 대중들의 먹거리를 위해 농작물을 기르고 농사짓는 것을 불사로 여기는 원력화에게 고마움을 표했다.

"내가 특허했으니 원력화 보살은 이제부터 봉녕사 농림부 장관이야."

그 뒤 학인들은 후원 뒤 언덕에 표고버섯을 직접 재배하고 수확하기도 했다.

묘엄은 자주 시주의 은혜에 대한 고마움을 법문 때 강조했다. 쌀 한 톨에도 수많은 이들의 정성이 들어가 있으며 그것을 모르고 살면 안 된다고 간곡하게 말하곤 했다.

"강원 초기의 가난한 생활은 말로 다 담을 수가 없다. 가

봉녕사 초기 시절, 생활이 어려워 부식비 마련도 힘들었다.
맑은 가난 속에서 계율을 철저히 지키며 대중과 함께 울력했다.

사를 수하고 법당에 오를 때면 부엌에서 솔솔 풍기는 강
된장 냄새를 잊을 수 없다. 예불 뒤 발우를 펴고 앉아 먹
는 아침 공양은 꿀맛이었다. 학인들은 라면도 먹지 않을
만큼 계율을 철저히 지켰다. 고급 빵이 대중공양으로 들
어와도 계란이 들어 있다는 이유로 손을 대지 않았다. 음
식에는 오신채를 넣지 않았다. 가난했기에 공부다운 공부
를 할 수 있던 시절이었다."

― 법중(봉녕사승가대학 1회 졸업생, 위봉사 주지 역임)

"1971년 12월, 고3 마지막 수업을 마치고 스님인 아버지의 안내로 봉녕사에 들어와 묘엄 스님을 은사로 출가했다. 칠성각을 뜯어서 지은 작은 거처에 머물며 스님께 《치문》과 《초발심자경문》을 배웠다. 전기가 들어오기 전이라 글을 읽을 때만 초를 켜고 평소에는 호롱불을 켰다. 가을이 되면 양식이 떨어져 자주 국수를 삶아 먹곤 했다. 양식을 아끼려고 돌절구에 보리쌀을 찧어 쌀에 넣어 밥을 지었다. 출가한 사람은 생각과 생활이 다른 사람과 달라야 한다면서 공부는 하루아침에 이루어지지 않으니 꾸준히 공부하라고 하셨다. 선을 기초로 공부하라는 말씀을 자주 하시면서 출가 수행자에 걸맞은 세계관과 인생관을 확고하게 가져야 한다고 가르치셨다. 동국대와 강원 공부를 마치고 수덕사 견성암에서 첫 철을 지내면서 스님께서 왜 그렇게 선 공부를 강조하셨는지 알 수 있었다."

— 진상(봉녕사 주지)

묘엄의
교수법

묘엄이 고희를 앞두고 봉녕사 강원 운영 시절을 회고하며 한 말이다.

> "모든 강당마다 어찌 하면 많이 아는 학인들을 낼까 고민을 하고 노력에 노력을 거듭하는데, 참 그기 어려워. 봉 한 마리 나기가 어렵다꼬."

이처럼 묘엄은 어떻게 하면 실력이 출중한 학인들을 배출해낼까 고민했다. 쉬운 일이 아니었다. 그러나 포기하지 않고 교육자로서 배우는 사람보다 더 성실한 자세를 견지했다. 예전에 운허와 경봉이 자신에게 그랬듯이 묘엄은 학인들을 격려하며 노력을 거듭했다.

묘엄이 수업 방식으로 택한 것은 정통 강원의 교수법인 자기 이력履歷을 보게 하는 것이었다. 치문반과 사집반의 수업 방식은 다르다. 《치문》은 강사가 설명하면서 가르치고, 사집반부터는 학인들이 새긴다. 강사는 그들이 정확히 알고 있는지 확인하기 위해 질문을 던진다. 엉뚱한 소리를 하면 바르게 알려준다. 강사가 일방적으로 주입하는 방식이 아닌 학인들의 내면에 있는 것을 빼내는 방식이다. 이를 '이력을 본다'고 한다. 지금까지 밟아온 경력을 표현하는 단계다.

학인들에게 "강의를 받는가, 이력을 보는가"라고 묻는 경우가 있는데, 이는 강사가 설명해주는 것을 듣거나 모르는 것을 묻는 단계인지, 자신이 밟아온 경력을 강사 앞에서 표현하는 단계인지를 묻는 것이다. 내면에 숨겨진 것을 표현하는 이력을 보는 방식은 수준이 높은 교수법에 해당된다.

시간이 흐르면서 한문을 잘 모르는 세대들이 강원에 입학하기 시작했다. 한문으로 된 경전을 이해하는 데 어려움을 겪자 묘엄은 다음과 같이 말하며 그들을 격려했다.

"신통하게도 어려운 것을 자꾸 읽으면 저절로 새겨져. 한문으로 읽어서 문구들이 입에 익으면 동시 번역이 돼. 한문 문구를 입으로 외우면 속으로 한글 의미가 새겨지는 것이다. 그렇게 되기까지는 어렵지만 노력하다 보면 저절로 될 때가 있으니 오로지 성실하게 노력해라."

겉으로는 단순한 한문 문장으로 보이지만 그 속에 담긴 풍요로운 깊은 뜻을 스스로 음미하게 한 것이다. 한문은 솟아나는 우물과 같아서 읽을 때마다 새로운 의미가 발견된다. 씹을수록 깊은 맛이 나오는 것이다. 반면에 해석해놓은 경전은 읽으면 그만이기에 남는 게 없다.

《치문》을 배우는 날에는 날마다 강講을 받았다. 전날 배운 내용을 외우지 못하는 학인이 한 사람이라도 있으면 그날 강의를 폐하고 해당 학인은 물론 해당 반 학인 모두 강의실에서 쫓겨났다. 외우지 못해 쫓겨난 학인은 날이 저물도록 마당에 서서 외우지 못한 것을 외웠다. 윗반의 선배 학인들이 방에도 들어오지 못하게 했기 때문이다. 구식의 교육 방법 같긴 해도 효력이 있었다. 그렇게 외워서 다음 날 수업 때는 능숙하게 외우곤 했다. 한문을 잘 모르는 세대의 학인들도 치문반을 마치고 나면 사집반부터는 논강을 할 수 있을 정도로 실력이 늘어나 있었다.

묘엄은 사교 중《능엄경》까지 외워서 강을 바치던 자신의 학인 시절을 얘기해주었다.

"으레 해야 하는 걸로 생각하고 밤을 새워서 외웠어. 외워
도 뜻을 모르겠으면 운허 스님이 설명하신 것을 기억해내
고 노트에 기록해놓은 것을 들여다보고 또 들여다봤지.
강사 스님이 어느 쪽으로 어떻게 물을지 몰라 수없이 보
고 또 보았어. 호롱불 밑에서 콧구멍이 새카매지도록."

한글을 읽을 줄 모르고 출가한 사람도 더러 있었다. 묘엄
은 직접 철자법부터 가르쳐가며 경전 공부를 지도했다. 묘엄
은 자주 학인들에게 이렇게 말했다.

"글 무식하고는 살아도 인人(사람) 무식하고는 살 수 없다
는 옛말이 있잖아. 글을 몰라 무식한 것은 가르쳐서 살면
되지만 사람의 도리를 모르는 사람하고는 살 수 없다고
했어. 수행자는 일반 사람들보다 사람의 도리를 지키며
살아야 하는 것에 몇 발자국 앞장서야 해."

그리고 경을 공부하는 방법은 사무치게 외우는 것에 있다
고 가르쳤다.

"우리가 삶을 마치는 순간, 그 육신의 고통으로 인해 그동
안 배우고 익힌 모든 것을 잊어버리고, 또 그동안 수행했

던 힘이 어디 갔는지 모를 수가 있어. 사무치게 외워야 내 것이 되어 다음 생을 받을 때도 다시 공부를 시작할 수 있는 좋은 인연이 되게 할 수 있다."

스승에게 물어
강의하다

중강이나 강사가 스승에게 물어 학인들에게 강의하는 것을 문강問講이라 한다. 이 문강은 묘엄의 회상에서 이루어지던 가장 특징적인 교수법이다. 이는 스승의 깊은 실력과 후학들에 대한 사랑이 없으면 불가능한 수업이다.

묘엄은 졸업을 앞둔 학인들에게 봉녕사 강원에서 배웠으니 배운 만큼 후학들에게 회향해야 한다며 중강을 맡게 했다. 중강들은 학인들을 가르치기 전에 묘엄에게 문강을 받았다. 묘엄이 중강들에게 한 강의는 선의 관점에서 경전을 본 수행자만이 내놓을 수 있는 것이었다. 그들은 의문 나는 내용을 미리 물어 정확히 파악한 다음 강의에 들어갔다. 묘엄 자신이 스승들에게 익힌 전통 교육 방식으로, 책임감 있게 강

중강과 강사들은
묘엄에게 문강하며
강의를 준비하고
학인들을 가르쳤다.

사를 키우는 방식이기도 했다. 중강과 강사들에게는 묘엄에
게 문강하며 배운 시간들이 더 없는 행운이었다고 한다.

봉녕사의 중강들은 다음 날 가르칠 내용을 밤새 익혔다.
경전에 나오는 인용구들을 도서관에서 찾고, 공적인 시간이
끝나는 오후 7시부터는 아예 사발시계를 엎어놓은 채 서너
줄의 경문을 가르치기 위해 시간을 잊고 강의를 준비했다. 글
을 읽다가 애매한 부분을 만나면 그들은 묘엄을 찾았다.

묘엄 스님의 경전에 대한 해석은 강사와 선사 두 가지 풀
이 방법으로 진행되었다. 먼저 강사로서 사전적 해석을 했다.
그러고 나서 "이렇게 강사가 하는 식으로만 풀이해서는 안 된
다"고 하고는 선지적禪旨的 해석으로 들어갔다. 묘엄이 선지적
으로 해석을 하면 글 안에 담긴 진의가 드러났다.

묘엄이 잘못된 것을 지적해 토씨 하나만 바꾸었을 뿐인데

도 내용이 전혀 달라졌다. 부연 설명이 길어지는 날은 금세 한두 시간이 흘렀다. 어떤 중강은 모든 것을 녹음해두었다가 방으로 돌아와 지적당한 부분과 보완 설명을 두세 번 더 듣기도 했는데, 들으면 들을수록 빼어난 안목을 지닌 묘엄의 실력에 감탄하곤 했다.

묘엄은 설명 중간에 운허, 경봉, 성철, 청담 등 자신이 공부한 선지식들에 관한 이야기를 종종 들려주었다. 혜안慧眼과 법안法眼, 불안佛眼을 지닌 부처와도 같았던 그들 선지식에게서 배우고 익힌 것을 묘엄은 아낌없이 드러내놓고 나누었다. 그것은 열네 살에 출가한 그날부터 한 시대를 이끈 선지식들의 회상에서 공부한 묘엄만이 전할 수 있는 방식이었다.

중강들은 그 시간 묘엄이 만난 선지식들의 삶과 사상을, 그리고 인간적인 이야기를 들으면서 간접 체험을 했고, 자신이 걷는 길에 대한 확신과 가치를 더욱더 공고히 했다. 그들은 묘엄에게 익힌 모든 것을 다시 후학들에게 전했다. 명실공히 든든했던 사자전승의 자리였다.

봉녕사 학인들에게 《서장》을 가르치며 묘엄에게 문강한 일연(완주 안심사 주지)은, 강의를 준비하기 위해 하루 서너 시간으로 잠을 줄여가면서 지내던 그 시간들이야말로 환희심에 물든 시절이었다고 회고한다. 석남사에서 3년 결사를 마치고 1986년 봄에 봉녕사로 와서 7년 동안 강사로 있다가 묘엄에

게 전강과 전계를 받은 제자다. 다음은 동학사승가대학장과
주지를 지낸 일연의 증언이다.

"옆방에 묘엄 스님이 계셔도 자신 있게 큰 소리로 강의했
다. 스님은 경전을 가르치는 데 선禪의 관점으로 보았기
때문에 교리와 교학, 선이 순환도로처럼 하나로 소통되었
고 막힘이 없었다. 경전을 주석하는 것이 아니라 선정에
들어 경전을 보셨다. 학문으로 글을 보는 것이 아니라 마
음으로 익힌 선 수행의 경지에서 글을 보는 것처럼 느껴
졌다. 사중이 어려워 공부하기 힘든 환경이었지만 그 가운
데 묘엄 스님은 앉아 계신 모습이 큰 산과 같은 느낌이었
다. 글을 배운 것이 아니라 마음공부를 한 시간이었다."

봉녕사에서 10여 년 동안 강사직에 있으며 문강한 대우(괴
산 남화사 주지)는 당시를 이렇게 회상한다.

"자신의 심리 작용을 세밀히 관찰할 줄 알아야 다른 사
람을 가르칠 수 있다며, 자신의 마음을 제어할 줄 모르고
아무 데나 터놓으면 스스로 구정물이 된다는 말씀을 때
때로 하셨다. 강사들은 마음의 갈등이나 어려운 일이 있
어도 내색을 하지 않고 견디며 해결했다. 세밀한 부분까지

파악하고 낱낱이 지침을 내리는 스승이었다. 묘엄 스님께 문강하면서 경전에 대해 속속들이 알게 되었다. 스님의 강의는 선·교·율이 하나의 순환도로와 같이 일맥상통한 흐름으로 이어졌고, 그 가르침 속엔 출가 수행자로서 살아가는 데 필요한 기본적인 사상이 들어 있었다. 매일매일 감탄하면서 행복한 시간을 보냈다."

대우는 가섭사로 출가해 동학사 강원에서 7년에 걸쳐 대교 과정까지 마친 뒤 재독再讀(이력종장履歷宗匠을 거친 이들이 다시 경전 공부를 하는 것)하며 수학했다. 호경에게 《구사론》과 《유식론》을 배운 뒤 대원사 3년 결사 등 선 수행을 했다. 봉녕사 강사를 그만둔 뒤 중국으로 유학해 율장을 배우고 돌아와 묘엄에게 다시 율장을 배우고 전강과 전계를 받았다.

다음은 묘엄이 운문사에서 강의하던 시절 학인으로 재학했고, 동국대학교와 민족문화추진회 국역연수원을 졸업한 뒤 묘엄이 불러 중강으로 오게 된 도혜의 증언이다.

"중강들이 미리 스님께 가서 모르는 것을 묻고 배운 것이 학인들을 가르치는 데 큰 도움이 되었다. 가까운 거리에서 본 학장 스님은 언제나 거대한 산과 같은 분이었다. 산은 만물을 키워주고, 누구든 산에 와서 나무와 흙을 가져가도 묵묵히 봐준다. 묘엄 스님 또한 표현이 없으시고 묵묵히 산처럼 중심을 잡고 계셨기 때문에 우리 강사들은 분열이 없었고 모두 한마음으로 존경했다."

봉녕사승가대학에서 중강과 강사를 하면서 묘엄에게 문강한 적연(봉녕사 금강율학승가대학원 율주)은 이렇게 말한다.

"모든 과목을 재독再讀해서 학인들을 가르치기 전에 묘엄 학장스님을 찾아 모든 것을 묻고 확인한 뒤 가르쳤다. 선지적 해석으로 경전 내용을 회통한 강의를 듣고 나면 자신감을 가지고 수업을 할 수 있었다. 봉녕사의 강사들은 경전 한 줄도 혼자 생각한 것으로 가르치지 않았기에 자신감을 가지고 수업에 임할 수 있었다."

강맥의
전승

근현대 한국 비구니 가운데 선과 교 한 분야에 일로매진한
인물은 많다. 그러나 묘엄처럼 당대 선지식들에게 선·교·율
을 두루 배우고 철저히 실행해서 세 가지에 능통한 비구니
선지식은 드물다. 더욱이 강원과 율원을 개원해 비구니 강사
와 율사를 배출하는 등 비구니 승가 발전에 큰 영향을 미친
비구니는 더더욱 드물다 할 것이다.

묘엄의 사상은 선·교·율이 융합된 형태였으나 저변으로
관통한 것은 선사상이다. 묘엄은 출가 수행의 목적이 오로지
생사해탈이며, 이를 성취하기 위한 유일하고 근본적인 수행
은 생사발심의 화두 참선이라는 견고한 신념을 가지고 있었
다. 그러면서도 경전과 조사의 가르침을 배제하지 않고 경전

을 통해 부처님과 같은 인생관과 세계관을 확립해야 하며, 마음으로 직관하면서 경전과 논서, 어록, 모든 것이 마음 수행을 위한 길임을 깨닫는 안목을 기르라고 가르쳤다. 계율적 측면 또한 일상에서 계율을 실천하는 것이 곧 계율을 지키는 기본이 된다고 설명했다. 사상적으로는 계상戒相에 얽매이는 것을 경계하고 다만 무심과 대승의 자성계自性戒에 입각해서 계행을 실천하는 것이 진정한 지계라고 강조했다.

특히 평소에 율을 모르면 반쪽 강사밖에 되지 않는다고 하면서 강사들도 참선을 하고 계법을 알아서 선·교·율을 일치해야 한다고 강조한 묘엄은, 1999년 율원을 개원하자마자 봉녕사의 강사들과 절 소임자 전원을 입학시켰다. 그리하여 묘엄에게 수학한 봉녕사 출신들, 특히 봉녕사에서 학인을 가르친 강사들은 선·교·율을 두루 배워 묘엄에게 전강과 전계를 받았다.

1992년 5월, 봉녕사 도서관 개관식에서 일연一衍, 대우大愚, 성학聖學, 도혜道慧, 일운一耘에게 강맥을 전했다. 이들은 묘엄에게 문강을 하고 학인들을 가르친 중강과 강사들이다. 1997년 제2회 전강 때는 탁연卓然과 적연寂然, 2004년 제3회에는 상일祥日, 2007년 제4회에는 본각本覺, 제5회에는 벽공壁悾과 명선明善에게 전강함으로써 총 11명의 강사를 배출했다.

제1회 전강식에서 묘엄에게 전강을 받은 뒤 동학사승가대

1992년 5월,
봉녕사에서 열린
전강식에
사부대중 400여 명이
참석해 전강 제자들을
축하해주었다.

학 학장을 역임하던 당시 일연은, 2002년 묘엄이 참석한 가운데 전강식을 가지고 지광智光, 지우智雨에게 전강했다. 묘엄은 2011년 입적 전에 제1회 전강 제자 중 도혜에게 제2대 학장으로서 후학들의 지도를 당부했는데, 도혜는 2018년 설오說吾, 의천義天, 도연道緣, 법성法性, 효석曉昔 다섯 명에게 전강했다. 이렇듯 강맥이 손자대로 이어져오고 있다.

묘엄은 운허에게서 전강을 받았다. 운허는 스승인 석전 박한영의 강맥을 이어받았다. 석전 박한영은 근대 한국불교를 대표하는 석학으로, 현재 대한불교조계종 사찰승가대학의 강사 절대다수가 그의 강맥을 잇고 있을 만큼 뛰어난 강사였다. 석전 문파에서 작성한 〈불조원류佛祖源流〉에 나오는 석전의 강맥을 보면, 석가모니 부처님에서 시작하여 제57조 태고보우가 해동 원류로, 제63조 청허휴정, 제78조 설유처명, 석전

1992년 5월,
묘엄은 다섯 명에게
전강하였다.

영호가 제79조다. 석전 박한영의 문하에서 운기성원, 운허용하, 운성승희, 고봉태수, 성능복문, 철운종현, 명봉, 학봉 등이 배출되었다.

묘엄의 생애에서 큰 성과 가운데 하나가 한국의 비구니 승가에 비구니 교육자를 배출해낸 것이다. 스물여섯 살에 비구니 강원의 초대강사인 경봉과 당대의 대강백 운허에게 강원의 전체 이력을 배우고 실력을 인정받아 비구니 최초로 전강을 받은 지 35년 만에 강맥을 전한 것이다. 경전을 잘 파악해서 실천하고 다른 사람에게 불교를 알려주는 사람이 되라는 운허의 당부를 받은 묘엄으로서는 감회가 남달랐을 것이다. 봉녕사를 개원한 지 20여 년 만에 처음 열린 전강식에는 비구·비구니·불자 등 사부대중 400여 명이 참석해 전강 제자들을 축하해주었다.

한국불교 전통에서는 전강 의식에 정해진 형식이 따로 없다. 그러나 세월이 흐르는 동안 스승이 전강 제자에게 전강게傳講偈와 강호講號, 발우와 가사, 경전 등을 주며 격식화되었다. 묘엄은 전강 제자들에게《능엄경》과 '아유일권경我有一券經' 게송, 가사를 전하면서 강맥을 전하는 증표로 삼았다. 전강의 증표에는 강백이 제자에게 전하고자 하는 사상의 핵심이 들어 있다. 일평생 가장 좋아했던 경전 중 하나인《능엄경》과 평소 자신이 애송하던 '아유일권경' 게송을 통해 선과 교를 함께 닦으라는 사상을 전한 것이다.

'아유일권경' 게송은 다음과 같다.

나에게 한 권의 경전이 있으니
그 책은 종이와 먹으로 이루어지지 않았네
펼치면 한 글자도 없는데
언제나 대광명 그대로를 발하고 있네
我有一券經 不因紙墨成
展開無一字 常放大光明

우리의 본래면목은 종이에 묵으로 써놓은 언어와 문자로는 알 수 없으므로 경전의 글귀만을 해석하는 강사가 아니라 참선 수행을 통해 자신의 본래면목을 밝혀 항상 그 자리에서 대광명을 발하는 대장경을 설할 줄 아는 강사가 되라는 메시지를 담고 있다. 어느 한 곳으로 치우치지 않게 선과 교를 잘 닦아서 내면적 정신세계를 참구하는 수행자 본연의 자세를 잃지 말고 추구해나갈 것을 당부한 것이다.

　또 자신이 가장 좋아하는 불교 시 가운데 하나인 부설浮雪의 시를 써서 전강의 증표로 주기도 했다. 부설은 신라시대 거사 신분으로 참선 공부에 전념해 깨달음을 얻은 인물로, 수많은 선시를 남겼는데, 묘엄이 내린 시는 〈사부시四浮詩〉 가운데 한 구절이다.

　　설사 설법하기를 구름과 비같이 하여
　　하늘이 꽃비를 내리고 돌이 고개를 끄덕거리더라도
　　온전한 진리를 깨닫지 못하면 생사를 면치 못하나니
　　생각하니 또한 허망한 일이로다
　　假使說法如雲雨 感得天花石點頭
　　乾慧未能免生死 思量也是虛浮浮

　이 시 또한 전강을 받은 제자들이 학문적인 불교 지식에 머물지 않고 참선 수행을 통해 깨달음을 얻기를 바라는 마음이 담겨 있다.

　묘엄이 비구니 제자들에게 전강을 한 의미에 대해 석담은

"한국의 비구니 승단이 교육에 있어 자율성을 확보하고 비구 승단과 동등한 교육의 기회를 누리고 있음을 보여주는 것"이라고 평가한다.

"역대 전강을 받은 강사들이 강석을 열어 후학을 지도하고 종단의 중요 직책을 맡아 한국불교와 한국사회에 기여한 공로를 본다면, 강맥을 통한 사자상승의 영향력은 단순히 교학의 측면을 뛰어넘는다. 나아가 근현대에 이르도록 교육과 그 맥을 계승하는 전강이 비구 강사에 의해 이루어져왔던 시대 상황 속에서 근대의 비구니 교육자였던 금룡과 수옥, 그리고 현대의 묘엄과 명성과 같이 비구니에서 비구니에게로 강맥이 흐르도록 마중물이 되어준 선대 비구니 스승들의 희생과 원력의 가치가 절감된다."
— 도연, 〈세주묘엄 연구〉, 2023

한국비구니대학
초대 학장

묘엄은 불교의 발전과 비구니 승단의 성장을 위해 뛰어난 지도자가 배출되어야 한다는 생각을 잊은 적이 없다. 이는 기필코 공부를 이루어 중생에게 회향하겠다는 서원을 세우고, 힘껏 정진해 인천人天의 사표가 될 수 있는 출중한 지도자로 서는 것이 출가자의 목표임을 가르친 교육자로서의 사명감이었다. 어느덧 지천명의 세월에 와 있는 1981년에 한국비구니대학 학장으로 취임한 것도 이러한 사명감 때문이었다.

한국비구니대학은 전국비구니회(대한불교조계종 전국비구니회 전신)에서 설립을 추진했다. 전국비구니회는 '불교의 현대화를 위한 인재 양성과 시대가 요구하는 포교의 근대화'를 목표로 삼고 출발한 비구니 조직 단체다. 한국전쟁기부터 전국비구니회가 발족되어 활동하던 이 시기는 비구니 승가가 비약적으로 성장·발전한 때로, 묘엄은 이 시기에 적극적으로 활동한 비구니 가운데 중요한 한 사람으로 평가받고 있다.

전국비구니회는 인재 양성을 위해 서울 성라암星羅庵에 한국비구니대학을 설립하고 묘엄을 초대 학장으로 임명했다. 비구니계 원로들에 의해 초대 학장으로 추대된 것은 당시 비구니계에서 실력과 인품 등 모든 면에서 신뢰를 받고 있었다는 것을 반증한다.

1981년 3월 21일 입학식에서 "시대가 바뀌어 불교계에도 유능한 비구니가 출현해야 할 단계에 이르렀다"고 했듯, 묘엄이 학장을 수락한 데는 현대사회에 필요한 능력을 갖춘 비구니 인재를 양성하기 위해서였다. 유능한 비구니들이 배출되어 한국의 여성 불자들을 이끌어가는 지도자 역할을 해야 한다는 한국비구니대학의 설립 의지와도 맥을 같이하고 있다.

전통적인 승가제도 속에서 교육을 받았지만 전통에 얽매이지는 않았던 묘엄은 비구니대학의 학생을 모집하기 위해 만방으로 노력했다. 전국의 선방에 다니면서 비구니대학의 설립 취지를 설명하고 학인 모집에 나섰다. 선방에서 공부하던 봉녕사 졸업생들에게도 대학에 입학해 공부할 것을 제안했다. 고등학교 졸업장과 비구니 강원 수료증이 있어야 지원 자격이 주어졌다. 2년제 대학으로 영어, 일본어, 한국문학, 불교 철학, 심리학, 교육학, 사찰 경제, 포교, 상담, 보육, 불교음악, 붓글씨 등의 교과과정을 만들었다.

1981년 첫해에 45명의 신입생이 입학했고, 다음 해 100명이 넘는 학인이 몰려들었다. 그때 입학해서 졸업한 비구니들은 50명이 조금 넘었는데 운문사와 봉녕사 출신이 가장 많았다. 묘희가 학감을 맡아 묘엄을 도왔다. 학인들은 대부분 성라암 기숙사에 머물며 공부했고 일부 스님들은 통학을 했다.

그러나 뛰어난 비구니 지도자를 배출하려는 묘엄의 헌신적인 노력에도 불구하고 한국비구니대학은 1982년 2월 묘엄이 학장직에서 사퇴한 뒤 1979년에 설립된 중앙승가대학으로 편입되었다. 운영을 위한 재원 마련의 역부족과 전국비구니회 회원들 간의 의견 불일치 등이 원인이었다.

당시 비구니대학이 독립을 이루지 못한 것에 대해 수현修賢(1940~2025, 전국비구니회 부회장 역임)은 이렇게 증언했다.

"실력과 인품 면에서 손색이 없던 묘엄 스님이 학장으로 추대되었으나 비구니들끼리 마음을 맞추는 일이 쉽지 않았다. 무엇보다 운영 재원을 마련하는 일이 역부족이었다. 중앙승가대학에 합병될 때 내가 경리과장으로, 사제인 수증이 교무과장을 맡아 묘엄 스님을 도왔다. 중앙승가대 측에서는 비구·비구니가 따로 나뉘어 대학을 만들면 운

묘엄은
독자적인 비구니대학
설립을 위해
소요삼장 도서관 등
불사를 시작했다.

영자금을 모으는 일도 쉽지 않고 학인 스님들의 모집도
겹쳐서 어려우니 따로 만들면 안 된다고 주장했다. 그렇게
한국비구니대학의 독립은 뜻을 이루지 못했다."

묘엄은 비구니대학의 독자적인 건립이 좌절된 이후에도
오랫동안 비구니대학의 설립을 위해 지속적인 노력을 멈추지
않았다. 비구니대학을 봉녕사에 설립하기로 마음먹고 육화
당, 도서관 등을 불사하기 시작했다. 1990년대 초, 강원 건물
과 요사채, 도서관 등 봉녕사가 승가교육 도량으로서 사격이
갖추어지자 개교를 위해 필요한 서류를 준비했다.

묘엄의 한국비구니대학 설립에 뜻을 같이한 신도들 가운
데는 교수들에게 줄 월급은 걱정하지 말라며 적극 후원하는

사람도 나왔다. 그러나 일을 진행하면서 봉녕사가 비영리법인인 종단 소속으로 되어 있어서 불가하다는 것을 알게 되었다. 일반 대학으로 인정받으려면 독자적인 필지와 건물, 재산 등이 있어야 인허가가 나도록 법이 제정되어 있었던 것이다. 차선책으로 봉녕사는 그대로 두고 변두리에 있는 폐교를 인수해서 재단으로 등록한 뒤 그곳에서는 다양한 특별활동을 하고 공부는 봉녕사에서 하는 방안도 검토했다. 비구니대학의 질적·양적인 발전을 염두에 둔 방안이었다.

한국비구니대학 설립은 개인의 힘으로 감당하기에는 힘에 부치는 일이었다. 그럼에도 묘엄은 생전에 그 일을 마무리 짓고 싶어 했다. 입적하기 몇 해 전 다시 검토를 시작했다. 중앙승가대와 동국대와 연합해 부설학교 및 단과대학의 성격으로 검토해보았다. 행정적으로는 가능했지만 봉녕사 이름으로 졸업장이 나가지 못하는 것이 문제였다. 중앙승가대학에 흡수되어 봉녕사승가대학이 없어지는 결과를 초래할 수는 없었다.

묘엄은 교육자로 입신하면서 수많은 일을 이루어냈으나 끝내 한국비구니대학의 독립만은 뜻대로 이루지 못했다. 묘엄이 추진한 일 가운데 가장 아쉽게 미완의 일로 남은 일이 되었다.

교육 도량
불사

오늘날 봉녕사승가대학과 금강율학승가대학원을 보유하고 있는 봉녕사는 한국 사찰 가운데서도 그 위상이 뛰어나다. 봉녕사 일주문에 들어서는 순간, 잘 닦인 길과 울창한 가로수, 장엄하게 들어선 전각들을 보며 그 웅장함에 놀라는 사람들이 많다.

묘엄은 봉녕사에 상주하는 40여 년 동안 퇴락했던 가람을 강원과 율원을 갖춘 대가람으로 가꾸어냈다. 불사가 본격적으로 시작된 것은 어쩌면 한국비구니대학의 독립이 좌절되고 나서 봉녕사 내에 비구니대학 건립을 꿈꾸면서였는지도 모른다.

묘엄은 한국비구니대학 학장을 사임한 이후, 봉녕사에 대

규모 비구니 승가교육 도량을 건설하는 데 박차를 가했다. 학장을 사임한 다음 해인 1983년 4월, 300평 규모의 3층짜리 현대식 요사채인 육화료六和寮를 짓기 시작해 다음 해 7월에 완공했다. 1992년 5월에는 현대식 시설을 갖춘 3층 건물인 도서관 소요삼장逍遙三藏을 완공했다.

묘엄은 봉녕사 건물들을 새로 짓기 전, 모델로 삼을 만한 절을 찾아 전국에 있는 큰 사찰들을 거의 다 둘러보았다. 해인사, 통도사, 송광사 등 삼보 사찰을 비롯해 문경 대승사 등을 둘러보다가 최종적으로 마음이 머문 곳이 봉암사였다. 봉암사는 여전히 장엄하고 힘이 느껴지는 곳이었다. 젊은 시절 자신이 발심에 발심을 거듭하며 선지식들 회하에서 공부하던 곳이기에 더 깊이 다가왔을 것이다. 봉암사 결사 정신을 봉녕사 회상에서 꽃피우고 싶은 마음이 더 간절했는지도 모른다. 묘엄은 봉암사 가람을 모델로 하기로 마음을 굳히고 즉시 봉암사를 중창한 감독관(노비구승)을 찾아 불사를 의뢰했다. 봉암사 중창에 참여했던 건축 기술자들이 모두 참여해 중창 불사가 시작되었다.

봉녕사 중창 불사가 이뤄지는 동안 묘엄은 강원에서 두어 과목 정도만 강의했다. 아침 여섯 시 반경에 시작된 강의가 끝나면 감독관과 인부들을 만나 그날의 공사 계획을 의논하고 자재를 공급하며 하루하루 인부들의 건축 일과를 점검하는 나날들을 보냈다.

　대적광전을 지을 때는 직접 중국 쪽 백두산으로 가서 기둥과 서까래로 쓸 나무를 골라 왔을 만큼 심혈을 기울였다. 대적광전의 〈80화엄변상도〉는 일반 물감이 아닌 인도와 일본 등지에서 가져온 석채로 그려졌다. 이 변상도를 그린 임석환은 불사 후 중요무형문화재 불화장 기능보유자로 지정되었다.

　대적광전의 불상은 목조각장 청원이 대적광전 안에서 조각을 시작했는데, 묘엄은 수시로 법당에 들러 완성되어가는 부처님의 상호를 지켜보았다. 그렇게 해서 수려하고 장엄한 불상이 탄생하였고, 오늘날 대적광전은 보물로 지정되어도 손색이 없을 정도로 뛰어난 건축물로 칭송받고 있다.

　온 대중이 불사에 힘을 모았다. 방학이 되면 봉녕사 학인들은 불사를 위한 권선문을 들고 나가 화주를 받았다. 은해사 백흥암 감원으로 있던 육문은 상좌로부터 봉녕사 일주문을 지으려 한다는 묘엄의 계획을 전해 듣고 백흥암의 일주문을 지으려고 준비해놓았던 목재와 돌기둥 등 모든 자재를 목수와 함께 보내주었다.

　도서관을 지을 때는 기금 마련을 위해 학장인 묘엄, 주지 묘전을 비롯해 강사들과 모든 학인이 발 벗고 나섰다. 강사들은 설명서를 만들고 조를 짜서 교대로 전국 사찰을 돌며 취지를 설명하고 도움을 청했다. 불화가佛畵家 수안殊眼은 150여

점의 그림을 그려 기증했다.

고승들의 선서화, 도자기, 자개장 등 500여 점을 모아 세종문화회관에서 기금 마련을 위한 '고승·명인 선서화 도예전 바자회'를 개최했다. 그 결과 6억 원의 기금이 모아져 도서관 건립에 큰 도움이 되었다. 온 대중이 일사불란하게 뜻을 모아 지은 도서관은 오늘날에도 학인들의 든든한 공부처로 자리하고 있다. 완공 당시 소요삼장은 한국사찰 부속 도서관 가운데 해인사 다음으로 규모가 큰 도서관이었다. 현재 3만 5천여 권의 장서가 비치된 소요삼장은 동국대학교 중앙도서관 다음으로 불교 도서를 다량 보유하고 있다.

이후 2층 건물인 육화당(2005)을 신축해 공양간인 향적실과 학인들의 큰방을 두었고, 상설 금강계단을 갖춘 우화궁(2009)을 건립했다. 우화궁은 지하 1층, 지상 2층의 웅장한 건물로 옛 육화료 자리에 있다.

봉녕사가 대가람으로 발전하기까지 많은 재원이 투입되었다. 불사의 기본 구상은 묘엄이 전적으로 맡았지만, 교육 도량으로서 봉녕사 중창 불사에 적극 힘을 실어준 사람들은 봉녕사 신도회 회원들이었다. 특히 거사들의 신행 단체인 거사림회(묘엄 입적 후 유마회로 바뀜)의 헌신적인 봉사는 봉녕사가 새롭게 태어나는 데 큰 역할을 했다. 약사전과 법당, 용화각을 뜯고 다시 지을 때 거사들이 달려들어 못을 뽑고 자재를 옮기는

제자들과 함께한 묘엄

등 도량 정비의 기초를 닦는 온갖 궂은일들을 맡아준 덕분에
원만하게 불사를 진행할 수 있었다.

불사를 위해 도량 정비를 시작하며 봉녕사 마당에 있는
논을 사서 매립할 때다. 절과 논의 높이가 1미터 정도 차이가
났기 때문에 흙을 가져다 메꾸어야 했다. 흙 수천 트럭을 쏟
아부었다. 그 일을 거사림회(부회장 박혜우) 회원들이 주체가 돼
서 절 입구에 천막을 치고 밤을 새워가며 트럭이 들어오는
것을 통제하고 관리했다. 흙을 매립하고 나서는 마당의 잡초
와 풀을 뽑고, 경계선에 울타리도 설치했다. 그뿐만 아니라 길
을 내기 위해 쥐똥나무를 전기톱으로 베고 잔디 깎는 일들도
거사림회가 도맡아 했다.

여성 신도들은 대적광전과 도서관 불사 때 많은 인부들의 세끼 공양을 전담했다. 절 바깥에 허청이라는 간이 건물을 짓고, 솥을 걸어 공양을 짓고 나무로 식탁과 의자를 만들어 식사하도록 했다. 신도들은 집에서 가져온 채소로 음식을 만들기도 했다. 봉녕사 여성 신도 조직인 승만회에서도 불사를 위한 화주를 많이 했다. 신도들은 봉녕사가 지금의 도량으로 거듭나는 데 물심양면으로 적극 동참했다.

　　1998년 7월에 완공된 108평의 목조 대적광전 큰 법당은 봉녕사에서 중심 역할을 맡고 있다. 대적광전 안팎으로 모셔진 벽화는 묘엄이 소의경전으로 삼았던 경전인 《화엄경》의 가르침을 담은 변상도로 채워져 있고, 법당 내부 다포 아래에는 인도와 중국, 한국 조사들의 진영이 자그마하게 모셔져 있다.

　　이 조사들의 진영에는 청담, 성철, 자운 등을 비롯해 묘엄도 포함되어 있다. 하심과 겸손으로 살아온 묘엄의 삶에 비추어본다면 이례적인 일임에는 분명했다. 당시 법당 벽화 작업을 맡고 있던 화공 대표가 묘엄을 찾아와 물었다.

　　"조사들의 진영을 그리는 벽화에 빈자리가 하나 남았습니다. 누구를 그려 넣으면 좋을까요?"

　　묘엄은 숙고 끝에 자신의 진영을 그려 넣으라고 했다. 조사의 법맥이 이어지는 것을 나타내는 벽화에 자신의 진영을 그려 넣게 한 이유를 물은 후학(석담)에게 묘엄은 이렇게 답했다.

"조사들의 법맥을 잇는 비구니 조사임을 의미하는 것은 아니다. 단지 어렵게 이루어진 봉녕사 중창에 이바지한 나 자신의 공적을 기리기 위한 것이다. 정말 힘들게 이룬 불사였다는 점에서 나의 진영도 벽화에 그린 조사들의 뒤를 이어 그려질 자격이 있다고 생각했다."

불사를 하면서 수많은 난관도 있었지만 깊은 신심에 기반한 추진력, 빈틈없는 청정행, 한 사람의 대중이라도 더 교화하겠다는 불퇴전의 원력을 잃지 않았기에 큰 불사를 마무리할 수 있었다. 묘엄은 그러한 불사를 추진했다는 측면에서 스스로 자격이 있다고 생각한 것이다. 그러나 무엇보다 조금도 부끄러움 없이 선·교·율 정신을 관통하며 실천해온 수행자로서 자신의 일생에 떳떳했기 때문일 것이다.

불심으로 20년 동안 묵묵히 거사림회 일을 보았던 최지곤(보광, 봉녕사 신도회장)의 증언이다.

"거사림회 회원으로 봉녕사 불사에 헌신하고 활동한 사람은 조권형, 최지곤, 박혜우, 빈영식, 한장동, 김치헌, 성규식, 송기석, 장기형, 정상규, 최석렬, 김기훈, 한현섭, 최병익, 박형 등 15명이다. 큰 불사를 하는 와중에도 신도들의 눈에 묘엄 스님은 인욕보살이었다. 많은 대중과 함께 사는 생활에서 우여곡절도 있었으나 스님은 항상 웃는 모습으로 모든 사람들을 대했다. 힘든 일이 있어도 내색하지 않으시고 맑은 모습으로 묵묵히 불사를 추진하셨다. 유묵으로 쓰인 청담 스님의 '참을 인忍' 자 365개의 정신을 그대로 실천하신 것이 아닌가 싶다. 한마디로 인욕보살이셨다. 신도들은 묘엄 스님의 그런 정신을 존경했다. 지금도 스님을 모시고 정진할 때의 환희심과 평안했던 마음이 신도들에게 전달되어 지속되고 있다. 신도들은 묘엄 스님이 살아계실 때와 변함없이 봉사하며 정진하고 있다. 그것이 묘엄 스님의 공덕이다."

"지금 봉녕사 잔디밭에 청담 스님의 불자가 새겨진 돌은 용주사 아랫동네에서 밭을 파다가 나온 것이다. 돌의 무게가 60~70톤가량 나가서 돌을 옮길 때 100톤을 들어 올릴 수 있는 크레인을 썼다. 어렵게 옮겨온 돌을 스님께서 보시고 아주 좋아하셨다. 처음에는 도서관 쪽에 두었다가 지금 잔디밭으로 옮겨서 청담 스님이 쓰신 불佛 자를 새겨 넣었다. 그리고 돌 위에 부처님 사리탑을 만들어 올렸다. 스님은 내게 불교 공부를 통해 인생을 정리할 수 있게 해주신 큰스님이다. 정신적인 의지처로 봉사할 수 있어서 행복했다."

— 빈영식(정수, 봉녕사 유마회장)

청담 스님이 쓰신
불佛 자를 새긴 바위와
부처님 사리탑

"불사가 거의 마무리될 무렵 묘엄 스님을 뵙게 되었다. 위엄과 자비가 함께하는 어머니 같고 관세음보살 같으셨던 스님께 부처님의 생애와 《능엄경》을 공부하며 기복 불교에서 벗어나 진정한 불자가 될 수 있었다. 대적광전 마무리 불사를 할 때 승만회에서 벽화와 변상도 불사에 적극 참여했다."

— 김향식(여여심, 봉녕사 승만회장)

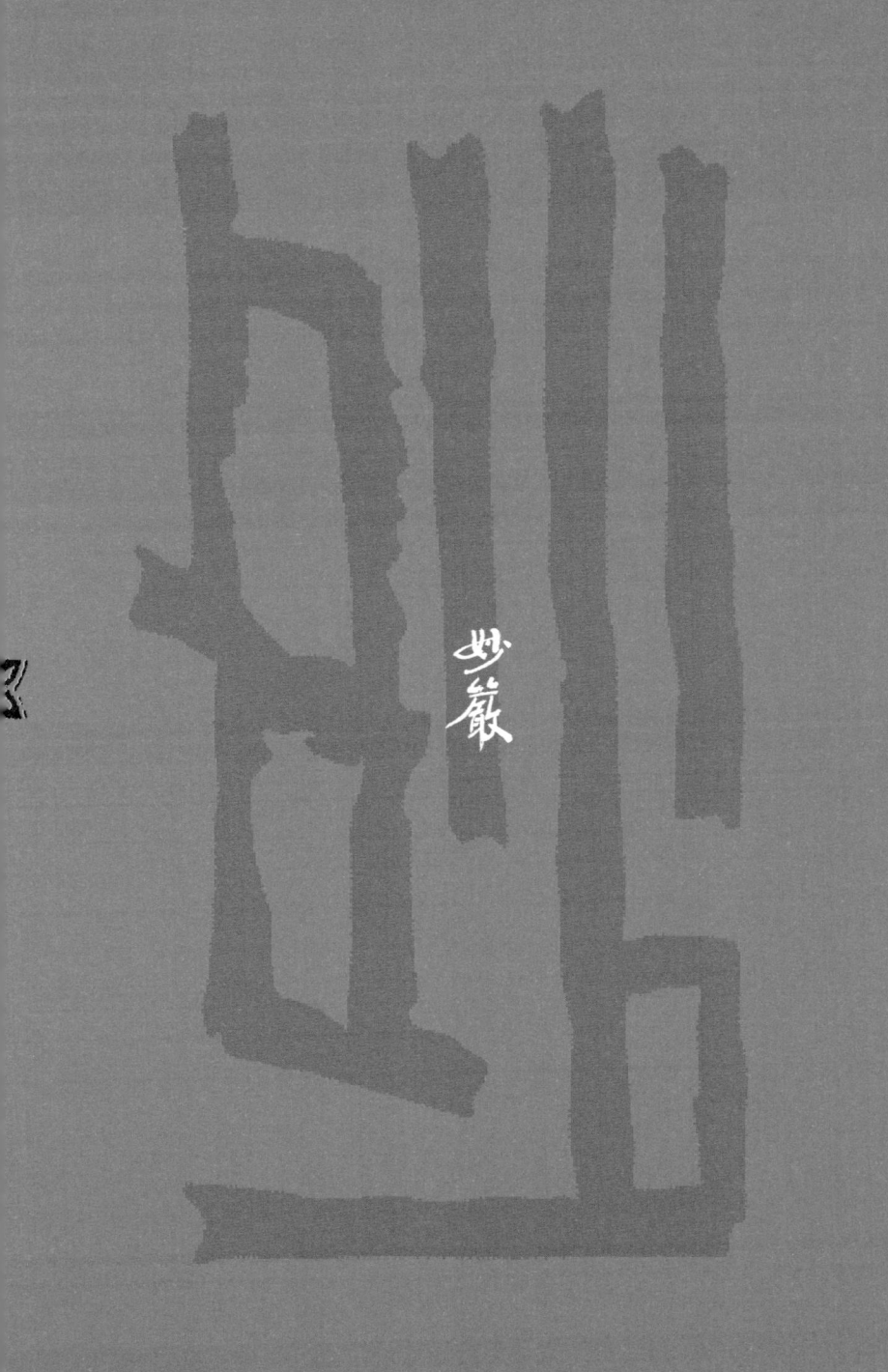

妙
嚴

제9장

율사 묘엄

율사 묘엄

묘엄은 쉰 살(1981)에 자운으로부터 전계傳戒를 받아 한국 최초의 비구니 율사律師가 되었다. 또한 한국불교사에 비구니가 비구니에게 전계를 한 최초의 율사이기도 하다. 근현대 한국 비구니 승단은 전례에 없는 전계식과 비구니 율사를 배출하는 등 눈부신 성장의 역사를 이루었다. 그 역사의 첫 장에 묘엄이 있다. 깊은 수행을 바탕으로 뛰어난 리더십과 비구니계의 발전을 위한 헌신적인 노력, 비구니 교육자를 만들어내겠다는 큰 원력을 실천해온 수행자였기에 가능한 일이었다.

묘엄이 한국불교사에 율사로서 남긴 발자취는 너무도 선명하고 의미가 깊다. 율사로서 묘엄의 정체성은 근현대 한국 계율의 중흥조라 불리는 자운성우慈雲盛祐(1911~1992)율사의 가르침을 바탕으로 한다. 자운은 출가 후 정화운동이 시작되기 전부터 계율의 중요성을 인식하고 일제 치하와 전쟁으로 인해 허물어진 청정한 계율의 정통을 복원하기 위해 율을 연구하고 율서를 편찬했다. 1948년 봉암사 결사가 이루어지던 때 첫 보살계 수계법회를 시작으로 1981년부터 10여 년 동안 조계종 단일계단의 전계화상傳戒和尙(수계식에서 계를 주는 화상)으로 있으면서 입적할 때까지 자운에게 수계한 사부대중의 수가 101,430명에 이른다고 전한다.

자운은 '조어장부調御丈夫였다'는 평가를 받는다. 당대 최고의 율사로서 종단을 살리기 위해 고뇌하며 인재들을 적재적소에 배치하는 데 능했다. 묘엄이 처음 통도사로 교학을 공부하러 갔을 때 운허에게 교육을 잘 시켜달라고 특별히 부탁했을 정도로 묘엄의 교육에 심혈을 기울였다.

자운은 열여섯 살이던 1926년, 오대산 상원사에서 혜운慧雲으로부터 순치황제의 출가시를 듣고 출가를 결심했다. 다음 해 혜운을 은사로, 남전南泉을 계사로 해인사에서 사미계를 수지하고, 같은 해 범어사 금강계단에서 보살계를 받았다. 이후 1934년에 일봉一鳳(1863~1936)율사를 계사로 구족계를 수지했다. 일봉은 만하승림을 이은 성월惺月(1866~1943)율사에게 수계한 일대 율사였다.

자운은 국권을 잃고 왜색불교의 대처제帶妻制로 인한 혼란

조계종 단일계단의
전계화상, 자운율사

한 시대 상황 속에서 누군가 나서서 계율을 연구하고 정립하
여 지계를 통한 청정 승가를 회복하는 일이 시급하다고 생각
했다. 1년 동안 구족계 전계사인 일봉 문하에서 율장을 필사
하며 가르침을 받았다. 이 일은 자운이 훗날 율사로 활동할 수
있는 단초가 되었음은 물론 계맥을 계승하는 계기가 되었다.

　　자운은 1938년 용성龍城(1864~1940) 문하에서 동안거를 나
게 된다. 용성은 독립운동가이자 근세 한국불교에서 선·교·
율에 두루 정통한 수행자로 평가받는 고승이다. 용성은 1902
년 해인사 금강계단에서 호은虎隱(1850~1918)율사를 전계사로

수계한 후 제산霽山(1862~1930), 용성으로 전해진 대은계의 율
맥(1826년 대은낭오가 율맥의 단절을 우려하며 서상수계를 통해 회생시킨 율맥)
을 이었다. 자운은 용성 문하에서 동안거를 나면서 '정전백수
자庭前柏樹子(뜰 앞의 잣나무)' 화두를 타파했는데, 용성은 그의 오
도송을 인가하고 의발을 전하여 사법 제자로 받아들였다. 용
성에게 율맥은 승려로서의 정체성을 확보하고 한국불교의 맥
을 잇는 중요한 일이었다. 용성은 임종 전 자운을 비롯한 문
도 10여 명에게 다음과 같은 유훈을 남겼다.

"이 나라에 전하고 있는 율장을 잘 정리해서 계율을 확립
하라."

용성 자신이 심혈을 기울였던 계율 증흥의 불사를 자운
에게 부촉한 것으로, 이는 전계의 의미였다. 조계종 종정을
지낸 동산東山(1890~1965)과 고암古菴(1899~1988)은 용성의 대표
적 전계 제자이며, 자운도 용성의 법을 이은 사법 제자이자
계율 증흥을 부촉받은 전계 제자다.

이십 대 후반에 자운은 오대산 적멸보궁에서 음력 4월 보
름부터 100일 동안 하루 20시간씩 문수기도 정진에 들어갔
다. 기도 끝에 문수보살이 화현했다. 불교의 계율을 회복해서
불법을 다시 일으키라는 감응을 받았다. 이때 자운은 계정혜
삼학 가운데서도 계학이 기본 뿌리임을 깊이 깨닫게 되었다.

묘엄이 대승사에서 처음 자운의 법문을 들은 것은 문수

기도를 끝낸 지 6년 뒤였다. 그 뒤 봉암사에서 자운에게 식차마나니계를 받고 1951년 전쟁 중 통도사에서《사미니율의》와《비구니계본》《범망경》등을 배웠다. 자운의 상좌 지관, 보경, 보일, 그리고 월산과 종원이 통도사에 머물며 율을 배우고 있었다.

계율의 성립 과정을 알려면 율장을 배워야 한다. 그런데 율장은 전부 한문으로 되어 있어 수강자들이 직접 읽고 이해할 수 없는 형편이었다. 일본어 번역본이 있었으나 책을 구입할 여력이 되지 않았다. 자운은 비구니계 목차만 적혀 있는 것을 교재로 해서 제목에 율장의 세부 내용을 추가해 가르쳤다. 한문 원전을 보는 실력이 생겼을 때 율장을 다시 배웠지만 처음에는 제목만 놓고 배웠다. 율장 원문을 직접 보지 못한 채《사미니율의》강의를 들어야 했는데, 그 강의 내용을 노트에 기록하고 마음에 간직했다.

당시 자운이 제대로 된 책이 없어 공부를 가르치는 데 애를 먹자 한 시주자가 3천만 환을 시주했다. 자운은 그 돈을 가지고 제자 보경을 데리고 서울로 올라갔다. 자운이 강의 도중 이 과정을 수강자들에게 이야기했다.

"광복 전에 도서관에 다니면서 전부 베껴 쓴 율장 원고 등 책들을 가지고 내려와야 하는데 분량이 많아서 사람타는 데는 도저히 실을 수가 있어야지. 다행히 공덕화 보살이 돈을 넉넉하게 주어서 기차 고빼(칸)를 사가지고 거기에 다 싣고 내려왔지."

자운은 기차 두 칸에 책과 원고들을 싣고 와서 통도사에서 율전律典을 편찬해 책자로 만들었다. 천화율원千華律院에서 출판한 《비구계본》《비구니계본》《사미율의》《사미니율의》를 요약한 책이었다. 묘엄은 당시를 이렇게 회고했다.

"천화율원이라는 이름은 봉암사에서 지었는데, 구체적인 결실을 본 곳이 통도사야. 그 이전까지는 율도 없고 율원도 없었어. 그러니까 자운 스님을 우리 불교계의 율을 중흥시킨 중흥조로 크게 평가해드려야 해. 천화율원에서 율이 책자로 만들어져 나온 뒤에는 그걸 강본講本으로 해서 자운 스님께 사미들도 배우고 비구들도 배우고 한 거지. 그렇게 해서 《사미니율의》《비구니계본》 그리고 《범망경》을 자운 스님께 배웠어. 《범망경》이 대승 계율의 근본이거든."

자운은 일찍부터 자신에게 율을 배웠던 묘엄에게 다음과 같이 말하곤 했다.

"청담 스님을 아버지로 둔 너는 남다른 사람이야. 청담 스님은 많은 이들에게 존경받는 스님이고 나도 청담 스님을 존경한다. 그러니 너는 열심히 공부해서 청담 스님처럼 한국불교를 빛낼 지도자가 되어야 한다. 몸가짐을 잘해야 하며, 그것이 율을 잘 지키는 것이다. 위의를 잘 지키면 살아가는 데 장애가 없을 것이다. 계율을 잘 수지하며 경전을 배우고 참선을 하면서 중생제도 하는 것을 목표로 삼아라. 계율 수지를 철저히 내면화시켜서 삶의 모든 면을 다스리는 제2의 천성이 되도록 해라. 그러면 후일 사람들이 너를 저절로 따를 것이다."

묘엄은 봉녕사 강원을 열고 자운을 초대 강원장으로 추대했다. 자운은 일 년에 몇 차례 봉녕사로 와서 사나흘 동안 머물며 특강으로 계율을 설했다. 단일계단이 만들어지기 전 자율적으로 수계를 하던 때여서 자운이 봉녕사에 잠시 머물 때면 학인들에게 수계를 해주었다.

자운은 크고 작은 행사에 종종 초대되어 주로 좌담식 법문을 하며 소상하게 계율에 대해 일러주었다. 그 시절을 살았던 학인들은 자비스러운 모습과 일거수일투족에서 위의가 뿜어져 나온 자운을 오래 기억했다.

자운율사로부터
전해받은
《이부승수계의식》
필사본 상·하권

◎

봉녕사 회상을 열고 10년 뒤 쉰 살이 되던 해 봄, 묘엄은 자
운으로부터 전계를 받았다. 전계는 수계에서 더 나아가 율맥
을 전수받아 율사로서 권위를 인정받는 것을 의미했다. 열일
곱 살에 봉암사에서 자운에게 처음 식차마나니계를 받고, 이
십 대 초반에 《성문율》과 《대승계》를 배웠다. 그리고 1961년
통도사 금강계단에서 자운을 계사로 비구니 구족계를 수지
한 지 20여 년 만이었다. 봉녕사에서 강원을 열고 포살을 시
행하면서 누구보다 모범적으로 계율을 실천하고 있던 묘엄이
자운에게 율맥을 전해 받음으로써 한국 최초의 비구니 율사
로 인정받게 된 것이다.

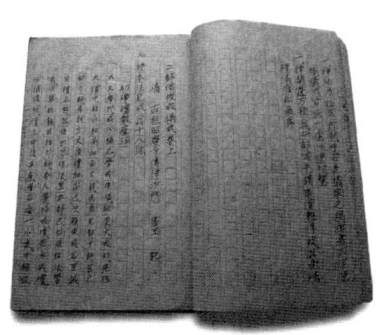

《이부승수계의식》
필사본 상권의 내용

    자운은 묘엄에게 전계의 증표로 자신이 직접 필사한《수계의범授戒儀範》상·하권을 전했다. 이 책은 현재 세주묘엄박물관에 보관되어 있다. 책을 전하면서 자운은 묘엄에게 이렇게 부촉했다.

    "너도 이제 비구니 율사다. 이제부터 율을 가르쳐라."

    1981년 4월, 한국 근현대불교 최고의 율사였던 자운은 묘엄에게 율맥을 전승했다.

    자운이 묘엄에게 전계를 한 배경에는 독재정권으로 인한 대규모 불교 탄압 사건인 10·27법난의 영향이 있었다. 이 법난은 1980년 10월 27일 새벽에 조계종 총무원을 비롯해 전국 주요 사찰에 계엄군이 들어와 총무원장 등 46명을 연행하고 사찰의 주요 서류 등을 압류해간 사건을 말한다. 사실상

한국 최초 비구니 율사, 묘엄

독재정권에 의해 불교계가 막대한 피해를 입은 것이다. 그러나 불교계 내부에서는 그동안 승가 구성원들이 계율을 경시해온 것에 대한 결과로 보고 계율 정비의 필요성을 통감했다. 당시 비구전계사였던 자운은 청정 승가의 위의를 지키고 불법佛法 홍포를 위해서는 계행이 필수 요건임을 절감했다. 그리하여 이듬해 2월, 단일계단 설립을 계획하고 율장을 근거로 한 수계 전통을 재정립하는 한편 이부승二部僧 수계 제도 복원을 추진하기에 이른다. 이는 오랜 시간 비구 중심의 승단에서 비구니 스님들도 승단의 동등한 일원임을 인정한다는 의미이기도 했다.

전계를 받은 이듬해 자운으로부터 이부승 구족계 수계의식의 진행 절차에 대해 배운 뒤 구족계 단일계단에서 중책을 맡아 일했다. 1999년에는 한국 비구니 최초 율원인 금강율원을 봉녕사에 개원했다. 그리고 2011년 입적하기 전까지 7명의 전계 제자를 배출해냄으로써 비구니가 비구니에게 전계하는 새로운 역사를 썼다.

"1981년 근대 한국불교 역사에서 비구니로서는 처음으로 자운율사로부터 수계의식에 대한 실수實修를 습의 받고《수계의범》필사본을 전해 받아 비구니 율사로 전계를 받았다. 1년 뒤 대한불교조계종에서 비구·비구니 이부승 구족계 수계 제도를 재정립할 때 자운율사의 배려하에 비구니 교수사의 중책을 맡았다. 그리고 비구·비구니 이부승 구족계 수계 의식 확립 이후, 매년 개최되는 비구·비구니 구족계 단일계단에서 비구니 삼사三師 중 한 사람으로 직책을 맡았다."

— 묘엄, 〈세주묘엄주강50년논총〉, 2007

비구니계단
계사 연수교육

한국 비구니들은 1982년 이전에는 비구 승가에 의해 비구니 구족계를 받았다. 그러므로 당시 비구니들은 수계 과정에 그 어떤 의견이나 결정권을 갖지 못했다. 이를 시정해 부처님 당시부터 실행되었던 이부승 구족계 수계 제도를 부활시킨 사람이 자운율사다.

자운은 묘엄에게 전계를 한 뒤 한국에서 끊어진 이부승 비구니 구족계 부활을 준비하기 위한 비구니위원회를 이끌라고 당부했다. 율장을 가르칠 수 있는 사람으로 공식적으로 인가한 묘엄에게 중요한 일을 맡긴 것이다.

이에 앞서 자운은 1982년 초에 조계종 총무원에 이부승 구족계 수계 제도를 부활시킬 것을 청원했다. 그해 6월에 총무원은 당시 비구니 구족계 수계 제도를 정비하고, 비구니는 반드시 이부승 구족계 수계 제도를 통해 구족계를 수계하도록 새로운 지침을 발표했다. '18세 이상의 사미니는 자격을 갖춘 비구니 계사 아래 육법에 따른 식차마나니계를 받아야 한다. 식차마나니는 20세가 되면 비구 10사와 비구니 10사의 참석하에 비구니 구족계를 수계해야 하며, 아니면 최소한 비구 5사와 비구니 5사의 참석 아래 비구니 구족계를 수계해야 한다'는 것이 골자였다.

1982년 여름, 묘엄은 자운의 전적인 후원 아래 비구니위원회를 조직하고 서울 진관사에서 열흘(8. 10.~20.) 동안 제1회 본법니계단계사本法尼戒壇戒師 연수교육을 개최했다. 묘엄을 비롯한 지도자급의 비구니들이 이 법회를 개최한 것은 이부승 비구니 구족계 제도 부활은 물론 차세대 비구니 율사를 배출하기 위해서였다. 《사분율四分律》의 비구니 348계에 대한 세미나가 이 교육의 핵심이었다. 법회에는 비구니계 원로와 중진인 인홍, 혜춘, 성우, 윤호, 묘전, 진관, 명성, 불필 등 60여 명이 참석했다. 묘엄의 제자로는 대우, 도혜, 성학, 본각, 일운, 탁연, 진상, 석담 등이 참석했다.

역사적인 야단법석이었던 이 법회의 하루 일정을 보면 자운을 비롯한 비구니 원로들의 이부승 비구니 구족계 제도 부활과 비구니 율사를 배출하기 위한 염원이 얼마나 깊었는지

진관사에서 열린 제1회 본법니계단계사 연수교육(1982)

알 수 있다.

참석 대중 모두가 새벽 3시 전에 기상해 큰방(선방)에서 예불하고 108배를 하는 것으로 하루를 시작했다. 자운의 명에 따라 108배와 참선 시간에는 묘엄이 죽비를 쳤다. 예불 뒤 30분 정도의 참선이 끝나면 아침 공양을 한 다음 각자 개인의 일을 보고, 아침 8시부터 《사분율》 비구니계 강의를 들었다. 지관이 비구니 50여 명에게 매일 오전과 오후 두 번씩 비구니 348계에 대해 강의했다.

자운은 특강이 진행되는 동안 큰방의 중앙에 앉아 모든

봉녕사에서 열린 제4차 비구니 연수교육(1988)

일을 살피며 감독했다. 강의를 하는 지관과 참석한 비구니들 모두가 여법하게 움직이는지 살핀 것이다. 자운에게 율을 배운 묘엄과 지관은 자운의 명에 따라 빈틈없이 움직였다. 점심 공양이 끝나고 잠시 휴식 시간을 가진 뒤 오후 2시부터 다시 지관의 강의가 시작되었다.

저녁예불이 끝나면 30분 동안 참선 후 대중공사(회의)를 했다. 대중공사는 정해진 시간이 없었다. 때로는 길고 때로는 짧았던 그 시간 동안 비구니들은 적극적으로 회의에 임했다. 대중공사가 끝나면 각자 율장을 공부한 다음 9시에 잠자리에 들었다.

눈코 뜰 새 없이 꽉 짜인 모든 시간을 소화하며 교육이 원만하게 끝난 회향 전날 밤이었다. 대중 모두가 큰방에 모여 율사 배출을 위한 중요한 회의에 들어갔다. 원로 비구니 가운데 한 사람이 물었다.

"열흘 동안 율장 강의를 다 마쳤는데, 참석한 젊은 비구니들 가운데 율사가 배출되어야 하지 않겠습니까? 앞으로 율사가 되고 싶은 사람은 손을 들어보세요."

율사가 되려면 새벽 3시에 일어나 밤 9시 취침에 들기 전까지는 옆구리를 방바닥에 대지 않아야 할 정도로 엄격하게 규율을 지켜야 한다는 이야기가 교육 기간 중에 나돌았기 때문인지 선뜻 율사가 되겠다고 손을 든 사람이 없었다. 한 사람도 손을 들지 않자 자운의 얼굴에 몹시 실망한 기색이 역력했고, 급기야 대중들을 향해 언성을 높이며 이유를 물었다. 그래도 모두 묵묵부답이었다.

보다 못해 묘엄이 나서서 젊은 차세대 비구니 율사가 될 사람으로 봉녕사 출신들인 일운, 석담, 탁연 등을 지목해서 선정했다. 율사가 되려는 비구니는 조계종 종단에 명단이 보고된다는 이야기를 들은 석담이 용기를 내서 손을 들었다.

"저는 지금 학교에 다니고 있기 때문에 율사는 정말 못 합니다."

비구니 율사 배출이 단기간에 이루어지는 일이 아님을 절감한 묘엄은 훗날 봉녕사에 금강율원을 개원해 비구니 율사를 배출하는 데 심혈을 기울였다. 연수교육이 끝나고 자운은 묘엄과 명성 등을 비구니 수계 계단의 책임자로 선정해 임명했다.

이후 전국비구니회가 주관해서 해마다 석남사, 운문사, 봉녕사 등 한곳에 모여 율장을 강의하는 법회가 몇 년 동안 지속되었다. 1985년 석남사에서 열린 연수부터 묘엄이 《사분율》 비구니 계본과 《비구니 계율연구》를 교재로 포살의식과 바라제목차를 직접 강의하기 시작했다. 이것은 초심자인 구족계 수계자뿐만 아니라 율사를 양성시킬 목적으로 선발된 원로와 중진 비구니들에게도 비구니 계본을 강의할 수 있을 정도로 묘엄이 율장에 대한 깊은 이해와 그것을 전달할 수 있는 능력까지 갖추고 있음을 시사한 일이었다.

당시 연수교육에 참여했으며, 훗날 묘엄의 생애를 다룬 논문을 쓴 석담은 '비구니계단 계사 연수교육' 법회의 의의에 대해 이렇게 평했다.

"걸음마에 불과한 시작이었으나 세계 어느 불교 전통의 국가에서도 못한 것을 오직 한국의 비구·비구니 승가만이 힘을 합쳐 이루어낸 찬란한 업적이었다. 비구니 승단의 전통이 끊어진 세계 불교 전통 국가들이 한국의 이 일을 본받아서 이부승 비구니 구족계 전통을 회복해서 비구니 교단을 부활하라는 의미로 이 부분에 대해 심혈을 기울여 논문을 썼다. 자운 스님이 직접 계율을 가르친 제자 지관, 묘엄 스님을 중심으로 참석한 원로 스님들은 이부승 비구니 구족계 제도를 반드시 부활시키겠다는 의지가 확고했다. 특히 자운 스님은 비구니 계율 성립 역사에 길이 남을 고마운 율사였다. 묘엄 스님은 자운 스님에 대해 이야기를 할 때마다 행복한 기색이 역력했다."

— 석담, 김광식과의 대담, 2020

비구니 이부승 구족계
수계 제도 부활

1982년 10월 15일, 부산 범어사 대성암 별소계단別所戒壇에서 이부승 비구니 구족계 수계산림이 거행되었다. 대성암에 차려진 비구니 수계 계단은 본소계단과 따로 장소를 마련했다는 뜻에서 별소계단이라고 한다. 계단은 계를 받는 단壇이라는 의미다.

제1회 본법니계단계사 연수교육을 통해 선출된 3사三師와 7증사七證師가 참석했는데, 전계니화상(전계아사리)은 정행淨行 (1902~2000)이, 갈마아사리는 묘엄이, 교수아사리는 명성이 선출되어 수계식을 주재했다.

율장에 따르면, 비구니 이부승 구족계 수계에는 비구 10사와 비구니 10사 총 20명의 덕이 높고 청정하게 계율을 지

수계자에게
계를 설하는
묘엄 스님

키는 원로 승려가 있어야 한다. 10명의 비구니 가운데 3명은
별소계단 수계식에서 주요한 역할을 하는데, 전계아사리와
갈마아사리, 교수아사리가 바로 그들이다. 전계아사리는 계
를 전하는 역할을 하며, 갈마아사리는 수계식의 절차를 관장
하고 수계가 적법하게 이루어지도록 감독한다. 율장의 전문
지식을 갖춘 교수아사리는 율장에 있는 348계를 강의하는
역할을 하고, 나머지 7명의 존증아사리는 수계식을 주재하고
의식의 적법성을 증명하는 역할을 한다. 이 10명을 가리켜 3
사 7증사라고 한다.

단일계단에서 자운(왼쪽)과 혜암

조선시대부터 오랫동안 단독 비구 승가에 의해 비구니 구족계를 받아왔던 것이, 당시 대성암 수계산림에서부터 비구와 비구니 이부승 구족계 수계 제도로 전환된 것이다. 현대 한국불교사 최초로 비구니들이 비구들과 똑같은 숫자의 계사와 증사로 참석해서 자신들의 수계식을 진행하는 역사가 시작된 것이다.

자운이 수계식을 시행하기 전에 묘엄을 불렀다.

"니화상(전계니화상)은 묘엄이 네가 맡아 해라."

수계를 위한 3사 가운데 가장 중요한 역할을 하는 전계아

1986년 9월 1일부터 5일까지 열린 제7회 수계산림 법회

사리로 묘엄을 부촉한 것이다.

"니화상은 저희 중에 가장 연장자이신 정행 스님이 맡아 하시는 게 좋을 것 같습니다."

정행은 출가해 오랜 세월을 참선 수행으로 정진한 선사로, 비구니계의 대선배였다. 그렇게 해서 묘엄은 수계식에서 공식적으로는 갈마아사리를 맡았지만 교수사 소임을 함께 보았다. 단일계단 최초의 이부승 수계 별소계단에서 3사 가운데 갈마아사리와 비구니 계본을 강의한 교수사라는 막중한 역할을 겸한 것이다. 이는 당시 구족계 수계자들에게 계목戒目(계

범어사 금강계단에서 열린 제17회 단일계단 구족계 수계산림(1995년 10월 26일~11월 1일)

^{의 목차)}을 설하고 지계의 정신을 가르칠 수 있으며, 별소계단 의식까지 총괄할 수 있는 비구니로는 자운에게 직접 율장과 갈마의식을 배운 묘엄이 유일했기 때문이다.

비구니들이 비구니 암자인 대성암에서 수계식을 하는 동 안 비구들은 범어사 큰절에서 수계식을 했다. 비구와 비구니 는 한 공간 안에 거주할 수 없기 때문에 본소계단이 열리는 큰절 옆의 암자에 별소계단을 차려 그곳에서 먼저 수계를 하 고 본소로 가서 인준을 받도록 한 것이다. 대성암은 범어사에 서 걸어서 오갈 수 있는 가까운 거리에 위치해 있으므로 이 부승 구족계를 행하기에 안성맞춤인 곳이었다.

묘엄은 6일 동안 오전과 오후 두 차례에 걸쳐《사분율》비 구니 계본을 교재로 348계를 강의했다. 자운은 수계식에 필 요한 경비를 전담하며 수계식을 적극 후원했으며, 전계 제자 인 일타日陀(1929~1999)와 함께 대성암에 올라와 여법하게 진행 되는 수계식 과정을 지켜보았다. 묘엄은 자애로운 미소를 띤 채 모든 상황을 감독하는 자운을 대하며 마음속 깊이 자부 심이 차오르는 것을 느꼈다. 오랫동안 비구 승가에 의해 비구 니 구족계를 받아왔던 것을, 비구니 승가가 주체적으로 진행 할 수 있도록 물심양면으로 지원을 아끼지 않은 자운도 자신 과 같은 마음일 것이라는 생각이 들었다. 수계식을 행한 경험 이 없는 비구니들을 위해 수계식 전 과정을 일일이 점검하면

범어사에서
단일계단 구족계
수계산림을 마치고
동곡일타(가운데) 스님과
함께한 묘엄

서 헌신한 일타에게도 말할 수 없는 고마움을 느꼈다.

　수계식을 준비하는 동안 큰절 가까이에 비구니 암자를 별
소계단으로 정하는 일에서부터 비구 10사와 비구니 10사의
선출, 수계산림 기간 동안 여러 명의 증사스님들과 수많은 수
계자들이 머물 방사와 공양을 준비하는 일 등 많은 어려움이
따랐다. 그럼에도 자운을 비롯한 수계산림 관계자들의 신념
과 원력으로 일을 추진할 수 있었다.

　묘엄은 사미니계를 받은 지 5년에서 6년 이상 된 비구니
수계 후보자를 선정해 식차마나니계를 준 다음 비구니 구족
계를 수계하도록 했다. 별소계단에서 비구니 10사에 의해 수
계를 하고 묘엄은 비구니 계사들과 함께 수계자들을 데리고
범어사로 가서 비구 10사의 주관 아래 이부승 구족계 수계의
식에 참석했다.

그렇게 이부승 비구니 구족계 수계 제도가 부활하며 비구니 수계의 새로운 역사가 시작되었다. 이 수계 제도의 부활은 비구니들 스스로 승가의 권위를 갖추는 데 결정적 계기가 되었다.

이후 묘엄은 1999년 전계니화상에서 물러날 때까지 16년 동안 비구니계단의 교수아사리, 갈마아사리, 전계사를 지내며 계단을 이끌었다.

비구니전계사의
뼈아픈 성찰

1998년 가을, 비구니계단의 전계대화상으로 있던 묘엄은 해
인사 율원의 율사들로부터 계단의 중요한 일에 대해 상의할
일이 있으니 해인사로 오라는 전갈을 받았다. 묘엄은 비구니
계단에서 함께 활동하고 있던 광우, 명성, 태경, 묘관 등과 함
께 해인사 극락전으로 갔다. 일타 역시 계단의 중요한 일을 상
의한다는 이야기를 듣고 참석했다. 일타는 자운이 타계하고
⁽¹⁹⁹²⁾ 병환 중에 있었으므로 비구·비구니 구족계 수계산림에
직접적으로 관여하고 있지 않을 때였다. 자운, 일타의 다음
세대인 비구 율사들이 수계산림을 주도하고 있었다.

　해인사에 당도해 비구 율사들과 회의가 시작되자 그들은
부처님의 어머니인 대애도 비구니의 수계에 대한 설화를 근

거로 들며, 별소계단의 비구니 구족계 수계산림에서 비구 율사가 교수아사리로서 예비 비구니 수계자들에게 비구니 348계를 강의하겠다고 말했다. 비구니 이부승 계단이 제도화되면서 비구니들이 해온 별소계단에서의 강의를 자신들이 담당하겠다고 나선 것이다. 묘엄은 율장에 명시된 비구니 이부승 구족계 수계의식 절차를 위한 조항들을 일일이 지적하며 반박하고 나섰다.

"1982년 10월에 자운 스님과 일타 스님이 이미 율장을 근거로 해서 비구니 이부승 구족계 수계산림을 거행했을 때 별소계단의 교수아사리는 반드시 비구니 교수아사리가 맡아야 한다고 정했습니다. 그런데 왜 갑자기 별소계단에서 비구가 교수아사리를 맡으려 하는 겁니까? 안 됩니다. 비구니 교수아사리가 강의해야 합니다."

설전이 이어졌다.

"그때 율사 스님들이 그렇게 규정을 했던 것은 율장을 잘못 이해했기 때문입니다."

"무슨 소리입니까? 그러면 율장 전문가이신 자운율사께서 잘못 알고 그런 규정을 정했단 말입니까? 동의할 수 없습니다. 비구니 별소계단의 교수아사리는 반드시 저희들이 해야 합니다."

율장에 대한 전문적인 지식을 가진 묘엄으로서는 물러설

수 없는 일이었다.

"자운율사께서는 스님들과 달랐습니다. 언제나 처음부터 끝까지 우리들을 후원해주고 할아버지 스님처럼 자비로우셨어요. 또 부처님의 가르침에 따르면, 비구는 비구니들을 억누르고 지배하려 하지 말고 자비로운 법형제의 역할을 해야 한다고 하지 않았습니까?"

"이번 일은 이미 결정이 내려진 일이니 더 이상 비구니 스님들과 왈가왈부할 가치가 없습니다."

그러면서 쐐기를 박듯 한마디 덧붙였다.

"비구니계에는 아직 율원도 없지 않습니까? 율사도 배출하지 않으면서 그릇된 주장만 내세우고 있어요, 지금."

묘엄은 그 말에 적잖은 충격을 받았다. 전계를 받은 선배임에도 후배 비구니들에게 전계를 하지 않았고, 율장을 정식으로 가르치는 데 적극적으로 나서지 않은 일을 돌아보지 않을 수 없었다. 비구니계단 교수아사리를 거쳐 1994년부터 총책임자인 전계사 니화상을 역임한 묘엄으로서는 뼈아픈 성찰을 하지 않을 수 없었다. 사실상 비구들은 20여 년 전(1977) 해인사에 율원을 개원하고 젊은 세대의 비구들을 길러내고 있었다.

끝내 법대로 하겠다며 비구들이 통고하자 가만히 듣고만 있던 일타가 나서서 율장을 근거로 들어 묘엄 측의 말에 힘

1994년부터
전계사 니화상을
역임한 묘엄은
이후 봉녕사에
율원을 설립하게 된다.

을 실어주었으나 강경하게 안 된다고 정리하지는 못했다. 두 시간가량 회의가 진행되었지만 비구들로 하여금 의견을 철회하게 할 수는 없었다.

이십 대부터 자운에게 배운 계율과 전계, 그리고 뜨거운 여름날 이부승 제도가 부활하는 그 자리에서 미소를 지으며 흐뭇해하던 스승 자운의 모습을 떠올리며 봉녕사로 돌아온 묘엄은, 몇 달 뒤 비구 율사인 보성普成(1928~2019, 송광사 방장 역임)을 만난 자리에서 이렇게 울분을 털어놓았다.

"조계종에서 탈퇴해 묘엄종을 만들까 심각하게 고려 중입니다."

보성은 말없이 빙그레 웃기만 하다가 자리를 떠났다고 한다. 결국 그다음부터 별소계단에서 거행된 비구니 구족계 수계산림에서는 비구 교수아사리가 비구니 348계를 강의했다.

그러나 하나의 문이 닫히면 다른 하나의 문이 열리면서 역사는 창조된다. 해인사 극락전에서 비구 율사와 비구니 율사 사이에 있었던 이 사건은 다음 해인 1999년 봉녕사에 금 강율원을 설립하는 동기가 되었다. 묘엄이 당시의 역경계를 한국 비구니사에서 최초 율원 건립이라는 역사적 일로 승화 시킨 것이다.

금강율원
설립

해인사 극락전에서 비구 율사들과의 설전을 통해 비구니 율사 양성의 시급함과 이부승 가운데의 한 축인 비구니의 주체적 계법 전승에 대한 중요성을 절감한 묘엄은 봉녕사에 금강율원을 개설하기로 결정하고 개원 준비에 들어갔다. 1999년 3월에 조계종 교육원에 서류를 제출하고, 5월에 교육원에서 정식 인가를 받으며 비구니 율사의 대외적인 공식 교육기관이 출범되었다.

1999년 6월 21일, 묘엄은 봉녕사 청운당에 금강율원을 개원했다. 봉녕사 강사들과 소임자 6명이 율원에 입학했다. '수행자는 경률론經律論 삼장을 겸해서 공부해 강사·선사·율사가 분리되지 않아야 한다'는 평소 묘엄의 사상이 반영되었다.

1999년 6월 21일,
묘엄은 봉녕사 청운당에
금강율원을 개원했다.

단일 비구니 사찰에 비구니가 직접 후학들에게 율장을 강의
하고 연구하는 종단 산하 비구니 율장 전문교육기관을 정식
으로 설립한 것이다.

율원은 1967년 〈총림법〉 제정을 계기로 성립되었다. 1960
년대 이후 선원·강원·율원을 갖춘 모범수행 도량을 총림으
로 정비하면서 선원과 강원이 총림의 주축으로 자리 잡기 시
작한 뒤에 율원 개원이 논의되기 시작했다. 금강율원이 설립
되기 이전에는 비구니의 계율 교육은 강원의 특별수업과 사
미니계와 구족계를 받기 위해 시설된 수계산림 동안에 계목
위주의 강의 형태로 이루어졌을 뿐이었다. 묘엄이 주도한 금
강율원의 출범은 그런 의미에서 역사적 의미가 깊다.

묘엄은 초대 율주로 지관智冠(1932~2012)을 추대했고, 자신
은 율원을 운영하는 율원장으로 취임했다. 지관이 초대 율주

금강율원 개원과 함께
제1기 입학식을 가졌다.

로 취임한 것은 한국의 계율 홍포와 발전이라는 동일한 목적
을 이루기 위해 비구니들을 돕고 지원하기 위한 것이었다. 묘
엄보다 2년 뒤인 1947년에 자운을 은사로 출가한 지관은 조
계종을 대표하는 학승으로, 해인사 주지와 동국대학교 총장,
조계종 총무원장을 역임한 불교계 지도자로 이름이 높았던
수행자다. 또한 자운으로부터 전계를 받고 율장을 깊이 연구
한 율사이기도 하다. 한 자리에서 다섯 명의 강론을 듣고도 그
들 모두의 말을 다 기억할 정도로 기억력이 뛰어났다고 한다.

지관은 금강율원 학인들을 위해 직접《대정장大正藏》에서
율장을 발췌하고 편집해서 교재로 사용했다. 몇 해 뒤 묘엄이
율주로 취임할 때까지 지관의 강의는 계속되었다.

봉녕사 금강율원 개원 이후 청암사 율원(2007)과 운문사
보현율원(2008)이 설립되었다. 운문사 보현율원이 운문사 한

2007년 1월에
묘엄은 율주로
임명되었다.
대한불교조계종
첫 비구니 율주였다.

문불전대학원에 통폐합되면서 현재는 봉녕사 금강율원과 청암사 율원만 운영되고 있다.

금강율원 설립 7년 뒤인 2006년, 묘엄은 총무원장으로 있던 지관을 찾아가 비구니가 다시 별소계단에서 강의할 수 있도록 청원했다. 해인사에서 있었던 전후 사정을 알고 있던 지관이 묘엄의 청을 수용했고, 곧 이전으로 환원되었다. 그리고 3년 뒤인 2009년 3월 직지사에서 열린 수계산림에 묘엄이 다시 전계사에 위촉되었다. 몸이 쇠약해져 입원해 있던 칠십 대 후반의 묘엄은 전계 제자인 적연을 대동하고 직접 가서 강의했다. 만감이 교차했던 묘엄은 직지사 니화상의 방에서 3사 7증사를 비롯한 비구니 율사들에게 전했다.

"이제 나이도 들었으니 뒤에서 별소계단의 병풍 역할을 하겠습니다. 그래도 팔바라이법八波羅夷法만은 한 시간이라도

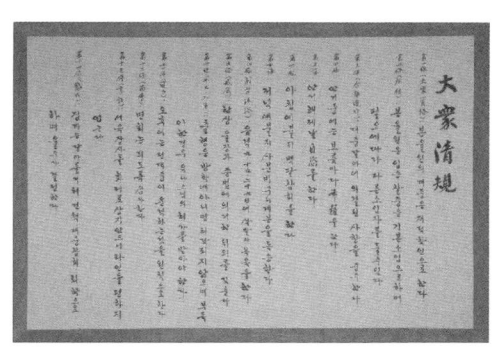

금강율원
대중청규

강의를 하겠습니다."

그렇게 비구니계단에 다함없는 관심과 애정을 표했던 묘
엄은 2007년 1월, 대한불교조계종 최초로 비구니 율주로 임
명되었다. 그리고 여든 살로 입적할 때까지 전계사로 별소계
단에서 강의하며, 근현대 한국불교 첫 비구니 율사로서 사명
을 다했다.

묘엄은 입적하기 3년 전, 잡지 〈봉녕〉에 '계율에 대한 바
른 인식'이라는 글에서 비구니 율사로서 비구니계단의 독립
과 금강율원 개원 등 한국불교 계율 역사에 한 획을 그은 묘
엄 자신의 계율에 대한 인식과 후학들에게 전하고자 한 메시
지를 선명하게 드러내고 있다.

"계율을 지니고 계를 구족한다는 것은 모든 감각기관을

통한 욕구를 다스리고 몸으로 하는 행위(身業)와 말로 하는 행위(語業)가 청정하고, 생활이 청정하여 작은 잘못도 용납하지 않는 수행자의 자발적인 심적 태도라고 할 수 있습니다. 수계를 했으니까 마지못해 행한다거나 때로는 남몰래 계를 범하는 것이 아니라, 계를 수행의 토대로 해서 생사윤회의 고통을 벗어나겠다는 수행자로서의 불퇴전의 의지가 계율의 근본이라고 할 수 있습니다. 그리고 이것이 하고많은 세상의 격변에도 불구하고 청정 승가를 지켜올 수 있었던 힘입니다. 계율이 없는 곳에 수행도 승가도 없습니다. 자기 행동의 그릇됨을 방어하고 일체의 악을 끊고(防非止惡) 모든 선행을 마음으로 실천하고 닦아서(修善), 그리하여 일체 사람들의 행복을 위해 적극적인 지도를 하는 것입니다. 지계라는 것은 남에게 보이기 위한 장식품이 아닙니다. 성불의 길로 가는 자기 자신의 자등명·법등명이라고 생각해야 합니다."

또 묘엄은 금강율원 학인들의 역할에 대해 이렇게 말하고 있다.

"금강율원의 승려들은 율원에서 공부하면서 몇 가지 중요한 역할을 한다. 대내적으로는 승가대학 신입생 승려들의 위의에 대한 습의 교육의 한 부분을 담당한다. 대외적인 역할로는 먼저 1년에 두 번 행자교육원의 여행자女行者들이 사미니계를 수계하기 전 23일간 철저히 행자 교육을 받아야 하는데, 율원 승려들은 조계종 교육원으로부터 1년에 두 번 위촉을 받아 여행자들의 교육을 담당한다. 장래에 비구니 승단의 일원이 될 여행자 교육 프로그램은 불법의 사상을 정립하고 승려로서의 기본 습의를 익혀서 바르게 하는 데 주요 목적이 있다. 예를 들면 계율(사미니10계) 지키는 법, 예불하는 법, 독경하는 법, 염불하는 법, 스승 섬기는 법, 발우공양하는 법, 절하는 법, 안행雁行하는 법, 대화하는 법, 수면하는 법, 승복 입는 법, 소임 사는 법 등을 집중적으로 가르친다."

— 묘엄, 〈세주묘엄주강50년논총〉, 2007

2025년 현재 금강율원(2011년 금강율학승가대학원으로 승격)은 설립 26년째를 맞고 있다. 금강율원에서 수학한 비구니 율사들이 율장 연찬을 비롯해 단일계단에서 비구니 율사의 역할을 충분히 해내고 있다.

묘엄의 첫 전계 제자인 적연은 묘엄의 입적 후 동국대학교 박사 과정에 들어가 백용성의 《각설범망경覺說梵網經》을 번역하고, 《범망경》을 논문 주제로 하여 박사학위를 받았다. 현재

적연이 번역한 《각설범망경》은 금강율원의 부교재로 사용되고 있다. 대장경판본의 《범망경》이 읽기에 너무 어려운 데 비해 용성이 한글과 한문으로 주석 현토를 해놓은 연유로 후학들이 이해하기에 용이한 점이 반영된 것이다. 적연은 제자들과 함께 사분율장 주석서인 《계상표해》와 《사미니계포살본》 《식차마나계포살본》 《범망경보살계포살본》 《비구니계포살본》을 편역하여 율장 이해를 돕고 포살에 활용하고 있다. 또 《우바새계경》을 출판하여 법회에서 재가불자들이 지계 정신을 고취하는 데 활용하고 있다.

"율은 제재 조처가 아니다. 수행자가 자율적으로 지켜야겠다는 각오 아래 정체성을 분명히 할 때 수행자의 나침반 역할을 한다."

오늘날 금강율원은 이러한 묘엄의 뜻을 구현하고 계승하기 위해 많은 고민을 하며 하나씩 실천해나가고 있다. 율학연구를 기본 방향으로 하여 습의를 익히고 현장 학습 및 실습을 하고 있다. 먼저 계율 연구를 통해 계율이 수행자로서 정체성 확립을 돕게 하고, 불교정신을 전할 수 있는 매개체가 될 수 있음을 강조하고 있다. 사회의 현안 문제를 계율의 관점에서 통찰하고 불교적 대안을 마련할 수 있도록 연구하며, 율원생 스스로 자신 및 승단의 문제를 인식하고 대안을 낼 수 있도록 지도하고 있는 것이다.

승려 연수 과정
수업 장면

　금강율원의 전문과정과 연구과정을 마친 졸업생들은 졸
업 후에도 계율 관련 연구 성과를 내고 있다. 한국불교 1700
년의 역사 속에서 비구니가 율장을 연구해 논문을 내고 율장
관련 도서를 편역, 편찬한 기록이 전무한 것을 감안해보면 오
늘날 묘엄이 창립한 금강율원에서 수학한 비구니 율장 전문
가들의 활동이 얼마나 귀한 것인지 알 수 있다. 현재 100여
명에 이르는 재학생 및 졸업생들이 동문회인 '비나야회'를 만
들어 후배들의 율학 연찬을 격려하고 있다.
　또 묘엄이 열반한 이듬해부터 스승의 계율 사상을 계승하
기 위한 일환으로 2013년부터 대한불교조계종 승려 연수 과
정 프로그램으로 국내외 율사들을 초청해서 계율 연수를 진
행하고 있다. 명실상부한 계율 전문 비구니 교육기관으로 손

색이 없을 만큼 활발하게 활동을 전개해나가고 있다.

금강율원 개원 당시 율원 학인으로 공부하는 한편 율원과 강원의 유나維那로 행정 처리와 학인 관리를 했던 적연(금강율학승가대학원 율주 겸 대학원장)의 증언이다.

"스님은 금강율원을 개원해 강사 스님들을 모두 입학시켜 배우게 하고 전계까지 했다. 강사도 율을 알아야 글을 해석하는 데 회통이 되어서 학인들을 원만하게 잘 가르칠 수 있다는 것이 이유였다. 선택의 여지 없이 봉녕사 강사들은 모두 율원 1기생이 되었다. 봉녕사의 삼직 소임자도 율을 배워야 인과법을 알 수 있고 소임을 청정하게 살 수 있다면서 율원에 입학시켰다. 직접 율 사상을 강의하셨고, 평소에도 정기적으로 강원과 율원 전체 대중에게 특강 형식으로 율을 가르치며 비구니가 직접 후학들에게 율을 가르칠 수 있어야 한다고 강조하셨다. 스님께 율장을 배우면서 이렇듯 세부적으로 보지 않았다면 부처님의 향기, 부처님의 제자 사랑을 느낄 수 있었을까, 늘 생각했다."

전계와 미래로 이어지는
묘엄의 계율 사상

2007년 5월, 묘엄은 자운에게 받은 율맥을 두 명의 제자에게 전했다. 금강율원의 제1회 졸업생인 적연寂然과 신해信海에게 전계증과 함께 《사분율장》을 증표로 주었다. 이는 비구니가 비구니에게 율맥을 전하는 전계로서는 역사상 처음 있는 일로, 비구니 승단의 율사 배출이라는 사명감을 가지고 금강율원을 개원한 지 8년 만의 일이었다. 묘엄이 적연에게 준 전계증의 내용은 다음과 같다.

傳戒證전계증
吾오 妙嚴묘엄이 傳전한 바 戒法계법은
釋迦석가 世尊세존으로부터

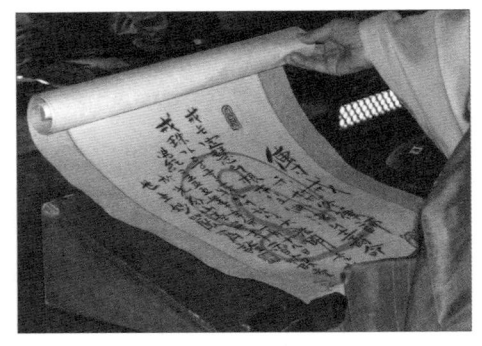

세주묘엄율사가
전계 제자에게 내린
전계증

오늘에 이르도록 通度寺통도사 金剛戒壇금강계단에서
慈雲盛祐자운성우 傳戒大和尙전계대화상으로부터
받아가진 것이니
寂然적연은 잘 護持호지하여 如來여래의 正法정법을 일으켜
斷絶단절함이 없이 永遠無窮영원무궁토록 하라

偈曰게왈
戒계는 定慧정혜의 根本근본이요 佛法불법의 壽命수명이라
戒珠계주가 둥글고 밝아서 항상 大光明대광명을 놓으리

이를 시작으로 그해 가을 대우大愚에게 전계했고, 2011년
입적하던 해 일연一衍, 도혜釜慧, 의천義天, 선나禪那에게 전계하

묘엄은 비구니 승단의
율사 배출이라는
사명감으로 전계했다.

며 모두 7명의 전계 제자를 배출했다.

제4대 율주로 취임한 적연이 2018년 6명에게 다시 전계했
는데, 이들은 계율학 박사 과정에 해당하는 금강율학승가대
학원 연구과정 졸업생으로, 원광圓侊, 혜원慧元, 성담性潭, 우담
雨潭, 정현淨現, 초은樵隱이었다. 그리고 2022년에 능윤能潤, 도
연道緣, 유정惟淨, 선정禪靜에게 전계했다.

2011년 입적하던 해 묘엄은 지계 청정한 수행자의 모습에
대해 이렇게 말했다.

"항상 자신의 몸과 입과 뜻으로 행동하고 말하고 생각해
야 하며, 청정한 본연의 자리에서 마음 씀씀이와 행동거
지를 살필 줄 알고, 잘못된 점이 있으면 스스로 부끄러워

할 줄 알며, 스스로 참회할 줄 아는 삶을 살아야 합니다.
바로 이러한 삶을 사는 사람들이 세상에서 가장 아름다
운 옷, 즉 법다운 옷을 입은 귀한 사람입니다."

이렇듯 세상에서 가장 아름다운 옷, 법다운 옷을 입은 사
람들이 명실공히 묘엄의 율맥을 이어가고 있다.
　묘엄에게 전계를 받은 적연, 대우, 일연, 도혜 네 명의 율사
는 한국불교 비구니를 배출하는 수계산림에서 3사 7증사 가
운데 갈마·교수·존증아사리로 활동하고 있다. 이 밖에도 금
강율원 출신 비구니들은 교수사, 습의도감, 간병사 등 주요
소임을 맡아 계율 강의와 수계산림의 진행을 돕고 있다. 또한
봉녕사승가대학에서 계율 과목을 담당하는 교수사로 초심
학인들에게 계율 사상을 확립시켜주고 있다. 묘엄이 열어놓
은 율학 연찬의 길을 따라 후학들 또한 새로운 역사를 만들
어가고 있는 것이다.

◎

율사로서 묘엄의 비구니계 발전을 위한 노력은 입적할 때까
지 멈추지 않았다. 2007년 7월, 독일 함부르크대학에서 개최
한 '승가와 여성 불자의 역할'을 주제로 한 국제회의에서 소논

봉녕사
식차마나니
수계산림에서
인사말하는
묘엄(2010)

문인 〈한국 봉녕사 비구니 율원의 구조와 교육과정〉을 발표했다. 한국 최초로 설립된 비구니 율원인 금강율원의 현황을 세계 여성 불자들에게 소개했다는 점에서 의미가 깊다. 이 논문은 〈세주묘엄주강50년논총〉에 소논문으로 수록되었다.

묘엄은 또 입적하기 3년 전부터 상설 금강계단이 설치된 우화궁을 조계종단의 단일계단 수계식을 진행하는 공간으로 사용할 것을 제안했다. 그 결과 2010년부터 현재까지 봉녕사에서 식차마나니 수계산림을 봉행하고 있다. 입적하기 1년 전의 일로, 묘엄은 수계산림을 직접 진행했다.

석담은 율사 묘엄이 비구니계에서 차지하는 역사적 위상에 대해 이렇게 말하고 있다.

"동남아나 티베트에서는 비구가 사미니까지만 수계를 해

통도사 금강계단에서 열린 제31회 단일계단 구족계 수계산림(2011. 3. 24.~4. 1.)

주고 비구니계를 주지 않는다. 비구니 이부승 구족계 제도가 끊어졌다는 것이 그 이유다. 이러한 면에서 볼 때 묘엄 스님의 금강율원 설립의 성과가 어떤 의미를 지니는지 알수 있다. 2007년 티베트의 달라이라마 스님조차도 독일 함부르크대학에서 열린 율장학회(티베트 사미니들 비구니 수계의 부활을 주제로 열린 학회)가 끝나고 난 뒤 '본국의 티베트 비구들이 비구니 이부승 구족계 부활을 못하게 한다'면서 자신 혼자서는 할 수 없다고 말해 참석한 많은 비구니들이 실망감을 감추지 못했다. 묘엄 스님은 엄혹하고 험난한 한국 근현대 역사 속에서 참으로 치열하게 생을 살아온 여성이었고 한국 비구니들의 훌륭한 스승이었다. 여성으로서 남성 위주의 한국 승단의 유리천장을 과감히 뚫은 분이다."

이처럼 험난했던 세계 불교 국가의 비구니 수계는 2009년, 불교 국가인 부탄에서 비구니 수계가 복원되면서 포문이 열렸다. 부탄의 대왕대비에 의해 출가 여성의 복지재단이 설립되고 비구니 승가 복원을 추진한 것이다. 이후 2014년, 부탄의 전 지역에 있는 비구니 사원 7곳에서 144명의 여성 출가자가 사미니계를 받았다. 그리고 2022년 6월, 부탄에서 비구니 수계식이 열렸다. 13개 사원 출신의 144명이 비구 3사 7

증사에 의해 구족계를 받았다.

이것만 봐도 비구니 사찰 안에 독립적인 율원을 설립해 직접 율장을 가르치고 전계를 시행해서 비구니 율사를 배출한 묘엄의 개척적인 행보가 얼마나 선진적이었는지 알 수 있다.

"주체적으로 비구니 계법 전승의 역사를 개척하고, 대부분의 불교 국가에서 이루지 못한 화합된 이부승가의 전통이 완성될 수 있도록 주춧돌 역할을 하신 것이다. 이로써 오늘날 비구니 승가의 복원을 위해 많은 노력을 기울이고 있는 세계 불교 국가 비구니들에게 전범이 되고 있다."
—도연, 〈세주묘엄 연구〉, 2023

묘엄이 입적하기 전, 금강율원 율원장을 맡아 율장을 연구하고 강의한 전계 제자 대우는 율사 묘엄에 대해 다음과 같이 증언했다.

"스님은 덕인이었다. 한 점 흐트러짐 없이 몸과 마음이 단정했다. 마치 우아한 자태의 학과 같은 모습이었다. 스님이 눕거나 기대거나 다리를 뻗은 것을 단 한 사람도 보지 못했을 것이다. 단아한 모습으로 앉아 책을 보는 모습이 우리가 가장 오래 기억하는 모습이다. 율장에 나온 율사의 청정한 모습 그대로였다."

"계율은 부처님이 말씀하신 스님들이 지켜야 할 규칙과 행동을 말한다. 묘엄 스님은 이러한 계율 공부를 제도화 시킨 분이다. 부처님의 행에 맞추어 계율 그대로 사신 분으로 인과의 중요성을 자주 말씀하셨다. 자신의 그림자가 자신을 따라오는 것처럼 율은 인과를 가르치는 것이고, 인과를 믿는 것이 불교를 아는 것이다. 이를 후배들에게 가르친 분이 묘엄 스님이다."

— 육문(군위 법주사 회주, 전국비구니회장 역임)

제10장

중생 교화

하화중생

"재가불자들도 불교를 정확히 알아야 하고 반드시 마음 공부를 해야 합니다."

신도 포교에 열정이 깊었던 묘엄이 평소 재가불자들에게 자주 한 말이다. 재가불자들의 교육과 신행에 심혈을 기울인 묘엄은 봉녕사 주지로 있는 30여 년 동안 신도들을 위한 다양한 법회와 교육과정을 개설해 신심을 고취시켰다. 인생에서 중요한 가치가 무엇인지 가르쳐 삶의 변화를 이끌어냈다. 한 사람 한 사람이 천상천하유아독존의 절대적 생명으로 얼마나 큰 힘을 가지고 있는지 가르쳐, 그들로 하여금 자신감을 가지고 용기 있는 삶을 살게 만들었다. 그렇게 하화중생을 실천해 수행자로서 사명감을 완결했다.

묘엄은 1990년, 재가불자들의 신심 고취와 정법의 생활화를 목표로 심우불교학교尋牛佛教學校를 개설한 뒤 직접 강의했다. 부처님의 일대기인 《팔상록》을 통해 부처님이 어떤 분인지를 알게 해 신심을 북돋워주었고, 청담의 《마음 닦는 길》을 교재로 해서 불교의 정법을 가르쳤다. 불교방송(BBS)에서는 《150찬불송》을 강의했다.

신도들에게도 학인들과 똑같이 《초발심자경문》《천수경》《능엄경》 등을 가르쳤다. 관음재일(매달 24일)과 거사림 법회, 일요법회, 택시기사불자회(운불연), 법조인회, 승만회 등 각 모임 회원들에게 법문을 아끼지 않았다. 경기도청불자회 법회와 도청 공무원들의 멘토링 역할도 하고, 템플스테이와 사찰음식 축제에서도 법문했다. 고구정녕한 많은 법문 가운데 '달팽이 법문'은 신도들에게 퇴굴심退屈心을 내지 않고 정진해나가야 성불할 수 있다는 용기를 심어주었다.

"중생들은 주로 달팽이 길로 갑니다. 어떤 어려운 사안을 만나면 달팽이 머리가 제 몸속으로 쏙 들어가듯이 움츠러듭니다. 쉽게 좌절해요. 그러나 부처님 법을 믿고 수행하는 사람들은 그러지 말아야 합니다. 우리 불자들이 존경하는 부처님은 너무나 용감한 분이셨습니다. 전 세계 역사에서 그분처럼 용감한 분은 없었어요. 우리는 그분의 제자들입니다. 사안에 맞닥뜨리면 과감히 뚫고 나아가야 합니다. 끊임없는 수행 정진만이 그걸 가능하게 합니다. 출가 수행자만 성불할 수 있는 것이 아닙니다. 재가불자들도 열심히 공부하면 부처님 당시의 유마거사처럼 성불할 수 있습니다. 공부할 때는 이 눈치, 저 눈치, 앞뒤 돌아보지 말고 미련하고 무식하게 밀어붙이세요. 그렇게 해야 차츰 조그만 불빛이라도 볼 수 있고 결국 성불하게 됩니다."

신도들은 다음 생에나 가능할 것 같았던 성불이 자신의 공부에 달렸다는 법문으로 인해 정진에 채찍을 더했다. 그래도 머뭇거리는 신도들에게는 다시 이렇게 격려했다.

"혹시 금생에 성불하지 못하더라도 내생에 성불할 수 있도록 인因(씨앗)을 심어놓아야 합니다. 법문이 이해가 되지 않더라도 자주 들어야 다음 생에도 공부할 수 있어요. 열심히 염불하고 참선 수행하시기 바랍니다."

신도들과 함께 법문을 듣는 스님들에게도 먹물 옷을 입은 스님들도 공부를 하지 않을 거면 입고 있는 가사를 태워버리라고 해서 모두를 더욱 발심하게 만들었다. 그런 가운데

어린이 여름불교학교를
개최하고 법문하는
묘엄

서도 항상 하심을 강조했다.

"남의 허물을 보지도 말하지도 마세요. 잘못은 다른 사람
이 했는데 왜 자신의 입으로 상대방의 허물을 말해서 구
업을 짓습니까. 그리고 절대 자기 자랑을 하지 마세요. 팔
만대장경 어디를 보아도 부처님께서 자신에 대해 자랑한
내용은 한 군데도 없습니다."

신도들의 계율 교육에도 정성을 기울였다. 원칙적으로 계

율을 지켜야 하지만 사회생활을 하면서 오신채를 넣은 음식을 먹지 않을 수 없으니 너무 무리하게 지키려고 하지는 말라고 신도들을 배려했다. 그러나 살생을 취미로 하거나 재미로 하면 결코 안 된다는 것을 강조했다.

"계를 지키는 것은 먼 나라의 얘기가 아닙니다. 계를 잘 지키는 가장 쉬운 방법이 있습니다. 기도, 염불, 참선 등으로 수행 정진하는 것입니다. 정진하는 사람이 어찌 아무리 미물이라고 해도 해칠 마음이 생기겠으며 또 육식할 생각이 나겠습니까. 자기 수행에 골몰하면 계를 지킨다는 생각조차 할 필요 없이 저절로 모든 것을 다 지키게 되는 것입니다. 예전에 성철 스님께 어느 스님이 '큰스님께서는 앉아서 공양을 드시니까 살생을 하지 않아도 되지만 밭을 매고 풀을 뽑는 일을 하는 우리들은 어쩔 수 없이 살생을 할 수밖에 없지 않습니까' 하고 물으니, '그렇게 따지는 것은 대자대비한 부처님의 뜻에 어긋나는 일이다'라고 하셨습니다. 큰스님께서 그렇게 말씀하신 속뜻은 염불이나 참선을 하면서 무심의 경지를 지켜나가는 것이 먼저라는 것이지요. 우리 모두가 정진을 함으로써 팔만사천의 계가 다 지켜지는 것입니다."

이렇듯 계율을 잘 지키는 가장 쉬운 방법은 다만 수행 정
진하는 것에 있다고 설한 묘엄은 염불, 참선, 주력 등 다양한
수행을 독려했다. 자신이 경험해 득력을 이루었던 〈능엄주〉
수행의 의의를 가르치고, 신도들로 하여금 〈능엄주〉를 외우
고 수행하도록 했다. 한편 '이뭣고' 화두를 주어 '마음도 아니
요 중생도 아니요 부처도 아닌 이것이 무엇인가'를 참구하도
록 했다. 근기에 따라 기복이 필요한 사람에게는 복을 짓고
받는 방법에 대해 설했고, 인과 법문이 필요한 사람에게는 인
과를 가르쳐 참회기도를 하게 했다.

◎

묘엄은 학인들과 신도들을 세심하게 챙겼다. 하루는 얼굴에
항상 그늘이 드리워져 있는 신도를 불렀다.
　"얼굴이 왜 그래요? 무슨 근심이 있어요?"
　신도는 울먹이며 남편으로 인해 힘들었던 그간의 사정을
털어놓았다. 묘엄은 이야기를 묵묵히 듣고 손수건을 건네주
었다.
　"자, 눈물 닦아요."
　그리고 내린 처방은 간단했다.
　"원래 사바세계는 시끄러운 곳입니다. 무관심하세요."

제 할 일만 할 뿐 상대방의 시시비비를 가리지 말고 살라
는 처방이었다. 묘엄의 처방은 적중했다. 남편은 조용히 자신
의 일에만 열중하는 부인을 보며 심중의 변화를 일으켰다. 절
에 오면 삼배를 하기 시작했고, 불교 공부에 심취하기 시작했
다. 묘엄은 두 사람에게 인과 법문을 들려주었다.

"모든 것은 자신이 전전세前前世에 지은 것인데, 사람들이
그걸 모른 채 살아갑니다. 엄지손톱에 모래를 올리면 몇
개나 올라가겠습니까. 사람 몸 받기가 그처럼 어려운 것인
데, 감사하고 참회하는 마음으로 살아야지요. 집 안에서
는 될 수 있는 대로 큰 소리를 내지 말고 사세요. 인과는
눈으로 볼 수 없으나 마음으로는 볼 수 있습니다. 어려운
일이 생기는 것은 자신이 지어놓은 업장, 즉 나쁜 습관이
부른 장애 때문입니다. 그러한 업장을 소멸하기 위해서 참
회기도를 해야 합니다. 집에 계신 가족부처님부터 보필을
잘하세요. 하루아침에 이루어지는 일은 없습니다. 낙숫물
이 바위를 뚫듯 매일 기도하는 시간을 정해서 꾸준히 하
세요."

그 후 봉녕사의 자비도량참법慈悲道場懺法 기도에 참여하며
정진한 그들은 참불자로 바뀌어갔다.

◎

묘엄은 봉녕사 심우불교대학을 통해 사찰 예절부터 불교 교리와 경전 강독까지 체계적으로 교육했다. 그 결과 봉녕사 재가불자들은 신심은 물론 불교에 대한 깊은 소양을 갖추어 사회를 위해 봉사하는 등 발군의 실력을 발휘했다.

심우불교대학은 묘엄이 입적하던 해, 대한불교조계종 포교원으로부터 신도전문 교육기관으로 정식 인가를 받아 기초교리반과 불교대학 과정으로 운영되고 있다. 30여 명이 넘는 포교사가 배출되었고, 졸업생들은 심우회 회원이 되어 문화홍보단과 포교사단 등 조직적인 활동을 통해 묘엄이 남긴 무주상보시의 정법 정신을 회향하고 있다.

봉녕사는 전체 신도회인 관음회로 조직되어 있다. 이 안에 여성 신도회인 마야회, 남성 신도회인 유마회와 부설회가 중심을 이루고 있다. 그 밖에 마야회를 중심으로 형성된 6공덕회(지역 봉사단), 세주공양회, 아미타회, 우담화합창단, 어린이를 위한 천진불, 불교 다례를 익혀서 활동하는 다선회 등의 여러 신도회가 묘엄의 가르침을 실천해나가고 있다. 최근에는 청년회, 여성출가학교 동문회 등도 창설되었다.

"묘엄 스님은 마음공부를 하게 만들어주신 분이다. 불교 공부를 통해 인생 정리를 할 수 있게 해주셨다. 봉녕사는 내게 봉사하는 곳이자 정신적인 의지처였다. 봉녕사 기초 교리반에서 《마음 닦는 길》《육조단경》《금강경》《반야심경》을 배우며 불교의 정법을 알게 되었다.

— 빈영식(봉녕사 유마회장)

"《불교성전》을 가지고 설법을 해주신 후에 《능엄경》 법문을 하다 편찮으셔서 중단되었다. 학식이나 인품, 가르침 면에서 최고셨다. 위의가 단정하고 근엄하셨다. 불사를 진두지휘하는 바쁜 가운데서도 법당 주변의 풀을 손수 뽑으시며 내가 없더라도 신도들이 주인의식을 가지고 봉녕사를 잘 가꾸어달라고 하셨다. 인내심이 말도 못해 어떤 어려움에 처하셔도 내색하지 않으셨다. 신도들에게 소박하고 너그럽게 대하시던 자비한 모습이 마치 관세음보살과 같았다. 유머가 풍부하셨고 천진난만하게 어깨를 들썩이며 웃는 모습이 인상적이었다. 스님께서 상좌를 부를 때, '여 봐라, 있나?'라고 하시던 허스키한 음성이 그립다."

— 임양자(천진행, 봉녕사 승만회 총무)

"묘엄 스님의 사진을 찍을 때다. 그냥 인간과의 대화에 카메라가 개입했을 뿐인데, 사진 작업을 하면서 스님에게 오

히려 위로를 받고 행복한 느낌을 가지고 오게 되었다. 영
결식 때 참여하면서 '모든 위인과 사람은 누구나 가는구
나' 하는 것을 느꼈다."

— 준초이(사진 작가)

무형유산
사찰음식 축제

해마다 가을이 되면 봉녕사는 '사찰음식대향연' 행사로 도량 전체가 축제 분위기가 된다. 행사 마지막에 대중스님들의 위의 서린 탁발 시연은 《금강경》의 첫 장면을 연상시키며 마치 부처님 시대로 돌아간 듯한 느낌을 준다. 평소 고요하기만 한 도량이 이틀 동안 많은 사람들로 북적거리면서 사찰이 중생 교화의 장임을 새삼 일깨워주고 있다.

2009년 가을, 묘엄은 봉녕사에서 사찰음식대향연 행사를 개최했다. 사찰음식을 테마로 한 문화행사를 통해 재가불자들과 일반인들에게도 사찰음식 대중화의 길을 열어 수행식을 통한 심신건강법을 전파한 것이다. 사찰음식은 식생활의 영역에서 불교의 상생과 자비 정신을 자연스레 알릴 수 있는 뛰어난 방편으로, 사찰음식대향연은 출가자를 넘어서 일반인들의 몸과 마음의 건강을 위한 문화행사로 자리 잡게 되었다.

섭취하는 음식의 종류에 따라 사람의 성품이 달라지기 때문에 바른 수행을 하려면 반드시 음식을 바르게 섭취해야 한다. 살생과 오신채(파, 마늘, 달래, 부추, 홍거)를 금하는 계율 사상을 그대로 반영하고 있는 것이 사찰음식이다. 그러므로 불교의 계율 정신과 사찰음식은 불가분의 관계다. 사찰음식은 동물성 재료와 오신채를 사용하지 않고 제철에 나는 재료로 건강하게 만들어 정신을 맑게 하며, 불교의 생명과 친환경적 가치를 담보하고 있다. 평소에도 묘엄은 이러한 음식과 수행의 연관성에 대해 자주 언급했다.

사찰음식대향연은 당시 정부 차원에서 이루어지던 '한식의 세계화' 프로젝트를 위한 첫 번째 기획으로, 중앙일보 출판법인(중앙m&b)과 재단법인(아름지기)이 건강식이자 불교의 철학과 문화가 녹아 있는 사찰음식을 연구하고 알리기 위해 행사를 기획하는 과정에서 시작되었다. 오늘날 세계적으로 주목받는 K-Food의 원형이라 할 수 있는 최초의 행사를 봉녕사에서 했던 것이다. 사찰음식대향연은 2009년 10월 8일부터 10일까지 사흘 동안 '자연의 맛·나눔의 마음'을 주제로, 불교계 대내외적으로 큰 반향을 일으켰다.

묘엄은 인사말에서 불교의 공생과 자리이타 사상이 담긴

사찰음식의 가치에 대해 이렇게 말했다.

"사찰에서 수행자들은 세간의 일반 식사와는 달리 한 방울의 물에도 부처님의 은혜가 스며 있고, 한 알의 곡식에도 많은 노고가 담겨 있기에 몸과 마음을 바로 하여 위로는 깨달음을 구하고, 아래로는 모든 생명을 이롭게 하고자 네 개의 발우에 평등함과 청결함, 음식을 남기지 않는 절약의 미를 통해 부처님의 공덕을 찬탄, 공경, 예배하는 마음으로 공양을 합니다. 이 공양은 수행자들의 정신을 맑게 하는 선식禪食이기에 육식과 몸에 해로운 다섯 가지 오신채 등을 사용하지 않으며, 조리법에서도 음식의 삼덕三德인 청정과 유연, 여법의 원칙을 지킵니다."

제1회 행사에서는 각국의 사찰음식 대가들이 참여해 국제세미나를 열고 사찰음식의 대중화와 세계화에 대해 토론했다. 국내 체류 중인 외국인 대학생을 대상으로 한 템플스테이도 함께 진행되었다. 주한 외교관과 국내 종교계, 정치계, 기업계, 언론인 등이 발우공양을 체험하는 행사도 가졌다. 이밖에도 일반 관람객을 중심으로 전국 대표 사찰음식 전시 및 시식과 사진전, 다도 프로그램, 사찰음식 재료와 먹거리 장터가 열렸다.

이렇게 사찰음식대향연 행사는 봉녕사에서 지속되어 매년 10월에 이틀 동안 약 1만 명이 다녀가는 경기도 및 수원시를 대표하는 문화콘텐츠로 발전했다. 종교를 넘어 공생과 자비, 평등사상을 전하는 복합문화의 장으로서 역할을 해오고 있다.

2013년에는 조계종 문화사업단이 선정한 사찰음식 특화 사찰로 등록되어 사찰음식 교육관인 금비라를 개관했다. 사찰음식 교육을 정규화해서 전통 사찰음식의 우수성과 독창성을 알림과 동시에 인간을 가치롭게 하는 계율 사상을 전하고 있는 것이다.

묘엄이 봉녕사에서 사찰음식 행사를 시작한 것은 대중교화의 일환이었다. 평소 묘엄은 제자들에게 자신만의 고유한 특기로 포교를 해야 한다는 것을 강조했다. 승려는 교학·계율·참선을 모두 공부해야 마땅하나 모든 분야를 다 아우를 수 없으므로 개성에 맞추어 한 분야라도 실력을 쌓아 그 방향에서 전문적으로 포교하라는 의미였다. 이처럼 철저한 수행을 바탕으로 각자 포교를 하되 자기만의 전문성(특기)을 발굴해서 그 방향으로 매진하기를 당부한 것은 세상의 변화를 감지해 다양하게 포교를 해야 한다고 생각했기 때문이다.

봉녕사승가대학 출신인 선재는 1990년대에 사찰음식연구소를 설립하고 강연을 통해 불교의 생명 사상이 담긴 사찰음식의 가치를 전하는 데 앞장서왔다. 2016년, 사찰음식의 전승과 보존 및 대중화에 탁월한 업적이 인정되어 대한불교조계종의 사찰음식명장 제1호로 위촉되었다. 묘엄에게 철저히 교육받은 계율 사상을 바탕으로 불교의 자비관과 생명관, 수행관에서 사찰음식 문화가 나온다는 것을 익혔기 때문이다.

"불교는 모든 중생을 나와 하나라는 불이不二의 연기론적 생명 사상으로 출발한다. 수행하려면 건강한 몸과 맑은 영혼이 필요한데, 그 토대는 음식이 만들어준다."
— 선재(선재사찰음식문화연구원 원장)

선재 이후 조계종단 사찰음식명장으로는 계호(2017), 적문·대안(2019), 정관·우관(2022)이 위촉되었다. 이 가운데 선재, 대안, 정관, 우관은 봉녕사승가대학에서 묘엄에게 직접 배운 이들이다.

이렇듯 묘엄의 회상에서 음식 명장들이 여럿 배출된 것은 계율과 일인일기一人一技를 강조하며 대중교화에 매진할 것을 당부한 묘엄의 가르침으로부터 비롯된 것으로 볼 수 있다.

"스님께서는 음식에 대한 계율을 강조하면서 오신채와 육류를 절대 먹지 말라고 하셨다. 수행자가 먹는 것은 모두 보시받은 것들인데 콩 한 쪽도 나누어 먹어야 한다고 가르치셨다. 수행자가 이번 생에서 공부를 잘하려면 그러한 복덕을 쌓아야 하고 복덕 속에서 지혜가 생긴다고 하셨다. 스님의 시자로 살 때 된장찌개를 끓여드리면 '내가 먹은 된장찌개 중에 제일 맛있었다. 어릴 적에 먹었던 맛과 똑같구나. 정말 잘 만들었다'고 칭찬하셨다. 어쩌면 그 말씀으로 인해 사찰음식을 통한 포교로 대중과 함께 마음을 나누고 회향해왔는지도 모른다."

― 정관(사찰음식명장)

회색 고무신과
향성

묘엄의 고희 기념으로 《회색 고무신》이 출간되었다. 이 또한 포교의 염원이 깊었던 묘엄의 대중교화 일환으로 이뤄진 것으로 볼 수 있다. 묘엄이 고희를 앞두고 있을 때 조카인 용환이 찾아왔다. 고희 기념으로 출가 때부터 일흔 살까지 삶의 발자취를 녹취해 책으로 냈으면 한다는 의견을 내놓았다. 묘엄은 포교를 염두에 두고 용환의 제안을 기꺼이 받아들였다.

부산대학교 철학과 교수로 재직 중이던 용환은 방학 기간을 이용해 일주일 동안 봉녕사에 머물며 아침부터 밤까지 묘엄이 걸어온 세월을 낱낱이 물었다. 한국불교 근현대 비구니의 역사와 함께해온 묘엄의 삶은 눈물겨웠으나 치열했고 성실했으며 정의로웠다.

대담을 시작하며 묘엄은 이렇게 말했다.

"스님들이 전부 참선이라는 공부는 모든 걸 잊어삐리는(잊어버리는) 공부라고 말했기 때문에 다 잊어삐리고 오로지 참선, 〈능엄주〉만 열심히 하면 되는 걸로 생각했다. 전부 기억에서 사라지도록 공부했기 때문에 그날그날 지낸 걸 세세하게 기억하진 못한다."

그러나 묘엄의 기억력은 놀랍도록 세세하고 정확했다. 용환은 반세기 전의 일들을 마치 어제 일처럼 생생하게 기억해 내는 묘엄을 보면서 천재적인 기억력을 가지고 있다는 느낌을 받았다. 묘엄의 일생을 누구보다 잘 알고 있는 용환이 질문하고 묘엄이 대답한 이 내용은 카세트테이프 15개 분량에 담겼다. 당시 묘엄의 사서로 살고 있던 의천이 주관하여 타이핑을 해서 원고로 만들고, 원본 테이프는 따로 보관하고 있다.

묘엄은 때로 눈물을 보이기도 하며 일생을 이야기하고 나서 용환에게 자신이 살아온 인생의 반도 이야기하지 못했다고 고백했다. 해방 공간과 한국전쟁, 불교 정화운동, 조계종 재정립 등 파란만장한 세월 속에서 정진하고, 봉녕사 회상을 이루면서 여전히 하지 못한 이야기가 많았다는 의미였으리라. 아버지 청담에 관한 이야기, 지도자로서의 고뇌도 다 말하지 못했을 것이다. 수행의 길을 오래도록 함께 걸었거나 잠시라도 인연이 있는 선후배 수행자들에 대한 이야기들은 더욱 조심스러웠을 것이다.

용환은 녹취한 것을 정리한 뒤 출판을 검토하며 여러 사람에게 자문을 받은 결과, 당시 《고승열전》 시리즈를 집필하던 작가 윤청광에게 정리된 녹음 내용을 주며 각색 작업을 의뢰했다. 용환은 사진을 제공하는 등 좋은 책이 나올 수 있도록 최선을 다해 도왔다.

2002년, 드디어 《회색 고무신》이 출간되었다. 묘엄의 치열한 수행 과정과 인연 있는 고승들의 이야기가 담긴 책이 나오자 독자들의 뜨거운 반향이 이어졌다. 베일에 가려 있던 비구니 스님의 삶이 진솔하게 그려졌을 뿐 아니라 고승으로 존경받던 청담, 성철 등이 등장해 더 친숙하게 다가왔으리라. 묘엄은 출판기념회에서 인사말을 통해 출가의 길에 더없이 많은 도움을 준 스승들을 열거하며 이렇게 고마움을 전했다.

"출가한 이래 정법正法을 바르게 전해준 청담, 성철, 자운, 경봉, 운허, 향곡, 홍경 큰스님 등의 비구 스승들과 은사인 월혜 스님을 비롯해 인홍, 수옥, 혜춘 스님, 그리고 어머니 대도 스님 등 함께 수행 정진했던 원로 비구니 스님과 여러 선지식들의 은덕에 보답하고 그 정신을 잊지 않기 위

해 그분들과의 일화를 담은《회색 고무신》을 출판 간행하
게 되었습니다."

묘엄은 출가 이래 가르침을 받은 스물한 분의 위패를 대적
광전에 영구위패로 봉안하고 추모 다례제를 지냈다. 두고두고
은혜를 잊지 않고 자신의 성장과 발전에 도움을 준 선지식들
을 위해 기도하겠다는 마음을 표한 것이었다. 더 나아가 봉녕
사가 스물한 사람의 정신과 가르침을 이어가는 근본 도량임
을 상징하는 것이기도 했다. 출판기념회를 통해 법은法恩을 입
은 스승을 기리는 법회를 여는 일은 희귀한 것으로, 묘엄의
스승에 대한 존경심과 감사함에 참석자들 모두 깊은 감명을
받았다.

◎

출간 작업을 주도한 용환은《회색 고무신》이 발간된 뒤 학자
와 연구자들에게서 원본을 보고 싶다는 요청을 받았다. 아
무래도 소설 형식으로는 학문적 자료로 사용하는 데 한계가
따랐을 것이다. 용환은 묘엄의 원본 회고 원고가 역사적·학
문적 자료로 사용될 수 있도록 다시 작업을 시작했다. 중복
된 것은 빼고 필요하지 않다고 판단되는 부분은 제외했다. 묘

엄의 진주 사투리는 회고할 당시의 분위기와 구술이 가지는 맛을 유지시키기 위해 그대로 두었다.

2008년, 그렇게 다듬어진 내용을 담은 묘엄의 출가 유행록《향성香聲》이 봉녕사승가대학 출판부 이름으로 발간되었다. 6년 만에 묘엄의 구술이 날 것 그대로 드러난 이 책은 불교사를 공부하거나 논문을 쓰는 연구자들에게 더할 나위 없이 좋은 자료가 되었다. 사투리 하나에도 정담이 느껴지고, 묘엄의 숨소리와 눈물, 웃음소리까지 담아낸 귀한 책이 아닐 수 없다.

봉녕사 사중에서는 학술적 자료로서 신뢰도와 가치가 높은 이 책을 봉녕사승가대학에 입학하는 학인들에게 주어 읽히고 있다. 묘엄의 큰 발자취가 초발심의 학인들에게 귀감이 될 수 있도록 활용하는 한편, 묘엄의 사상을 계속 이어나가고 있는 것이다.

주강50년기념논총
발간

2007년은 묘엄이 1957년 동학사 강원에서부터 경전 강의를 시작한 지 50주년이 되던 해였다. 이를 기념하기 위해 800여 명의 제자들이 감사의 뜻을 전하는 법회를 열고 〈세주묘엄주강50년기념논총世主妙嚴主講五十年紀念論叢〉을 봉정했다. 기념논총에는 월운, 인환, 종진, 지안, 불필, 그리고 제자 대우, 본각, 도혜, 적연, 석담, 일운, 설오 등 20여 명이 소논문을 봉정했다.

이 논총에는 묘엄의 〈한국 봉녕사 비구니 율원의 구조와 교육과정〉도 실렸는데, 짧은 글이지만 교육자로서 묘엄의 사상이 잘 드러나 있다. 내용은 한국불교 사원 전통의 독신 출가 수행승 제도, 봉녕사승가대학의 교육, 금강율원의 주요 교과과정, 율원 승려들의 일상 수행과 포살의식, 금강율원 승려들의 역할로 구성되어 있다.

당시 대한불교조계종 종정이자 해인총림 방장이던 법전은 비구니 승가교육 반백성상을 찬탄하며 '광교산光教山이 비로소 광교산이 되었으니'라는 제목으로 다음과 같은 치사를 썼다. 봉암사 결사 때부터 함께 탁마해온 선배 도반인 법전은 간명한 치사에서 묘엄의 일생을 깊이 드러내며 이렇게 찬탄해마지 않았다.

선과 교는 불가의 양익兩翼이요
구됴 니尼는 승가의 이륜二輪이라
일찍이 근대의 명안종사들은
니문尼門의 백년대계를 위하여
사불 희양 가야 영축산 등 제방의
청담 성철 운허 자운 노사께서
니조어사尼調御師도 함께 단련양성하였으니
묘엄니가 선교율 삼학에 우뚝하였도다

동학사 운문사 봉녕사에서 반백성상半白星霜토록
평등행과 자비심으로 후학들을 제접하였고
인천의 스승으로 만사 솔선수범이었으니
800여 운집제자와 8명의 전법인을 길러내고

1999년에는 금강율원까지 개원하였으니
광교산光教山이 비로소 참으로 광교산이 되었구나.

우금于今에 니승교육 50년 역사를 한 권으로 결집한 후
후세에 고경古鏡으로 삼고자 하여
가야산 자락의 산승에게 서문을 청하길래
이에 세주묘엄사의 공덕을 찬하노라.

운허와 자운에게 동문수학했던 지관은 다음과 같은 격려
사를 남기며 묘엄에 대한 신뢰를 표했다.

"효행의 본향인 수원 동북쪽 광교산에는 성창사聖彰寺가
있다. 이 절은 위법망구의 정신으로 중국에 가서 구법하
고 귀국하여 고려 국민의 정신순화에 크게 기여한 경북
포항시 흥해면 출신인 진각국사眞覺國師 천희千熙(1307~1382)
스님이 주석하던 곳으로서 국보인 그의 행적비가 전한다.
그가 입적할 때 남긴 〈기별記別〉에 의하면 내가 죽은 후 6
백 년경 뒤 이곳에 광교산을 크게 재흥광교再興光教할 스님
이 나타날 것이라 하였으니, 그가 바로 묘엄 명사가 아닌
가 생각해본다."

— 지관, 격려사 일부

경전 강의를 시작한 지
50주년이 되던 2007년,
제자들은 법회를 열고
〈세주묘엄주강50년
기념논총〉을 봉정했다.

묘엄은 이 기념논총 '대원성취를 위한 굳은 결의'라는 제
목의 '훈화'에서 《팔상록》을 인용했다. 부처님의 경전 가운데
한 가지를 정해 수행의 지침으로 삼아 평생토록 꾸준히 연구
하기를 부탁하는 마음에서 《팔상록》에 나와 있는 내용을 소
개한 것이다.

싯다르타 태자가 세상의 무상함을 깊이 느낀 뒤 부귀영화
의 왕궁을 버리고 산중에서 수행하고 있을 때의 일이다.
다람쥐 한 마리가 호숫가에서 꼬리에 물을 적셔 숲으로
달려가 털어놓고 또다시 그렇게 물을 적셔 털어놓기를 반
복하고 있었다. 이를 이상하게 여긴 싯다르타 태자가 다람
쥐에게 물었다.
"지금 무엇을 하고 있는 것이냐?"

〈세주묘엄주강50년기념논총〉 봉정식 참여 대중

"이 호수에 담겨 있는 물을 모두 퍼내려고 하고 있습니다."

"아니, 네 그 작은 꼬리로 한두 방울씩 물을 적셔내어 이 큰 호수의 물을 다 퍼낼 수 있다고 생각하느냐? 몇백 년이 걸릴지도 모르지 않는가?"

"말씀하신 대로 오랜 세월이 걸릴지도 모릅니다. 그러나 오륙 년 정도 해보고 그만두겠다고 할 제가 아니지요. 아무리 긴 세월이 걸리더라도 한번 정한 결심을 이룰 때까지는 결코 그만두지 않을 생각을 하고 있습니다."

싯다르타 태자는 다람쥐의 굳은 결의에 감동하여 이렇게 결심한다.

'이 다람쥐의 결심 못지않게 나 또한 깨달음을 이루어 중생을 구제하기를 발원하고 있다. 설사 몇십 년이 걸리더라도 목적을 성취할 때까지 뜻을 굽히지 않으리라.'

이러한 발심 끝에 태자는 수행을 계속해서 드디어 위없는 깨달음을 성취했다.

다람쥐는 태자의 구도심을 시험하는 제석천의 변신이었다. 너무나도 깨침이 이루어지지 않아서 문득문득 수행을 단념하고 왕궁으로 돌아갈까 갈등하는 태자를 보고 여간한 군은 결심이 없으면 성불이라는 대원을 성취하지 못한다는 것을 다람쥐의 모습으로 나타나 일깨우며 용맹정진하기를 격려하였던 것이다.

원하는 목적이 크면 클수록 정신일도하사불성精神一到何事不成의 강고한 결심이 필요하다. 빨리 목적지에 도달하고자 마음만 앞선 나머지 실천 없이 설치고 무리하면 도리어 피로가 심해지거나 길을 잘못 들어 엉뚱한 결과만 초래할 수 있다.

천 리 길을 가고자 할진댄 첫걸음이 시작이라는 말이 있다. 첫걸음이 바로 구경목적지인 줄 알고 불보살님의 원력을 나의 원력으로 삼아 모든 일을 사소한 것부터 꾸준하게, 조급히 굴지 말고 착실하게 해나가는 마음가짐이 무엇보다 중요하다.

이 논문집은 다음과 같이 구성되어 있다.

제1부에는 묘엄과 김용환의 글이 실렸다. 한국 봉녕사 비구니 율원의 구조와 교육과정(묘엄), 묘엄 스님과 한국 비구니 강원(김용환, 부산대학교 인문대학 철학과 교수)이 실려 있다.

제2부에는 강사 등 호칭 유래 소고(월운, 봉선사 조실), 대승보살 사상의 형성(인환, 동국대학교 불교대학원 교수), 위의작법초의 식당작법에 대하여(종진, 해인총림 율주), 열반경의 열반·불성론에 대한 고찰(지안, 은해사 승가대학원장), 큰스님들을 회고하며(불필, 석남사 심검당)의 글이 실렸다.

제3부에는 근본불교(Theravada)의 전통과 수행체계(범라, 미얀마 양곤 마하시메디테이션센터), 율장 전승에 대한 정리(대우, 봉녕사승가대학 강사), 비구니 승가의 출가 정신에 대한 고찰(본각, 중앙승가대학교 교수), 호흡수행에 대한 고찰(운월, 중앙승가대학교 강사), 논장의 성립과 부파불교의 교학체계(부용, 유마사강원 강사), 정토불교의 수행체계(도혜, 봉녕사승가대학 학감), 선불교의 수행체계(적연, 봉녕사 금강율원 율원장), 현대 한국 비구니 이부승 구족계 수계 제도의 부활(석담, 미국 버지니아대학 종교학과 박사학위 과정), 현대사회의 사찰 역할과 사원경제 변화 연구(일운, 불영사 주지), 한국불교 역경의 역사(설오, 봉녕사승가대학 중강), 성보문화재 보존관리 방안(탁연, 대한불교조계종 총무원 문화부장), 청소년 포교 활성화 방안(경륜, 서울시립 목동청소년수련관 관장), 불교의식에 대한 고찰(현준, 조계종 행자교육

원 예식의궤 교수사), 불교사회복지사상과 연구 동향(담교, 동국대학교 인도철학과 강사)이 실려 있다.

부록으로는 〈신편불조원류新編佛祖源流〉〈한국선종법계도韓國禪宗法系圖〉〈한국불교강맥도韓國佛敎講脈圖〉〈금강율원계맥도金剛律院戒脈圖〉가 실려 있다.

묘엄은 이 논문집에 자신이 전승받은 강맥과 계맥을 정리해서 부록으로 첨부하게 했다. 한국불교 강맥도와 금강율원 계맥도는 한국 비구니가 받는 강맥과 율맥을 명문화해서 공개한 최초의 자료이기도 하다.

한계를
넘어서

《회색 고무신》이 발간된 다음 해, 봉녕사 강원 첫 회 졸업생
으로 미국 유학 중이던 석담이 묘엄의 생애와 한국 비구니의
근현대사를 주제로 박사논문을 쓰고 싶다고 타진해왔다. 비
구니 율장과 한국 여성 불교 교육에 관심을 가지고 있던 석
담은 비구니 율장에 대한 석사논문을 미국에서 출판한 바
있다. 묘엄이 논문 쓰는 것을 허락하자 석담은 묘엄의 일대기
연구로 박사논문을 준비하기 시작했다.

　봉녕사 학인 시절, 석담에게 묘엄은 자상하고 제자들을
아낀 좋은 스승이었다. 석담은 묘엄을 인터뷰하기 위해 한국
을 방문했다. 2003년부터 2005년에 걸쳐 세 차례 한국을 방
문해 묘엄을 비롯해 주변 인물을 심층 취재했다. 묘엄과 같은

출가 수행자로서 수행과 출가, 비전에 대한 생각들을 세세하고 심도 깊게 물었다.

묘엄은 석담이 논문을 준비하는 데 헌신적인 지원을 아끼지 않았다. 곤란한 질문을 해도 단 한 번도 왜 그런 질문을 하느냐고 되묻지 않았다. 어떠한 질문에도 가물거리는 기억을 떠올려 성심성의껏 가감 없이 대답해주었다. 어린 사미니 시절에 밟고 다닌 윤필암의 돌 하나까지 기억해내 들려주었다. 한번 결정한 것에 대해서는 최선을 다해 도우며 철저히 현재를 사는 수행자만이 할 수 있는 일이었다. 묘엄의 그러한 모습은 석담에게 깊은 울림을 주었다.

묘엄의 기억력은 가히 뛰어났다. 그로 인해 묘엄의 삶은 물론 당시 비구니의 역사, 70~80년 전 사찰의 풍습이 고스란히 기록될 수 있었다. 묘엄은 기억을 더듬어 당시의 일을 되살려냈다. 이에 감동한 석담은 인터뷰 도중 "스님의 놀라운 기억력으로 한국 비구·비구니 승가를 위해 중요하고 길이 남을 값진 기록을 남기게 되었다"고 고마움을 전했다. 어쩌면 묘엄이 세상에 나와 자신의 이야기를 가장 세밀하게 드러낸 것인지도 모른다.

그렇게 묘엄의 생생한 기억으로 인해 회고록 같은 학술 논문이 완성되었고 한국 비구니 역사의 기록이 남겨지게 되었다. 석담은 이 논문으로 묘엄이 입적하기 두 해 전인 2009

년, 미국 버지니아대학에서 박사학위를 취득했다. 이 논문 (*Crossing over the gender boundary in a gray robe: The life of Myoom, a korean buddhist nun*, university of virginia. December 2008, Inyoung Chung)은 한국 비구니에 대해 영어로 쓰인 최초의 연구서로 평가되고 있다.

석담의 이 논문은 한국어로 번역되어 2012년 동국대학교 출판부에서 《한계를 넘어서: 묘엄 스님 생애와 한국 비구니 승단》이라는 책으로 출간되었다. 이 책은 묘엄에 대한 평가뿐만 아니라 한국 비구니 계단戒壇 역사 기록에 대한 새로운 지평을 열었다는 평가를 받고 있다. 석담은 책을 낸 소감을 묻는 질문에 이렇게 답했다.

"묘엄 스님이 비구니로서 한국 비구니 승단이나 다른 나라 불교 전통 비구니들에게 얼마나 값진 업적과 본보기를 남겼는지 한국에서는 아무도 모르더군요. 엄혹하고 험난했던 한국 근현대 역사 속에서 참으로 치열하게 생을 살았던 여성이자 한국 비구니들의 훌륭한 스승이었습니다. 한국 비구니에 대한 값진 기록을 영어로 남긴 것에 자부심을 느낍니다. 특히 여성사에 자그마한 공헌을 했다고 믿습니다."

그 뒤 묘엄에 대한 박사논문이 한 편 더 나왔다.

전강 제자들과 함께한 묘엄

2023년, 묘엄의 상좌인 도연은 스승 묘엄에 관한 논문을 쓰고 동국대학교에서 박사학위를 받았다. 〈세주묘엄 연구〉라는 제목의 이 논문은 묘엄에 대한 가장 최근의 논문이다. 도연은 강원 시절에 묘엄에게 《사미니율의》《능엄경》《기신론》《화엄경》《사분비구니율장》을 배웠다. 시자로 있으면서 수행자로서의 묘엄, 교육자로서의 스승, 가람 책임자로서의 은사를 지켜보았기 때문에 논문에는 진솔한 묘사와 함께 진한 존경의 염이 담겨 있다.

묘엄의 사상과 수행관이 형성되는 계기와 전개되는 과정, 그 속에서 발견되는 독자성과 현실에 구현되는 실천력을 조명하여 선·교·율을 두루 갖춘 묘엄의 사상과 공적이 지닌 가치와 중요성에 대해 연구한 논문으로, 선사와 율사, 강사로서의 일생과 사상을 심도 있게 조명했다.

현재 봉녕사승가대학 학감을 맡고 있는 도연은 논문의 '맺는말'에서 자신의 논문이 앞으로 다양한 각도에서 묘엄 사상이 연구되는 촉매제가 되고, 현재를 살아가는 후학들이 비구니 승단의 일원으로서 정체성과 자긍심을 확고히 하는 계기가 되기를 바란다고 했다. 나아가 묘엄의 삶이 미약한 세계 비구니 승단의 재건에 전범의 모델이 되기를 희망한다고도 했다.

이처럼 한국 근현대 비구니사를 관통하며 치열하게 살아온 묘엄의 일생을 조명한 논문들이 미국과 한국에서 발간되면서, 묘엄은 오늘날 비구니들에게도 영원한 표상으로 존재하고 있다.

봉녕사 대중들과 함께

妙嚴

결장

마지막 법문

비구니 명사 법계
품서를 받다

2007년은 묘엄에게 여러모로 뜻깊은 해였다. 1월에 조계종 전계대화상인 성수性壽(1923~2012)로부터 율주로 임명되었고, 첫 번째 두 번째 전계가 있었으며, 국제회의에서 논문 발표를 했다. 〈세주묘엄주강50년기념논총〉이 출간되고 비구니 명사 법계 품서를 받은 해로, 입적 전 가장 왕성하게 활동한 해였다. 이 가운데 한국불교 역사상 처음 시행된 명사 법계 품서는 남다른 감회가 깃들어 있다. 비구니 명사 법계 제도는 한국불교 역사상 처음 있는 일로, 비구니 승단에 기여한 묘엄의 수많은 공로가 있었기에 가능했다.

지관이 총무원장을 할 때다. 묘엄을 만난 자리에서 이렇게 제안했다.

한국불교 역사상 처음으로 비구니 명사 법계 품서식이 진행되었다. (2007. 10. 23.)

"비구 스님들은 대종사 법계를 받는데 비구니 스님들은 명사 법계를 받지 못하고 있어요. 비구니 스님들이 당연히 받아야 할 명사 법계입니다. 제가 도와드릴 터이니 스님이 적극 나서서 만들어보세요."

명사는 비구니에 대한 최고의 법계로 뛰어난 수행력과 지도력을 상징한다. 대한불교조계종에서 수여하는 비구니 법계 품서 가운데 하나인 명사는, 비구 법계의 1급인 대종사 법계에 해당하며, 승랍 40년 이상인 비구니에게 품서한다. 대한불교조계종 〈종법령〉에 명사와 대종사는 종단 최고의 지위로

비구니 명사 법계 품서식 기념 사진

종정, 전계대화상, 원로의원, 법계위원장 등 기타 최고의 자격
이 부여된다고 게시되어 있을 정도로 위계가 높고 명예로운
자리다. 명사의 전형은 특별전형으로 중앙종회의 동의와 원
로회의 상의를 거쳐야 하며, 법계의 품서는 법계위원회의
결의로 종정이 행하게 되어 있다. 원로회의, 법계위원회, 종회
와 총무원의 협조가 필요했다.

"묘엄 스님께서 당시 종회의원이던 나를 불러 이 일을 의
논하셨다. 스님과 함께 당시 원로의장 종산宗山 스님, 법계
위원장 보성菩成 스님, 종회의장 설정雪靖 스님을 차례로 만

나 취지를 설명하고 도움을 청했다. 스님들 모두 비구니 명사 품서 제도가 행해지는 데 적극 협조했다."

— 수현(전국비구니회 부회장 역임)

2007년 10월 23일, 해인사 대적광전에서 한국불교 역사상 처음으로 비구니 명사 법계 품서식이 진행되었다. 첫 명사 법계에 선정된 이들은 7명의 원로 비구니인 혜운, 광우, 묘엄, 지원, 명성, 정훈, 정화였다. 품서식에는 종정 법전, 총무원장 지관을 비롯해 보성, 성수, 원명, 동춘 등 사부대중 천여 명이 참석했다. 법전은 법어를 통해 "법계法階는 구경각에 이르는 차제次第가 아니라 선종善種을 심는 일이요, 이 선종은 훗날 인천의 복전을 이루는 근본이 될 것이다"라고 법문했다.

◎

비구니 명사 품서식이 열리고 〈세주묘엄주강50년기념논총〉이 발간되었을 때, 한결같이 축하해준 도반들이 있었다. 묘엄의 도반들이 운집해 있는 일여회一如會 회원들이었다. 일여회는 봉녕사승가대학을 개원하고 20여 년이 지났을 때 묘엄이 도반들에게 제의해 만들어진 탁마琢磨 모임으로, 비구들의 대표적 모임인 여석회餘石會와 비견되는 비구니들의 모임이다.

"젊은 스님들이 친목 모임을 만들어 지내는 걸 보니 좋아 보여요. 사상이 같은 사람들끼리 모여 우리도 모임을 만들어 봅시다. 이런 모임이 없으면 만날 기회도 없지 않습니까?"

묘엄이 모임을 건의했고 일여회라 이름을 지었다. 자신이 평생 회장을 하겠다고 제안해 모임을 이끌었다. 탁마와 우정을 나눈 회원은 모두 19명으로, 묘엄을 비롯해 진관, 법희, 불필, 백졸, 정훈, 태경, 도성, 현묵 등이다. 대다수가 성철을 존경하며 선 수행에 매진했던 사형 사제와 같은 도반들이었다.

봄과 가을 두 번 회원들이 돌아가면서 모임을 주관해 회원들이 있는 사찰에서 주로 만났다. 봉녕사와 석남사에서 자주 개최되었고 상좌들이 주지로 있는 절에서도 만났다. 한려수도가 펼쳐진 남해, 사방이 짙푸른 파도로 출렁이는 제주도에서도 만나 우정을 다졌고, 미국 등 나라 밖으로 순례 여행을 가기도 했다.

묘엄은 늘 일여회의 분위기를 유쾌하게 이끌어가며 리더십을 발휘했다. 특유의 유머를 섞어 부처님과 조사들의 말씀을 재미있게 풀어놓아 웃음꽃이 만발했다. 도반들은 묘엄의 풍부한 지식을 곁들인 좌담 법문과 성철과 청담 등 선지식들과 함께한 이야기를 기대하며 다음 모임을 기다렸다.

부산 옥천사에서 성철의 가르침인 〈능엄주〉 기도로 수행의 뼈대를 세우고 신도들을 지도한 백졸은 성철의 어록과 책을 만들어 보급했다. 성철의 가르침인 〈납자십게衲子十偈〉〈나옹의 토굴가〉〈수도팔계〉〈공부인의 5계〉〈예불대참회문〉〈대불정능엄신주〉〈발원문〉〈전경〉 등이 담긴 《수도팔계修道八戒》를 만들어 일여회 모임 때 나누어주었다. 책을 받아든 묘엄은 윤필암에서 성철에게 수계하던 때, 처음 화두를 받고 가르침을 받던 봉암사 결사 시절, 해인사에서 백일법문을 듣던 세월들이 주마등처럼 스쳐 지나갔다. 떳떳하고 행복했으며 아름다운 세월이었다.

비구니계의 원로와 중진들로 포진된 일여회 모임에서 묘엄이 자주 찾아 의견을 나누며 자문을 받은 선배 비구니는 서울 진관사의 진관眞觀(1928~2016)이었다. 진관은 인홍의 상좌로 묘엄에게는 사형과 같은 존재였다. 봉녕사의 일은 물론 종회, 전국비구니회와 비구니계단의 일을 의논할 때 자주 찾아가 자문을 구했다. 묘엄이 계단의 일로 위기에 처해 있을 때 찾아가 의논한 사람도 진관이었다. 진관은 선배 도반으로서 늘 묘엄을 존중하고 아끼며 뒤에서 후원했다.

묘엄은 한국전쟁으로 퇴락해 있던 진관사를 중창 불사해 오늘날과 같은 대가람으로 변화시키고 포교의 반석에 올려놓은 진관을 존경하고 따르며, 진관사를 자주 찾아 봉녕사 회상을 만들어나가는 데 큰 자문을 구했다. 봉녕사 불사가 한창 진행 중이던 어느 날, 자신을 찾아온 묘엄에게 진관은 이렇게 말하며 격려했다.

"수덕사 견성암에서 7년 동안 정진하고 진관사에 왔는데,
청담 큰스님께서 오셔서 주지로 사는 법에 대해 이렇게 가
르쳐주셨어. 첫째 주지로 살려면 일을 하든 안 하든 부목
이 있어야 한다고 하셨지. 그리고 누가 와서 진관사에 묵
어갈 일이 있으면 주지실이라도 선뜻 내줄 수 있어야 하
고, 함께 사는 대중들의 의견을 수렴할 줄 아는 포용력 있
는 주지가 되어야 한다고 하셨어. 그때 큰스님께 들었던 말
씀을 잊지 않고 진관사를 꾸려왔어. 청담 큰스님을 모시고
일본에 가서 사찰을 둘러본 적이 있는데, 그때 큰스님께서
절도 있게 생활하는 일본 불교도(사부대중)들을 보면서 돌
아가서 비구사관학교를 만들어야겠다고 하셨던 말씀이 생
각나. 아마 일찍 입적하시지 않았다면 그 꿈을 실현하시지
않았을까 싶어. 스님이 한번 그 꿈을 이루어봐."

현대적인 감각과 안목, 비전을 갖추고 전국비구니회 등 비
구니 승단의 발전에 앞장섰던 진관은 평소 비구와 비구니계
에서 가장 복이 많은 사람은 성철과 인홍이라고 했다. 그리고
묘엄을 향해서는 그러한 선지식들 밑에서 공부할 수 있었던
진정한 '복인'이라고 칭했다.

"절대로 있는 척, 아는 척, 잘난 척하지 마라. 다 부질없으니 오로지 복을 지어라. 그러면 우선 너희들도 살기 좋고 너희들이 지은 복으로 인해 많은 사람이 편하게 산다. 그리고 부디 수시로 마음자리를 챙겨라."

이는 진관이 수시로 제자들에게 했던 말인데, 묘엄도 이 가르침을 가슴에 담아 제자들을 가르치는 데 활용했다. 묘엄은 진관보다 몇 해 일찍 입적했는데, 그때까지 두 사람은 함께 한국 비구니계의 발전에 온 힘을 모았다.

공부를 탁마하고 우정을 다져온 일여회는 평생 회장을 자처했던 묘엄이 입적하자 20년 만에 해체되었다. 묘엄의 부재로 인해 빈자리가 너무 컸기 때문이다. 일여회 회원들은 묘엄의 5일장이 치러지는 동안 봉녕사를 지키며 애도했고, 기일마다 방문해 묘엄을 기렸다. 부도 제막식 때는 일여회 이름으로 기념식수를 심었다.

"공부와 수행에 용감했던 수행자로서 겉으로는 학자이자 교육자였으나 내면으로는 선사와 율사였다. 65년 동안 승려 생활을 하면서 청담 스님, 성철 스님, 자운 스님 등 좋은 지도자들을 만나고 그분들을 완벽하게 닮아가셨던 측면에서 스님은 독보적인 존재다. 미소를 잘 띠었으나 입으로만 웃지 않고 온몸으로 웃었던 분이다. 음색 또한 특이

할 정도로 저음이 깊고 귀한 음색이었다. 스님에 대한 책
이 나온다는 소식을 들었을 때 저 음색도 녹음이 되어야
할 텐데 하는 생각을 했다. 멋지고 천연스러우셨고 교육열
과 수행력이 강한 분이었다."

— 백졸(부산 옥천사 주지)

"여행길에도 가장 단출하게 짐을 꾸려온 분이 묘엄 스님이
었다. 여행 중에도 새벽 네 시가 되면 모두 묘엄 스님의 방
으로 모였다. 그곳에서 의견이 조율되고 사소한 의견 충돌
도 저절로 해결되었다. 어느 자리에서나 언행이 여법하면
서도 섬세했던 스님은 몸이 새털처럼 가벼웠다. 손을 잡을
때면 손이 너무도 가벼웠다. 가까이 가면 마음이 정화되
는 것이 느껴졌다. 여행 중에도 동중정의 모습으로 유머를
잃지 않는 세련미가 느껴졌다. 율사와 강사, 선사의 풍모
를 다 갖추고 현대 학문까지 공부한 수행자로, 후학들이
닮고 싶은 비구니의 표상이셨다."

— 법해(진관사 주지)

진관의 시자로 일여회 모임을 지켜본 법해의 증언에서 너
른 품을 지닌 지도자의 풍모가 느껴진다.

마지막 법문과
입적

2011년 2월, 묘엄은 성도재일 철야정진에 참석해서 학인들에게 화두를 주고 법문했다. 묘엄은 초심의 학인들에게 고구정녕 석가모니 부처님의 출가 정신과 깨달음이란 무엇인가에 대해 설했다. 학인들이 밤을 새워 정진하게 되면 반드시 찾아오는 혼침에 빠질 것을 염려해, 신도의 시주로 사는 수행자에게 있어서 시주의 무게가 얼마나 무서운지 설명하고 수마를 이겨내 정진하라고 당부했다. 입적 몇 해 전, 대장암 진단을 받고 병원에 자주 입원해 있었지만 학인들을 위해 한 번이라도 더 현장에 나와 법문하느라 여념이 없었다.

"형제간에도 나누어 쓰지 않는 돈을 스님들에게 내놓고

시주하는 그 덕에 우리가 사는데 어찌 아껴 쓰지 않을 수
있겠는가. 일미칠근一米七斤이라고, 쌀 한 톨이 내 살 7근을
베어서 갚아도 은혜를 다 갚지 못하는 거야. 일미칠근의 무
거운 은혜를 생각하고 졸지 마라. 하룻밤이라도 마음 찾는
인因을 심어서 부처님의 올바른 제자가 되기 바란다."

살아생전 마지막 성도재일의 법문은 시주에 대한 은혜를
잊지 말고 정진하라는 당부였다.
묘엄은 마지막까지 제자들이 발심하도록 지도를 아끼지
않았다.

"학도비구學道比丘 제천여의식諸天與衣食, 공부를 하는 수행
자에게는 하늘에서도 항상 의식을 준다는 글귀가 있어.

2011년 성도재일
철야정진에서
제자들에게
고구정녕 말씀하셨다.

어느 스님이 발심을 하고 산속 굴에 들어가서 공부를 하
는데, 도는 보이지 않고 배가 고파와서 제석을 부른 거야.
제석아! 하고 크게 불렀더니 굴 바깥에서 지나가던 머슴
이 그 소리를 듣고 물었어. 누구야? 왜 불러? 마침 머슴
의 이름이 제석이었거든. 그래 자기가 먹으려고 준비해온
주먹밥을 들고 굴속으로 들어가다가 두 사람이 입구에서
딱 마주치는 순간 도를 깨달은 거야. 두 사람은 전생에 도
반이었거든. 이렇듯 공부를 간절히 해나가다 보면 어느 모
퉁이에서든 공부가 해결돼. 간절하게 공부하다 보면 도를
만날 수 있어. 공부는 그저 간절하게 해야 돼. 공부하지
않고 먹고살 걱정만 하면 수행자라 할 수 없어. 출가자는
개인의 수행도 중요하나 대중의 사표가 되어 인천人天을
제도할 수 있는 수행자가 되어야 해."

그날 묘엄은 저녁예불을 하고 난 다음 학인 대중과 함께 큰방에 앉았다. 그리고 학인들에게 화두를 준 다음 이렇게 법문했다.

"마음도 아니요 부처도 아니요 중생도 아니니, 내 마음이 라고 하는 것은 가짜 이름이야. 우리가 마음을 가지고 있 는데 그것을 모르니까 마음이라고 이름을 지은 것이지. 아직 성불을 하지 못했으니 부처도 아니야. 또 우리가 부 모님을 버리고 출가해서 성불하겠다고 나섰으니 천지를 구분 못하는 중생도 아니야. 그러니 이것이 무엇이냐 이 말이야. 이 세 가지 이름을 가지고서 이름 지을 수 없는 그 마음이 하나 있는데, 이 마음이 무엇인고 하고 오늘 밤 새도록 정진해서 내일 새벽에 샛별을 보고 깨달으면 얼마 나 좋겠나."

입적하던 해 성도재일에 봉녕사 강원 학인들에게 한 묘엄 의 마지막 화두 법문이었다. 열여덟 살에 봉암사에서 스승 성 철에게 화두를 받은 때로부터 60여 년 동안 묘엄 자신도 들었 던 '이뭣고' 화두를 제자들에게 준 것이다. 묘엄은 매해 성도재 일마다 성도재일의 의미, 화두 드는 법, 앉는 법을 설명하고, 화두가 없는 사람들(신입생들 포함)에게 '이뭣고' 화두를 들라고 법문했다.

후학들에 대한 세심한 자비도 여전했다. 이런저런 일로 다시 세간으로 돌아가겠다는 행자를 불러서는 이렇게 말했다.

"호수가 깊어야 밖에서 돌멩이를 던져도 깊이 가라앉아 흔들림이 없는 것처럼, 네 스스로 깊은 물이 되어야 한다. 나갈 건지 여기에 있을 건지 오늘 하루 더 잘 생각해보고 내일 와서 답을 하거라."

다음 날 아침 일찍 행자가 찾아와 울면서 "스님, 여기 있겠습니다" 하고 말하자 묘엄이 말했다.

"생사를 뛰어넘겠다는 지극한 발심이 되어야 남들이 바보 등신이라고 해도 마음속 깊이 아무런 동요 없이 '예, 바보 등신입니다' 할 수 있고 끝까지 참선 수행하겠다는 각오로 정진할 수 있다. 콩고물을 묻히지 않아서 축 늘어진 인절미 맨치로 그렇게 퍼져 있지 말고 마음은 신심으로 단단히, 몸은 반듯하게 하라."

또 풀옷 손질이라고는 해본 적 없는 시자가 옷을 들고 안절부절못하면 대야 속에 옷을 넣고 직접 풀 먹이는 법을 찬

찬히 알려주었다. 다림질을 잘못해서 조끼를 태운 시자를 향해서는 허허허 웃으며 다리미를 들고 조곤조곤 다림질 순서를 알려주었다.

이러한 일들이 다반사였으니 도량 내 가장 큰 어른인 묘엄을 어렵고 멀게만 느낀 학인들도 시자 소임을 마치고 나면 묘엄의 세심하고 자상한 가르침에 대해 이야기하곤 했다. 아무리 강퍅한 성품을 지닌 학인이라도 한 학기 동안 혹은 방학 동안 묘엄의 시자 소임을 살고 나면 환희로운 얼굴로 묘엄 가까이서 무엇을 어떻게 배웠는지 자랑스레 이야기하는 모습을 보이는 것이었다.

다음은 묘엄이 입적하기 5년 전에 출가해 묘엄에게 《치문》을 배우고, 금강율원을 졸업한 뒤 대만에서 율학을 공부하고 돌아와 금강율학승가대학원 교수로 있는 정현淨現의 증언이다. 묘엄이 생을 마칠 때까지 얼마나 한결같이 훌륭한 스승이었는지 보여주고 있다.

"2006년 5월 3일 출가하여 74세의 스님을 처음 뵙고, 이틀 후인 5월 5일(음력 4월 8일) 부처님오신날 삭발하였다. 당시 30대 중반의 나이는 꽤 늦은 출가에 속했지만 2011년 입적하실 때까지 스님의 일상을 가까이에서 보고 듣고 배울 수 있었던 것은 큰 복이었다고 생각한다. 일정 거리 밖에서 본 스님의 모습은 늘 위엄과 절제를 갖춘 어른이셨기에 왠지 어려운 마음을 가지게 되지만, 그런 스님 곁에 가까이 가면 갈수록 따스한 인간미와 넓은 자비심 그리고 유머러스한 편안함에 물들어 마음이 말랑말랑해지고 스님을 향한 존경의 마음이 더욱 깊어지는 것을 경험하게 되었다. 이러한 일들을 내가 직접 겪기도 했고 다른 스님들의 경험도 전해 들으면서 '술 취해 날뛰던 코끼리가 부처님을 만나자 온순하게 두 발을 엎드리고 앉았다'는 그 사건이 그냥 하는 이야기가 아니라 실제 발생한 일이었다는 확신을 가지게 되었다. 큰스님의 말년에 가르침을 받게 된 우리 학인들에게 그분은 바위같이 단단하고 학같이 단아하셨지만 동시에 봄볕처럼 따스하고 가을바람처럼 시원한 정말 멋진 스승이셨다."

◎

묘엄은 몸이 점점 쇠약해졌으나 겉으로 드러내지 않았다. 육신의 통증은 있었으나 두려움은 없었기에 입적에 이를 때까지 언행은 늘 선정에 들어 있었다. '아야야' 하는 신음 소리 한 번 내지 않은 인욕보살의 모습을 보였다.

　병상에 있으면서도 전혀 고통스러운 모습을 보이지 않았

다. 병원에 누워 있는데도 환자와 같은 느낌은 전혀 없었다. 깊은 선정에 든 모습이었다. 담당 의사는 평생 의사 노릇하면서 이렇게 병상에 누워 계신데도 한결같이 고요하신 분은 처음이라며 놀라워했다.

병상에 있으면서 마지막 전계사로 비구니 구족계 수계산림에도 참석했다. 비구전계사인 철우가 "스님, 누워서 계를 설하셔도 좋으니 와주셨으면 좋겠습니다" 하고 간곡히 청하자 누워서 갈 수 있는 큰 차를 대절해 산림이 열리는 범어사로 내려가 후학들 앞에 섰다. 그때 모습을 본 사람들은 '거울 앞에 선 내 누님같이 생긴 꽃이여'라는 시 한 구절을 연상케 하는 모습이었다고 기억한다.

입적 전 묘엄은 제자 일연, 도혜, 의천, 선나에게 전계했다. 마지막까지 후학에게 계맥을 전하는 스승이자 지도자로서 책임을 잊지 않은 것이다.

"내 걱정은 하지 않아도 돼. 나는 200살까지 살 거야. 너희들이 성불하는 걸 보고 죽을 거야."

병환 중에 있는 자신을 염려하는 봉녕사 대중들에게 미소를 띠며 한 말이다. 그렇게 죽어도 죽지 않는 생명이니 나는 너희들이 성불할 때까지 지켜보리라 했던 묘엄은 마지막 성도재일에서 법문하고 나서 일 년이 채 안 되어 입적했다. 2011년 겨울이 막 시작되던 12월 2일(음력 11월 7일) 오전 9시 5

분, 법랍 67년, 세수 80세로 묘엄은 봉녕사 향하당에서 적멸
에 들었다.

　뛰어난 율사이자 대강백의 입적 소식에 전국의 사부대중
모두가 슬픔에 잠겼다. 12월 6일 오전, 수많은 제자를 길러낸
봉녕사에서 전국비구니회장葬으로 치러진 영결식에는 3천여
명의 추모 인파로 도량이 가득찼다. 비도 없는 날이었으나 하
늘에 오색영롱한 무지개가 걸리고 환한 해무리 세 개가 원형
으로 뜬 그날, 고승대덕 스님들과 청신사·청신녀들이 슬픔을
이기지 못하는 가운데 영결식이 엄수되었다.

　그날 사부대중은 한국 현대사에서 가장 격동적인 시대를
살아오며 오직 청빈한 수행으로 비구니에게 강맥과 율맥을
전함으로써 비구니 승단을 발전시키는 데 앞장선 수행자, 선
각자적인 리더십으로 불교사 최초의 비구니 율원을 설립·운
영해 비구니 역사를 새로 쓴 율사, 독자적으로 강원을 설립해
비구니 승가교육의 초석을 놓고 비구니 강사를 배출, 비구니
승단의 자율성을 확립한 교육자 묘엄을 오래 추모하며 발길
을 쉬 돌리지 못했다.

　젊은 시절 봉암사 결사에서 함께 수학한 종정 법전은 "하
늘에 별들이 빛을 거두어 제자리로 돌아가더니 지난밤에는
무서리가 뜰 앞에 내렸다. 오늘 명사明師는 적멸을 통해 해탈
의 자유를 얻어 태어남의 고통도 소멸의 슬픔도 없이 오고

뛰어난 율사이자 대강백의 입적 소식에 사부대중 모두가 슬픔에 잠겼다.

2011년 12월 6일 영결식에는 3천여 명의 사부대중이 함께 추모했다.

감이 없는 적정과 평화를 누리시게 되었다"고 법어를 내리며, 묘엄의 입적을 아쉬워했다.

묘엄은 임종할 때 다음과 같은 유훈을 남겨 수행자들의 지표가 되게 했다.

"마음공부는
상대적인 부처님을 뵙고
절대적인 나 자신을 찾는 것이다.
자기를 단속하여 인천의 사표가 되고
생사에 자재하여 중생을 제도하라."

모두에게 부처의 성품이 갖추어져 있음을 철저히 믿고 생사발심해서 수행하라고 했던 평소의 당부가 고스란히 담긴 유훈이었다. 또한 자성이 곧 삼보의 성품을 지니고 있음을 믿고 자성을 계발하여 스스로 부처를 조성하고 석가여래 부처님과 조금도 다름없이 중생을 교화하는 부처의 삶을 살라는 메시지이기도 했다. 이 유훈은 앞으로도 영원히 후학들에게 수행의 지표로 새겨 깊은 강물처럼 흘러갈 것이다.

묘엄이 드리운
그림자

수많은 섬들을 품은, 그러나 그 섬들을 버거워한 적이 없는 바다와 같았던 수행자 묘엄. 부처가 되기를 선택한 출가 수행자들을 올곧게 잘 키워내고자 한평생을 던진 승가의 교육자로서 묘엄이 드리운 그림자는 부사의한 힘으로 현존하고 있다.

묘엄이라는 이름 앞에는 여러 분야에 '최초'라는 수식어가 붙는다. 그러나 묘엄이 남긴 가장 위대한 업적은 하나로 규정지을 수 없다. 다만 아직도 묘엄이 남긴 뜻이 제자들에 의해 실천되고 있는 중이라는 사실이 굵고도 뚜렷한 묘엄의 업적을 대신하고 있다.

입적 후에도 묘엄의 사상은 미래로 이어지고 있다. 2012년 9월에 묘엄불교문화재단을 출범시켜 재단의 후원을 통해 불교문화와 전통적 소양을 갖춘 신심 깊은 불자 인재와 수행력 높은 스님들이 많이 배출되기를 발원했다. 이 재단은 출범 이후 봉녕사 수호사업과 봉녕사승가대학 및 금강율학승가대학원의 재학생·졸업생, 그 밖의 비구니 스님들 가운데 불교 관련 분야 우수 인재를 선발하여 장학금을 지원하는 장학사업을 하고 있다. 또한 묘엄불교문화상 제정 사업으로 불교학 및 불교문화 발전에 기여한 사람을 선발하여 표창하고 있으며, 구제사업으로 재난·질병·사고·빈곤 등으로 고통받는 사람들에게 보시를 실천하고 있다.

2012년 묘엄의 입적 1주기에는 묘엄의 행적을 기리기 위한 세주묘엄박물관이 문을 열었다. 이 전시실은 묘엄이 생전에 강의실과 선방으로 쓴 향하당 2층에 30여 평 규모로 조성되었다. 묘엄의 출생부터 행로, 수학, 율사, 인재불사의 대원력, 자리이타, 회향, 열반 등의 순서로 100여 점의 유품을 전시하고 있다. 3D로 제작된 영상실과 항온·항습 기능을 갖춘 특별 수장고 및 일반 수장고도 갖추었다.

묘엄이 입적하자 봉녕사를 이끌어가는 제자들은 마음이 텅 빈 것 같았다. 무슨 일이 있으면 자문을 구하고 상의하며 문제 해결 방안을 내려주었기에 묘엄의 부재는 말할 수 없는 허전함 그 자체로 다가왔다. 그런 마음을 재정비하고 비구니 계율 특강을 시작했다. 묘엄이 입적하기 한 해 전부터 비구니회에서 1980년대부터 실시해오다가 중단된 비구니 계율 교육을 부활하자고 논의해오던 것을 실행한 것이다. 2013년에 다시 시작한 비구니 계율 특강은 총무원 교육원에서 승려들의 연수교육 프로그램으로 선정될 정도로 반응이 좋았다. 2025년 현재 13년째 계속되고 있다.

입적 5주기 때는 '묘엄 명사의 계율 사상과 비구니 승가의 율학 전통'을 주제로 묘엄의 교육 이념과 금강율원의 위상을 중심으로 계율 사상 소논문 발표회를 개최했다. 이 소논문들은 발표 후 책으로 엮여졌다.

한편, 봉녕사 템플스테이를 통해서도 묘엄의 사상을 이어가고 있다. 2012년부터 시작된 템플스테이는 현대사회에 필요한 계율 프로그램을 넣어서 다른 사찰과 차별성을 두었다. 계율의 기본이 일상생활에 적용되어야 한다는 묘엄의 사상이 수행자들뿐만 아니라 재가불자(일반인)의 수행에도 도움이 된다고 보았기 때문이다.

또한 봉녕사에서는 신도들을 대상으로 다양한 교화 프로그램이 진행되고 있다. 심우불교대학과 청년회, 어린이법회에서 오계五戒를 수지하게 하고 있다. 또한 재가자들이 기본적으로 행해야 하는 계율인 팔관재계八關齋戒 수행법회를 열고 있다.

한편으로 '스님 가족 템플스테이'를 진행하여 봉녕사승가

대학과 금강율학승가대학원 학인들의 부모와 일가친척 등을 초청해서 수계하고, 출가의 진정한 의미에 대한 법문을 진행하며, 스님들이 수행하고 생활하는 일상 공간도 직접 보여주는 시간을 갖는다. '출가자는 부모와 절연하고 수행해야 한다'는 예전의 관습을 넘어 부처님 도량 안에서 만남을 갖게 하는 것이다. 스님 가족 템플스테이는 출가 당사자나 가족 모두에게 불자로서 자부심을 갖게 만들기에 충분하다.

군법당과 구치소 수계를 비롯해 불교 및 계율에 관심을 표명하는 절이나 대학의 불교 동아리에는 봉녕사 율사들이 직접 가서 설법과 강의를 하고 있다. 차·명상 법회에서도 계율을 알리고 있다. 다양한 프로그램을 통해 계율이 사회의 윤리와 도덕임을 알려주고 계율을 통해 인간이 어떻게 성장할 수 있으며 그 성장이 삶의 자세를 바로 하고 행복한 삶을 결정하는 데 중요한 역할을 한다는 것을 가르치고 있다. 윤리 도덕이 땅에 떨어져 혼란한 현대사회에서 묘엄의 계율 사상이 빛을 발하며 한국사회에 면면히 이어지고 있는 것이다.

2024년 첫발을 내디딘 봉녕사 여성출가학교 개설은 오늘날 출가자 격감 시대에 발심출가를 선택할 수 있도록 마련한 봉녕사만의 귀한 프로젝트다. 현대 여성을 대상으로 15일 동안 봉녕사에 머물며 한국 전통의 승가 생활과 수행을 직접 체험할 수 있도록 장을 마련한 것은 청빈한 수행자 묘엄이 중시한 계정혜 삼학의 수행 가풍을 전승하는 수도권 최고의 승가교육 도량이자 포교도량이기에 가능한 일이다.

수양산 그늘이 강동 팔십 리를 간다고 했던가. "내가 가더라도 화합하고 정진하며 봉녕사를 청정한 비구니 도량으로 유지되도록 하라"던 스승 묘엄의 부촉대로 제자들은 유지를 받들어 봉녕사를 아름다운 교화의 장으로 이끌어가고 있다. 승가교육 도량이자 율학 도량으로, 그리고 대중교화의 장으로 손색없이 유지되고 있는 봉녕사는 묘엄의 현현과 다름없다 할 것이다. 묘엄은 가고 없어도 한 위대한 인물이 남긴 부사의한 그림자는 지금도 광교산을 넘어 온 세상에 펼쳐지고 있다.

하늘을 덮을 만한 복

20여 년 전, 햇살이 따사로웠던 봉녕사 향하당에서 묘엄 스님을 처음 뵈었다. 인홍 스님의 책을 쓰기 위해 말씀을 들으러 간 자리였다. 맑고 청초하면서도 위엄이 서린 노수행자의 모습이 시간을 거슬러 부처님 시대의 제자 한 분을 뵙는 듯했다. 처음이자 마지막 만남이었던 그날, 스님은 선배 도반과 함께 탁마했던 지난날들을 담담한 시선으로 돌아봐주셨다. 정갈하고 따뜻하며 친절한 모습이었다.

시간이 흐른 뒤 스님의 평전을 쓰면서 그때 더 많이 여쭤보고 기록해두었으면 좋았을 걸 하는 아쉬움이 컸다. 그러나 그날 단둘이 앉아 오랜 시간 이야기를 나누면서 느낀 소회가 있었기에 스님에 대한 자료들 속 이야기를 가슴 속 깊이 이해하고 활용할 수 있었다. 글을 쓰면서 횟수가 중요한 게 아니라 단 한 번의 만남으로도 사람을 깊이 존경할 수 있음을 알았다.

부처가 되는 가장 큰 덕목으로 '상구보리 하화중생'의 실천을 꼽는다. 불교에 입문한 지 수십 년이 지나도록 이 덕목을 가슴으로 이해하지 못했다. 《묘엄 평전》을 준비하면서 그 뜻이 어떻게 현실에 아름답고 장엄하게 드러나는지 실감했다.

한글을 읽거나 쓸 줄 모르는 시대적 환경에서 출가해 겨우 한글을 떼고 비구니 강원이 개설되기 전의 어려운 환경 속에서 경전 공부를 시작해 당대 최고의 강백으로 거듭나기까지의 과정을 쓰면서 인간의 노력이 얼마나 숭고한 것인지 느끼지 않을 수 없었다. 열네 살에 시작한 화두 참구에 일평생 물러서지 않았으며, 십 대의 어린 나이에 계율을 배우기 시작해 지명의 나이인 쉰 살에 당대 최고의 율사로부터 전계를 받으며 비구니 율사로 우뚝 서는 과정은 인간 승리를 보는 듯했다.

일제강점기부터 동족 간의 전쟁, 불교계 정화 등 안팎으로 몹시 불안정했던 과정을 온몸으로 헤쳐 오면서 한국 승가의 뛰어난 지도자로 거듭나는 스님의 일생을 글로 정리하며 3년여에 걸친 작업 기간을 행복하게 보낼 수 있었다.

책이 나오기까지 수차례에 걸쳐 평전간행위원회 스님들과 회의를 하면서, 그리고 묘엄 스님과 인연이 된 여러 스님들을 마주하면서 스승과 제자만이 엮어낼 수 있는 사자전승師資傳

글을 마치며

僧의 가치도 경험할 수 있었다. 하늘을 덮을 만한 복이 있어야 출가수행자가 될 수 있다는 말을 종종 스님들에게 들어왔다. 묘엄 스님이 그런 분이셨다는 생각이 든다. 그러한 스님의 평전을 쓰게 된 인연에 수없이 합장하고 싶은 심정이다.

책이 나오기까지 세심히 많은 조언을 주신 묘엄평전간행위원회 스님들께 깊은 감사의 말씀 드리고 싶다. 글을 쓰는 데 무엇보다 큰 도움이 된 자료는 스님의 진솔한 육성 그대로가 담긴 책《향성》과 논문집〈한계를 넘어서〉와〈세주묘엄 연구〉였다. 책을 엮어 세상에 내놓은 김용환 교수님, 석담·도연 스님께 감사의 말씀 전하고 싶다. 그리고 앞서 묘엄 스님과 동시대를 함께한 분들의 증언을 엮어 기록해놓은 김광식 교수께도 감사드린다. 글을 쓰는 데 증언집이 큰 도움이 되었다.

무엇보다 이 책의 주인공이신 묘엄 큰스님께 깊이 감사드린다. 스님의 바다보다 깊고 너른 삶 앞에 존경의 합장 드리면서 글을 마친다.

2025년 12월 소금창고마을 도서관에서
박원자 두 손 모음

세주묘엄 명사 世主妙嚴 明師

세주당 묘엄 명사 비명
世主堂 妙嚴 明師 碑銘

일체중생과 만류의 본성품은 본래 이것이 참 부처인데 모든 중생이 업력의 미혹함 때문에 생사의 윤회를 끊지 못하므로 석가세존이 응화를 보이시어 괴로움을 벗어나 즐거움을 얻고 성품을 보아 부처를 이루게 하시니라.

이 견성법이 전전히 이어져서 보리달마조사에 이르고 달마가 인도에서 중국에 와서 견성법을 전하시니 연연히 상속하여 제6대 혜능조사에 이르렀다. 조사가 바로 사람의 마음을 가리켜 성품을 보고 성불법을 단번에 닦아 바로 깨닫는 선정과 지혜를 함께 닦음으로써 한 생각에 바로 요체를 얻게 하시니 이 단번의 법(돈법)이 동양의 삼국에 성황하게 되었다.

세주당 묘엄 명사는 1931년 음력 1월 17일 진주시 수정동

540번지에서 부친 이찬호 씨와 모친 차점이 씨의 둘째 딸로 태어났다. 본관은 성산이요, 본명은 인순이었다. 모친 꿈에 노스님에게 백련 세 송이를 받고 회임하였다.

부친 찬호 씨는 1954년부터 1960년대 한국불교 정화운동의 총 지휘자였던 청담순호 대종사이시며, 모친 대도성 보살 역시 1972년 출가하여 법명을 대도 스님이라 하였다.

어린 시절 효성이 지극하고 학문을 좋아하는 뜻을 가져 유서를 배우고 당시 길야공립학교(현 중앙초등학교)를 졸업하고 1945년 음력 5월 5일 14살에 문경 대승사 윤필암에서 월혜 스님을 은사로 출가 스님이 되었다. 법명은 묘엄이요, 당호는 세주라 한다.

세주묘엄 명사는 성철, 자운, 향곡 대선지식을 참방하여 지도를 받아 능엄신주와 돈오성불의 뜻을 배우고 해인사 국일암, 봉암사 백련암, 동래 금화사, 월내 묘관음사 등 제방선원에서 수선안거를 성만했다. 1951년 통도사 천화율원에서 자운율사로부터 율장을 배우고 1953년 운허강백에게 경전을 배워 1957년 통도사에서 전강을 받고 1963년 동국대학교에 입학하여 1966년 졸업했다. 운문사에서 강주로 강의를 시작하여 후학을 지도하여 1967년 60여 명을 배출하고 1971년 수원 봉녕사로 옮겨 후학을 가르치던 중 1987년 대한불교조계종 교육령에 따라 강원을 승가대학으로 개칭하고 학장으로서 1,000여 명의 졸업생을 배출하였다. 전강제자 일연, 성학, 도혜, 대우, 일운, 탁연, 적연, 상일, 본각, 벽공, 명선 등을 양성 하였다. 1999년에는 봉녕사에 금강율원을 설립, 율원장과 율 주에 취임하고 전계 제자인 적연, 대우, 의천, 일연, 도혜, 선나 등을 배출하니 혼탁한 악세에 나침반이며 말세에 선지식이다.

부처님 태어나시어 계신 곳에 중생제도 하지 않음이 없 고, 부처님 말씀 전한 곳에 항복해서 귀순하지 않음 없듯이, 묘엄 스님 있는 곳에 중생제도 않음이 없고, 스님 법문 들리 는 곳에 따라 순종치 않음이 없었다.

명사께서 항상 부지런히 정진하며 좌우명으로 즐겨 읽은 것은

미혹하면 중생이요, 깨달으니 부처로다.
미혹함과 깨달음 문득 잊으니 바로 천진불이로다.

하고 원각경 보안보살장과 능엄신주를 언제나 암송하였다.

명사는 후학들의 바른 수행과 돈오성불을 위하여 봉녕사 를 선불장으로 금강율원을 수행 본분의 기틀로 세웠으니 내 리신 자비로운 법문에 사부대중이 감읍하여 모두가 귀의했다.

제자들에게 늘

마음공부는 상대적인 부처님을 뵙고 절대적인 나 자신을 찾는 것이다.

자기를 단속하여 인천의 사표가 되고 생사에 자재하여 중생을 제도하라.

는 가르침으로 지도하였다.

저서로는 자서전《회색 고무신》《향성》등 다수가 있다.

명사께서는 위법망구의 보살행으로 미망의 중생제도에 쉼 없이 부지런히 정진하다가 세연이 다함에 임종게를 남기니

태어남이 남이 아니요
죽음이 죽음이 아니로다
나고 죽음이 본래 공이니
이것이 곧 열반이로다

하시고, 불기 2555년(서기 2011) 신묘년 11월 8일(음력) 봉녕사 학장실에서 조용히 열반하시니 세수 80세, 법랍 67세다.

명사가 세상 인연 거두신 지 5년이 지나서 문도와 인연 제자들이 추모하는 마음을 모아 명사의 위덕을 잊지 않고 후대

에 항상 전하고자 탑과 비를 세워 길이 전하고자 한다.

오호라, 슬프도다! 대명사이시여. 본래 가고 옴이 없거늘 어느 곳을 향해 가는가?

이에 명사의 공덕을 칭송하노니,

명사의 출세는 불꽃 속에 연꽃이요,
명사의 교화는 스님들의 나침반이로다.
모습을 본 이들은 모두 다 자비심을 일으키고
법문을 듣는 이들은 해탈을 얻음이다.
위엄과 자비로서 중생제도 한 일은
말법 세상에 드문 교화의 실천이로다.
마음을 내려 겸양함은 만인의 모범이요,
일상에 행한 자취는 납자의 귀감이로다.

세존응화 2561년(서기 2017) 정유년 11월 28일 쌍계총림 방장 고산혜원杲山慧元 삼가 짓다.

애석하고 슬프도다, 묘엄 비구니 화상이여.
교화의 일 내려놓고 어느 곳에 가는가.
후학을 기르는 일 쉬임이 없더니
하루아침 문득 놓고 원적에 듦이로다.

이 법은 본래 가고 오는 모양이 없는데
나타내니 바로 가고 오는 모습이라
이 어떤 물건인가!
청산은 옛 그대로 물은 동을 흐른다.

세주당 묘엄 명사 강맥도

世主堂 妙嚴 明師 講脈圖

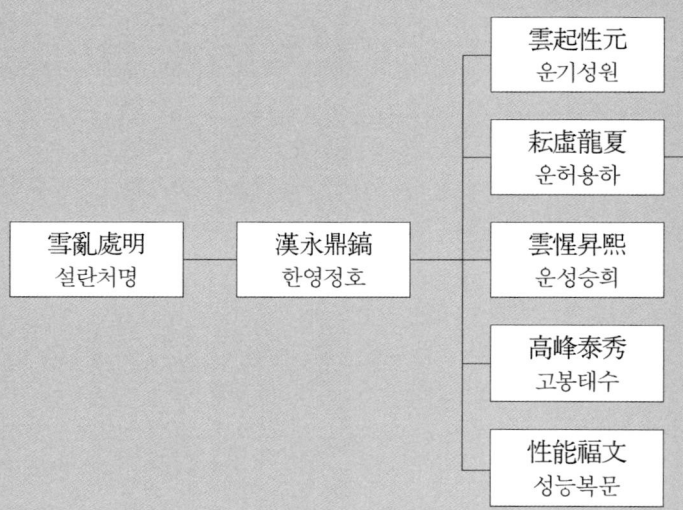

法空在學
법공재학

月雲海龍
월운해룡

伽山智冠
가산지관

雲照洪法
운조홍법

世主妙嚴
세주묘엄

棲岸一衍
서안일연

祈園聖學
기원성학

靈苗荼慧
영묘도혜

正智大愚
정지대우

心田一耘
심전일운

圓相卓然
원상탁연

心印寂然
심인적연

棲霞詳日
서하상일

性淨本覺
성정본각

能照壁悾
능조벽공

圓澄明善
원징명선

智光大玄
지광대현

智雨京門
지우경문

淨眼說吾
정안설오

梵修義天
범수의천

智燈道緣
지등도연

如實法性
여실법성

淨音曉昔
정음효석

세주당 묘엄 명사 율맥도
世主堂 妙嚴 明師 律脈圖

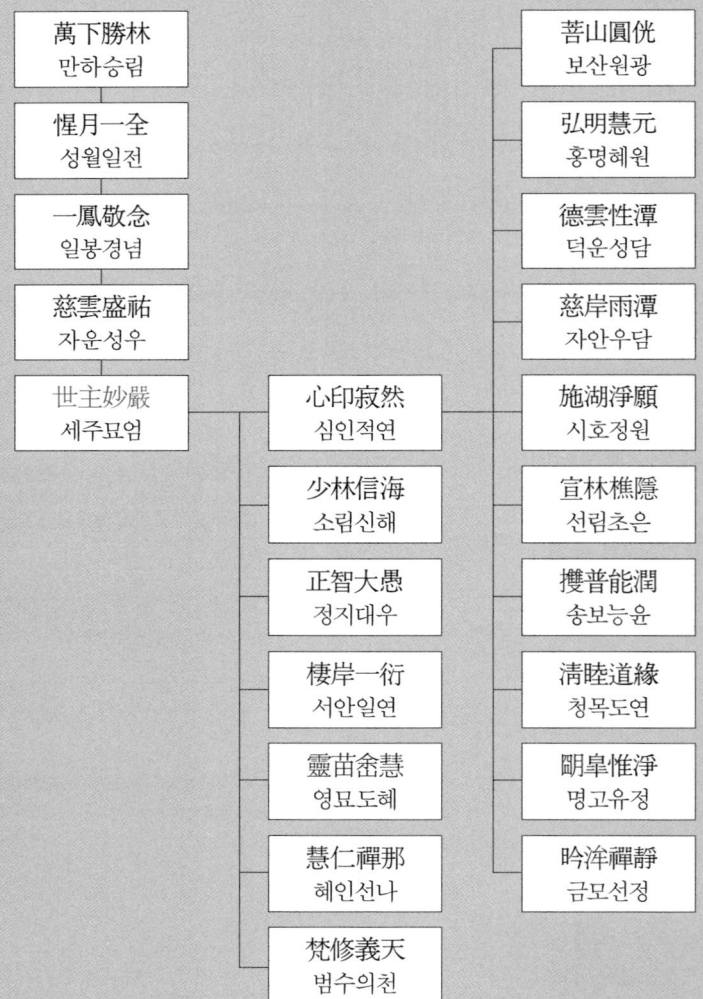

萬下勝林
만하승림

惺月一全
성월일전

一鳳敬念
일봉경념

慈雲盛祐
자운성우

世主妙嚴
세주묘엄

心印寂然
심인적연

少林信海
소림신해

正智大愚
정지대우

棲岸一衍
서안일연

靈苗旨慧
영묘도혜

慧仁禪那
혜인선나

梵修義天
범수의천

菩山圓侊
보산원광

弘明慧元
홍명혜원

德雲性潭
덕운성담

慈岸雨潭
자안우담

施湖淨願
시호정원

宣林樵隱
선림초은

攫普能潤
송보능윤

淸睦道緣
청목도연

朙皐惟淨
명고유정

昑淬禪静
금모선정

세주당 묘엄 명사 연보
世主堂 妙嚴 明師 年譜

1932년

음력 1월 17일 경상남도 진주시 수정동 40번지에서 아버지 이찬호李讚浩
와 어머니 차점이車點伊의 2녀 중 차녀로 태어나다. 속명은 이인순李仁順
이다.

1939년

진주 중앙초등학교(당시 요시노 공립초등학교)에 입학하다.

1945년

진주 중앙초등학교를 졸업하다.
봄, 초등학교를 졸업한 뒤 일제의 만행을 피하기 위해 아버지 청담 스님
이 주석하고 있는 문경 대승사로 가다.
성철 스님으로부터 보름 동안 불교를 비롯해 역사·철학·문학 등에 대
한 법문을 듣고 출가를 결심하다.
음력 5월 5일, 대승사 윤필암에서 월혜 스님을 은사로 성철 스님을 계사
로 출가하다. 법명은 성철 스님이 지어준 묘엄妙嚴이다. 삭발 수계식에 청
담 스님과 자운 스님, 어머니 대도성 등이 참석하다.

1946년

대승사 쌍련선원에서 성철 스님에게 한국 역사와 지리를 배우고 서예의 대가인 홍경 스님에게 붓글씨를 배우다. 자운 스님에게 계율을 배우고, 성철 스님에게 〈능엄주〉 수행을 지도받고 정진하다.

윤필암 대중과 함께 21일 철야정진으로 〈능엄주〉 기도를 하다.

1947년

윤필암에서 정진하다.

1948년

해인사 국일암에서 정진하다. 가야총림 방장 효봉 스님의 법문을 들으며 신심을 키우다.

결사가 시작된 봉암사에서 자운 스님을 계사로 식차마나니계式叉摩那尼戒를 수지하다.

1949년

2월, 봉암사 결사에 동참하여 하안거를 나다. 성철 스님에게 '이뭣고' 화두를 받고 정진하는 한편, 선사들의 청빈한 생활이 담긴 한시를 배우며 안빈낙도의 삶을 익히다. 선·교·율이 살아 숨 쉬는 결사 도량에서 대중 생활을 익힌 것이 훗날 봉녕사 회상을 이끌어나가는 데 큰 자양이 된다.

가을에 빨치산들의 침범으로 인해 봉암사를 떠나 윤필암으로 돌아와 정진하다.

1950년

윤필암에서 정진 중 한국전쟁을 맞다.

부산으로 피난하다.

부록

1951년

부산 금화사에서 인홍 스님과 정진하다가 월내 묘관음사로 옮겨 향곡 스님 회상에서 잠시 정진하다.

하안거를 나기 위해 인홍 스님과 함께 봉암사 백련암으로 가서 정진하던 중 빨치산의 출몰로 인해 위험을 느끼고 한 달 만에 내려오다.

8월, 통도사 보타암에 머물면서 천화율원에서 자운 스님으로부터 《사미니율의》《비구니계본》《범망경》을 배우다.

1952년

봄, 창원 성주사 결사에 참여해 정진하다. 봉암사 결사를 모범으로 한 성주사 결사에는 인홍을 비롯해 묘찬, 장일, 성우, 성련, 묘전 스님 등 40여 명의 대중이 참여했다.

가을, 성철 스님의 권고로 경전을 배우기 위해 범어사로 가서 운허 스님을 만나다.

1953년

공주 동학사 강원에서 운허 스님에게 《맹자》와 《논어》를 시작으로 《치문》, 사집 과목의 공부를 시작하다. 운허 스님의 명으로 학인들에게 《치문》을 가르치기 시작하다.

부산 금수사로 옮겨 공부하다가, 11월 운허 스님이 통도사 강원 강주로 취임하자 보타암에 머물면서 《선요》《절요》《능엄경》 등을 배우기 시작하다.

1954년

운허 스님에게 경전을 수학하다.

1955년

진주 연화사 근처 도솔암에 머물며 연화사 법사로 취임한 운허 스님에게
《대승기신론》을 배우다.

1956년

김룡사 강원 대교과에 잠시 적을 두고 혜봉 스님에게 경전을 배우다.
김룡사를 떠나 해인사 약수암에 머물며 해인사 강원의 강주 운허 스님
에게《원각경》과《금강경》을 배우다.
8월, 은사 월혜 스님 김룡사에서 입적하다.
늦가을, 동학사로 가서 김경봉 스님에게《화엄경》을 배우다.

1957년

동학사 비구니 강원에서 중강仲講을 맡다.
여름, 김경봉 스님에게 전강傳講을 의미하는 강석講席을 물려받다.
가을, 통도사에서 운허 스님에게 다시《화엄경》을 배운 뒤 전강을 받으
며 운허 스님의 강맥을 잇다.

1959~1961년

동학사 강원 강사로 취임해 후학들을 가르치다.

1961년

2월, 통도사 금강계단에서 자운 스님을 계사로 비구니 구족계具戒를 수
지하다.

1963년

봄, 삼각산 일선사 주지로 취임하다.

부록

가을, 동국대학교 불교학과에 편입하다.

1966년
2월, 동국대학교 불교학과를 졸업하다.
3월, 청도 운문사 강원 강주로 취임하다.

1967~1970년
운문사에서 강의하다.
1970년 가을, 운문사 강원 강주직을 사임하고 경주 죽림사를 거쳐 김포
약사사로 거처를 옮기다.

1971년
4월, 경기도 수원시 우만동에 위치한 봉녕사로 거처를 옮겨 주석하면서
봉녕선원奉寧禪院을 개원하다. 묘전 스님이 주지로 취임하다.
11월, 아버지 청담 스님 입적하다.

1972년
어머니 대도성 보살이 봉녕사에서 출가하다. 고암 스님을 계사로 사미니
계를 수지하고 '대도大道'라는 법명을 받고 정진하다.

1974년
4월, 봉녕사 강원을 설립하고, 자운 스님을 강원장으로 모시다. 학인 30
명을 모집하고 강주로 취임하다.

1975년
봄, 봉녕사 강원 제1회 졸업생 8명을 배출하다.

1977년
봉녕사 주지와 봉녕사 강원 강원장으로 취임하다.

1981년
3월, 한국비구니대학 초대 학장으로 취임하다.
4월, 자운 스님으로부터 전계를 받다.

1982년
여름, 비구니계단 계사 연수교육 법회에서 자운 스님의 지도를 받으며
이부승 구족계 수계의 복원을 준비하기 시작하다. 이 법회에 인홍, 혜춘
등 비구니계 원로 60여 명이 참석하다.
10월, 이부승에 의한 구족계 수계산림에 갈마아사리로 참여하며 이부
승 비구니 구족계의 복원에 앞장서다.

1982~1987년
구족계 수계산림에서 교수사와 갈마위원 등을 역임하다.

1984년
7월, 봉녕사 육화료(강원 및 승방)를 완공하다.

1987년
조계종 총무원 시행에 의해 봉녕사 강원이 봉녕사승가대학으로 이름이
바뀌며 학장으로 취임하다.

1988년
5월, 어머니 대도 스님이 봉녕사에서 입적하다.

부록

1988~1991년
구족계 수계산림에서 교수사와 니갈마아사리를 역임하다.

1992년
5월, 도서관 소요삼장逍遙三藏을 개관하다. 개관식에서 일연一衍, 대우大愚, 성학聖學, 도혜道慧, 일운一耘 5명에게 전강하며 제1회 전강식을 갖다.
8월, 대한불교조계종 제10대 중앙종회의원에 선출되다.

1994년
비구니 구족계 수계산림의 니화상(전계사)으로 활동하다.

1995년
봉녕사승가대학 불전연구원(수의과隨意科)을 개원하다.
제1회 특별구족계 수계산림에서 니화상으로 활동하다.

1996년
구족계 수계산림에서 니교수사로 활동하다.

1997년
1월, 제2회 전강식에서 탁연卓然과 적연寂然에게 전강하다.

1998년
제2회 특별구족계 수계산림에서 니갈마아사리로 활동하다.
7월, 대적광전과 청운당·용화각을 완공하다.

1999년

5월, 한국 비구니 역사 최초로 금강율원을 설립, 개원하다.

자운 스님의 제자 지관 스님을 율주로 모시고 초대 율원장에 취임하다.

2001년

5월, 대적광전 삼존불, 후불목탱화, 신중목탱화 점안식을 가지다.

2002년

1월, 자서전《회색 고무신》을 출간하다.

봄, 봉정식에서 출가의 길을 이끌어준 스승들, 성철·청담·운허·자운·월 혜 스님 등 스물한 분의 위패를 봉안하고 출판기념 법회를 가지다.

10월, 봉녕사에서 청담 대종사 탄신 100주년 기념 학술논문집〈청담 대 종사와 현대 한국불교의 전개〉간행 및 세미나가 개최되다.

2003년

전국비구니회 부회장으로 취임하다.

2004년

1월, 제3회 전강식에서 상일禪日에게 전강하다.

10월,《청담필영淸潭筆影》을 출간하다.

대만의 남림율원을 참방하다.

2007년

1월, 활산성수 전계대화상으로부터 대한불교조계종 최초로 비구니 율 주로 임명되다.

제33회 봉녕사승가대학 졸업식에서 졸업생 25명을 배출하다(1975년부터

부록

2025년까지 총 918명 졸업).

5월, 제1회 전계식에서 적연寂然과 신해信海에게 전계하다.

7월, 독일 함부르크대학에서 개최된 '승가와 여성 불자의 역할' 국제회의에서 논문 〈한국 봉녕사 비구니 율원의 구조와 교육과정〉을 발표하다.

9월, 〈세주묘엄주강50년기념논총世主妙嚴主講五十年紀念論叢〉이 발간되다.

제2회 전계식에서 대우大愚에게 전계하다.

제4회 전강식에서 본각本覺에게 전강하다.

10월, 비구니 명사 법계를 품서받다.

2008년

묘엄의 출가 유행록《향성》을 발간하다.

2009년

3월, 비구니 구족계 수계산림에서 전계사로 위촉되어 계단에 서다.

2011년

일연, 도혜, 의천, 선나에게 전계하다.

12월, 법랍 67세, 세수 80세로 봉녕사 향하당에서 입적하다.

2012년

5월, 묘엄의 생애와 한국 비구니 승단을 다룬《한계를 넘어서》가 출간되다.

9월, 묘엄불교문화재단이 출범하다.

12월, 세주묘엄박물관을 개관하다.

봉녕사 템플스테이를 시작하다.

2018년

5월, 묘엄 부도탑을 세우다.

2023년

8월, 묘엄의 사상을 연구한 국내 박사학위논문 〈세주묘엄 연구〉가 나오다.

2024년

봉녕사 여성출가학교를 시작해 한국 전통의 승가 생활을 직접 체험할
수 있도록 하다.

김동혁(지환), 《운허용하의 탁상일기 연구》, 중앙승가대학교 대학원 불교학과, 2014.

김연호 엮음, 《운허 큰스님의 한산시와 남은돌 모둠》, 맑은소리맑은나라, 2021.

김진희, 〈세주묘엄 연구〉, 동국대학교 대학원 선학과 박사학위논문, 2023.

김택근, 《성철 평전》, 모과나무, 2017.

남지심, 《명성》, 불광출판사, 2016.

묘엄, 《150찬불송》(묘엄 해설, 운허 스님 번역, 마질리제타 저), 열린불교, 1993.

____, 〈세주묘엄주강50년기념논총〉, 봉녕사승가대학, 2007.

____, 《회색 고무신》, 시공사, 2002.

____, 《향성香聲》, 봉녕사승가대학, 2008.

박경훈, 《신팔상록新八相錄》, 동국역경원, 1977.

박원자, 《길 찾아 길 떠나다》, 김영사, 2007.

____, 《스님의 첫 마음》, 뜨란, 2018.

____, 《혜암 평전》, 조계종출판사, 2021.

방남수·임병화, 《청담순호선사 평전》, 화남, 2016.

법전, 《누구 없는가》, 김영사, 2009.

불교전기문화연구소, 《청산의 메아리: 향곡 큰스님 평전》, 불교영상회보사, 1994.

불필, 《영원에서 영원으로》, 김영사, 2012.

성철, 《백일법문》, 장경각, 2014.

____, 《해탈의 길》, 장경각, 2004.

신규탁, 《못다 갚을 은혜》, 중도, 2023.

신용철, 《운허 스님의 크신 발자취》, 동국역경원, 2007.
역사학연구소, 《함께 보는 한국근현대사》, 서해문집, 2016.
원택 엮음, 《성철 스님 행장》, 글씨미디어, 2012.
월운, 《운허선사어문집》, 동국역경원, 1989.
윤청광, 《영원한 내 것이란 아무것도 없다네》, 우리출판사, 2002.
이정범, 《자운 대율사 일대기: 부처님 계율대로》, 운주사, 2019.
전국비구니회 엮음, 《한국 비구니의 수행과 삶》, 예문서원, 2007.
정인영(석담), 《한계를 넘어서》, 동국대학교출판부, 2012.
조은수, 《불교와 근대 여성의 발견》, 모시는 사람들, 2022.
하춘생, 《깨달음의 꽃 1》, 여래, 1998.
_____, 《깨달음의 꽃 2》, 여래, 2001.
_____, 《한국의 비구니문중》, 해조음, 2013.
한국 비구니승가연구소, 《역사 속 한국 비구니》, 민족사, 2024.
해안, 《십현담·금강경》, 대한불교조계종 전등사·전등선림, 2001.
현진, 《치문경훈》, 불광출판사, 2023.
김광식 대담집